法律硕士（非法学）联考
重要主观题背诵

（含关键词）

白文桥　主编
法律硕士联考用书编写组　编写

中国人民大学出版社
·北京·

前　言

法律硕士（非法学）研究生入学考试比较注重主观题的考查，在专业课试卷总分值的 300 分中，主观题占 180 分，占试卷总分值的 60%。因此，复习好主观题十分重要。《法律硕士（非法学）联考重要主观题背诵（含关键词）》基于主观题的重要性，选定了大约 550 道主观题（包括标注★的重点主观题，这类重点主观题约占本书题量的1/3），所选定的主观题是作者多年来考试教学辅导经验的总结，题型涉及简答题、法条分析题、案例分析题、综合课分析题和论述题。鉴于考生在复习时极度缺乏综合课分析题的材料来源，本书为此加大了这部分内容的题量。

《法律硕士（非法学）联考重要主观题背诵（含关键词）》所收录的主观题仅为较为重要的主观题，一般性主观题不在收录范围之内。所收录的每一道主观题都由两小部分组成：第一小部分为该题记忆要点，列出了记忆该题的关键性要点（专业基础课案例分析题不列记忆要点），其作用在于指明该主观题的整体考查方向和测试重点，以帮助考生在背诵时，抓住该主观题的关键考点（在考试中类似于“采分点”），快速记忆和强化记忆。记忆要点表述并不完整，缺乏内在逻辑，仅是发挥帮助考生记忆的功能，不能作为答题的依据。主观题涉及多重知识点的，本书的记忆要点采取顿号、逗号、分号或者句号的形式予以区别标明。第二小部分为该题参考答案，该部分内容拟定了重要主观题的参考答案，对于某些主观题答案需要注意的事项，本书在该题的最后采取补充说明的方式处理。

《法律硕士（非法学）联考重要主观题背诵（含关键词）》分为刑法学、民法学、法理学、中国宪法学和中国法制史五部分内容。为了考生复习的便利，主观题按照考试大纲的内容编排顺序编写而成。本书对收录的主观题分为两个级别：第一级别的重要主观题是重中之重，对于这部分重要主观题，以星号（★）的形式标明；第二级别的主观题是次重要主观题，对于这部分主观题，不标注符号。对于《法律硕士联考考试大纲配套练习》和《法律硕士联考标准化题库》等书籍已经收录的主观题，以及法律硕士联考考查过的主观题（包括法学方向和非法学方向考查过的主观题），除了较为重要无法回避的，或者标准答案发生明显变化的，或者法条分析题中相关知识点尚未考查完毕的以外，本书不再重复收录。

本书受篇幅所限，无法将所有题目收录在书中，特别是刑法分则各个罪名的简答题和法条分析题，以及中国法制史的全部古文分析题，本书不能一一列明。因此，考生若在全面复习和重点突破相结合的基础上，将本书和考试指南结合使用，效果更佳。

目　录

第一部分　刑法学 …… 1
　一、简答题 …… 1
　二、法条分析题 …… 32
　三、案例分析题 …… 67
第二部分　民法学 …… 75
　一、简答题 …… 75
　二、法条分析题 …… 109
　三、案例分析题 …… 140
第三部分　法理学 …… 147
　一、简答题 …… 147
　二、分析题 …… 167
　三、论述题 …… 193
第四部分　中国宪法学 …… 233
　一、简答题 …… 233
　二、分析题 …… 250
　三、论述题 …… 273
第五部分　中国法制史 …… 298
　一、简答题 …… 298
　二、分析题 …… 317

第一部分　刑法学

一、简答题

★1. 简述刑法的机能。

【记忆要点】规制机能、保护机能、保障机能。

【参考答案】刑法的机能是指刑法能产生的积极作用。

刑法具有如下三种机能：

（1）规制机能：对人的行为进行规制或者约束的机能。其方式是将一定的行为当作犯罪，对其规定刑罚，向国民显示该行为为法律所不容许，或者要求国民不要实施特定的犯罪行为。

（2）保护机能：保护国家、社会和个人法益的机能。犯罪是侵害或威胁法益的行为，刑法禁止和惩罚犯罪，是为了保护法益并且能够保护法益。

（3）保障机能：保障公民不受国家刑罚权的非法侵害并保障犯罪人不受刑法规定之外的刑罚处罚的功能。根据罪刑法定原则，只要行为人的行为不构成刑法所规定的犯罪，其就不受刑罚处罚，这便限制了国家对刑罚权的发动；对犯罪人也只能根据刑法的规定给予处罚，不得超出刑法规定的范围判处刑罚，这便保障了犯罪人免受不恰当的刑罚处罚。

2. 简述犯罪的基本特征。

【记忆要点】严重社会危害性、刑事违法性、应受刑罚惩罚性。

【参考答案】（1）犯罪是严重危害社会的行为，具有严重的社会危害性。严重的社会危害性是指对我国刑法所保护的重要利益的侵害。行为不具有社会危害性，不能认为是犯罪；情节显著轻微危害不大的，也不认为是犯罪。严重的社会危害性是犯罪的实质特征。

（2）犯罪是触犯刑法的行为，具有刑事违法性。具有严重社会危害性的行为只有同时被刑法明文规定为犯罪时，才是犯罪。

（3）犯罪是应受刑罚惩罚的行为，具有应受刑罚惩罚性。某种危害社会的行为同时又触犯刑法，就应承担受刑罚处罚的法律后果。

★3. 简述刑法中危害行为的概念和特征。

【记忆要点】客观要素、主观要素、实质要素。

【参考答案】危害行为是指行为人在意识支配之下实施的危害社会并被刑法禁止的身体活动。

危害行为具有如下特征：

（1）客观要素：危害行为是人的身体活动或动作，包括积极的活动和消极的活动。

（2）主观要素：危害行为是人的意识支配的产物和表现，如果没有人的意识支配，则不能认为是危害行为。

（3）实质要素：危害行为侵犯的是刑法所保护的社会利益，具有社会危害性。

★4. 简述不作为犯罪的成立条件。

【记忆要点】负有特定义务；能够履行义务；不履行义务造成或可能造成危害结果。

【参考答案】（1）行为人负有某种特定的义务。行为人有实施一定行为的义务，这种义务是由法律直接规定，或者是基于职务或业务上的要求，或者是行为人的法律地位或法律行为产生的义务，或者是由于行为人自己的行为而使法律所保护的某种利益处于危险状态所发生的救助义务。

（2）行为人能够履行义务。行为人有可能和能力履行其实施一定行为的义务，行为人负有某种法律义务是不作为构成犯罪的前提。如果行为人虽有防止结果发生的义务，但是由于缺乏必要的能力或其他原因而不可能防止危害结果发生的，也不成立不作为犯罪。

（3）行为人不履行特定义务，造成或可能造成危害结果。行为人确实没有实施他有义务实行的行为，并且是出于故意或者过失，而非不可抗力或紧急避险情况下的不作为，只要造成或可能造成危害结果，可成立不作为犯罪。

5. 简述刑法中危害结果的含义和在定罪量刑中的意义。

【记忆要点】构成要件、既遂条件、加重法定刑条件、实际损害作为构成要件和既遂条件。

【参考答案】危害结果是指危害行为对犯罪直接客体造成的实际损害或现实危险状态。

危害结果对定罪量刑有如下不同影响：

（1）危害结果作为某些犯罪的构成要件。绝大多数过失犯罪都要求发生法定的物质性危害结果才构成犯罪；一些故意犯罪把发生法定结果规定为构成要素。

（2）危害结果作为某些犯罪既遂的条件。存在故意犯罪且惩罚该罪的未完成形态场合下，发生法定危害结果才能认定为犯罪既遂。

（3）出现某种危害结果作为对犯罪加重法定刑的条件。某些犯罪行为发生了某种严重的危害结果，加重其法定刑。

（4）发生某种实际损害的可能性（危险）作为某些犯罪的构成要件，或者作为某些犯罪既遂的条件。

★6. 简述刑法中因果关系的概念和特点。

【记忆要点】客观性、相对性、必然性、复杂性。

【参考答案】刑法中的因果关系是危害行为与危害结果之间的一种客观的引起与被引起的联系。

刑法中的因果关系的特点有：

（1）客观性。危害行为与危害结果之间的因果关系是不以人的主观意志为转移的客观存在。

（2）相对性。因果关系中的原因和结果是相对的，某一现象既是前一现象的结果又是后一现象的原因。

（3）必然性。因果关系基本的和主要的表现形式是两种现象之间内在的、必然的、合乎规律的引起与被引起的关系。

（4）复杂性。因果关系在不同的场合会呈现出“一因多果”“一果多因”等复杂的形态。

★7. 简述单位犯罪的构成特征及处罚原则。

【记忆要点】构成特征：主体特征、法定特征。处罚原则：以双罚制为原则，以单罚制为例外。

【参考答案】（1）单位犯罪具有如下构成特征：①单位犯罪的主体包括公司、企业、事业单位、机关和团体，既包括国有、集体所有的公司、企业、事业单位，也包括依法设立的合资经营、合作经营企业和具有法人资格的独资、私营等公司、企业、事业单位。②单位犯罪只有法律明文规定的，才负刑事责任。单位犯罪，以刑法分则有明文规定的为限。

（2）我国刑法规定，单位犯罪的，对单位判处罚金，并对其直接负责的主管人员和其他直接责任人员判处刑罚。可见，我国对单位犯罪的处罚采取以双罚制（两罚制）为原则，但刑法分则和其他特别刑法另有规定不采取双罚制而采取单罚制的，依照规定。

★8. 简述直接故意和间接故意的区别。

【记忆要点】认识因素、意志因素、特定危害结果是否发生对二者具有不同意义。

【参考答案】（1）从认识因素看，二者对危害结果发生认识程度有所不同。在直接故意的情况下，行为人认识到危害结果发生的可能性或者必然性；在间接故意的情况下，行为人认识到危害结果发生的可能性。

（2）从意志因素看，二者对危害结果发生的态度明显不同。直接故意是希望这种危害社会的结果的发生，对结果是积极追求的态度；间接故意则是放任这种危害社会结果的发生，不是积极追求的态度，而是任凭事态发展。

（3）特定的危害结果是否发生对二者具有不同的意义。在直接故意的场合，即使追求的特定危害结果没有实际发生，通常也应当追究预备、未遂的罪责；在间接故意的场合，如果没有实际发生特定危害结果，就无所谓犯罪的成立。

9. 简述犯罪过失的概念和特征。

【记忆要点】没有犯罪故意；没有保持必要的谨慎态度。

【参考答案】犯罪过失是指行为人应当预见自己的行为可能发生危害社会的结果，因为疏忽大意而没有预见或者已经预见而轻信能够避免的心理态度。

犯罪过失的特征有：

（1）没有犯罪故意。犯罪过失以对特定危害结果不具有犯罪故意为前提，即对危害结果的发生不具有希望或者放任的态度。

（2）没有保持必要的谨慎态度。表现为应当预见自己的行为可能发生危害社会的结果，因为疏忽大意而没有预见或者已经预见而轻信能够避免的心理态度。

10. 简述犯罪过失的刑事责任。

【记忆要点】法律有规定的才负刑事责任；只有造成严重后果的才负刑事责任；过失犯罪的法定刑明显轻于故意犯罪。

【参考答案】（1）对过失犯罪，法律有规定的才负刑事责任。刑法分则各条所规定的犯罪，在没有特别说明的情况下，其主观罪过形式当然是故意，并且不能理解为当然包括过失。只有当法律条文明示该条之罪的罪过形式是过失或者包括过失，过失才可能构成犯罪，承担刑事责任。

（2）对过失行为，只有造成严重后果的才负刑事责任。刑法所规定的过失犯罪都必须以造成法定的严重后果为构成要件。刑法规定的过失犯罪只有完成形态并且只处罚完成形态。

（3）过失犯罪的法定刑明显轻于故意犯罪。对于导致同样结果的故意犯罪和过失犯罪，过失犯罪的法定刑要轻于故意犯罪的法定刑。

★11. 简述法律上的认识错误的概念及表现形式。

【记忆要点】假想非罪、假想犯罪、此罪刑误以为彼罪刑。

【参考答案】法律认识错误是指行为人对自己的行为在法律上是否构成犯罪、构成何种犯罪或者应当受到什么样的刑事处罚的不正确理解。

法律认识错误有如下三种情形：

（1）假想非罪。行为被法律规定为犯罪，而行为人误认为不是犯罪。此种情形原则上不排除罪责，但是可以酌情减轻罪责，因为行为人毕竟不是明知不可为而为之，主观恶性较小。

（2）假想犯罪。行为人的行为在法律上不构成犯罪，行为人误认为构成犯罪。行为人假想犯罪并不改变其行为的法律性质，不成立犯罪。

（3）罪名和罪行轻重的误解。这种对法律的误解不涉及行为人有无违法性意识，不影响罪过的有无以及大小，不影响定罪量刑。

★12. 简述事实认识错误的概念及表现形式。

【记忆要点】客体错误、对象错误、手段错误、行为偏差、因果关系错误。

【参考答案】事实认识错误是指行为人对与自己行为有关的事实情况有不正确的理解。

事实认识错误的表现形式有：

（1）客体错误：行为人预想侵犯的对象与实际侵犯的对象在法律性质上不同（分属不同的犯罪构成）。客体错误按照意图侵犯的客体定罪。

（2）对象错误：行为人预想侵犯的对象与实际侵犯的对象在法律性质上是相同的（属于同一犯罪构成）。对象错误不影响故意罪责。

（3）手段错误：行为人对犯罪手段发生误用。手段错误不影响罪过的性质。

（4）行为偏差：行为人预想打击的目标与实际打击的目标不一致。预想打击的目标与实际打击的目标在法律规定的范围内一致，行为人应对误击的目标承担故意罪责；在法律规定的范围内不一致，阻却对误击的目标承担故意罪责。

（5）因果关系错误：行为人对自己的行为和所造成的结果之间因果关系的实际情况发生误认。因果关系错误不影响罪责的认定。

13. 简述特别防卫的概念和成立条件。

【记忆要点】行凶、杀人、抢劫、强奸、绑架、严重危害人身安全的暴力犯罪，特定对象条件，不负刑事责任。

【参考答案】（1）特别防卫是指对正在进行行凶、杀人、抢劫、强奸、绑架以及其他严重危及人身安全的暴力犯罪所采取的防卫行为。

（2）特别防卫首先必须具备成立正当防卫的起因、时间、对象、主观这四个基本条件，其次还必须具备特定的对象条件，即针对正在进行且严重危及人身安全的暴力。如果符合特别防卫的条件，即使造成不法侵害人伤亡的，也不认为属于防卫过当，不负刑事责任。

14. 简述防卫过当的刑事责任。

【记忆要点】减轻或免除处罚；罪过形式为过失；依分则定罪处罚；法定量刑情节。

【参考答案】防卫过当的，应当负刑事责任，但是应当酌情减轻或者免除处罚。

（1）防卫过当的罪过形式一般是过失，但也不排除在个别情况下的犯罪故意。

（2）因防卫过当构成犯罪的，依照刑法分则的有关规定确定罪名和适用法定刑。

（3）防卫过当本身不是罪名，而是法定减轻或免除处罚的情节。

★15. 简述紧急避险的成立条件。

【记忆要点】起因、时间、对象、主观、限制、限度、特别例外限制。

【参考答案】（1）起因条件：必须有危险发生。就是出现了足以使合法权益遭受严重损害的危险情况。

（2）时间条件：实际存在的正在发生的危险。就是危险是客观存在的，且正在发生，十分紧迫。

（3）对象条件：避险行为针对的对象是第三人的合法利益。紧急避险是为了保全一方的较大合法利益而不得不损害另一方较小的合法利益。

（4）主观条件：为了使合法利益免受正在发生的危险。避险目的须具有正当性，法律不认可为保护非法利益而采取避险行为。

（5）限制条件：在迫不得已的情况下实施。行为人紧急避险是唯一途径、别无选择，只要有其他办法能避免危险，就不应采取牺牲他人某种利益的方法。

（6）限度条件：避险行为不能超过必要限度造成不应有的损害。避险行为所造成的损害必须小于所保护的权益，而不能等于或大于所保护的权益。

（7）特别例外限制。关于避免本人危险的规定，不适用于职务上、业务上负有特定责任的人。

★16. 简述紧急避险和正当防卫的区别。

【记忆要点】危害的来源、损害对象、限制条件、损害程度要求、主体的限定。

【参考答案】（1）危害的来源不同。紧急避险的危害来源既可以是人的不法侵害，也可以是自然灾害、动物侵袭等；正当防卫的危害来源只能是人的不法侵害。

（2）行为所损害的对象不同。紧急避险损害的对象是第三者的合法权益；正当防卫损害的对象只能是不法侵害者。

（3）行为的限制条件不同。紧急避险只能在迫不得已的情况下实行；正当防卫则无此限制。

（4）对损害程度的要求不同。紧急避险所损害的合法权益必须小于要保护的合法权益；正当防卫所造成的损害可以大于不法侵害者可能造成的损害。

（5）主体的限定不同。紧急避险不适用于职务上、业务上负有特定责任的人；正当防卫则是每一个公民的权利。

★17. 简述避险过当的成立条件和刑事责任。

【记忆要点】成立条件：不应有的损害、存在过失、损害严重。刑事责任：应当减轻或免除处罚、依情况定罪量刑。

【参考答案】（1）成立避险过当须具备如下条件：①在客观上造成了不应有的损害，即避险行为造成的损害大于或等于所保全的利益。②主观上对造成的不应有损害存在过失，应受到责备。③损害较为严重。只有在造成较为严重的不应有损害时，才能成立避险过当并负刑事责任。

（2）避险过当的刑事责任：①避险过当的，应当负刑事责任，但是应当酌情减轻或者免除处罚。②避险过当不是独立的罪名，应当根据具体情况确定罪名，并减轻或免除处罚。

18. 简述犯罪既遂的认定形态和处罚原则。

【记忆要点】认定：构成要件齐备说。形态：实害犯、危险犯、行为犯。处罚原则：按照刑法分则规定的法定刑处罚。

【参考答案】（1）犯罪既遂的认定采取构成要件齐备说，即以行为符合刑法分则规定的具体犯罪的全部构成要件为犯罪既遂的标准。

（2）犯罪既遂形态有：①实害犯。行为必须已造成法定的实害后果，才是该罪的既遂。②危险犯。行为足以造成某种严重后果发生的危险，就是该罪的既遂。③行为犯。只要实施了某种犯罪行为，就构成该罪的既遂。

（3）对既遂犯的处罚原则：对既遂犯，按照刑法分则条文规定的法定刑处罚。

★19. 简述犯罪未遂的成立条件。

【记忆要点】犯罪分子已着手实行犯罪、犯罪未得逞、犯罪未得逞是由于犯罪分子意志以外的原因。

【参考答案】（1）犯罪分子已着手实行犯罪。犯罪分子已经开始实行刑法分则条文所规定的某种犯罪的基本构成要件的行为。

（2）犯罪未得逞。犯罪行为尚未完整地满足刑法分则规定的全部犯罪构成事实，从而使犯罪未得逞。

（3）犯罪未得逞是由于犯罪分子意志以外的原因。违背犯罪分子本意的原因导致犯罪无法得逞。

20. 简述迷信犯、愚昧犯和不能犯未遂的区别。

【记忆要点】是否犯了常识性错误，行为与方法是否一致，是否定罪处罚。

【参考答案】（1）迷信犯、愚昧犯是行为人犯了常识错误；而不能犯未遂没有犯常识错误。

（2）迷信犯、愚昧犯预定实施的行为与实际实施的行为是一致的；而在不能犯未遂的场合，行为人实际使用的犯罪方法与预想使用的犯罪方法不一致，以致犯罪不能既遂。

（3）对于迷信犯、愚昧犯，不为罪，不处罚；而不能犯罪未遂，构成犯罪，按照未遂犯处罚。

21. 简述共同犯罪的概念和构成特征。

【记忆要点】主体要件、客观要件、主观要件。

【参考答案】共同犯罪是指二人以上共同故意犯罪。

共同犯罪具有如下构成特征：

（1）主体要件：有两个以上的犯罪主体。作为共同犯罪人中的任何一人，都必须具备责任能力、达到责任年龄的一般主体资格。

（2）客观要件：在客观方面，必须具有共同犯罪的行为，即各共同犯罪人的行为都是指向同一目标，彼此联系、互相配合，结成一个犯罪行为整体。

（3）主观要件：在主观方面，具有共同犯罪的故意。共同犯罪故意不仅包括各共同犯罪人对共同犯罪持性质相同的故意心态，还包括各共同犯罪人相互之间有意思联络，对互相协作犯罪亦持故意心态。

22. 简述共同犯罪中主犯的认定。

【记忆要点】犯罪集团首要分子；共同犯罪中起主要作用犯罪分子：犯罪集团骨干

分子、聚众犯罪中首要分子及骨干成员、一般共同犯罪中起主要作用犯罪分子。

【参考答案】(1) 犯罪集团的首要分子，即组织、领导犯罪集团进行犯罪活动的犯罪分子。只有在认定犯罪集团的前提下才能认定这种类型的主犯。

(2) 在共同犯罪中起主要作用的犯罪分子，包括如下三类：①犯罪集团的骨干分子，即在犯罪集团中虽然不起组织、领导作用，但积极参与犯罪集团的犯罪活动的骨干成员。②某些聚众犯罪中的首要分子及骨干成员。根据刑法规定，聚众犯罪可以分为三类：一是参与违法活动的人都构成犯罪的聚众犯罪；二是聚众进行违法活动的首要分子和积极参加者构成犯罪，而一般参与者不构成犯罪的聚众犯罪；三是只有聚众进行违法活动的首要分子才构成犯罪，而其他参与者不构成犯罪的聚众犯罪。第一种聚众犯罪中起组织、指挥作用的首要分子，以及虽然不起主要作用但在聚众犯罪中起重要作用的犯罪分子是主犯；第二种聚众犯罪中起组织、指挥作用的首要分子也是主犯；在第三种聚众犯罪中，首要分子是犯罪成立的必要条件，如果只有一个首要分子，就不存在主犯的问题。③在一般共同犯罪中起主要作用的犯罪分子。

★23. 简述犯罪集团的概念和特征。

【记忆要点】人数三人以上、纠集犯罪、有首要分子、预谋犯罪、社会危害性严重。

【参考答案】犯罪集团是指三人以上为多次实行某种或几种犯罪而建立起来的犯罪组织。

犯罪集团具有如下特征：

(1) 人数较多（三人以上），重要成员固定或基本固定。

(2) 经常纠集在一起进行一种或数种严重的犯罪活动。

(3) 有明显的首要分子。

(4) 有预谋地实行犯罪活动。

(5) 不论作案次数多少，对社会造成的危害或其具有的社会危害性都很严重。

24. 简述教唆犯的含义和成立条件。

【记忆要点】主观条件、客观条件。

【参考答案】教唆犯是指教唆他人实行犯罪的人，即故意引起他人实行犯罪决意的人。

成立教唆犯应具备如下条件：

(1) 行为人在主观上具有使他人产生犯罪意图和决心的故意，即唆使他人犯罪的故意。这种故意的内容应是明确的，即教唆人知道自己在教唆什么人犯罪和犯什么罪。没有明确的故意内容，不能成立教唆犯；无意引起他人产生犯罪意图的，更不能成立教唆犯。

(2) 行为人在客观上实施了教唆他人犯罪的行为。教唆行为通常表现为怂恿、诱骗、劝说、请求、收买、强迫、威胁等方式，唆使特定的人实施特定的犯罪。至于教唆行为是否实际引起被教唆人的犯罪意图和决心，被教唆人是否实行了被教唆的犯罪，不影响教唆犯的成立。

★25. 简述教唆犯的刑事责任。

【记忆要点】按所起的作用处罚、可以从轻或减轻处罚、应当从重处罚。

【参考答案】（1）对教唆犯按照其在共同犯罪中所起的作用处罚。起主要作用的，按主犯处罚；仅起到次要作用的，按从犯处罚。

（2）如果被教唆人没有犯被教唆的罪，教唆犯独自构成犯罪，但可以从轻或者减轻处罚，此为“教唆未遂”。

（3）教唆不满 18 周岁的人犯罪的，应当从重处罚。教唆犯不是独立的罪名，对教唆犯，应当按照所教唆的犯罪确定罪名。

★26. 简述共同犯罪成立中止的条件。

【记忆要点】全体共同犯罪人的犯罪中止；部分共同犯罪人的犯罪中止：有效性、效力及于本人、不得缺乏有效性。

【参考答案】（1）在共同犯罪中，如果全体共同犯罪人一致中止犯罪的，所有共同犯罪人都成立犯罪中止。

（2）在共同犯罪中，某一共同犯罪人要成立犯罪中止，必须具备如下条件：①必须具备有效性。共同犯罪中的部分共犯人退出或放弃犯罪的，可以成立中止。但除必须具备犯罪中止的一般要件外，还必须具备“有效性”，即有效地阻止共同犯罪结果发生或有效地消除自己先前参与行为对共同犯罪的作用。②中止的效力仅及于本人，不及于其他共犯人。③缺乏有效性不能单独成立犯罪中止。在共同犯罪中，共同犯罪人消极退出犯罪或自动放弃犯罪、阻止共同犯罪结果未奏效的，不能单独成立犯罪中止。

★27. 简述刑法中法条竞合的概念及其处理原则。

【记忆要点】特别法优于普通法；重法优于轻法。

【参考答案】（1）刑法中的法条竞合，是指行为人实施一个犯罪行为，同时触犯数个在犯罪构成上具有包容关系的刑法规范，只适用其中一个刑法规范的情况。

（2）对法条竞合的处理原则是：①特别法优于普通法（一般法），适用特别法条排斥普通法条。②重法优于轻法。在法条竞合中，仅仅某一法规适用其行为，其法律适用问题，依照特别法优先于普通法、重法优于轻法等原则来处理。

【补充说明】对于参考答案第（1）点，如果回答法条竞合是指刑法中有一些条文之间在内容上存在重复或交叉的情况，也可给分；对于参考答案第（2）点中第②小点，如果回答在法律有特别规定的情形下，依法律规定，也可给分。

28. 简述继续犯的概念、特征及处断原则。

【记忆要点】特征：一个犯意、同一客体、持续侵害。处断原则：依分则规定论处，不并罚。

【参考答案】（1）继续犯是指作用于同一对象的一个犯罪行为从着手实行到实行终了，犯罪行为与不法状态在一定时间内同时处于继续状态的犯罪。

（2）继续犯有如下四个特征：①一个犯罪故意。继续犯支配行为的犯罪故意只有一个，且该犯意贯彻实行行为之始终。②侵犯同一客体。继续犯持续作用的客体只能是同一客体。③对客体的持续侵害。继续犯具有持续性，犯罪行为能够对客体形成持续、不间断的侵害。④犯罪完成、造成不法状态后，行为仍能继续影响不法状态，使客体遭受持续侵害。犯罪完成，造成不法状态后，继续犯的犯罪行为与不法状态还须同时继续。

（3）处断原则：对于继续犯应当依据刑法分则的规定论处，不实行数罪并罚。

★29. 简述想象竞合犯的概念、构成要件及处断原则。

【记忆要点】构成要件：一行为、数罪名。处断原则：从一重。

【参考答案】（1）想象竞合犯是指行为人实施一个犯罪行为同时触犯数个罪名的情况。

（2）想象竞合犯的成立条件包括：①行为人只实施了一个犯罪行为。这是构成想象竞合犯的前提条件。②行为人同时触犯了数个罪名。想象竞合犯只能是一个行为触犯数个罪名，而不是数个行为触犯数个罪名。

（3）处断原则：对于想象竞合犯，采取从一重罪处罚的原则，而不实行数罪并罚。

30. 简述结果加重犯的概念、特征及处断原则。

【记忆要点】特征：基本犯罪构成行为、重结果、罪过、较重法定刑。处断原则：一罪论处、不并罚。

【参考答案】（1）结果加重犯是指实施基本犯罪构成的行为，同时又造成一个基本犯罪构成以外的结果，刑法对其规定较重法定刑的情况。

（2）结果加重犯的特征包括：①实施基本犯罪构成的行为还造成了额外的结果。②分则条文对造成该种结果专门规定了较重法定刑。③行为人对加重的结果具有罪过，具有故意或者过失。

（3）处断原则：对于结果加重犯，以一罪处罚，不实行数罪并罚。

31. 简述集合犯的概念、特征和处断原则。

【记忆要点】特征：主观特征、客观特征、罪数特征。处断原则：一罪论处，不并罚。

【参考答案】（1）集合犯是指行为人以实施不定次数的同种犯罪行为为目的，实施了数个同种犯罪行为，刑法规定作为一罪论处的犯罪形态。

（2）集合犯具有如下特征：①行为人以实施不定次数的同种犯罪行为为目的。②行为人实施了数个同种的犯罪行为，即刑法要求行为人具有多次实施同种犯罪行为的意图，并且行为人一般也实施了数个同种犯罪行为。③刑法将数个同种犯罪行为规定为一罪。集合犯是法律规定的一罪。

（3）处断原则：对于集合犯，按照法律规定的一罪处罚，不实行数罪并罚。

32. 简述牵连犯的概念、特征及处断原则。

【记忆要点】特征：一目的、数行为、数罪名、牵连关系。处断原则：从一重，但刑法有特别规定的除外。

【参考答案】（1）牵连犯是指实施某个犯罪，作为该犯罪的手段行为或结果行为又触犯其他罪的情况。

（2）牵连犯具有如下特征：①有一个最终的犯罪目的。这是牵连犯的本罪。②有两个以上的犯罪行为。两个以上的犯罪行为包括目的行为与手段行为，以及原因行为和结果行为。③触犯了两个以上不同的罪名。牵连犯以实施某一犯罪为目的，其手段行为或者结果行为又触犯了其他罪名。④所触犯的两个以上罪名之间有牵连关系，即一罪或数罪是他罪的手段行为或结果行为。

（3）处断原则：牵连犯实际上是数行为犯数罪，但鉴于其数行为间存在牵连关系，因此一般按择一重罪处罚的原则处理，但是刑法有特别规定的除外。

33. 简述吸收犯的概念、特征及处断原则。

【记忆要点】特征：数行为、数罪、不同种数罪、一行为吸收他行为、处断一罪。处断原则：按吸收罪论，不并罚。

【参考答案】（1）吸收犯是指一个犯罪行为因为是另一个犯罪行为的必经阶段、组成部分、当然结果，而被另一个犯罪行为吸收的情况。

（2）吸收犯具有如下特征：①有数个危害行为。数个犯罪行为是吸收犯成立的前提。②犯数罪（具备数个犯罪构成）。吸收犯的数个行为必须都是犯罪行为，即每个行为都符合刑法规定的犯罪构成。③犯不同种数罪。吸收犯所犯数罪必须是不同种数罪，数罪的犯罪构成具有不同的性质。④其中的一行为吸收其他行为。吸收犯的数个行为之间必须具有吸收关系，这是吸收犯成立的关键。⑤属于实际的数罪、处断的一罪。吸收犯各罪都具有性质不同的犯罪构成，因此在本质上属于实际的数罪，但法律明文规定按一罪论处，因而属于处断的一罪。

（3）处断原则：对于吸收犯，应当按照吸收行为所构成的犯罪处断，不实行数罪并罚。

34. 简述刑事责任的概念和特征。

【记忆要点】非难性、谴责性、社会性、法律性、必然性、平等性、严厉性、专属性。

【参考答案】刑事责任是指行为人因其犯罪行为所应承受的、代表国家的司法机关根据刑事法律对该行为所作的否定评价和对行为人进行谴责的责任。

刑事责任具有如下特征：

（1）刑事责任包含对犯罪行为的非难性和对犯罪人的谴责性。刑事责任是对犯罪行为的否定性评价，具有非难性；刑事责任是对犯罪人进行谴责的责任，具有谴责性。

（2）刑事责任具有社会性与法律性。什么样的国家为什么人的利益而承担刑事责任是刑事责任的社会属性；刑事责任及其内容由法律规定，具有法律性。

（3）刑事责任具有必然性与平等性。行为人实施犯罪行为，必然要承担刑事责任，具有必然性；刑法适用平等原则决定了刑事责任的平等性。

（4）刑事责任具有严厉性与专属性。刑事责任所作的否定评价主要是刑罚处罚，是最严厉的法律责任；刑事责任只能由犯罪人承担，这体现了刑事责任的专属性。

★35. 简述刑事责任的解决方式。

【记忆要点】定罪判刑方式、定罪免刑方式、消灭处理方式、转移处理方式。

【参考答案】（1）定罪判刑方式。定罪判刑即人民法院在判决中对犯罪人作出有罪宣告的同时确定对其适用相应的刑罚。

（2）定罪免刑方式。定罪免刑即人民法院在判决中对犯罪人作出有罪宣告，但同时决定免除刑罚处罚。

（3）消灭处理方式。消灭处理即行为人的行为本已成立犯罪而应负刑事责任，但由于法律的规定而实际阻却追究刑事责任，使行为人的刑事责任归于消灭。

（4）转移处理方式。转移处理即享有外交特权和外交豁免权的外国人的刑事责任通过外交途径予以解决。

36. 简述刑罚的概念和特征。

【记忆要点】严厉性、特定性、专门性、法定性、限定性、保障性。

【参考答案】刑罚是刑法中明文规定的由国家审判机关依法对犯罪人所适用的限制或剥夺其某种权益的最严厉的法律制裁方法。

刑罚具有如下特征：

（1）刑罚是以限制或剥夺犯罪人权益为内容的最严厉的法律制裁方法。刑罚不仅可以剥夺犯罪人的财产，而且可以剥夺其人身自由甚至生命。所以，刑罚是最严厉的强制方法。

（2）刑罚的适用对象只能是犯罪人。刑罚因犯罪而产生，以犯罪为前提，所以受到刑罚处罚的只能是实施犯罪的人。

（3）刑罚的适用主体只能是国家审判机关。刑罚只能由国家审判机关适用，其他任何机关都无权适用刑罚。

（4）刑罚的种类及适用标准必须以刑法明文规定为依据。刑法只能由审判机关依据刑法规定适用，刑法未规定的其他强制方法，国家审判机关也无权作为刑罚来适用。

（5）刑罚在适用程序上必须依照刑事诉讼法的规定。刑罚只能由审判机关根据刑事诉讼法规定的程序适用，不经过法定的刑事诉讼程序和裁判的必要形式，不能对犯罪嫌疑人适用刑罚。

（6）刑罚以国家强制力作保障。刑罚作为最严厉的强制方法，是以国家强制力保障实施的，是国家行使强制力的最高形式。

★37. 简述刑罚的目的。

【记忆要点】刑罚目的的内容：一般预防和特殊预防。特殊预防：预防犯罪人重新犯罪。一般预防：预防尚未犯罪的人实施犯罪。特殊预防和一般预防的关系：紧密结合、相辅相成。

【参考答案】（1）刑罚的目的是国家制定刑罚及对犯罪分子适用、执行刑罚所期望达到的结果。刑罚的目的有特殊预防和一般预防。

（2）特殊预防就是通过刑罚适用，预防犯罪人重新犯罪。通过刑罚的适用和执行，把绝大多数犯罪人改造成为守法的公民是特殊预防的主要内容。

（3）一般预防就是通过对犯罪人适用刑罚，预防尚未犯罪的人实施犯罪。通过刑罚的适用和执行，预防一般公民实施犯罪，警戒和抑制社会上的不稳定分子，使其消除犯罪意念，以预防犯罪的发生。

（4）一般预防和特殊预防紧密结合、相辅相成。对任何一个犯罪人适用刑罚，都包含着一般预防和特殊预防的目的。在对犯罪分子判处刑罚时，既要考虑一般预防的需要，也要考虑特殊预防的需要，不能只强调一个方面而忽视另一方面。

38. 简述管制犯在管制期间应当遵守的规定。

【记忆要点】守法、政治权利和自由、报告活动情况、会客、迁移报批。

【参考答案】被判处管制的犯罪分子，在执行期间，应当遵守下列规定：

（1）遵守法律、行政法规，服从监督；

（2）未经执行机关批准，不得行使言论、出版、集会、结社、游行、示威自由的权利；

（3）按照执行机关规定报告自己的活动情况；

（4）遵守执行机关关于会客的规定；

（5）离开所居住的市、县或者迁居，应当报经执行机关批准。

★39. 我国刑法总则中适用死刑的限制性规定。

【记忆要点】适用条件、适用对象、适用程序、死刑执行。

【参考答案】（1）限制死刑适用条件。死刑只适用于罪行极其严重的犯罪分子。所谓罪行极其严重，是指犯罪行为对国家和人民的利益危害特别严重，社会危害性极为巨大。

（2）限制死刑适用对象。犯罪的时候不满 18 周岁的人和审判的时候怀孕的妇女，不适用死刑。另外，审判的时候已满 75 周岁的人，除非以特别残忍手段致人死亡的，一般不适用死刑。

（3）限制死刑适用程序。判处死刑立即执行的，除依法由最高人民法院判决的以外，都应当报请最高人民法院核准。

（4）限制死刑执行制度。对于应当判处死刑的犯罪分子，如果不是必须立即执行的，可以判处死刑同时宣告缓期 2 年执行。

40. 简述剥夺政治权利的适用范围、适用对象和期限。

【记忆要点】适用范围和适用对象：危害国家安全（应当）、严重破坏社会秩序（可以）、死刑和无期徒刑（终身）。期限：独立适用剥夺政治权利、有期徒刑、拘役：1—5 年；管制：期限相同；死刑、无期徒刑：终身；死缓减为无期徒刑或者有期徒刑：3—10 年。

【参考答案】（1）剥夺政治权利的适用范围与适用对象有三种：①对于危害国家安全的犯罪分子，应当附加剥夺政治权利；②对于故意杀人、强奸、放火、爆炸、投毒、抢劫等严重破坏社会秩序的犯罪分子，可以附加剥夺政治权利；③对于被判处死刑、无期徒刑的犯罪分子，应当剥夺政治权利终身。剥夺政治权利的独立适用由刑法分则加以规定。刑法分则条文中没有规定独立适用剥夺政治权利的，不得独立适用剥夺政治权利。

（2）剥夺政治权利的期限有以下四种情况：①独立适用剥夺政治权利或者主刑是有期徒刑、拘役附加剥夺政治权利的，期限为1年以上5年以下；②判处管制附加剥夺政治权利的，期限与管制的期限相等；③判处死刑、无期徒刑的，应当剥夺政治权利终身；④死刑缓期执行减为有期徒刑或者无期徒刑减为有期徒刑的，应当把附加剥夺政治权利的期限相应地改为3年以上10年以下。

41. 简述量刑的原则。

【记忆要点】以犯罪事实为根据，以法律为准绳。

【参考答案】（1）以犯罪事实为根据的量刑原则。犯罪事实是引起刑事责任的基础，也是进而对犯罪人裁量刑罚的根据。无犯罪事实，也就无刑事责任，更无所谓对犯罪人裁量刑罚的可能。所以，量刑必须以犯罪事实为根据。犯罪事实，是具有概括性特征但所含内容丰富的案件事实，这些事实具体包括犯罪事实、犯罪性质、犯罪情节和犯罪对社会的危害程度等几方面的内容。

（2）以法律为准绳的量刑原则。量刑仅以犯罪事实为根据是不够的，因为仅以犯罪事实作为量刑的根据，并不能保证量刑结果必然适当。要做到量刑适当，还必须以刑法的规定为准绳。贯彻这一量刑原则，要做到以下三点：①必须依照刑法关于各种刑罚方法的适用条件和各种刑罚裁量制度的规定；②必须依照刑法关于各种量刑情节的适用原则和有关各种量刑情节的规定；③必须依照刑法分则和其他刑法规范规定的法定刑和量刑幅度，针对具体犯罪选择判处适当的刑罚。

42. 简述法定情节的概念及种类。

【记忆要点】从重、从轻、减轻、免除。

【参考答案】法定情节是指刑法明文规定的在量刑时应当予以考虑的情节。

从功能上看，法定情节具有如下四种情况：

（1）从重处罚情节。从重处罚是指在法定刑幅度内选择判处比没有该情节的类似犯罪相对较重的刑种或刑期。对于适用从重处罚情节的，不允许在法定最高刑之上判处刑罚。

（2）从轻处罚情节。从轻处罚是指在法定刑幅度内选择判处比没有该情节的类似犯罪相对较轻的刑种或刑期。对于适用从轻处罚情节的，不允许在法定最低刑之下判处刑罚。

（3）减轻处罚情节。减轻处罚，必须在法定刑以下判处刑罚。减轻处罚情节有法定减轻处罚情节和酌定减轻处罚情节。犯罪分子具有刑法规定的减轻处罚情节的，应当在法定刑以下判处刑罚；刑法规定有数个量刑幅度的，应当在法定量刑幅度的下一个量刑幅度内判处刑罚，此为法定减轻处罚情节。犯罪分子虽然不具有刑法规定的减轻处罚情节，但是根据案件的特殊情况，经最高人民法院核准，也可以在法定刑以下判处刑罚，此为酌定减轻处罚情节。

（4）免除处罚情节。免除处罚是对犯罪分子作有罪宣告，但免除其刑罚处罚。免除处罚是在行为人的行为已经构成犯罪，但犯罪情节轻微而不需要判处刑罚时才能适用。

★43. **简述特别累犯的构成条件。**

【记忆要点】犯罪种类受限制、刑种及轻重不受限制、时间不受限制。

【参考答案】(1) 前罪与后罪为危害国家安全犯罪、恐怖活动犯罪、黑社会性质的组织犯罪的任一类犯罪。如果行为人实施的前后两罪都不是上述犯罪的任一类犯罪，或者其中之一不是上述犯罪的任一类犯罪，就不能构成特别累犯。

(2) 前罪被判处的刑罚和后罪应判处的刑罚的种类及其轻重不受限制。即使前后两罪或者其中之一被判处或者应当判处管制、拘役或者单处某种附加刑，也不影响特别累犯的成立。

(3) 因危害国家安全犯罪、恐怖活动犯罪、黑社会性质的组织犯罪的任一类犯罪被判处刑罚，在刑罚执行完毕或者赦免以后的任何时候，再犯上述犯罪的任一类犯罪，就构成特别累犯。

44. **简述累犯的刑事责任。**

【记忆要点】从重处罚；比照初犯和其他犯罪人从重处罚；依据性质、情节和社会危害程度从重处罚。

【参考答案】依据罪责刑相适应原则和刑罚个别化原则，对于累犯应当从重处罚。

(1) 对于累犯必须从重处罚。对累犯都必须对其在法定刑的限度以内，判处相对较重的刑罚即适用较重的刑种或较长的刑期。

(2) 对于累犯应当比照不构成累犯的初犯或其他犯罪人从重处罚。对于累犯的从重处罚，应以不构成累犯的初犯或其他犯罪人为从重处罚的参照标准。

(3) 对于累犯从重处罚，必须根据其所实施的犯罪行为的性质、情节和社会危害程度，确定具体应判处的刑罚。

★45. **简述自首的成立条件。**

【记忆要点】一般自首：自动投案、如实供述罪行；特别自首：主体条件、实质条件。

【参考答案】(1) 一般自首的成立条件：①自动投案：在犯罪事实或者犯罪嫌疑人未被司法机关发觉，或者虽被发觉，但犯罪嫌疑人尚未受到讯问、未被采取强制措施时，主动、直接向公安机关、人民检察院或者人民法院投案。②如实供述自己的罪行：供述自己实施并应由本人承担刑事责任的罪行。

(2) 特别自首的成立条件：①主体必须是被采取强制措施的犯罪嫌疑人、被告人和正在服刑的罪犯。②必须如实供述司法机关还未掌握的本人其他罪行。

★46. **简述数罪自首的认定。**

【记忆要点】一般自首：如实供述全部数罪的全案成立自首；如实供述全部数罪的一部分的，异种数罪中仅供述的犯罪成立自首；同种数罪中所供述犯罪与未供述犯罪程度相当的，仅所供述之罪成立自首；供述主要或基本罪行的全案成立自首。特别自首：非同种罪行以自首论；同种罪行可以酌情或者一般应当从轻处罚。

【参考答案】(1) 就一般自首而言，对于犯罪人自动投案后如实供述所犯全部数罪的，应认定为全案均成立自首。对于犯罪人自动投案后仅如实供述所犯全部数罪的一部分，而未供述另一部分犯罪的，应分别予以处理：①若行为所犯数罪为异种数罪的，其所供述的犯罪成立自首，其未交代的犯罪不成立自首，即自首的效力仅及于如实供述之罪。②若行为所犯数罪为同种数罪，则应根据犯罪人供述犯罪的程度，决定自首成立的范围。其中，犯罪人所供述的犯罪与未供述的犯罪在性质、情节、社会危害程度等方面大致相当的，只应认定所供述之罪成立自首，未供述之罪不成立自首，即自首的效力仅及于如实供述之罪。犯罪人确实由于主客观方面的原因，只如实供述了所犯数罪中的主要或基本罪行，应认定为全案成立自首，即自首的效力及于所犯全部罪行。

（2）就特别自首而言，被司法机关依法采取强制措施的犯罪嫌疑人、被告人和正在服刑的罪犯，如实供述司法机关还未掌握的本人非同种罪行的，以自首论；如实供述司法机关还未掌握的本人同种罪行的，分别不同情况，可以酌情或者一般应当从轻处罚。

47. 简述自首情节及其处理原则。

【记忆要点】可以从轻或者减轻处罚；犯罪较轻的免除处罚。

【参考答案】对于自首的犯罪分子，可以从轻或者减轻处罚。其中，犯罪较轻的，可以免除处罚。

（1）对于自首的犯罪分子，无论罪行轻重，均可以从轻处罚或者减轻处罚。但对于极少数罪行极其严重的犯罪分子，也可以不从轻或者减轻处罚。

（2）对于罪行较轻的自首的犯罪分子，不仅可以从轻处罚或者减轻处罚，而且可以免除处罚。至于罪行的轻重，应当根据犯罪的事实、性质、情节和对于社会的危害程度予以综合评判。而对于自首的具体情节，则应综合考虑投案时间、投案动机、投案的客观条件、交代罪行的程度等多种因素，得出判定结论。

48. 简述一般立功的表现。

【记忆要点】揭发他人犯罪行为、提供侦破线索、阻止他人犯罪、协助抓捕犯罪嫌疑人、其他。

【参考答案】（1）犯罪分子揭发他人的犯罪行为，包括共同犯罪案件中的犯罪分子揭发同案犯共同犯罪以外的其他犯罪，经查证属实。

（2）提供侦破其他案件的重要线索，经查证属实。

（3）阻止他人犯罪活动。

（4）协助司法机关抓捕其他犯罪嫌疑人（包括同案犯）。

（5）具有其他有利于国家和社会的突出表现的行为。

49. 简述我国数罪并罚的特点。

【记忆要点】数罪、法定时间界限内、分别定罪量刑依法并罚。

【参考答案】（1）必须是一行为人犯有数罪。所犯数罪均系一行为人所为，这是适用数罪并罚的前提。

（2）一行为人所犯的数罪必须发生于法定的时间界限之内。我国刑法以刑罚执行完毕以前所犯数罪作为适用并罚的最后时间界限，对于在不同的刑事法律关系发展阶段内实施或发现的数罪，采用不尽一致的并罚方法。

（3）必须在对数罪分别定罪量刑的基础上，依照法定的并罚原则、并罚范围和并罚方法，决定执行的刑罚。

50. 简述我国刑法确立的数罪并罚原则及特点。

【记忆要点】确立的原则：折中原则。特点：兼采各种并罚原则，各种原则无普遍适用效力，限制加重原则居于主导地位，吸收原则和限制加重原则效力排斥，并科原则效力相对独立。

【参考答案】（1）我国刑法确立了以限制加重原则为主、以吸收原则和并科原则为补充的折中原则。

（2）我国刑法确立的数罪并罚原则具有如下特点：①全面兼采各种数罪并罚原则，包括吸收原则、限制加重原则、并科原则。②所采用的各种原则均无普遍适用效力，每一原则仅适用于特定的刑种。即依据刑法的规定，吸收原则只适用于死刑和无期徒刑，限制加重原则只适用于有期徒刑、拘役和管制三种有期自由刑，并科原则只适用于附加刑。③限制加重原则居于主导地位，吸收原则和并科原则处于辅助或次要地位。④吸收原则和限制加重原则的适用效力互相排斥，并科原则的效力相对独立，不影响其他原则的适用。

51. 简述我国刑法规定的限制加重原则的适用情形。

【记忆要点】有期徒刑：总和刑期不满 35 年的最高不能超过 20 年，35 年以上的最高不能超过 25 年；拘役：最高不能超过 1 年；管制：最高不能超过 3 年。

【参考答案】（1）判决宣告的数个主刑均为有期徒刑的，应当在总和刑期以下、数刑中最高刑期以上，酌情决定执行的刑期；有期徒刑总和刑期不满 35 年的，最高不能超过 20 年，总和刑期在 35 年以上的，最高不能超过 25 年。

（2）判决宣告的数个主刑均为拘役的，应当在总和刑期以下、数刑中最高刑期以上，酌情决定执行的刑期，但是最高不能超过 1 年。

（3）判决宣告的数个主刑均为管制的，应当在总和刑期以下、数刑中最高刑期以上，酌情决定执行的刑期，但是最高不能超过 3 年。

52. 简述适用数罪并罚原则的情形。

【记忆要点】判决宣告前犯数罪：依据《刑法》第 69 条规定决定执行刑罚。刑罚执行期间发现漏罪：先并后减。刑罚执行期间又犯新罪：先减后并。

【参考答案】（1）判决宣告以前一人犯数罪的。判决宣告以前一人犯数罪的，除判处死刑和无期徒刑的以外，应当在总和刑期以下、数刑中最高刑期以上，酌情决定执行的刑期，但是管制最高不能超过 3 年，拘役最高不能超过 1 年，有期徒刑总和刑期不满 35 年的，最高不能超过 20 年，总和刑期在 35 年以上的，最高不能超过 25 年。数罪中有判处有期徒刑和拘役的，执行有期徒刑。数罪中有判处有期徒刑和管制，或者拘役和管制的，有期徒刑、拘役执行完毕后，管制仍须执行。数罪中有判处附加刑的，附加刑仍须执行，其中附加刑种类相同的，合并执行，种类不同的，分别执行。

（2）刑罚执行期间发现漏罪的。判决宣告以后，刑罚执行完毕以前，发现被判刑的犯罪分子在判决宣告以前还有其他罪没有判决的，应当对新发现的罪作出判决，把前后两个判决所判处的刑罚，根据对漏罪的“先并后减”的规定，决定执行的刑罚。已经执行的刑期，应当计算在新判决决定的刑期以内。

（3）刑罚执行期间又犯新罪的。判决宣告以后，刑罚执行完毕以前，被判刑的犯罪分子又犯罪的，应当对新犯的罪作出判决，把前罪没有执行的刑罚和后罪所判处的刑罚，根据对新罪的“先减后并”的规定，决定执行的刑罚。

★53. 简述一般缓刑的法律后果。

【记忆要点】没有再犯新罪或发现漏罪，原判的刑罚不再执行；犯新罪或发现漏罪，撤销缓刑数罪并罚；违反规定，撤销缓刑执行原判刑罚；附加刑仍须执行。

【参考答案】（1）被宣告缓刑的犯罪分子，在缓刑考验期限内，没有再犯新罪或者发现漏罪，也没有违反法律、行政法规或者国务院有关部门关于缓刑的监督管理规定，也没有违反法院判决中的禁止令的，缓刑考验期满，原判的刑罚就不再执行，并公开予以宣告。

（2）被宣告缓刑的犯罪分子，在缓刑考验期内犯新罪或者发现判决宣告以前还有其他罪没有判决的，应当撤销缓刑，对新犯的罪或者新发现的罪作出判决，把前罪和后罪所判处的刑罚，依照“先减后并”或“先并后减”规则决定执行的刑罚。

（3）被宣告缓刑的犯罪分子，在缓刑考验期限内，违反法律、行政法规及国务院有关部门关于缓刑的监督管理规定，违反人民法院的禁止令，情节严重的，应当撤销缓刑，执行原判刑罚。

（4）缓刑的效力不及于附加刑，被宣告缓刑的犯罪分子，如果被判处附加刑的，附加刑仍须执行。

54. 简述战时缓刑的含义和适用条件。

【记忆要点】战时、军人、没有现实危险。

【参考答案】战时缓刑是指在战时对军人适用的一种特殊缓刑制度。

战时缓刑的适用条件有：

（1）适用的时间必须是在战时。战时即国家宣布进入战争状态、部队受领作战任务或者遭敌突然袭击时。部队执行戒严任务或者处置突发性暴力事件时，以战时论。

（2）适用的对象只能是被判处 3 年以下有期徒刑（含拘役）的犯罪军人。虽然是犯罪的军人，但被判处的刑罚为 3 年以上有期徒刑者，不能适用战时缓刑。

（3）适用战时缓刑的基本根据，是在战争条件下宣告缓刑没有现实危险。这是战时缓刑最关键的适用条件。即使是被判处 3 年以下有期徒刑的犯罪军人，若适用缓刑具有现实危险，也不能宣告缓刑。

55. 简述减刑的概念和条件。

【记忆要点】对象、实质、限度。

【参考答案】减刑是指对被判处管制、拘役、有期徒刑或者无期徒刑的犯罪分子，因其在刑罚执行期间认真遵守监规，接受教育改造，确有悔改或者立功表现，而适当减轻其原判刑罚的制度。

对犯罪分子的减刑，必须具备如下条件：

（1）对象条件。减刑的对象条件，是指减刑只适用于被判处管制、拘役、有期徒刑、无期徒刑的犯罪分子。

（2）实质条件。减刑的实质条件，因减刑的种类不同而有所区别。一是可以减刑的实质条件，即犯罪分子在刑罚执行期间认真遵守监规，接受教育改造，确有悔改表现，或者有立功表现。二是应当减刑的实质条件，即犯罪分子在刑罚执行期间有重大立功表现。

（3）限度条件。减刑的限度即犯罪分子经过减刑以后，应当实际执行的最低刑期。根据刑法规定，减刑的限度为：减刑以后实际执行的刑期，判处管制、拘役、有期徒刑的，不能少于原判刑期的1/2；判处无期徒刑的，不能少于13年；对于死刑缓期2年执行的罪犯，缓期执行期满后依法减为无期徒刑的，不能少于25年，缓期执行期满后依法减为25年有期徒刑的，不能少于20年。

56. 简述假释的条件。

【记忆要点】对象条件、实质条件、限制条件。

【参考答案】（1）对象条件：假释只能适用于被判处有期徒刑、无期徒刑的犯罪分子。

（2）实质条件：适用假释的犯罪分子，必须认真遵守监规，接受教育改造，确有悔改表现，没有再犯罪的危险。

（3）限制条件：①被判处有期徒刑的犯罪分子，执行原判刑期1/2以上，被判处无期徒刑的犯罪分子，实际执行13年以上，才可以适用假释。如果有特殊情况，经最高人民法院核准，可以不受上述执行刑期的限制。②对累犯以及因故意杀人、强奸、抢劫、绑架、放火、爆炸、投放危险物质或者有组织的暴力性犯罪被判处10年以上有期徒刑、无期徒刑的犯罪分子，不得假释。因前述情形和犯罪被判处死刑缓期执行的罪犯，被减为无期徒刑、有期徒刑后，也不得假释。③对犯罪分子决定假释时，应当考虑其假释后对所居住社区的影响。

57. 简述间谍罪的构成要件。

【记忆要点】客体、客观方面、主体、主观方面。

【参考答案】（1）本罪客体是国家安全。

（2）客观方面表现为参加间谍组织或者接受间谍组织及其代理人的任务，或者为敌人指示轰击目标，危害国家安全的行为。

（3）犯罪主体是一般主体即自然人。

（4）主观方面表现为故意。

58. 简述以危险方法危害公共安全罪的概念和构成要件。

【记忆要点】客体、客观方面、主体、主观方面。

【参考答案】以危险方法危害公共安全罪是指使用与放火、爆炸、决水、投放危险物质方法的危险性相当的其他危险方法，危害公共安全的行为。

以危险方法危害公共安全罪具有如下构成要件：

（1）侵犯客体是公共安全，即不特定的多数人的生命、健康和重大公私财产安全。

（2）客观方面表现为使用与放火、爆炸、投放危险物质、决水方法的危险性相当的其他危险方法，危害公共安全的行为。

（3）犯罪主体是一般主体，即自然人。

（4）主观方面表现为故意。

59. 简述重大责任事故罪的构成要件。

【记忆要点】客体、客观方面、主体、主观方面。

【参考答案】（1）侵犯客体是生产、作业的安全。

（2）客观方面表现为在生产、作业中违反有关安全管理的规定，因而发生重大伤亡事故或者造成其他严重后果的行为。

（3）犯罪主体是一般主体。

（4）主观方面表现为过失。

★60. 简述生产、销售有毒、有害食品罪的概念和构成要件。

【记忆要点】客体、客观方面、主体、主观方面。

【参考答案】生产、销售有毒、有害食品罪是指违反国家食品安全管理法规，在生产、销售的食品中掺入有毒、有害的非食品原料，或者销售明知掺有有毒、有害的非食品原料的食品的行为。

生产、销售有毒、有害食品罪的构成要件如下：

（1）侵犯客体是国家食品安全监督管理秩序和不特定的多数人的生命、健康权利。

（2）客观方面表现为违反国家食品安全管理法规，在生产、销售的食品中掺入有毒、有害的非食品原料，或者销售明知掺有有毒、有害的非食品原料的行为。

（3）犯罪主体是一般主体，包括自然人和单位。

（4）主观方面表现为故意。

★61. 简述生产、销售不符合安全标准的食品罪的构成要件。

【记忆要点】客体、客观方面、主体、主观方面。

【参考答案】（1）侵犯的客体为国家对食品安全的监督管理秩序和食品安全。

（2）客观方面表现为违反国家食品安全管理法规，生产、销售不符合食品安全标准的食品，足以造成严重食物中毒事故或者其他严重食源性疾病的行为。

（3）犯罪主体为一般主体，包括自然人和单位。

（4）主观方面表现为故意。

★62. 简述生产、销售不符合安全标准的食品罪和生产、销售有毒、有害食品罪的区别。

【记忆要点】客体有所不同、客观表现不同、食品性质不同、行为性质不同。

【参考答案】（1）客体有所不同。生产、销售不符合安全标准的食品罪侵犯的客体是国家对食品安全的监督管理秩序和食品安全；生产、销售有毒、有害食品罪侵犯的客体，除了国家对食品安全的监督管理秩序外，还包括不特定多数人的生命、健康权利。

（2）客观表现不同。生产、销售不符合安全标准的食品罪是指违反国家食品安全管理法规，生产、销售不符合安全标准的食品，足以造成严重食物中毒事故或者其他严重食源性疾病的行为；生产、销售有毒、有害食品罪是指违反国家食品安全管理法规，在生产、销售的食品中掺入有毒、有害的非食品原料，或者销售明知掺有有毒、有害的非食品原料的食品的行为。

（3）食品性质不同。生产、销售有毒、有害食品罪造成危害的是“有毒、有害的非食品原料”；生产、销售不符合安全标准的食品罪的食品，则通常是食品的物质，因为变质而产生毒害。

（4）行为性质不同。生产、销售有毒、有害食品罪是行为犯，行为人实施了生产、销售有毒、有害食品的行为，就构成生产、销售有毒、有害食品罪；生产、销售不符合安全标准的食品罪是危险犯，除了实施生产、销售不符合食品安全标准的食品外，还要足以造成严重食物中毒事故或者其他严重食源性疾病，才能构成犯罪。

63. 简述伪造货币罪的概念和构成要件。

【记忆要点】客体、客观方面、主体、主观方面。

【参考答案】伪造货币罪是指违反国家货币管理法规，仿照货币的形状、色彩、图案等特征，使用各种方法非法制造出外观上足以乱真的假货币，破坏货币的公共信用，破坏金融管理秩序的行为。

伪造货币罪的构成要件有：

（1）侵犯的客体是国家的货币管理制度，即货币的公共信用和货币的发行权。

（2）客观方面表现为伪造货币的行为，即仿照货币的形状、色彩、图案等特征，使用各种方法非法制造出外观上足以乱真的假货币，破坏货币的公共信用，破坏金融管理秩序的行为。

（3）犯罪主体是一般主体即自然人，单位不能成为本罪的主体。

（4）主观方面表现为故意。

★64. 简述洗钱罪的构成要件。

【记忆要点】客体、客观方面、主体、主观方面。

【参考答案】（1）侵犯客体是国家正常的金融管理秩序和司法机关的正常活动。

（2）客观方面表现为采用各种手段掩饰、隐瞒毒品犯罪、黑社会性质的组织犯罪、恐怖活动犯罪、走私犯罪、贪污贿赂犯罪、破坏金融管理秩序犯罪、金融诈骗犯罪的所得及其产生的收益的来源和性质的行为。

（3）犯罪主体是一般主体，包括自然人和单位。

（4）主观方面表现为故意。

★65. 简述集资诈骗罪的构成要件。

【记忆要点】客体、客观方面、主体、主观方面。

【参考答案】（1）侵犯客体是复杂客体，即出资人的财产所有权和国家对金融活动的管理秩序。

（2）客观方面表现为行为人使用诈骗方法非法集资，数额较大的行为。

（3）犯罪主体是自然人或单位。

（4）主观方面表现为故意，并且具有非法占有出资人财产的目的。

★66. 简述贷款诈骗罪的构成要件。

【记忆要点】客体、客观方面、主体、主观方面。

【参考答案】（1）侵犯客体是国家对银行贷款或者其他金融机构贷款的管理制度以及财产所有权。

（2）客观方面表现为以非法占有为目的，用虚构事实或者隐瞒真相的方法，骗取银行或者其他金融机构的贷款，数额较大的行为。

（3）犯罪主体是一般主体，仅限于自然人，单位不能成为本罪主体。

（4）主观方面表现为故意，必须具有非法占有银行或其他金融机构贷款的目的。

67. 简述逃税罪的构成要件。

【记忆要点】客体、客观方面、主体、主观方面。

【参考答案】（1）侵犯客体是国家的税收征管制度。

（2）客观方面表现为纳税人采取欺骗、隐瞒手段进行虚假纳税申报或者不申报，逃避缴纳税款数额较大并且占应纳税额10%以上的行为以及扣缴义务人采用上述手段不缴或者少缴已扣、已收税款数额较大的行为。

（3）犯罪主体是特殊主体，即纳税人和扣缴义务人，包括个人和单位。

（4）主观方面表现为故意，并具有逃避纳税义务，谋取非法利益的目的。

68. 简述抗税罪的构成要件。

【记忆要点】客体、客观方面、主体、主观方面。

【参考答案】（1）侵犯客体是复杂客体，既破坏了国家对税收的管理秩序，又侵犯了依法征税的税务人员的人身权利。

（2）客观方面表现为采用暴力、威胁方法拒不缴纳税款的行为。

（3）犯罪主体是纳税人中的个人，单位不构成本罪。

（4）主观方面表现为故意，目的在于抗拒缴纳税款。

★69. 简述收买被拐卖妇女、儿童罪的构成要件。

【记忆要点】客体、客观方面、主体、主观方面。

【参考答案】(1) 侵犯客体是被拐卖妇女、儿童的人身自由权和人格尊严权。

(2) 客观方面表现为收买被拐卖的妇女、儿童的行为，即以金钱或者金钱以外的有经济价值的物品为报酬，从第三者手中换取妇女、儿童的行为。

(3) 犯罪主体是一般主体。

(4) 主观方面表现为直接故意，且对被收买的妇女、儿童不具有再出卖的目的。

70. 简述侮辱罪的概念和构成要件。

【记忆要点】客体、客观方面、主体、主观方面。

【参考答案】侮辱罪是指使用暴力或者其他方法，公然贬低他人人格，败坏他人名誉，情节严重的行为。

侮辱罪的构成要件有：

(1) 侵犯客体是他人的人格、名誉。

(2) 客观方面表现为以暴力或者其他方法公然侮辱他人，损害他人人格和名誉的行为。构成本罪必须有侮辱他人的行为，而且侮辱行为必须采取暴力或者其他方法进行。侮辱行为必须公然针对特定的人进行。

(3) 犯罪主体是一般主体即自然人。

(4) 主观方面表现为故意，并具有损害他人人格、名誉的目的。

71. 简述刑讯逼供罪的概念和构成要件。

【记忆要点】客体、客观方面、主体、主观方面。

【参考答案】刑讯逼供罪是指司法工作人员对犯罪嫌疑人、被告人实行刑讯逼供的行为。

刑讯逼供罪的构成要件有：

(1) 侵犯客体是复杂客体，既包括公民的人身权利，也包括司法机关的正常活动。

(2) 客观方面表现为对犯罪嫌疑人、被告人使用肉刑或者变相使用肉刑，逼取口供的行为。

(3) 犯罪主体是特殊主体，即司法工作人员，即具有侦查、检察、审判、监管职责的工作人员。

(4) 主观方面表现为故意，目的在于逼取口供。

72. 简述侵犯公民个人信息罪的概念和构成要件。

【记忆要点】客体、客观方面、主体、主观方面。

【参考答案】侵犯公民个人信息罪是指违反国家有关规定，向他人出售或者提供公民个人信息，或者将在履行职责或者提供服务过程中获得的公民个人信息，出售或者提供给他人，以及窃取或者以其他方法非法获取公民个人信息，情节严重的行为。

侵犯公民个人信息罪的构成要件有：

(1) 侵犯的客体是公民个人的信息自由和安全。

(2) 客观方面表现为行为人向他人出售或者非法提供公民个人信息，或者将在履行职责或者提供服务过程中获得的公民个人信息，出售或者提供给他人，以及窃取或者以其他方法非法获取公民个人信息，情节严重的行为。

(3) 犯罪主体是一般主体即自然人，单位也可以成为本罪的主体。

(4) 主观方面表现为故意。

73. 简述重婚罪的概念和构成要件。

【记忆要点】客体、客观方面、主体、主观方面。

【参考答案】重婚罪是指有配偶而重婚或者明知他人有配偶而与之结婚的行为。

重婚罪的构成要件有：

(1) 侵犯客体是一夫一妻的婚姻制度。

(2) 客观方面表现为有配偶即已婚者又与他人结婚，或者无配偶者明知他人有配偶而与之结婚的行为。

(3) 犯罪主体是特殊主体，即已婚者或者虽无配偶但是明知对方有配偶而与之结婚的人。

(4) 主观方面表现为故意。

★74. 简述虐待罪的概念和构成要件。

【记忆要点】客体、客观方面、主体、主观方面。

【参考答案】虐待罪是指虐待家庭成员，情节恶劣的行为。

虐待罪的构成要件有：

(1) 侵犯客体是共同生活的家庭成员在家庭生活中的平等权利与被害人的人身权利。

(2) 客观方面表现为对共同生活的家庭成员经常以打骂、捆绑、冻饿、有病不给治、强迫超体力劳作、限制自由等方式，从肉体上或者精神上摧残、折磨的行为。

(3) 犯罪主体是特殊主体，即共同生活的家庭成员。

(4) 主观方面表现为故意。

★75. 简述遗弃罪的构成要件。

【记忆要点】客体、客观方面、主体、主观方面。

【参考答案】(1) 侵犯客体是家庭成员之间相互扶养的权利义务关系。

(2) 客观方面表现为对于年老、年幼、患病或者其他没有独立生活能力的人，负有扶养义务而拒绝扶养的行为。

(3) 犯罪主体是特殊主体，即对被遗弃者负有法律上的扶养义务而且有扶养能力的人。

(4) 主观方面表现为故意。

76. 简述转化型抢劫罪的构成要件。

【记忆要点】犯盗窃、诈骗、抢夺罪，为窝藏赃物、抗拒抓捕或者毁灭罪证而当场使用暴力或者以暴力相威胁。

【参考答案】（1）行为人必须实施了盗窃、诈骗、抢夺任何一种犯罪行为，这是适用转化型抢劫罪的前提。

（2）行为人的目的是窝藏赃物、抗拒抓捕或者毁灭罪证。窝藏赃物是指为防护已到手的赃物不被追回；抗拒抓捕是指抗拒公安机关或者任何公民，特别是失主的抓捕、扭送；毁灭罪证是指毁灭作案现场遗留的痕迹、物品等以免被采取成为罪证。如果出于其他目的，不能构成抢劫罪。

（3）行为人必须是当场使用暴力或者以暴力相威胁。当场是指犯罪分子实施犯罪的现场，或者刚一离开现场就被人发觉、追捕的过程。

★77. 简述抢劫罪和绑架罪的界限。

【记忆要点】主观方面不同、行为手段不同。

【参考答案】（1）主观方面不尽相同。抢劫罪中，行为人一般出于非法占有他人财物的故意实施抢劫行为，绑架罪中，行为人既可能为勒索他人财物而实施绑架行为，也可能出于其他非经济目的实施绑架行为。

（2）行为手段不尽相同。抢劫罪表现为行为人劫取财物一般应在同一时间、同一地点，具有“当场性”；绑架罪表现为行为人以杀害、伤害等方式向被绑架人的亲属或其他人或单位发出威胁，索取赎金或提出其他非法要求，劫取财物一般不具有“当场性”。

78. 简述盗窃罪的客观本质特征和行为方式。

【记忆要点】秘密窃取；多次盗窃、入户盗窃、携带凶器盗窃、扒窃。

【参考答案】（1）盗窃罪客观方面表现为秘密窃取数额较大的公私财物或者多次盗窃、入户盗窃、携带凶器盗窃、扒窃的行为。秘密窃取是盗窃罪的本质特征，所谓秘密窃取，是指犯罪分子采取主观上自认为不会被财物所有人、管理人、持有人发觉的方法，将公私财物据为己有。

（2）盗窃罪的行为方式有如下几种：①多次盗窃。2 年内盗窃 3 次以上的，应当认定为“多次盗窃”。②入户盗窃。非法进入供他人家庭生活，与外界相对隔离的住所盗窃的，应当认定为“入户盗窃”。③携带凶器盗窃。携带枪支、爆炸物、管制刀具等国家禁止个人携带的器械盗窃，或者为了实施违法犯罪携带其他足以危害他人人身安全的器械盗窃的，应当认定为“携带凶器盗窃”。④扒窃。在公共场所或者公共交通工具上盗窃他人随身携带的财物的，应当认定为“扒窃”。

79. 简述侵占罪和盗窃罪的区别。

【记忆要点】犯罪故意产生的时间不同、犯罪对象不同、客观方面不同。

【参考答案】（1）犯罪故意产生的时间不同。侵占罪的行为人在持有公私财物之后才产生犯罪故意，即产生了非法占有公私财物的目的；盗窃罪的行为人是在没有占有财物之前就产生了非法占有他人财物的目的。

（2）犯罪对象不尽相同。侵占罪的对象是行为人业已持有的公私财物，公私财物已经在行为人的控制之下；盗窃罪的对象则是他人所有、管理、持有的公私财物，公私财物在被害人的控制之下。

(3) 客观方面不尽相同。侵占罪在客观方面表现为侵占行为，即将自己已经控制的公私财物非法占有；盗窃罪在客观方面表现为秘密窃取行为，行为人采取自以为不会被财物的所有人、保管人、看护人、持有人等发觉的方法窃取其财物。

80. 简述敲诈勒索罪和抢劫罪的区别。

【记忆要点】行为的内容不同、行为方式不同、非法取得财物的时间不同、构成犯罪的数额标准不同。

【参考答案】(1) 行为的内容不同。抢劫罪以当场实施暴力、暴力相威胁为其行为内容；敲诈勒索罪仅限于威胁，不当场实施暴力，而且威胁的内容不只是暴力，还包括非暴力威胁。

(2) 犯罪行为方式不同。抢劫罪的威胁当着被害人的面实施，一般是用言语或动作来表示；敲诈勒索罪的威胁可以是当着被害人的面，也可以是通过第三者来实现，可以用口头方式来表示，也可以通过书信的方式来表示。

(3) 非法取得财物的时间不同。抢劫罪是当场取得财物；敲诈勒索罪可以是当场，也可以是在实施威胁、要挟之后取得他人财物。

(4) 构成犯罪的数额标准不同。抢劫罪有较大的社会危害性，法律不要求其劫取财物的数额必须达到数额较大才构成犯罪；敲诈勒索罪行为的社会危害性相对较小，刑法规定以数额较大或多次敲诈勒索作为敲诈勒索罪的必要要件。

81. 简述伪造、变造、买卖身份证件罪的概念和构成要件。

【记忆要点】客体、客观方面、主体、主观方面。

【参考答案】伪造、变造、买卖身份证件罪是指伪造、变造、买卖居民身份证、护照、社会保障卡、驾驶证等依法可以用于证明身份的证件的行为。

伪造、变造、买卖身份证件罪的构成要件有：

(1) 侵犯的客体是国家对身份证件的管理制度。

(2) 客观方面表现为行为人实施了伪造、变造、买卖居民身份证、护照、社会保障卡、驾驶证等依法可以用于证明身份的证件的行为。

(3) 犯罪主体是一般主体即自然人。

(4) 主观方面表现为故意。

82. 简述编造、故意传播虚假恐怖信息罪的概念和构成要件。

【记忆要点】客体、客观方面、主体、主观方面。

【参考答案】编造、故意传播虚假恐怖信息罪是指行为人编造爆炸威胁、生化威胁、放射威胁等恐怖信息，或者明知是编造的恐怖信息而故意传播，严重扰乱社会秩序的行为。

编造、故意传播虚假恐怖信息罪的构成要件有：

(1) 侵犯客体是社会公共秩序。

(2) 客观方面表现为故意编造虚假恐怖信息和故意传播虚假恐怖信息的行为。行为人只要具备上述行为之一，严重扰乱了社会秩序的，即符合本罪的成立条件。

（3）犯罪主体是一般主体即自然人。

（4）主观方面表现为故意。

83. 简述组织考试作弊罪的构成要件。

【记忆要点】客体、客观方面、主体、主观方面。

【参考答案】（1）侵犯客体是复杂客体，既侵犯了国家对考试组织的管理秩序，又侵犯了他人公平参与考试的权利。

（2）客观方面表现为在法律规定的国家考试中，组织作弊或者为他人实施组织作弊犯罪提供作弊器材或者其他帮助的行为。

（3）犯罪主体是一般主体即自然人，本罪仅处罚组织考生作弊的组织者，不处罚参与作弊的考生。

（4）主观方面表现为故意。

84. 简述帮助信息网络犯罪活动罪的构成要件。

【记忆要点】客体、客观方面、主体、主观方面。

【参考答案】（1）侵犯的客体是有关网络安全的管理制度。

（2）客观方面表现为明知他人利用信息网络实施犯罪，为其犯罪提供互联网接入、服务器托管、网络存储、通信传输等技术支持，或者提供广告推广、支付结算等帮助，情节严重的行为。

（3）犯罪主体是一般主体即自然人，单位也可以构成本罪。

（4）主观方面表现为故意。

★85. 简述妨害作证罪的概念和构成要件。

【记忆要点】客体、客观方面、主体、主观方面。

【参考答案】妨害作证罪是指以暴力、威胁、贿买等方法阻止证人作证或者指使他人作伪证的行为。

妨害作证罪的构成要件有：

（1）侵犯的客体是国家司法机关正常的诉讼秩序和司法活动的客观公正性。

（2）客观方面表现为以暴力、威胁、贿买等方法阻止证人作证或者指使他人作伪证的行为。

（3）犯罪主体是一般主体即自然人。

（4）主观方面表现为故意。

86. 简述掩饰、隐瞒犯罪所得、犯罪所得收益罪的概念和构成要件。

【记忆要点】客体、客观方面、主体、主观方面。

【参考答案】掩饰、隐瞒犯罪所得、犯罪所得收益罪是指明知是犯罪所得及其产生的收益而予以窝藏、转移、收购、代为销售或者以其他方法掩饰、隐瞒的行为。

掩饰、隐瞒犯罪所得、犯罪所得收益罪的构成要件有：

（1）侵犯客体是司法机关追究刑事犯罪的正常活动。

（2）客观方面表现为窝藏、转移、收购、代为销售或者以其他方法掩饰、隐瞒犯罪所得及其产生的收益的行为。

（3）犯罪主体是一般主体，单位可以成立本罪。

（4）主观方面表现为故意。

★87. 简述脱逃罪的概念和构成要件。

【记忆要点】客体、客观方面、主体、主观方面。

【参考答案】脱逃罪是指依法被关押的罪犯、犯罪嫌疑人逃脱司法机关的羁押和监管的行为。

脱逃罪的构成要件有：

（1）侵犯客体是国家监管机关的正常监管秩序。

（2）客观方面表现为从羁押场所脱逃的行为。

（3）犯罪主体是特殊主体，即限于依法被拘留、逮捕、关押的罪犯、犯罪嫌疑人。

（4）主观方面表现为故意，脱逃的目的是逃避羁押和刑罚的执行。

88. 简述妨害传染病防治罪的构成要件。

【记忆要点】客体、客观方面、主体、主观方面。

【参考答案】（1）本罪的客体是国家关于传染病防治的管理制度。

（2）客观方面表现为行为人违反国家传染病防治法的规定，实施法定的引起甲类传染病以及依法确定采取甲类传染病预防、控制措施的传染病传播或者有传播严重危险的行为。

（3）犯罪主体是一般主体即自然人，单位也可以成为本罪的主体。

（4）主观方面表现为过失。

★89. 简述医疗事故罪的构成要件。

【记忆要点】客体、客观方面、主体、主观方面。

【参考答案】（1）侵犯客体是国家对医疗工作的管理秩序和就诊人的生命、健康权利和医疗单位的正常活动。

（2）客观方面表现为对医疗护理工作严重不负责任，致使就诊人死亡或者健康受到严重损害的行为。

（3）犯罪主体是特殊主体，主要是医务人员。

（4）主观方面表现为过失。

90. 简述非法行医罪的构成要件。

【记忆要点】客体、客观方面、主体、主观方面。

【参考答案】（1）侵犯客体是国家对医疗工作的管理秩序和就诊人的生命安全和健康权利。

（2）客观方面表现为非法行医，情节严重的行为，即无医生执业资格从事营利性的诊治活动。

（3）犯罪主体为未取得医生执业资格的自然人。

（4）主观方面表现为直接故意，即行为人明知无医生执业资格，为了牟利而非法行医。

91. 简述传播性病罪的构成要件。

【记忆要点】客体、客观方面、主体、主观方面。

【参考答案】（1）侵犯客体是复杂客体，既破坏了社会治安管理秩序又危害了他人的身体健康。

（2）客观方面表现为行为人在患有严重性病的情况下实施卖淫嫖娼的行为。

（3）犯罪主体为特殊主体，即已满16周岁，具有刑事责任能力，且患有梅毒、淋病等严重性病的人。

（4）主观方面表现为故意。

★92. 简述贪污贿赂罪的概念和共同特征。

【记忆要点】客体、客观方面、主体、主观方面。

【参考答案】贪污贿赂罪是指国家工作人员（行贿类的犯罪除外）利用职务上的便利，非法占有、使用公共财物，索取、收受贿赂或者取得其他非法利益，破坏职务的廉洁性的行为。

贪污贿赂罪的共同特征有：

（1）侵犯的客体是公务活动的廉洁性。

（2）客观方面表现为贪污、挪用公款、受贿、行贿、利用影响力受贿、对有影响力的人行贿、巨额财产来源不明等行为。

（3）犯罪主体除了行贿罪、对有影响力的人行贿罪、对单位行贿罪、介绍贿赂罪是一般主体外，其余犯罪都是特殊主体。对有影响力的人行贿罪、对单位行贿罪可以由单位构成。

（4）主观方面都表现为故意。

93. 简述挪用公款罪的客观行为方式。

【记忆要点】非法活动、营利活动、归个人使用数额较大超过3个月未还。

【参考答案】构成挪用公款罪，有以下三种情形：

（1）挪用公款进行非法活动（包括犯罪活动）。如挪用公款进行走私、嫖娼、赌博、非法经营等违法犯罪活动的，构成挪用公款罪。这种情形原则上不要求挪用公款达到数额较大标准，也不要求挪用时间超过3个月未还。

（2）挪用公款进行营利活动。这种挪用行为要求数额较大，但没有挪用时间的要求。

（3）挪用公款归个人使用，数额较大、超过3个月未还。这种情形既有数额要求（数额较大），也有时间要求（超过3个月未还）。

★94. 简述斡旋受贿的构成条件（特点）。

【记忆要点】 利用职权或地位形成的便利条件，谋取不正当利益，索取或收受财物。

【参考答案】（1）行为人利用本人职权或者地位形成的便利条件，通过其他国家工作人员职务上的行为，而不是直接利用自己职务范围内的权力。

（2）接受他人请托，使其他国家工作人员实施职务上的行为，为请托人谋取不正当利益。无论是索贿行为还是非法收受贿赂的行为，斡旋受贿构成犯罪的，均要求具有为请托人谋取不正当利益的要件。

（3）向请托人索取财物或者收受请托人的财物。索取或收受请托人的财物是行为人使其他国家工作人员为请托人谋取不正当利益的行为的不正当报酬。

★95. 简述对有影响力的人行贿罪的构成要件。

【记忆要点】 客体、客观方面、主体、主观方面。

【参考答案】（1）侵犯的客体是国家工作人员职务行为的廉洁性。

（2）客观方面表现为行为人为谋取不正当利益，向国家工作人员的近亲属或者其他与该国家工作人员关系密切的人，或者向离职的国家工作人员或者其近亲属以及其他与其关系密切的人行贿的行为。

（3）犯罪主体是自然人，单位也可以成为本罪的主体。

（4）主观方面表现为故意，并具有谋取不正当利益的目的。

96. 简述滥用职权罪的概念和构成要件。

【记忆要点】 客体、客观方面、主体、主观方面。

【参考答案】 滥用职权罪是指国家机关工作人员滥用职权，致使公共财产、国家和人民利益遭受重大损失的行为。

滥用职权罪的构成要件有：

（1）侵犯客体是国家机关的正常管理活动。

（2）客观方面表现为违反法律规定的权限和程序，滥用职权，致使公共财产、国家和人民利益遭受重大损失的行为。

（3）犯罪主体是特殊主体，即国家机关工作人员。

（4）主观方面表现为故意。

97. 简述执行判决、裁定失职罪的概念和构成要件。

【记忆要点】 客体、客观方面、主体、主观方面。

【参考答案】 执行判决、裁定失职罪是指司法工作人员在执行判决、裁定活动中，严重不负责任，不依法采取诉讼保全措施、不履行法定执行职责，致使当事人或者其他人的利益遭受重大损失的行为。

执行判决、裁定失职罪的构成要件有：

（1）侵犯客体是人民法院正常的执行活动。

（2）客观方面表现为在执行判决、裁定活动中，严重不负责任，不依法采取诉讼保全措施、不履行法定执行职责，致使当事人或者其他人的利益遭受重大损失的行为。

（3）犯罪主体为特殊主体，限于司法工作人员。

（4）主观方面表现为过失。

98. 简述执行判决、裁定滥用职权罪的概念和构成要件。

【记忆要点】客体、客观方面、主体、主观方面。

【参考答案】执行判决、裁定滥用职权罪是指司法工作人员在执行判决、裁定活动中，滥用职权，致使当事人或者其他人的利益遭受重大损失的行为。

执行判决、裁定滥用职权罪的构成要件有：

（1）侵犯客体是人民法院正常的执行活动。

（2）客观方面表现为在执行判决、裁定活动中滥用职权，违反法律规定的条件和程序采取诉讼保全措施、强制执行措施，致使当事人或者其他人的利益遭受重大损失的行为。

（3）犯罪主体是特殊主体，限于司法工作人员。

（4）主观方面表现为故意。

99. 简述传染病防治失职罪的构成要件。

【记忆要点】客体、客观方面、主体、主观方面。

【参考答案】（1）本罪的客体为国家关于传染病防治的管理秩序。

（2）客观方面表现为严重不负责任，不履行或者不认真履行传染病防治的监管职责，导致传染病传播或者流行，情节严重的行为。

（3）犯罪主体是特殊主体，即从事传染病防治的政府卫生行政部门的工作人员。

（4）主观方面表现为过失。

100. 简述私放在押人员罪的概念和构成要件。

【记忆要点】客体、客观方面、主体、主观方面。

【参考答案】私放在押人员罪是指司法工作人员利用职务上的便利，私自将被关押的犯罪嫌疑人、被告人或罪犯放走，致使其逃离监管的行为。

私放在押人员罪的构成要件有：

（1）侵犯客体是国家司法机关对犯罪嫌疑人、被告人或罪犯的监管制度。

（2）客观方面表现为利用职务上的便利，私自将被关押的犯罪嫌疑人、被告人或罪犯放走的行为。

（3）犯罪主体是特殊主体，限于司法工作人员，即国家安全机关、公安机关、检察机关、审判机关、狱政管理机关的工作人员及执行监所看守任务的武警人员。

（4）主观方面表现为故意，即行为人明知在押的是犯罪嫌疑人、被告人、罪犯而故意将其放走。

二、法条分析题

1. 我国《刑法》第3条规定："法律明文规定为犯罪行为的，依照法律定罪处刑；法律没有明文规定为犯罪行为的，不得定罪处刑。"

请分析：

（1）本条规定了刑法中的何种原则？

（2）条文中"法律"的内涵。

（3）如何理解条文中的"明文规定"？

【记忆要点】条文体现的原则：罪刑法定原则；法律的内涵：全国人大及其常委会制定的法律、法令，且是行为当时有效的法律；明文规定的含义：法律及法律后果明确化。

【参考答案】（1）罪刑法定原则。

（2）"法律"是指全国人民代表大会及其常务委员会制定的法律、法令，通常是行为当时有效的法律。

（3）"明文规定"就是对于什么行为是犯罪以及犯罪所产生的法律后果，都必须作出具体的规定，并用文字表述清楚，这是罪刑法定原则的明确化要求。

★2. 我国《刑法》第14条规定："明知自己的行为会发生危害社会的结果，并且希望或者放任这种结果发生，因而构成犯罪的，是故意犯罪。

故意犯罪，应当负刑事责任。"

请分析：

（1）如何理解本条第1款规定中"明知"的范围？

（2）如何理解本条第1款规定中"希望"和"放任"危害结果发生的含义？

（3）如何区别"希望"和"放任"？

【记忆要点】明知的范围：行为、结果、因果关系、社会危害性。希望：积极追求。放任：虽不积极追求但任凭事态发展。二者的区别：对危害结果发生的态度不同。

【参考答案】（1）明知的范围包括：①对行为、结果以及它们之间的因果关系等属于犯罪构成的客观事实所属情况的明确认识。②对行为及其结果具有社会危害性的认识。

（2）"希望"危害结果发生是指行为人对危害结果的发生的积极追求，将其作为自己行为的目的，并采取积极的行动为达到这个目的而努力。"放任"危害结果的发生是指对危害结果的发生持纵容的态度，行为人对危害结果的发生虽然不积极追求但也不设法避免。

（3）"希望"和"放任"体现了二者对危害结果发生的态度明显不同："希望"是对危害结果的发生持积极追求的态度；"放任"是对危害结果的发生不积极追求，任凭事态发展。

★3. 我国《刑法》第15条规定："应当预见自己的行为可能发生危害社会的结

果，因为疏忽大意而没有预见，或者已经预见而轻信能够避免，以致发生这种结果的，是过失犯罪。

过失犯罪，法律有规定的才负刑事责任。"

请分析：

（1）如何理解本条第1款规定中的"疏忽大意"的含义？

（2）如何理解本条第1款规定中的"已经预见"的范围？

（3）如何理解本条第1款规定中的"轻信能够避免"的含义？

（4）如何理解本条第2款规定？

【记忆要点】疏忽大意：马虎大意、缺乏责任心。"已经预见"的范围：危害结果发生的可能性、可能发生什么样的危害结果。轻信能够避免：希望、相信能够避免和轻率相信可以避免。对第2款的理解：刑法分则的明确规定、条文明示罪过形式为过失。

【参考答案】（1）"疏忽大意"就是按照行为人行为时的认识能力和客观条件，他本该预见到，由于马虎大意、缺乏责任心而未能预见，以致造成危害结果的发生。

（2）"已经预见"的范围：①已经预见到危害结果发生的可能性。②已经预见到可能产生什么样的危害结果。

（3）"轻信能够避免"是指：①行为人希望和相信能够避免危害结果发生。②行为人没有确实可靠的客观根据而轻率相信可以避免。

（4）对第2款规定的理解：①刑法分则各条规定的犯罪，在没有特别说明的情况下，其主观罪过形式当然是故意，并且不能理解为当然包括过失。②只有当法律条文明示该条之罪的罪过形式是过失或者包括过失，过失才可能构成犯罪，承担刑事责任。

★4. 我国《刑法》第22条第1款规定："为了犯罪，准备工具、制造条件的，是犯罪预备。"

请分析：

（1）"准备工具"的含义。

（2）"制造条件"的含义。

（3）预备行为和实行行为的关键区别是什么？

（4）对预备犯应如何处罚？

【记忆要点】准备工具：准备为实行犯罪所使用的各种物品；制造条件：为实行犯罪制造机会或创造条件；预备行为和实行行为的关键区别：是否直接侵犯犯罪客体；处罚：可以比照既遂犯从轻、减轻处罚或者免除处罚。

【参考答案】（1）"准备工具"是指准备为实行犯罪所使用的各种物品。

（2）"制造条件"是指为实行犯罪制造机会或创造条件。

（3）预备行为和实行行为的关键区别是行为人的行为是否直接侵犯犯罪客体。

（4）对于预备犯，可以比照既遂犯从轻、减轻处罚或者免除处罚。

★5. 我国《刑法》第23条规定："已经着手实行犯罪，由于犯罪分子意志以外的原因而未得逞的，是犯罪未遂。

对于未遂犯，可以比照既遂犯从轻或者减轻处罚。"

请分析：

(1) 本条文中“已经着手实行犯罪”的含义。

(2) 本条文中“犯罪分子意志以外的原因”和“犯罪未得逞”的含义。

(3) 试分析本条第2款关于未遂犯的处罚。

【记忆要点】已经着手实行犯罪：已经实行基本构成要件的行为；犯罪分子意志以外的原因：违背犯罪分子本意的原因；犯罪未得逞：不可克服的情况使犯罪没有既遂。对未遂犯的处罚：同时引用第2款和分则具体条文、比照既遂犯从轻或减轻处罚、置于全案统筹考虑、区分既遂和未遂的危害程度。

【参考答案】(1) 已经着手实行犯罪是指犯罪分子已经开始实行刑法分则条文所规定的某种犯罪的基本构成要件的行为。

(2) 犯罪分子意志以外的原因是指违背犯罪分子本意的原因，包括被害人的反抗、第三者的阻止、自然力的阻碍、物质的阻碍、犯罪人能力不足、认识发生错误等。犯罪未得逞是指犯罪未能达到既遂状态是由不可克服的客观障碍造成的。

(3) 对于未遂犯，可以比照既遂犯从轻或者减轻处罚：①对于未遂犯的量刑，应当同时引用本条第2款规定和刑法分则的具体条文。②与既遂犯相比，对未遂犯一般要从轻或者减轻处罚。③对未遂犯确定是否可因犯罪未遂而从轻、减轻处罚时，应把未遂情况置于全案情节中统筹考虑。④正确判断未遂案件和既遂案件危害程度的差别。

★6. 我国《刑法》第20条规定：“为了使国家、公共利益、本人或者他人的人身、财产和其他权利免受正在进行的不法侵害，而采取的制止不法侵害的行为，对不法侵害人造成损害的，属于正当防卫，不负刑事责任。

正当防卫明显超过必要限度造成重大损害的，应当负刑事责任，但是应当减轻或者免除处罚。

对正在进行行凶、杀人、抢劫、强奸、绑架以及其他严重危及人身安全的暴力犯罪，采取防卫行为，造成不法侵害人伤亡的，不属于防卫过当，不负刑事责任。”

请分析：

(1) 根据本条第1款规定分析正当防卫的成立条件。

(2) 如何理解本条第1款规定中的“正在进行的不法侵害”?

(3) 如何认定本条第2款规定的防卫是否“明显超过必要限度”?

(4) 如何认定本条第2款规定中的“造成重大损害”?

(5) 如何认定本条第3款规定中的“行凶”?

(6) 如何准确理解和把握本条第3款规定中的“杀人、抢劫、强奸、绑架”?

(7) 如何准确理解和把握本条第3款规定中的“其他严重危及人身安全的暴力犯罪”?

【记忆要点】正当防卫的成立条件：起因、时间、对象、主观、限度。正在进行的不法侵害：不法侵害已经开始尚未结束。明显超过必要限度：不法侵害的性质、手段、强度、危害程度；防卫时机、手段、强度、损害后果；力量对比、情境、社会公众一般认知。造成重大损害：重伤、死亡。行凶：致命性武器；人数、打击部位、力度；对人身安全造成严重、紧迫危险。杀人、抢劫、强奸、绑架：具体犯罪行为而不是罪名。其他严重危及人身安全的暴力犯罪：与杀人、抢劫、强奸、绑架相当；重伤、死亡；现实、紧迫危险。

【参考答案】（1）成立正当防卫必须具备以下条件：①起因条件是有不法侵害行为发生。②时间条件是对正在进行的不法侵害进行防卫。③对象条件是防卫行为必须是针对不法侵害者本人实行。④主观条件是防卫必须是基于保护合法权益免受不法侵害的目的。⑤限度条件是正当防卫不能明显超过必要限度造成重大损害。

（2）“正在进行的不法侵害”是指不法侵害已经开始尚未结束。不法侵害正在进行，使法益处于紧迫的危险之中，才使防卫行为成为保护法益的必要手段。

（3）防卫是否“明显超过必要限度”，应当综合不法侵害的性质、手段、强度、危害程度和防卫的时机、手段、强度、损害后果等情节，考虑双方力量对比，立足防卫人防卫时所处情境，结合社会公众的一般认知作出判断。

（4）“造成重大损害”是指造成不法侵害人重伤、死亡。造成轻伤及以下损害的，不属于重大损害。

（5）下列行为应当认定为“行凶”：①使用致命性凶器，严重危及他人人身安全的；②未使用凶器或者未使用致命性凶器，但是根据不法侵害的人数、打击部位和力度等情况，确已严重危及他人人身安全的。虽然尚未造成实际损害，但已对人身安全造成严重、紧迫危险的，可以认定为“行凶”。

（6）“杀人、抢劫、强奸、绑架”，是指具体犯罪行为而不是具体罪名。在实施不法侵害过程中存在杀人、抢劫、强奸、绑架等严重危及人身安全的暴力犯罪行为的，如以暴力手段抢劫枪支、弹药、爆炸物或者以绑架手段拐卖妇女、儿童的，可以实行特殊防卫。

（7）“其他严重危及人身安全的暴力犯罪”，应当是与杀人、抢劫、强奸、绑架行为相当，并具有致人重伤或者死亡的紧迫危险和现实可能的暴力犯罪。

7.《刑法》第31条规定：“单位犯罪的，对单位判处罚金，并对其直接负责的主管人员和其他直接责任人员判处刑罚。本法分则和其他法律另有规定的，依照规定。”

请分析：

（1）如何认定“直接负责的主管人员和其他直接责任人员”？

（2）如何理解“本法分则和其他法律另有规定的，依照规定”的含义？

（3）直接负责的主管人员和其他直接责任人员代表单位实施故意犯罪，是否区分主、从犯？为什么？应如何处理？

【记忆要点】直接负责的主管人员：决定、批准、授意、纵容、指挥；其他直接责任人员：具体实施犯罪并起较大作用。两罚制、单罚制。单位犯罪可以分主、从犯，但个案中不是当然的主、从犯关系。

【参考答案】（1）直接负责的主管人员，是在单位实施的犯罪中起决定、批准、授意、纵容、指挥等作用的人员，一般是单位的主管负责人，包括法定代表人。其他直接责任人员，是在单位犯罪中具体实施犯罪并起较大作用的人员，既可以是单位的经营管理人员，也可以是单位的职工，包括聘任、雇用的人员。

（2）“本法分则和其他法律另有规定的，依照规定”，是指对单位犯罪一般采取“两罚制”，但刑法分则和其他法律有特别规定采取“单罚制”的，依照规定。

（3）直接负责的主管人员和其他直接责任人员代表单位实施故意犯罪，可以成立共同犯罪，他们对于单位犯罪所起的作用有主要作用和次要作用之分，可以有主犯、从犯之分。但在个案中，不是当然的主、从犯关系，有的案件，主管人员与直接责任人员在实施犯罪行为的主从关系不明显的，可不分；可以分清，且不分清主、从犯，在同一法定刑档次、幅度内量刑无法做到罪刑相适应的，应当分清主、从犯，依法处罚。

★8. 我国《刑法》第67条规定："犯罪以后自动投案，如实供述自己的罪行的，是自首。对于自首的犯罪分子，可以从轻或者减轻处罚。其中，犯罪较轻的，可以免除处罚。

被采取强制措施的犯罪嫌疑人、被告人和正在服刑的罪犯，如实供述司法机关还未掌握的本人其他罪行的，以自首论。

犯罪嫌疑人虽不具有前两款规定的自首情节，但是如实供述自己罪行的，可以从轻处罚；因其如实供述自己罪行，避免特别严重后果发生的，可以减轻处罚。"

请分析：

（1）如何理解本条第1款规定中的"自动投案"和"如实供述自己的罪行"的含义？

（2）根据本条第2款规定说明成立特别自首的条件？

（3）如何理解本条第3款规定？

【记忆要点】自动投案：未被发觉或虽被发觉但尚未被讯问，采取强制措施前主动、直接投案。如实供述自己罪行：如实供述由本人实施的罪行。特别自首成立条件：主观条件、关键条件。第3款规定：坦白、法定从宽处罚情节。

【参考答案】（1）自动投案是指在犯罪事实或者犯罪嫌疑人未被司法机关发觉，或者虽被发觉，但犯罪嫌疑人尚未受到讯问、未被采取强制措施时，主动、直接向公安机关、人民检察院或者人民法院投案；如实供述自己的罪行是指犯罪嫌疑人如实供述自己实施的应当由其本人承担刑事责任的罪行。

（2）成立特别自首的条件为：①成立特别自首的主体必须是被采取强制措施的犯罪嫌疑人、被告人和正在服刑的罪犯。②必须如实供述司法机关还未掌握的本人其他罪行。这是成立特别自首的关键性条件。

（3）本条第3款规定是坦白处罚原则的规定，根据本款规定，对坦白的犯罪人要予以从宽处罚。

★9. 我国《刑法》第21条规定："为了使国家、公共利益、本人或者他人的人身、财产和其他权利免受正在发生的危险，不得已采取的紧急避险行为，造成损害的，不负刑事责任。

紧急避险超过必要限度造成不应有的损害的，应当负刑事责任，但是应当减轻或者免除处罚。

第一款中关于避免本人危险的规定，不适用于职务上、业务上负有特定责任的人。"

请分析：

(1) 本条第 1 款中“正在发生的危险”的含义。

(2) 本条第 1 款中“不得已”的含义。

(3) 本条第 2 款中“必要限度”的含义。

【记忆要点】正在发生的危险：客观危险正在发生；不得已：紧急避险是唯一途径；必要限度：避险损害小于所保护的权益。

【参考答案】(1)“正在发生的危险”是指客观存在的危险正在发生，而且十分紧迫。

(2)“不得已”是指采取紧急避险是唯一的途径，别无选择。

(3)“必要限度”是指避险行为所造成的损害必须小于所保护的权益，而不能等于或大于所保护的权益。

10. 我国《刑法》第 27 条规定：“在共同犯罪中起次要或者辅助作用的，是从犯。对于从犯，应当从轻、减轻处罚或者免除处罚。”

请分析：

(1)“次要作用”的含义。

(2)“辅助作用”的含义。

【记忆要点】次要作用：次要的实行犯和教唆犯；辅助作用：辅助作用的帮助犯。

【参考答案】(1)“次要作用”是指在共同犯罪中所起的作用比主犯小的次要的实行犯和次要的教唆犯。

(2)“辅助作用”是指为共同犯罪的实行提供方便、创造条件的帮助犯。

11. 我国《刑法》第 48 条规定：“死刑只适用于罪行极其严重的犯罪分子。对于应当判处死刑的犯罪分子，如果不是必须立即执行的，可以判处死刑同时宣告缓期二年执行。

死刑除依法由最高人民法院判决的以外，都应当报请最高人民法院核准。死刑缓期执行的，可以由高级人民法院判决或者核准。”

请分析：

(1) 本条第 1 款中“罪行极其严重”的含义。

(2) 死缓的适用条件。

【记忆要点】罪行极其严重：对法益的危害和社会危害性特别巨大；死缓的适用条件：应当判处死刑、不是必须立即执行。

【参考答案】(1)“罪行极其严重”是指犯罪行为对国家和人民的利益危害特别严重，社会危害性极为巨大。

(2) 死缓的适用条件：①应当判处死刑，即根据刑法的规定与罪行的严重程度，应当判处死刑；②不是必须立即执行，即根据案件的具体情况，可以不立即执行死刑。

★12.《刑法》第 65 条规定：“被判处有期徒刑以上刑罚的犯罪分子，刑罚执行完毕或者赦免以后，在五年以内再犯应当判处有期徒刑以上刑罚之罪的，是累犯，应当从重处罚，但是过失犯罪和不满十八周岁的人犯罪的除外。

前款规定的期限，对于被假释的犯罪分子，从假释期满之日起计算。”

请分析：

（1）一般累犯的构成要件有哪些？

（2）如何理解“刑罚执行完毕”和“赦免”？

（3）被宣告缓刑的犯罪分子，缓刑考验期限内或考验期满后犯新罪，是否构成累犯？为什么？

【记忆要点】一般累犯的构成要件：主体条件、主观条件、刑度条件、时间条件。刑罚执行完毕：主刑执行完毕；赦免：特赦减免。缓刑考验期限内或考验期满后犯新罪是否构成累犯：不构成累犯，因为缓刑并非刑罚执行。

【参考答案】一般累犯的构成要件有：①犯罪发生时，犯罪人已满 18 周岁。②前罪与后罪都是故意犯罪。③前罪被判处有期徒刑以上刑罚，后罪应当被判处有期徒刑以上刑罚。④后罪发生在前罪的刑罚执行完毕或者赦免以后 5 年之内。

（2）“刑罚执行完毕”是指主刑执行完毕，不包括附加刑在内。主刑执行完毕后 5 年内又犯罪，即使附加刑未执行完毕，仍构成累犯。“赦免”是指特赦减免。

（3）缓刑考验期限内或考验期满后犯新罪的，都不构成累犯。因为缓刑是有条件地不执行所判决的刑罚，缓刑考验并非刑罚执行，缓刑考验期限内或考验期满后犯新罪，不符合累犯成立的时间条件。

13. 我国《刑法》第 72 条第 1 款规定：“对于被判处拘役、三年以下有期徒刑的犯罪分子，同时符合下列条件的，可以宣告缓刑，对其中不满十八周岁的人、怀孕的妇女和已满七十五周岁的人，应当宣告缓刑：

（一）犯罪情节较轻；

（二）有悔罪表现；

（三）没有再犯罪的危险；

（四）宣告缓刑对所居住社区没有重大不良影响。”

请分析：

（1）“犯罪情节”的含义。

（2）“悔罪表现”的含义。

（3）如何判断“宣告缓刑对所居住社区没有重大不良影响”？

【记忆要点】犯罪情节：各种主客观事实情况；悔罪表现：真诚悔悟表现；宣告缓刑对所居住社区没有重大不良影响的判断：需要根据社区环境、犯罪人所犯之罪与社区环境的关系等综合判断。

【参考答案】（1）“犯罪情节”是指犯罪过程中的各种主客观事实情况，有犯罪动机、犯罪目的、犯罪手段等。

（2）“悔罪表现”是指犯罪分子在犯罪后的真诚的悔悟表现，包括自首、立功、积极退赃、积极赔偿被害人损失等。

（3）“宣告缓刑对所居住社区没有重大不良影响”是适用缓刑的实质条件，是否具有重大不良影响，需要根据社区环境，联系犯罪人所犯之罪与社区环境的关系，进行客观判断，只要适合在所居住的社区实行社区矫正的，就应认定为“宣告缓刑对所居住社区没有重大不良影响”。

★14. 我国《刑法》第 81 条规定：“被判处有期徒刑的犯罪分子，执行原判刑期二分之一以上，被判处无期徒刑的犯罪分子，实际执行十三年以上，如果认真遵守监规，接受教育改造，确有悔改表现，没有再犯罪的危险的，可以假释。如果有特殊情况，经最高人民法院核准，可以不受上述执行刑期的限制。

对累犯以及因故意杀人、强奸、抢劫、绑架、放火、爆炸、投放危险物质或者有组织的暴力性犯罪被判处十年以上有期徒刑、无期徒刑的犯罪分子，不得假释。

对犯罪分子决定假释时，应当考虑其假释后对所居住社区的影响。”

请分析：

（1）如何理解本条第 1 款规定中的“确有悔改表现”？对于老年、身体残疾、患有严重疾病罪犯的假释，如何认定确有悔改表现？

（2）如何理解本条第 1 款中规定的“没有再犯罪的危险”和“特殊情况”的含义？

（3）根据本条第 2、3 款规定，假释的限制条件还有哪些？

【记忆要点】确有悔改表现：认罪，守法，接受改造、教育，参加劳动。“老”“废”“疾”确有悔改表现的认定：注重悔罪实际表现；守法、接受教育改造。没有再犯罪的危险：符合本条规定、综合各种因素考虑。特殊情况：与社会利益有关的重要情况。本条第 2、3 款规定的假释的限制条件：累犯，故意杀人、强奸、抢劫、绑架、放火、爆炸、投放危险物质、有组织暴力犯罪被判处 10 年以上有期徒刑、无期徒刑的，不得假释；考虑对居住社区的影响。

【参考答案】（1）“确有悔改表现”是指同时具备以下四个方面情形：认罪悔罪；遵守法律法规及监规，接受教育改造；积极参加思想、文化、职业技术教育；积极参加劳动，努力完成劳动任务。老年、身体有残疾（不含自伤致残）、患严重疾病罪犯的假释，应当主要注重悔罪的实际表现。基本丧失劳动能力、生活难以自理的老年、身体有残疾、患严重疾病的罪犯，能够认真遵守法律法规及监规，接受教育改造，应视为确有悔改表现。

（2）判断“没有再犯罪的危险”，除符合本条规定的情形外，还应根据犯罪的具体情节、原判刑罚情况，在刑罚执行中的一贯表现，罪犯的年龄、身体状况、性格特征，假释后生活来源以及监管条件等因素综合考虑。“特殊情况”是指与国家、社会利益有重要关系的情况。

（3）根据本条第 2、3 款规定，适用假释的限制条件还包括：①对累犯以及因故意杀人、强奸、抢劫、绑架、放火、爆炸、投放危险物质或者有组织的暴力性犯罪被判处 10 年以上有期徒刑、无期徒刑的犯罪分子，不得假释。②对犯罪分子决定假释时，应当考虑其假释后对所居住社区的影响。

★15. 我国《刑法》第 140 条规定：“生产者、销售者在产品中掺杂、掺假，以假充真，以次充好或者以不合格产品冒充合格产品，销售金额五万元以上不满二十万元的，处二年以下有期徒刑或者拘役，并处或者单处销售金额百分之五十以上二倍以下罚金；销售金额二十万元以上不满五十万元的，处二年以上七年以下有期徒刑，并处销售金额百分之五十以上二倍以下罚金；销售金额五十万元以上不满二百万元的，处七年以上有期徒刑，并处销售金额百分之五十以上二倍以下罚金；销售金额二百万元

以上的，处十五年有期徒刑或者无期徒刑，并处销售金额百分之五十以上二倍以下罚金或者没收财产。”

请分析：

(1) 生产、销售伪劣产品罪的构成要件。

(2) 生产、销售伪劣产品罪的行为方式。

(3) 如何处理特定伪劣商品犯罪规定和本条规定的关系？

【记忆要点】构成条件：客体、客观方面、主体、主观方面。行为方式：掺杂、掺假；以假充真；以次充好；以不合格产品冒充合格产品。特定商品犯罪和本条规定之罪的法条竞合关系：特别法优先于普通法、优先适用重法条。

【参考答案】(1) 生产、销售伪劣产品罪的构成要件：①侵犯客体是国家对普通产品质量的管理制度。②客观方面表现为生产者、销售者违反国家的产品质量管理法律、法规，生产、销售伪劣产品的行为。③犯罪主体是个人或单位，包括生产者和销售者。④主观方面表现为故意，一般具有非法牟利的目的。

(2) 生产、销售伪劣产品罪的行为方式包括：①在产品中掺杂、掺假，即在产品中掺入杂质或异物，使产品质量达不到相关标准规定的质量要求，降低或者失去应有的使用功能。②以假充真，即以不具有某种使用性能的产品冒充具有该使用性能的产品。③以次充好，即以低等级、低档次产品冒充高等级、高档次产品，或以残次、废旧零配件拼装后冒充正品、新产品。④以不合格产品冒充合格产品，即以不符合产品质量标准的产品冒充符合产品质量标准的产品。“不合格产品”指不符合我国产品质量法规定的产品质量要求的产品。

(3) 生产、销售伪劣产品罪的规定和特定伪劣商品犯罪规定之间存在法条竞合关系，此时应当依据特别法优先于普通法适用原则规定处理，即按照特定伪劣商品犯罪定罪处罚；同时，构成生产、销售伪劣商品罪，又构成特定伪劣商品犯罪的，依照处罚较重的规定处罚，即优先适用重法条。

16.《刑法》第163条第1款规定：“公司、企业或者其他单位的工作人员，利用职务上的便利，索取他人财物或者非法收受他人财物，为他人谋取利益，数额较大的，处三年以下有期徒刑或者拘役，并处罚金；数额巨大或者有其他严重情节的，处三年以上十年以下有期徒刑，并处罚金；数额特别巨大或者有其他特别严重情节的，处十年以上有期徒刑或者无期徒刑，并处罚金。”

请分析：

(1) 如何理解“其他单位”的范围？

(2) 如何理解“公司、企业或者其他单位的工作人员”的范围？

(3) 如何理解“财物”的范围？

(4) 国有公司、企业或者其他国有单位中从事公务的人员和国有公司、企业或者其他国有单位委派到非国有公司、企业以及其他单位从事公务的人员有本款规定的行为，构成犯罪的，应当如何定罪？

【记忆要点】其他单位：常设性组织和非常设性组织。公司、企业或者其他单位的工作人员：非国家工作人员。财物：财产性利益。公务人员和委派从事公务人员实施本款规定行为的定罪：受贿罪。

【参考答案】（1）“其他单位”，既包括事业单位、社会团体、村民委员会、居民委员会、村民小组等常设性的组织，也包括为组织体育赛事、文艺演出或者其他正当活动而成立的组委会、筹委会、工程承包队等非常设性的组织。

（2）“公司、企业或者其他单位的工作人员”，包括国有公司、企业以及其他国有单位中的非国家工作人员。

（3）“财物”既包括金钱和实物，也包括可以用金钱计算数额的财产性利益，如提供房屋装修、含有金额的会员卡、代币卡（券）、旅游费用等。

（4）国有公司、企业或者其他国有单位中从事公务的人员和国有公司、企业或者其他国有单位委派到非国有公司、企业以及其他单位从事公务的人员有本款规定的行为的，依照受贿罪定罪处罚。

17. 我国《刑法》第170条规定：“伪造货币的，处三年以上十年以下有期徒刑，并处罚金；有下列情形之一的，处十年以上有期徒刑或者无期徒刑，并处罚金或者没收财产：

（一）伪造货币集团的首要分子；

（二）伪造货币数额特别巨大的；

（三）有其他特别严重情节的。”

请分析：

（1）伪造货币罪的构成要件。

（2）伪造货币又持有、运输、出售自己伪造的货币应当如何定罪处罚？为什么？

（3）下列情形应如何论罪：①伪造美元、欧元的；②伪造古钱币冒充真古钱币骗取他人财物的；③将1元币值的1万张人民币进行拼接、挖补，全部改造成20元币值的。

【记忆要点】构成要件：客体、客观方面、主体、主观方面。伪造货币又持有、运输、出售伪造的货币的定罪处罚：仅定伪造货币罪一罪。伪造外币的处罚：定伪造货币罪。伪造古钱币骗取钱财的处罚：定诈骗罪。伪造不同于变造。

【参考答案】（1）伪造货币罪的构成要件有：①侵犯客体是国家对货币的管理制度。②客观方面表现为伪造货币的行为。③犯罪主体是一般主体，即自然人。④主观方面表现为故意，即行为人明知自己不具有货币发行权，而有意伪造货币。

（2）行为人伪造货币又持有、运输、出售自己伪造的货币，属于吸收犯，应当按吸收之罪一罪论处，即只定伪造货币罪一罪。

（3）①伪造美元、欧元的，以伪造货币罪论处。②伪造古钱币冒充真古钱币骗取钱财的，应以诈骗罪论处。③将1元币值的1万张人民币进行拼接、挖补，全部改造成20元币值的，其行为不是伪造货币，而是通过变造手段使币值大增，应以变造货币罪论处。

★18.《刑法》第175条之一规定：“以欺骗手段取得银行或者其他金融机构贷款、票据承兑、信用证、保函等，给银行或者其他金融机构造成重大损失的，处三年以下有期徒刑或者拘役，并处或者单处罚金；给银行或者其他金融机构造成特别重大损失或者有其他特别严重情节的，处三年以上七年以下有期徒刑，并处罚金。

单位犯前款罪的，对单位判处罚金，并对其直接负责的主管人员和其他直接责任人员，依照前款的规定处罚。”

请分析：

（1）本条规定之罪的构成要件。

（2）如何理解本条规定之罪的客观行为手段？

（3）如何理解本条规定之罪的犯罪主体及主观罪过形式？

【记忆要点】构成要件：客体、客观方面、主体、主观方面。客观行为手段：欺骗。犯罪主体的罪过形式：单位为具有非法占有目的和不具有非法占有目的；自然人仅为不具有非法占有目的。

【参考答案】（1）骗取贷款、票据承兑、金融票证罪的构成要件有：①侵犯的客体是金融秩序与安全。②客观方面表现为以欺骗手段取得银行或者其他金融机构贷款、票据承兑、信用证、保函等，给银行或者其他金融机构造成重大损失的行为。③犯罪主体是一般主体，包括自然人和单位。④主观方面表现为故意。

（2）欺骗手段是骗取贷款、票据承兑、金融票证罪的客观行为方式。欺骗即以虚构事实、隐瞒真相的方式骗取银行的贷款和信用。

（3）犯罪主体包括自然人和单位。单位犯骗取贷款、票据承兑、金融票证罪的，主观罪过既包含了具有非法占有金融资产的目的，也包含不具有非法占有金融资产的目的的情形；自然人犯骗取贷款、票据承兑、金融票证罪的，主观罪过仅指不具有非法占有目的的情形。

19.《刑法》第192条规定：“以非法占有为目的，使用诈骗方法非法集资，数额较大的，处三年以上七年以下有期徒刑，并处罚金；数额巨大或者有其他严重情节的，处七年以上有期徒刑或者无期徒刑，并处罚金或者没收财产。

单位犯前款罪的，对单位判处罚金，并对其直接负责的主管人员和其他直接责任人员，依照前款的规定处罚。”

请分析：

（1）集资诈骗罪的构成要件。

（2）如何理解本条规定中的“使用诈骗方法”的含义？

（3）如何认定本条规定中“非法集资”的含义？

（4）如何认定集资诈骗的数额？

【记忆要点】构成要件：客体、客观方面、主体、主观方面。使用诈骗方法：虚构事实、隐瞒真相。非法集资：非法向社会公众募集资金。集资诈骗数额的认定：以实际骗取数额计算、扣除案发前已归还的数额、为实施诈骗支付的费用不予扣除、为实施诈骗支付的利息计入诈骗数额。

【参考答案】（1）集资诈骗罪的构成要件有：①侵犯客体是出资人的财产所有权和国家对金融活动的管理秩序。②客观方面表现为行为人使用诈骗方法非法集资，数额较大的行为。③犯罪主体是个人或单位。④主观方面表现为故意，并具有非法占有出资人财产的目的。

（2）使用诈骗方法是指虚构或隐瞒资金用途、编造投资计划、捏造良好的经济效益、虚设高回报率，或者用其他欺诈方法，以使出资人上当受骗。

（3）非法集资是指单位或者个人，违反法律、法规，向社会公众募集资金的行为。

（4）集资诈骗的数额以行为人实际骗取的数额计算，案发前已归还的数额应予扣除。行为人为实施集资诈骗活动而支付的广告费、中介费、手续费、回扣，或者用于行贿、赠与等费用，不予扣除。行为人为实施集资诈骗活动而支付的利息，除本金未归还可予折抵本金以外，应当计入诈骗数额。

★20.《刑法》第176条规定："非法吸收公众存款或者变相吸收公众存款，扰乱金融秩序的，处三年以下有期徒刑或者拘役，并处或者单处罚金；数额巨大或者有其他严重情节的，处三年以上十年以下有期徒刑，并处罚金；数额特别巨大或者有其他特别严重情节的，处十年以上有期徒刑，并处罚金。

单位犯前款罪的，对单位判处罚金，并对其直接负责的主管人员和其他直接责任人员，依照前款的规定处罚。

有前两款行为，在提起公诉前积极退赃，减少损害结果发生的，可以从轻或者减轻处罚。"

请分析：

（1）非法吸收公众存款罪的构成要件。

（2）"非法吸收"的含义。

（3）"变相吸收"的含义。

（4）除刑法规定外，向社会公众吸收资金，构成非法吸收或变相吸收公众存款的条件有哪些？

【记忆要点】构成要件：客体、客观方面、主体、主观方面。非法吸收：以吸收存款的名义向社会不特定对象吸收资金并承诺还本付息。变相吸收：不以吸收存款的名义向社会不特定对象吸收资金并承诺还本付息。向社会公众吸收资金并构成非法吸收公众存款罪的条件：未经批准或借用合法经营形式吸收资金、向社会公开宣传、承诺还本付息或给予回报、向不特定社会公众吸收资金。

【参考答案】（1）构成要件：①本罪的客体是国家对吸收公众存款的金融管理秩序。②客观方面表现为非法吸收公众存款或者变相吸收公众存款，扰乱金融秩序的行为。③犯罪主体是一般主体，包括自然人和单位。④主观方面表现为故意，且不要求将吸收的存款用于信贷的目的，但必须没有非法占有的目的。

（2）"非法吸收"是指未经人民银行批准，向社会不特定对象吸收资金，出具凭证，承诺在一定期限内还本付息的活动。

（3）"变相吸收"是指未经人民银行批准，不以吸收公众存款的名义，向社会不特定对象吸收资金，但承诺履行的义务与吸收公众存款性质相同的活动。

（4）向社会公众吸收资金的行为，同时具备下列四个条件的，除刑法另有规定的以外，应当认定"非法吸收公众存款或者变相吸收公众存款"：①未经有关部门依法批准或者借用合法经营的形式吸收资金；②通过媒体、推介会、传单、手机短信等途径向社会公开宣传；③承诺在一定期限内以货币、实物、股权等方式还本付息或者给付回报；④向社会公众即社会不特定对象吸收资金。

21. 《刑法》第 196 条第 1 款规定："有下列情形之一，进行信用卡诈骗活动，数额较大的，处五年以下有期徒刑或者拘役，并处二万元以上二十万元以下罚金；数额巨大或者有其他严重情节的，处五年以上十年以下有期徒刑，并处五万元以上五十万元以下罚金；数额特别巨大或者有其他特别严重情节的，处十年以上有期徒刑或者无期徒刑，并处五万元以上五十万元以下罚金或者没收财产：

（一）使用伪造的信用卡，或者使用以虚假的身份证明骗领的信用卡的；

（二）使用作废的信用卡的；

（三）冒用他人信用卡的；

（四）恶意透支的。"

请分析：

（1）本款规定的"信用卡"的含义是什么？

（2）冒用信用卡的主要情形有哪些？

（3）何为"恶意透支"？如何认定恶意透支的催收次数和期限？

（4）盗窃信用卡并使用的，应如何定罪？

【记忆要点】信用卡：电子支付卡。冒用信用卡的情形：拾得；骗取；窃取、收买、骗取等获取信用卡信息资料；其他。盗窃信用卡并使用的定罪：盗窃罪。

【参考答案】（1）本款规定的"信用卡"，是指由商业银行或者其他金融机构发行的具有消费支付、信用贷款、转账结算、存取现金等全部功能或者部分功能的电子支付卡。

（2）冒用信用卡的主要情形有：拾得他人信用卡并使用的；骗取他人信用卡并使用的；窃取、收买、骗取或者以其他非法方式获取他人信用卡信息资料，并通过互联网、通讯终端使用的；其他冒用他人信用卡的情形。

（3）恶意透支是指持卡人以非法占有为目的，超过规定限额或者规定期限透支，并且经发卡银行催收后仍不归还的行为。持卡人以非法占有为目的，超过规定限额或者规定期限透支，经发卡银行两次有效催收后超过 3 个月仍不归还的，应当认定为"恶意透支"。

（4）盗窃信用卡并使用的，以盗窃罪定罪处罚。

★22. 我国《刑法》第 205 条第 1 款规定："虚开增值税专用发票或者虚开用于骗取出口退税、抵扣税款的其他发票的，处三年以下有期徒刑或者拘役，并处二万元以上二十万元以下罚金；虚开的税款数额较大或者有其他严重情节的，处三年以上十年以下有期徒刑，并处五万元以上五十万元以下罚金；虚开的税款数额巨大或者有其他特别严重情节的，处十年以上有期徒刑或者无期徒刑，并处五万元以上五十万元以下罚金或者没收财产。"

请分析：

（1）虚开增值税专用发票、用于骗取出口退税、抵扣税款发票罪的构成要件。

（2）如何理解本款规定中"虚开"的行为？

（3）行为人为了逃税骗取出口退税的目的，虚开了用于骗取出口退税、抵扣税款发票的，应如何处理？为什么？

【记忆要点】构成要件：客体、客观方面、主体、主观方面。虚开行为：没有销售或应税劳务而虚开。虚开方式：为自己虚开、为他人虚开、让他人为自己虚开、介绍他人虚开。行为人为骗取出口退税而虚开发票行为的定性：牵连犯。

【参考答案】（1）虚开增值税专用发票、用于骗取出口退税、抵扣税款发票罪的构成要件有：①侵犯客体是国家关于增值税专用发票和其他发票的管理制度。②客观方面表现为虚开增值税专用发票或者虚开用于骗取出口退税、抵扣税款的其他发票的行为。③犯罪主体是个人或单位。④主观方面表现为故意，对国家税款流失持故意心理态度，谋取非法利益。

（2）虚开即没有货物销售或者没有提供应税劳务而虚开发票的行为，包括虚开增值税专用发票或者虚开用于骗取出口退税、抵扣税款的其他发票的行为，这是本罪客观表现的两种行为，虚开方式包括为他人虚开、为自己虚开、让他人为自己虚开、介绍他人虚开四种。

（3）行为人为了逃税骗取出口退税的目的，虚开了用于骗取出口退税、抵扣税款发票的，是牵连犯，即虚开用于骗取出口退税、抵扣税款发票的行为是手段行为，而逃税是其目的行为，二者存在手段行为和目的行为的牵连关系，因此应当从一重罪处断。

23. 我国《刑法》第224条之一规定："组织、领导以推销商品、提供服务等经营活动为名，要求参加者以缴纳费用或者购买商品、服务等方式获得加入资格，并按照一定顺序组成层级，直接或者间接以发展人员的数量作为计酬或者返利依据，引诱、胁迫参加者继续发展他人参加，骗取财物，扰乱经济社会秩序的传销活动的，处五年以下有期徒刑或者拘役，并处罚金；情节严重的，处五年以上有期徒刑，并处罚金。"

请分析：

（1）组织、领导传销活动罪的罪状类型和构成要件。

（2）本条款规定中"传销"的含义。

（3）本条款中"骗取财物"的含义及其认定。

（4）对于组织、领导传销活动构成犯罪，同时触犯集资诈骗罪的应如何处理？

【记忆要点】罪状类型：叙明罪状。构成要件：客体、客观方面、主体、主观方面。"传销"的含义：没有真实销售的计酬或返利。"骗取财物"的含义：欺诈传销骗取钱财。犯本罪和集资诈骗罪的处理：择一重。

【参考答案】（1）叙明罪状。组织、领导传销活动罪的构成要件：①侵犯客体是正常的社会经济秩序。②客观方面表现为组织、领导传销活动的行为，即组织、领导以推销商品、提供服务等经营活动为名，要求参加者以缴纳费用或者购买商品、服务等方式获得加入资格，并按照一定顺序组成层级，直接或者间接以发展人员的数量作为计酬或者返利依据，引诱、胁迫参加者继续发展他人参加，骗取财物，扰乱经济社会秩序的传销活动的行为。③犯罪主体是特殊主体，即传销活动的组织者、领导者。④主观方面表现为故意。

（2）"传销"是指以销售商品的数量作为计酬或返利依据，但并没有真实的商品销售或服务的行为。

（3）"骗取财物"是指传销活动的组织者、领导者采取变造、歪曲国家政策，虚构、夸大经营、投资、服务项目及盈利前景，掩饰计酬、返利真实来源或者其他欺诈手段，实施组织、领导传销活动的行为。从参与传销活动人员缴纳的费用或者购买商品、服务的费用中非法获利的，应当认定为骗取财物。

（4）组织、领导传销活动构成犯罪，同时触犯集资诈骗罪的，属于想象竞合犯。处理：择一重罪论处。

★24. 我国《刑法》第233条规定："过失致人死亡的，处三年以上七年以下有期徒刑；情节较轻的，处三年以下有期徒刑。本法另有规定的，依照规定。"

请分析：

（1）过失致人死亡罪的构成要件。

（2）本条规定中"过失"和"致人死亡"的含义。

（3）如何理解本条规定中"本法另有规定，依照规定"的含义？应如何处理？请举例说明。

【记忆要点】构成要件：客体、客观方面、主体、主观方面。过失：疏忽大意、过于自信。致人死亡：行为与结果之间具有因果关系。本法另有规定，依照规定：刑法规定的以过失致人死亡作为构成要件或构成要件之一的其他过失犯罪的情形。处理：特别法优于普通法。

【参考答案】（1）过失致人死亡罪的构成要件有：①侵犯客体是他人的生命权利。②犯罪主体是一般主体。③客观方面表现为因过失致使他人死亡的行为。④主观方面表现为过失。

（2）"过失"是指行为人应当预见行为可能发生致人死亡的结果，因疏忽大意而没有预见或已经预见而轻信能够避免的心理态度。"致人死亡"是指行为人的过失行为与被害人的死亡结果之间有因果关系。

（3）"本法另有规定，依照规定"是指刑法规定以他人死亡作为法定犯罪构成要件或者要件之一的其他过失犯罪的情形。例如失火罪、过失决水罪、过失爆炸罪、过失投放危险物质罪、交通肇事罪、重大责任事故罪等过失犯罪中存在致人死亡的情形。此时应依据法条竞合处理原则，即特别法优先于普通法适用的原则，分别依照有关条文定罪处罚，不再定过失致人死亡罪。

★25. 《刑法》第236条规定："以暴力、胁迫或者其他手段强奸妇女的，处三年以上十年以下有期徒刑。

奸淫不满十四周岁的幼女的，以强奸论，从重处罚。

强奸妇女、奸淫幼女，有下列情形之一的，处十年以上有期徒刑、无期徒刑或者死刑：

（一）强奸妇女、奸淫幼女情节恶劣的；

（二）强奸妇女、奸淫幼女多人的；

（三）在公共场所当众强奸妇女、奸淫幼女的；

（四）二人以上轮奸的；

（五）奸淫不满十周岁的幼女或者造成幼女伤害的；

（六）致使被害人重伤、死亡或者造成其他严重后果的。”

请分析：

（1）如何理解本条第1款规定中的“暴力、胁迫或者其他手段”？

（2）如何理解本条第2款规定？

（3）如何理解本条第3款规定中的“情节恶劣”“轮奸”和“致人重伤、死亡”？

【记忆要点】暴力：危害人身安全和自由使妇女不能抗拒。胁迫：达到精神强制使妇女不敢抗拒。其他手段：暴力、胁迫以外的使妇女不知或无法抗拒的手段。本条第2款规定：奸淫幼女、特殊形式的强奸罪。情节恶劣：第3款后4项以外的其他情节恶劣的情形。轮奸：两个以上男人在同一时间对同一妇女的强奸。致人重伤、死亡：性器官严重损害或其他损害导致的重伤、死亡。

【参考答案】（1）“暴力”是指犯罪分子直接对被害妇女采用殴打、捆绑等危害人身安全或者人身自由，使被害妇女不能抗拒的手段。“胁迫”是指犯罪分子对被害妇女威胁、恫吓，从而达到精神上的强制，使被害妇女不敢抗拒的手段。“其他手段”是指利用暴力、胁迫以外的，使被害妇女不知抗拒或者无法抗拒的手段。

（2）奸淫幼女是一种特殊形式的强奸罪，一般来说不论行为人采用什么手段，也不论被害幼女是否同意或者是否抗拒，只要与幼女发生性行为，就构成强奸罪且从重处罚。

（3）情节恶劣是指本条第3款所列后五项以外的其他情节恶劣的情形，如强奸手段残忍、动机卑鄙龌龊、社会影响极坏、多次强奸妇女、奸淫幼女等。轮奸是指两个以上的男子对同一妇女在同一时间内进行强奸。致人重伤、死亡是指强奸妇女、奸淫幼女导致被害人性器官严重损伤，或者其他严重损害，甚至当场死亡或者经抢救无效死亡。

★26.《刑法》第237条规定：“以暴力、胁迫或者其他方法强制猥亵他人或者侮辱妇女的，处五年以下有期徒刑或者拘役。

聚众或者在公共场所当众犯前款罪的，或者有其他恶劣情节的，处五年以上有期徒刑。

猥亵儿童的，处五年以下有期徒刑；有下列情形之一的，处五年以上有期徒刑：

（一）猥亵儿童多人或者多次的；

（二）聚众猥亵儿童的，或者在公共场所当众猥亵儿童，情节恶劣的；

（三）造成儿童伤害或者其他严重后果的；

（四）猥亵手段恶劣或者有其他恶劣情节的。”

请分析：

（1）本条款中“猥亵”的含义。

（2）本条款中“侮辱”的含义。

（3）如何认定第2款中在公共场所“当众”强制猥亵妇女或猥亵儿童的行为？

（4）行为人强奸未遂情形下，对被害妇女或幼女有猥亵或者侮辱行为的，应当如何处理？

【记忆要点】“猥亵”的含义：性交以外的能够满足性刺激等有伤风化的行为。“侮辱”的含义：对妇女实施使其倍感难堪、羞辱的淫秽下流的行为。“当众”的认定：在公共场所实施猥亵犯罪，不论在场人员是否看到。在强奸未遂情形下对被害妇女或幼女有猥亵或侮辱行为的处理：以强奸罪（未遂）定罪处罚。

【参考答案】（1）“猥亵”是指对他人实施奸淫行为以外的、能够使行为人自己或同伴得到性欲上的刺激、兴奋或者满足的有伤风化的性侵行为。

（2）“侮辱”是指对妇女实施使其倍感难堪、羞辱的淫秽下流的行为。

（3）在校园、游泳馆、儿童游乐场等公共场所对未成年人实施猥亵犯罪，只要有其他多人在场，不论在场人员是否实际看到，均可以认定为在公共场所“当众”强制猥亵、侮辱妇女或者猥亵儿童。

（4）在强奸未遂的场合下，行为人对被害妇女或者幼女有猥亵、侮辱行为的，不以强制猥亵、侮辱罪定罪处罚，而仍应以强奸罪（未遂）定罪处罚。

★27. 我国《刑法》第239条规定：“以勒索财物为目的绑架他人的，或者绑架他人作为人质的，处十年以上有期徒刑或者无期徒刑，并处罚金或者没收财产；情节较轻的，处五年以上十年以下有期徒刑，并处罚金。

犯前款罪，杀害被绑架人的，或者故意伤害被绑架人，致人重伤、死亡的，处无期徒刑或者死刑，并处没收财产。

以勒索财物为目的偷盗婴幼儿的，依照前两款的规定处罚。”

请分析：

（1）如何理解本条第1款规定中“绑架”“以勒索财物为目的绑架他人”和“绑架他人作为人质的”的含义？

（2）如何区分本条第2款规定中的“致人死亡”和“杀害被绑架人”？

（3）如何理解本条第3款规定中“偷盗婴幼儿”的含义？对于以勒索财物为目的偷盗婴幼儿的，如何处罚？

【记忆要点】绑架：劫持他人置于自己控制下并使他人失去自由。以勒索财物为目的绑架他人：为索财绑架人质并向人质以外的人提出财产要求。绑架他人作为人质的：绑架人质并向人质以外的人提出非财产要求。致使被绑架人死亡和杀害被绑架人的区别：故意和过失。偷盗婴幼儿：为索财而秘密窃取婴幼儿。处罚：绑架罪。

【参考答案】（1）“绑架”是指用暴力、胁迫、麻醉或者其他强制性手段将他人劫持，置于自己的控制之下，使其失去自由的行为。“以勒索财物为目的绑架他人”是指以勒索财物为目的绑架他人作为人质，利用其他人对被绑架者安危的担忧，向被绑架者以外的其他人或组织提出财产要求的行为。“绑架他人作为人质的”是指绑架他人作为人质，利用其他人对被绑架者安危的担忧，向被绑架者以外的其他人或组织提出财物以外的其他要求的行为。

（2）“致人死亡”是指过失致被绑架人死亡或者致被绑架人自杀，“杀害被绑架人”是指故意杀死被绑架人；前者的主观心态为过失或被绑架人自杀，后者的主观心态为故意。

（3）“偷盗婴幼儿”是指采取不为婴幼儿父母、监护人、保姆等看护人知晓的秘密方式偷盗不满1周岁的婴儿或者1周岁以上6周岁以下幼儿的行为。对于以勒索财物为目的偷盗婴幼儿的，应以绑架罪定罪处罚。

【补充说明】本题涉及的条文曾在2006年法律硕士联考中考查过，鉴于本题涉及的条文十分重要，且有关绑架罪的重要知识点仍然没有考查完毕，有再次考查的可能性，因此本书将条文再次列出，并将没有考查过的重要知识点补齐，供考生复习使用。除了本题外，对于法律硕士联考中考过的重点条文，只要重要知识点尚未考查完毕的，本书也列出，但不再予以提示。

★28. 我国《刑法》第243条规定："捏造事实诬告陷害他人，意图使他人受刑事追究，情节严重的，处三年以下有期徒刑、拘役或者管制；造成严重后果的，处三年以上十年以下有期徒刑。

国家机关工作人员犯前款罪的，从重处罚。

不是有意诬陷，而是错告，或者检举失实的，不适用前两款的规定。"

请分析：

（1）诬告陷害罪的构成要件。

（2）如何理解本条第1款规定中的"捏造事实诬告陷害他人"和"意图使他人受刑事追究"的含义？

（3）根据本条第2款规定分析诬告陷害罪是否属于身份犯？为什么？

（4）结合本条第3款规定分析诬告与错告、检举失实的界限。

【记忆要点】构成条件：客体、客观方面、主体、主观方面。捏造事实诬告陷害他人：虚构事实、诬告陷害、告发。意图使他人受刑事追究：目的犯。诬告陷害罪是不真正身份犯。诬告与错告、检举失实的界限：主观上是否为故意、客观上是否为捏造事实。

【参考答案】（1）诬告陷害罪的构成要件有：①侵犯客体是公民的人身权利和国家司法机关的正常活动。②客观方面表现为捏造他人犯罪的事实，并向国家机关或者有关单位与人员告发，或者采取其他足以引起司法机关追究活动的行为。③犯罪主体是一般主体。④主观方面表现为故意，并具有使他人受到刑事追究的目的。

（2）"捏造事实诬告陷害他人"是指虚构他人的犯罪事实，并向国家机关或者有关单位与人员告发的行为。"意图使他人受刑事追究"是指行为人主观上具有使他人受到刑事追究的目的。

（3）诬告陷害罪不是身份犯，因为诬告陷害罪的犯罪主体是一般主体，但国家机关工作人员犯诬告陷害罪的，从重处罚。诬告陷害罪虽不属于身份犯，但可以称为不真正身份犯，即国家机关工作人员身份虽然不属于诬告陷害罪的主体条件，但这种特殊身份却是诬告陷害罪从重处罚的根据。

（4）诬告行为的行为人具有诬告陷害他人的故意，并以使他人受到刑事追究为目的，客观上具有捏造他人犯罪事实并告发的行为；错告或者检举失实的行为人没有诬告陷害他人的故意和意图使他人受刑事追究的目的，行为人认为自己所告发的事实是真实的而不是虚假的。

29.《刑法》第253条之一规定："违反国家有关规定，向他人出售或者提供公民个人信息，情节严重的，处三年以下有期徒刑或者拘役，并处或者单处罚金；情节特

别严重的，处三年以上七年以下有期徒刑，并处罚金。

违反国家有关规定，将在履行职责或者提供服务过程中获得的公民个人信息，出售或者提供给他人的，依照前款的规定从重处罚。

窃取或者以其他方法非法获取公民个人信息的，依照第一款的规定处罚。

单位犯前三款罪的，对单位判处罚金，并对其直接负责的主管人员和其他直接责任人员，依照各该款的规定处罚。"

请分析：

（1）如何理解"违反国家规定"？

（2）何为"个人信息"？

（3）侵犯公民个人信息罪的客观表现有哪些？

【记忆要点】违反国家规定：法律、决定；行政法规、行政措施、决定、命令。个人信息：电子或其他方式记录能够识别的各种信息。客观表现：出售、提供信息；履职或提供服务过程中获得的信息出售、提供；窃取或其他非法方法获取的信息。

【参考答案】（1）"违反国家规定"，是指违反全国人民代表大会及其常务委员会制定的法律和决定，国务院制定的行政法规、规定的行政措施、发布的决定和命令。

（2）个人信息是以电子或者其他方式记录的能够单独或者与其他信息结合识别特定自然人的各种信息，包括自然人的姓名、出生日期、身份证件号码、生物识别信息、住址、电话号码、电子邮箱、健康信息、行踪信息等。

（3）侵犯公民个人信息罪的客观表现有：①违反国家规定，向他人出售或者提供公民个人信息。②违反国家规定，将在履行职责或者提供服务过程中获得的公民个人信息，出售或者提供给他人。③窃取或者以其他方法非法获取公民个人信息。

30. 我国《刑法》第254条规定："国家机关工作人员滥用职权、假公济私，对控告人、申诉人、批评人、举报人实行报复陷害的，处二年以下有期徒刑或者拘役；情节严重的，处二年以上七年以下有期徒刑。"

请分析：

（1）报复陷害罪的构成要件。

（2）如何理解本条规定中的"滥用职权""假公济私"的含义？

（3）国家机关工作人员报复陷害他人，具有哪些情形时应作为犯罪予以立案？

（4）报复陷害罪和诬告陷害罪的区别。

【记忆要点】构成要件：客体、客观方面、主体、主观方面。滥用职权：非法行使职权范围内的权力、越权。假公济私：假借公的名义谋取私利。立案标准：情节严重、合法权利严重受损、其他。诬告陷害罪和报复陷害罪的区别：客体、对象、行为方式、主体、目的。

【参考答案】（1）报复陷害罪的构成要件有：①侵犯客体是公民的民主权利，即控告权、申诉权、批评监督权和国家机关的正常活动。②客观方面表现为滥用职权、假公济私，对控告人、申诉人、批评人、举报人实行报复陷害的行为。③犯罪主体是特殊主体，即国家机关工作人员。④主观方面表现为故意。

（2）滥用职权即国家机关工作人员在自己职权范围内非法行使权力，以及超越自己的职务权限的越权行为。假公济私即假借国家机关的名义和权力来实施，是以合法形式来掩盖其非法目的。

(3) 国家机关工作人员涉嫌下列情形之一的，应作为犯罪予以立案：①报复陷害，情节严重，导致控告人、申诉人、批评人、举报人或者其近亲属自杀、自残造成重伤、死亡，或者精神失常的；②致使控告人、申诉人、批评人、举报人或者其近亲属的其他合法权利受到严重损害的；③其他报复陷害应予追究刑事责任的情形。

(4) 报复陷害罪和诬告陷害罪的区别表现在：①犯罪客体不同。报复陷害罪的犯罪客体是公民的民主权利即公民的控告权、申诉权、批评监督权和国家机关的正常活动；诬告陷害罪的犯罪客体是公民的人身权利和国家司法机关的正常活动。②犯罪对象不同。报复陷害罪的对象是控告人、申诉人、批评人、举报人；诬告陷害罪的对象可以是任何公民。③犯罪行为方式不同。报复陷害罪表现为滥用职权、假公济私，对控告人、申诉人、批评人、举报人实行报复陷害的行为；诬告陷害罪表现为捏造他人犯罪的事实，并向国家机关或者有关单位与人员告发，或者采取其他足以引起司法机关追究活动的行为。④犯罪主体不同。报复陷害罪的主体是特殊主体，即国家机关工作人员；诬告陷害罪的主体是一般主体，可以是任何达到刑事责任年龄并具有刑事责任能力的自然人。⑤犯罪目的不同。报复陷害罪的犯罪目的是报复；诬告陷害罪的目的是使他人受到刑事追究。

31.《刑法》第 260 条规定："虐待家庭成员，情节恶劣的，处二年以下有期徒刑、拘役或者管制。

犯前款罪，致使被害人重伤、死亡的，处二年以上七年以下有期徒刑。

第一款罪，告诉的才处理，但被害人没有能力告诉，或者因受到强制、威吓无法告诉的除外。"

请分析：

(1) 虐待罪的构成要件。

(2) 本条第 2 款规定中"致使被害人重伤、死亡"的认定。

(3) 如何准确区分虐待罪和故意伤害罪、故意杀人罪的界限。

【记忆要点】构成要件：客体、客观方面、主体、主观方面。"致被害人重伤、死亡"的认定：过失致使被害人重伤或死亡。虐待罪和故意伤害罪、故意杀人罪的界限：根据被告人主观故意、所实施的暴力手段与方式、是否立即或者直接造成被害人伤亡后果等综合判断。

【参考答案】(1) 构成要件：①侵犯客体是共同生活的家庭成员在家庭生活中的平等权利与被害人的人身权利。②客观方面表现为对共同生活的家庭成员经常以打骂、捆绑、冻饿、有病不给治、强迫超体力劳动、限制自由等方式，从肉体上或者精神上摧残、折磨的行为。③犯罪主体是特殊主体，即共同生活的家庭成员。④主观方面表现为故意。

(2)"致使被害人重伤、死亡"是指过失致使被害人重伤或死亡，即犯罪人主观上不具有侵害被害人健康或者剥夺被害人生命的故意，而是出于追求被害人肉体和精神上的痛苦，长期或者多次实施虐待行为，逐渐造成被害人身体损害，过失导致被害人重伤或者死亡的；或者因虐待致使被害人不堪忍受而自残、自杀，导致重伤或者死亡的。

（3）准确区分虐待罪和故意伤害罪、故意杀人罪的界限，必须根据被告人的主观故意、所实施的暴力手段与方式、是否立即或者直接造成被害人伤亡后果等综合判断。

32. 我国《刑法》第261条规定："对于年老、年幼、患病或者其他没有独立生活能力的人，负有扶养义务而拒绝扶养，情节恶劣的，处五年以下有期徒刑、拘役或者管制。"

请分析：

（1）遗弃罪的构成要件。

（2）如何理解本条规定中的"扶养义务"外延？

（3）如何理解本条规定中的"拒绝扶养"的含义？

（4）分析遗弃行为的行为性质和构成犯罪在情节上的要求。

【记忆要点】构成要件：客体、客观方面、主体、主观方面。扶养义务：扶养、抚养、赡养。拒绝扶养：拒不履行法定扶养义务。遗弃行为的性质：纯正不作为犯。遗弃行为构成犯罪在情节上的要求：情节恶劣。

【参考答案】（1）遗弃罪的构成要件有：①侵犯客体是家庭成员之间相互扶养的权利义务关系。②客观方面表现为对于年老、年幼、患病或者其他没有独立生活能力的人，负有扶养义务而拒绝扶养的行为。③犯罪主体是特殊主体，即对被遗弃者负有法律上的扶养义务而且有扶养能力的人。④主观方面表现为故意。

（2）本条规定的扶养义务是广义上的扶养义务，即指法律规定的对被扶养人、被赡养人、被抚养人负有的扶养义务、赡养义务和抚养义务。

（3）"拒绝扶养"是指拒不履行法定的扶养义务。

（4）①遗弃行为在性质上是纯正不作为犯，遗弃行为只能由不作为方式进行。②遗弃行为，情节恶劣的才构成犯罪，情节恶劣需要根据行为的手段、后果、行为人的动机等因素综合评价。

★33. 《刑法》第263条规定："以暴力、胁迫或者其他方法抢劫公私财物的，处三年以上十年以下有期徒刑，并处罚金；有下列情形之一的，处十年以上有期徒刑、无期徒刑或者死刑，并处罚金或者没收财产：

（一）入户抢劫的；

（二）在公共交通工具上抢劫的；

（三）抢劫银行或者其他金融机构的；

（四）多次抢劫或者抢劫数额巨大的；

（五）抢劫致人重伤、死亡的；

（六）冒充军警人员抢劫的；

（七）持枪抢劫的；

（八）抢劫军用物资或者抢险、救灾、救济物资的。"

请分析：

(1) 何为“入户抢劫”?

(2) 如何认定“公共交通工具”的范围?

(3) 何为“抢劫银行或者其他金融机构”?

(4) 何为“多次抢劫”?

(5) 如何理解“抢劫致人重伤、死亡”的罪数形态?

(6) 何为“持枪抢劫”?

【记忆要点】入户抢劫：他人生活的与外界隔离的住所；公共交通工具：公汽，大、中型出租车，地铁，轻轨，轮船，飞机；抢劫银行或者其他金融机构：经营资金、有价证券、客户资金；多次抢劫：3次以上；抢劫致人重伤、死亡：结果加重犯；持枪抢劫：使用、显示所持有、佩带的枪支。

【参考答案】(1)“入户抢劫”是指为实施抢劫行为而进入他人生活的与外界相对隔离的住所，包括封闭的院落、牧民的帐篷、渔民作为家庭生活场所的渔船、为生活租用的房屋等进行抢劫的行为。

(2)“公共交通工具”，包括从事旅客运输的各种公共汽车，大、中型出租车，火车，地铁，轻轨，轮船，飞机等，不含小型出租车。

(3)“抢劫银行或者其他金融机构”，是指抢劫银行或者其他金融机构的经营资金、有价证券和客户的资金等。

(4)“多次抢劫”是指抢劫3次以上。

(5)“抢劫致人重伤、死亡”为抢劫罪的结果加重犯。

(6)“持枪抢劫”是指行为人使用枪支或者向被害人显示持有、佩带的枪支进行抢劫的行为。

★34.《刑法》第267条规定：“抢夺公私财物，数额较大的，或者多次抢夺的，处三年以下有期徒刑、拘役或者管制，并处或者单处罚金；数额巨大或者有其他严重情节的，处三年以上十年以下有期徒刑，并处罚金；数额特别巨大或者有其他特别严重情节的，处十年以上有期徒刑或者无期徒刑，并处罚金或者没收财产。

携带凶器抢夺的，依照本法第二百六十三条的规定定罪处罚。”

请分析：

(1)“抢夺”的含义。

(2)“携带凶器抢夺”的含义。

(3) 对于携带凶器盗窃的行为，应如何处理?

(4) 驾驶机动车、非机动车夺取他人财物应以抢劫罪定罪处罚的主要情形。

【记忆要点】“抢夺”：无暴力或暴力威胁公然夺取公私财物。“携带凶器抢夺”：携带国家禁止器械或为实施犯罪携带其他器械抢夺。携带凶器盗窃定罪：盗窃罪。驾车夺财以抢劫罪定罪主要情形：①被害人不放手时仍强行夺取；②驾车逼挤、撞击或强行逼倒他人夺取财物；③明知会致人伤亡仍抢夺，并放任造成被害人轻伤以上后果。

【参考答案】(1) 抢夺是指行为人没有使用暴力或暴力相威胁而公然夺取公私财物的行为。

(2) 携带凶器抢夺是指携带枪支、爆炸物、管制刀具等国家规定禁止个人携带的器械进行抢夺，或者为了实施犯罪而携带其他器械进行抢夺的行为。

(3) 对于携带凶器盗窃的，应以盗窃罪定罪处罚。

(4) 主要情形包括：①夺取他人财物时因被害人不放手而强行夺取的；②驾驶车辆逼挤、撞击或者强行逼倒他人夺取财物的；③明知会致人伤亡仍然强行夺取，并放任造成财物持有人轻伤以上后果的。

35. 我国《刑法》第270条规定："将代为保管的他人财物非法占为己有，数额较大，拒不退还的，处二年以下有期徒刑、拘役或者罚金；数额巨大或者有其他严重情节的，处二年以上五年以下有期徒刑，并处罚金。

将他人的遗忘物或者埋藏物非法占为己有，数额较大，拒不交出的，依照前款的规定处罚。

本条罪，告诉的才处理。"

请分析：

(1) 侵占罪的构成要件。

(2) 如何理解本条第1款规定中的"代为保管的他人财物"和"拒不退还"的含义？

(3) 如何理解本条第2款规定中的"他人的遗忘物""埋藏物"和"拒不交出"的含义？

(4) 如何理解本条第3款规定？

(5) 侵占罪和盗窃罪的区别。

【记忆要点】构成要件：客体、客观方面、主体、主观方面。代为保管的他人财物：代为管理的合法持有的财物。拒不退还：占有财物后被要求退还但不予退还。他人的遗忘物。一时疏忽遗忘于所知某地的财物。埋藏物：个人埋藏的或所有人不明的财物。拒不交出：占有财物后被要求交出但不予交出。对第3款规定的理解：亲告罪。侵占罪和盗窃罪的区别：故意产生的时间、犯罪对象、客观方面。

【参考答案】(1) 侵占罪的构成要件有：①侵犯客体为公司财产所有权。②客观方面表现为非法占有代为保管的他人财物或者将他人的遗忘物、埋藏物非法占为己有，数额较大拒不退还或者拒不交出的行为。③犯罪主体是一般主体。④主观方面表现为故意，并以非法占有为目的。

(2) 代为保管的他人财物是指基于他人的委托代为保管的财物或者根据事实上的管理而被认为是合法持有的财物。拒不退还是指行为人将财物非法占有后，当财物所有人发现并要求其退还时，仍不退还。

(3) 他人的遗忘物是指所有人或持有人因一时疏忽遗忘于某特定地点或场所但知道该地点或场所的财物。埋藏物是指个人埋藏于某一地点的财物或者归国家所有的所有人不明的埋藏物。拒不交出是指行为人将财物非法占有后，当财物所有人发现并要求其交出时，仍不交出。

(4) 侵占罪是亲告罪，即只有被害人亲自到司法机关告诉才处理，否则司法机关不予处理。

(5) 侵占罪和盗窃罪的区别表现在：①犯罪故意产生的时间不同。侵占罪的行为人在持有公私财物之后才产生犯罪故意，即产生了非法占有公私财物的目的；而盗窃罪的行为人是在没有占有财物之前就产生了非法占有他人财物的目的。②犯罪对象不尽相同。侵占罪的对象是行为人业已持有的公私财物，公私财物已经在行为人的控制之下；盗窃罪的对象则是他人所有、管理、持有的公私财物，公私财物在被害人的控制之下。③客观方面不尽相同。侵占罪客观方面表现为侵占行为，即将自己已经控制下的公私财物非法占有；盗窃罪的客观表现为秘密窃取行为，行为人采取自以为不会被财物的所有人、保管人、看护人、持有人等发觉的方法窃取其财物。

36.《刑法》第271条规定："公司、企业或者其他单位的工作人员，利用职务上的便利，将本单位财物非法占为己有，数额较大的，处三年以下有期徒刑或者拘役，并处罚金；数额巨大的，处三年以上十年以下有期徒刑，并处罚金；数额特别巨大的，处十年以上有期徒刑或者无期徒刑，并处罚金。

国有公司、企业或者其他国有单位中从事公务的人员和国有公司、企业或者其他国有单位委派到非国有公司、企业以及其他单位从事公务的人员有前款行为的，依照本法第三百八十二条、第三百八十三条的规定定罪处罚。"

请分析：

(1) 本条规定的罪名、罪状类型和构成要件。

(2) 如何理解本条第1款规定中"利用职务上的便利"和"非法占为己有"的含义?

(3) 对比本条第1、2款规定分析本条规定之罪和贪污罪的区别。

(4) 如何区分本条规定之罪和盗窃罪、诈骗罪的界限。

【记忆要点】本条规定的罪名：职务侵占罪。罪状类型：叙明罪状。构成要件：客体、客观方面、主体、主观方面。利用职务上的便利：利用在本单位所具有的一定职务的便利条件。非法占为己有：以非法手段将本单位财物据为己有。职务侵占罪和贪污罪的区别：犯罪主体不同。职务侵占罪和盗窃罪、诈骗罪的界限：客观行为方式、犯罪对象、犯罪主体。

【参考答案】(1) 本条规定的是职务侵占罪、叙明罪状。职务侵占罪的构成要件有：①侵犯客体是公司、企业或者其他单位的财产所有权。②客观方面表现为利用职务上的便利，将本单位财物非法占为己有，数额较大的行为。③犯罪主体是特殊主体，即公司、企业或者其他单位的工作人员。④主观方面表现为故意，并以非法占有为目的。

(2) 利用职务上的便利是指行为人利用自己在本单位所具有的一定职务，即主管、管理、经手本单位财物的便利条件。非法占为己有是指行为人将自己主管、管理、经手的本单位财物非法占有，排斥本单位对于此项财产的所有权，其方式包括侵吞、窃取、骗取等非法手段。

(3) 职务侵占罪和贪污罪在犯罪主体上的差异体现在：职务侵占罪的犯罪主体是公司、企业或者其他单位的工作人员，上述人员并非国家工作人员；贪污罪的主体是国家工作人员，国有公司、企业或者其他国有单位中从事公务的人员和国有公司、企业或者其他国有单位委派到非国有公司、企业以及其他单位从事公务的人员有前述职务侵占行为的，以贪污罪论处。

（4）职务侵占罪和侵占罪、盗窃罪、诈骗罪的区别体现在：①犯罪客观行为方式不同。职务侵占罪的行为人利用职务上的便利，采取多种非法手段占有他人财物，既有盗窃、诈骗手段，也有侵占和其他手段；盗窃罪、诈骗罪的行为人没有利用职务之便，而且在非法占有他人财物的手段上仅限于窃取和诈骗。②犯罪对象范围不同。职务侵占罪的犯罪对象只限于行为人所在单位的财物；盗窃罪、诈骗罪的犯罪对象没有任何限制。③犯罪主体不同。职务侵占罪的主体为公司、企业或者其他单位的工作人员，是特殊主体；盗窃罪、诈骗罪的犯罪主体为一般主体。

37.《刑法》第 272 条规定："公司、企业或者其他单位的工作人员，利用职务上的便利，挪用本单位资金归个人使用或者借贷给他人，数额较大、超过三个月未还的，或者虽未超过三个月，但数额较大、进行营利活动的，或者进行非法活动的，处三年以下有期徒刑或者拘役；挪用本单位资金数额巨大的，处三年以上七年以下有期徒刑；数额特别巨大的，处七年以上有期徒刑。

国有公司、企业或者其他国有单位中从事公务的人员和国有公司、企业或者其他国有单位委派到非国有公司、企业以及其他单位从事公务的人员有前款行为的，依照本法第三百八十四条的规定定罪处罚。

有第一款行为，在提起公诉前将挪用的资金退还的，可以从轻或者减轻处罚。其中，犯罪较轻的，可以减轻或者免除处罚。"

请分析：

（1）挪用资金罪的构成要件。

（2）如何理解本条第 1 款规定中的"利用职务上的便利"和"挪用本单位资金"的含义？

（3）挪用资金罪和职务侵占罪的界限。

（4）根据本条第 2 款规定分析挪用资金罪和挪用公款罪在犯罪主体上的区别。

【记忆要点】构成要件：客体、客观方面、主体、主观方面。利用职务上的便利：利用主管、管理、经手的便利条件。挪用本单位资金：未经批准擅自挪作他用。挪用资金罪和职务侵占罪的界限：犯罪客体、犯罪对象、故意内容。挪用资金罪和挪用公款罪犯罪主体差异：公司、企业、其他单位工作人员和国家工作人员。

【参考答案】（1）挪用资金罪的构成要件有：①客体是公司、企业或者其他单位的资金使用权。②客观方面表现为利用职务上的便利，挪用本单位资金归个人使用或者借贷给他人的行为。③犯罪主体是特殊主体，即公司、企业或者其他单位的工作人员。④主观方面表现为故意，并且具有挪用资金归个人使用或者借贷给他人的目的。

（2）"利用职务上的便利"是指行为人利用其主管、管理、经手本单位资金的便利。"挪用本单位资金"是指行为人未经合法批准手续而擅自将本单位资金挪作他用。

（3）挪用资金罪和职务侵占罪的界限：①犯罪客体不尽相同。挪用资金罪侵犯了资金的使用权和收益权，但未侵犯处置权；职务侵占罪侵犯了财物所有权的全部权能。②犯罪对象不尽相同。挪用资金罪的对象是本单位资金；职务侵占罪的对象是本单位财物，外延广于资金。③犯罪故意内容不同。挪用资金罪故意的内容只是暂时挪用资金，准备日后归还；职务侵占罪故意的内容是将财物非法占有，完全不打算归还。

（4）挪用资金罪的犯罪主体是公司、企业或者其他单位的工作人员；挪用公款罪的犯罪主体是国家工作人员。

★38. 我国《刑法》第274条规定："敲诈勒索公私财物，数额较大或者多次敲诈勒索的，处三年以下有期徒刑、拘役或者管制，并处或者单处罚金；数额巨大或者有其他严重情节的，处三年以上十年以下有期徒刑，并处罚金；数额特别巨大或者有其他特别严重情节的，处十年以上有期徒刑，并处罚金。"

请分析：

（1）如何理解本条规定中的"敲诈勒索""数额较大"和"多次敲诈勒索"的含义？

（2）敲诈勒索近亲属的财物，获得谅解的，应如何处理？

（3）明知他人实施敲诈勒索犯罪而为其提供网络技术支持等帮助的，应如何处理？

（4）敲诈勒索罪和抢劫罪的界限。

（5）敲诈勒索罪和诈骗罪的界限。

【记忆要点】敲诈勒索：以非法占有为目的强行索取。数额较大：2 000～5 000元。多次敲诈勒索：2年内敲诈勒索3次以上。敲诈勒索近亲属财物的处理：一般不认为是犯罪、认为是犯罪的应酌情从宽。明知敲诈而提供网络技术支持的处理：共犯。敲诈勒索罪和抢劫罪的界限：行为内容、行为方式、非法取得财物的时间、构成犯罪的数额标准。敲诈勒索罪和诈骗罪的界限：客体、客观方面。

【参考答案】（1）"敲诈勒索"是指以非法占有为目的，对公私财物的所有人、管理人实施威胁或者要挟的方法，强行索取数额较大公私财物的行为。"数额较大"是指敲诈勒索公私财物价值2 000元至5 000元以上。"多次敲诈勒索"是指2年内敲诈勒索3次以上。

（2）敲诈勒索近亲属的财物，获得谅解的，一般不认为是犯罪；认定为犯罪的，应当酌情从宽处理。

（3）明知他人实施敲诈勒索犯罪，为其提供网络技术支持等帮助的，以敲诈勒索罪的共犯论处。

（4）①行为的内容不同。抢劫罪以当场实施暴力、暴力相威胁为其行为内容；敲诈勒索罪仅限于威胁，不当场实施暴力，而且威胁的内容不只是暴力，还包括非暴力威胁。②犯罪行为方式不同。抢劫罪的威胁当着被害人的面实施，一般是用言语或动作来表示；敲诈勒索罪的威胁可以是当着被害人的面，也可以是通过第三者来实现，可以用口头方式来表示，也可以通过书信的方式来表示。③非法取得财物的时间不同。抢劫罪是当场取得财物；而敲诈勒索罪可以是当场，也可以是在实施威胁、要挟之后取得他人财物。行为人以暴力相威胁迫使被害人限期交出财物的行为，不应定抢劫罪，而应当以敲诈勒索罪论处。④构成犯罪的数额标准不同。抢劫罪有较大的社会危害性，法律不要求其劫取财物的数额必须达到数额较大才构成犯罪；敲诈勒索罪行为的社会危害性相对较小，刑法规定以数额较大或多次敲诈勒索作为敲诈勒索罪的必要要件。

（5）敲诈勒索罪和诈骗罪的界限：①敲诈勒索罪的犯罪客体是复杂客体，侵犯了公私财产所有权和公民的人身权利；诈骗罪的犯罪客体是公私财产所有权，是单一客体。②在犯罪客观方面，敲诈勒索罪以威胁、要挟的方法，造成被害人心理上的恐惧从而迫使被害人交出财物；诈骗罪则是用虚构事实或隐瞒真相的欺诈手段，使被害人信以为真，从而“自愿地交出财物”。

★39. 我国《刑法》第294条第1款规定：“组织、领导黑社会性质的组织的，处七年以上有期徒刑，并处没收财产；积极参加的，处三年以上七年以下有期徒刑，可以并处罚金或者没收财产；其他参加的，处三年以下有期徒刑、拘役、管制或者剥夺政治权利，可以并处罚金。”

请分析：

（1）何为“黑社会性质的组织”？

（2）黑社会性质组织的特征。

（3）对于犯本款规定之罪又有其他犯罪行为的应如何处理？

（4）对本款规定之罪的组织者、领导者、参加者如何处罚？

【记忆要点】黑社会性质的组织：有组织地实施犯罪并且社会危害性严重的犯罪组织。特征：组织性、有一定经济实力、有组织地多次进行违法犯罪活动、社会危害性严重。犯本罪又有其他罪的处罚：数罪并罚。对组织者、领导者、参加者的处罚：对组织者、领导者按全部犯罪处罚；对参加者按参与的犯罪处罚；对没有实施犯罪或受蒙蔽、胁迫的参加者，情节轻微可不作为犯罪处理。

【参考答案】（1）黑社会性质的组织是指以暴力、威胁或者其他手段，有组织地进行违法犯罪活动，称霸一方，为非作恶，欺压、残害群众，严重破坏经济、社会生活秩序的犯罪组织。

（2）黑社会性质组织具有如下特征：①形成较稳定的犯罪组织，人数较多，有明确的组织者、领导者，骨干成员基本固定；②有组织地通过违法犯罪活动或者其他手段获取经济利益，具有一定的经济实力，以支持该组织的活动；③以暴力、威胁或者其他手段，有组织地多次进行违法犯罪活动，为非作恶，欺压、残害群众；④通过实施违法犯罪活动，或者利用国家工作人员的包庇或者纵容，称霸一方，在一定区域或者行业内，形成非法控制或者重大影响，严重破坏经济、社会生活秩序。

（3）组织、领导、参加黑社会性质的组织又有其他犯罪行为的，依照数罪并罚的规定处罚。

（4）对于黑社会性质组织的组织者、领导者，应当按照其所组织、领导的黑社会性质组织所犯的全部罪行处罚；对于黑社会性质组织的参加者，应当按照其所参与的犯罪处罚。对于参加黑社会性质的组织，没有实施其他违法犯罪活动的，或者受蒙蔽、胁迫参加黑社会性质的组织，情节轻微的，可以不作为犯罪处理。

40. 我国《刑法》第305条规定：“在刑事诉讼中，证人、鉴定人、记录人、翻译人对与案件有重要关系的情节，故意作虚假证明、鉴定、记录、翻译，意图陷害他人或者隐匿罪证的，处三年以下有期徒刑或者拘役；情节严重的，处三年以上七年以下有期徒刑。”

请分析：

(1) 伪证行为的基本特征。

(2) 如何理解本条规定中“在刑事诉讼中”“与案件有重要关系的情节”和“虚假”的含义？

(3) 伪证罪和诬告陷害罪的区别。

【记忆要点】特征：虚假性、关联性、时间性。在刑事诉讼中：侦查、起诉、审判全过程。与案件有重要关系的情节：对案件结论有重要影响的情节。虚假：捏造、夸大；掩盖、缩小。伪证罪和诬告陷害罪的区别：对象、方式、内容、时间。

【参考答案】(1) 伪证行为的基本特征有：①虚假性。行为人必须实施了虚假的证明、鉴定、记录、翻译行为。②关联性。虚假的证明、鉴定、记录、翻译的内容，必须和与案件有重要关系的情节有联系。③时间性。伪证行为必须是发生在刑事诉讼中。

(2)“在刑事诉讼中”是指在立案、侦查、起诉、审判的整个过程中。“与案件有重要关系的情节”是指足以使无罪的人受到刑事处罚或者使轻罪重罚的情节，或者是使犯罪分子逃避刑事处罚或者重罪轻判的情节。“虚假”是指捏造或夸大事实以陷人入罪，或者掩盖、缩小事实以开脱罪责。

(3) 伪证罪和诬告陷害罪的区别表现在：①行为对象不完全相同。伪证罪的行为对象主要是人犯；而诬告陷害罪的行为对象是任何公民。②行为方式不同。伪证罪是对与案件有重要关系的重要情节作伪证；而诬告陷害罪则是捏造整个犯罪事实。③犯罪主体不同。伪证罪是特殊主体，只限于证人、鉴定人、记录人、翻译人；而诬告陷害罪则是一般主体。④行为内容不同。伪证罪的行为内容包括陷害他人或包庇犯罪；而诬告陷害罪则只是陷害他人。⑤行为实施的时间不同。伪证罪是发生在立案以后的刑事诉讼过程中；而诬告陷害罪则发生在立案侦查之前。

【补充说明】对于参考答案第(2)点中“与案件有重要关系的情节”的含义，考生作如下回答亦可：“与案件有重要关系的情节”是指对案件结论有影响的情节，包括与是否构成犯罪、犯罪的性质、罪行的轻重、量刑的轻重等具有重要关系的情节。

★41. 我国《刑法》第310条规定：“明知是犯罪的人而为其提供隐藏处所、财物，帮助其逃匿或者作假证明包庇的，处三年以下有期徒刑、拘役或者管制；情节严重的，处三年以上十年以下有期徒刑。

犯前款罪，事前通谋的，以共同犯罪论处。”

请分析：

(1) 窝藏、包庇罪的构成要件。

(2) 如何理解“窝藏”的含义及其客观表现？

(3) 如何理解本条第1款规定中的“作假证明包庇”的含义？

(4) 如何理解本条第2款规定？

(5) 包庇罪与伪证罪的区别。

【记忆要点】构成要件：客体、客观方面、主体、主观方面。窝藏：明知是犯罪的人而予以隐藏并助其逃匿。窝藏行为的客观表现：提供隐藏处所、财物、交通工具。作假证明包庇：作虚假证明掩盖罪行或减轻罪责。对本条第2款规定的理解：事前通

刑法学

谋以共犯论处。包庇罪和伪证罪的区别：主体、场合、对象、目的。

【参考答案】(1) 窝藏、包庇罪的构成要件有：①侵犯客体是司法机关追诉、制裁犯罪分子的正常活动。②客观方面表现为窝藏或者包庇犯罪分子的行为。③犯罪主体是一般主体。④主观方面表现为故意，即行为人明知是犯罪的人而予以窝藏、包庇。

(2) 窝藏是指明知是犯罪的人而为其提供隐藏处所、财物，帮助其逃匿的行为。窝藏行为的客观表现包括：①为犯罪分子提供隐藏处所。②提供财物，资助或协助犯罪人逃匿。③为犯罪分子提供交通工具，指示行动路线或逃跑方向等。

(3)“作假证明包庇”是指向司法机关作虚假证明，即以非证人的身份向司法机关提供虚假的证明材料为犯罪分子掩盖罪行或减轻罪责。

(4) 如果行为人事前有事后予以窝藏、包庇的通谋，说明行为人有共同犯罪的故意，行为人在共同犯罪中窝藏或作虚假证明来掩盖罪行的，不能以窝藏、包庇罪论处，而只能以共同犯罪论处。

(5) 包庇罪和伪证罪的区别表现在：①犯罪主体不同。包庇罪的主体是一般主体，伪证罪的主体是特殊主体，即只能是刑事诉讼中的证人、鉴定人、记录人和翻译人。②犯罪的场合不同。包庇罪可以发生在刑事诉讼之前、之中和之后；而伪证罪只能发生在刑事诉讼之中。③包庇的对象不同。包庇罪包庇的对象包括已决犯和未决犯；而伪证罪的对象只能是未决犯。④犯罪目的不同。包庇罪的目的是使犯罪分子逃避法律制裁；而伪证罪的目的既包括隐匿罪证，使犯罪分子逃避法律制裁，也包括陷害他人使无罪者受到刑事追究。

★42. 我国《刑法》第312条规定：“明知是犯罪所得及其产生的收益而予以窝藏、转移、收购、代为销售或者以其他方法掩饰、隐瞒的，处三年以下有期徒刑、拘役或者管制，并处或者单处罚金；情节严重的，处三年以上七年以下有期徒刑，并处罚金。

单位犯前款罪的，对单位判处罚金，并对其直接负责的主管人员和其他直接责任人员，依照前款的规定处罚。”

请分析：

(1) 本罪的客观构成条件。

(2) 如何理解“犯罪所得”及其犯罪所得“产生的收益”?

(3) 如何理解“窝藏”“转移”“收购”“代为销售”的含义?

(4) 如何理解“以其他方法掩饰、隐瞒”的情形?

【记忆要点】客观构成要件：对象、行为。犯罪所得：赃物。窝藏：提供场所。转移：地点转移。收购：出卖或自用。代为销售：帮助或代理销售赃物。其他方法：四种行为以外的方法。

【参考答案】(1) 本罪的客观构成要件：①行为对象是犯罪所得及其产生的收益。②行为人实施了窝藏、转移、收购、代为销售等掩饰、隐瞒犯罪所得及其所产生的收益的行为。

(2)“犯罪所得”是指犯罪所得的赃物，即通过犯罪行为所获得的财物。犯罪所得“产生的收益”是指利用犯罪所得的赃物获得的利益。

(3)“窝藏”是指为犯罪分子提供隐藏犯罪所得及其产生的收益的场所的行为。

“转移”是指将他人实施犯罪所得及其产生的收益由一个地方搬运到另一个地方的行为。“收购”是指有偿取得赃物后，予以出卖或自用的行为。“代为销售”是指帮助或者代理犯罪分子销售所得赃物。

（4）“其他方法掩饰、隐瞒”是指除了窝藏、转移、收购、代为销售行为以外的其他方法，如提供资金账户、协助将财产转换为现金、金融票据、有价证券等，通过转账方式协助资金转移，汇往境外。

43. 我国《刑法》第313条规定：“对人民法院的判决、裁定有能力执行而拒不执行，情节严重的，处三年以下有期徒刑、拘役或者罚金；情节特别严重的，处三年以上七年以下有期徒刑，并处罚金。

单位犯前款罪的，对单位判处罚金，并对其直接负责的主管人员和其他直接责任人员，依照前款的规定处罚。”

请分析：

（1）“人民法院的判决、裁定”的内涵。

（2）“有能力执行”和“拒不履行”的内涵。

（3）国家机关工作人员收受贿赂或者滥用职权，实施本罪行为，构成犯罪的，应如何处理？

【记忆要点】人民法院的判决、裁定：具有执行内容、发生法律效力；裁定包括支付令、调解书、仲裁裁决书和公证债权文书。有能力执行：有可供执行的财产或具有履行义务的能力。拒不履行：拒绝确定的义务。国家机关工作人员犯拒不执行判决、裁定罪又犯受贿罪、滥用职权罪的处理：择一重。

【参考答案】（1）人民法院的判决、裁定，是指人民法院依法作出的具有执行内容并已发生法律效力的判决、裁定。人民法院为依法执行支付令、生效的调解书、仲裁裁决、公证债权文书等所作的裁定属于本条规定的裁定。

（2）“有能力执行”是指根据查实的证据，证明负有执行人民法院判决、裁定义务的人有可供执行的财产或者具有履行特定义务的能力。如果行为人确实没有可供执行的财产，或者丧失履行特定义务的能力，不能以犯罪论处。“拒不履行”是指行为人采取各种手段拒绝履行人民法院判决、裁定中所确定的义务。

（3）国家机关工作人员收受贿赂或者滥用职权，实施本罪行为，同时又构成受贿罪、滥用职权等罪的，依照处罚较重的规定定罪处罚。

★44. 我国《刑法》第363条第1款规定：“以牟利为目的，制作、复制、出版、贩卖、传播淫秽物品的，处三年以下有期徒刑、拘役或者管制，并处罚金；情节严重的，处三年以上十年以下有期徒刑，并处罚金；情节特别严重的，处十年以上有期徒刑或者无期徒刑，并处罚金或者没收财产。”

请分析：

（1）何为“淫秽物品”？判断某一物品是否属于淫秽物品应当坚持哪些原则？

（2）如何理解本款规定之罪的客观行为方式？

（3）如何认定本款规定之罪的主观要素？

【记忆要点】淫秽物品：描绘性行为、露骨宣扬色情物品。判断是否是淫秽物品坚持的原则：整体性、客观性、关联性。客观行为方式：制作、复制、出版、贩卖、传播。主观要素：故意、牟利。

【参考答案】(1)“淫秽物品”是指具体描绘性行为或者露骨宣扬色情的诲淫性的书刊、影片、录像带、录音带、图片及其他淫秽物品。判断某一作品是否属于淫秽物品，应当坚持如下三个原则：①整体性原则：必须就该作品的全体内容进行整体判断，不能仅由作品的一部分来决定。②客观性原则：必须就该作品的内容进行客观判断，而不能以行为人的主观认识为标准。③关联性原则：要从作品中的有关性的描写与科学性、艺术性描写的关系上进行判断。

(2)制作是指生产、录制、编写、绘画、印刷等创造、产生、形成淫秽物品的行为。复制是指通过翻印、翻拍、复印、转录等方式将原已存在的淫秽物品制作成一份或多份的行为。出版是指将淫秽作品编辑加工后，经过复制向公众发行的行为。贩卖是指有偿转让淫秽物品的行为。传播是指通过播放、陈列、在互联网上建立淫秽网站、网页等方式使淫秽物品让不特定或者多数人感知以及通过出借、赠送等方式散布、流传淫秽物品的行为。

(3)本罪主观方面表现为故意，故意的认识内容包括自己制作、复制、出版、贩卖、传播的是或可能是淫秽物品的认识。除了主观故意外，还要求行为人具有牟利目的。是否具有牟利的目的，要从行为人制作、复制、出版、贩卖淫秽物品的数量、向他人传播淫秽物品的人次与组织播放的次数、获利的数额等方面进行判断。

★45. 我国《刑法》第382条规定：“国家工作人员利用职务上的便利，侵吞、窃取、骗取或者以其他手段非法占有公共财物的，是贪污罪。

受国家机关、国有公司、企业、事业单位、人民团体委托管理、经营国有财产的人员，利用职务上的便利，侵吞、窃取、骗取或者以其他手段非法占有国有财物的，以贪污论。

与前两款所列人员勾结，伙同贪污的，以共犯论处。”

请分析：

(1)本条规定的“国家工作人员”包括哪些人员？

(2)如何理解本条规定中的“利用职务上的便利”和“侵吞”“窃取”“骗取”的含义？

(3)如何理解本条规定中的“委托管理、经营国有财产”的含义？

(4)个人贪污数额应如何认定？共同贪污犯罪中“个人贪污数额”应如何认定？

(5)如何认定贪污罪的既遂和未遂？

(6)对于犯贪污罪，死刑缓刑期满后，应如何处理？

【记忆要点】国家工作人员的范围：公务人员、委派人员、其他公务人员。利用职务上的便利：利用职务形成的便利条件。侵吞：非法占有。窃取：以秘密窃取方式非法占有。骗取：以虚构事实和隐瞒真相方式非法占有。委托、经营国有财产：承包、租赁、临时聘用等管理、经营。个人贪污数额的认定：贪污总额、累计数额。贪污罪既遂和未遂的认定：是否实际控制财物。犯贪污罪死缓执行期满后的处理：减为无期徒刑后，终身监禁，不得减刑、假释。

【参考答案】（1）国家工作人员包括：①在国家机关中从事公务的人员。②在国有公司、企业、事业单位、人民团体中从事公务的人员。③国家机关、国有公司、企业、事业单位委派到非国有公司、企业、事业单位、社会团体从事公务的人员。④其他依照法律从事公务的人员。

（2）“利用职务上的便利”是指行为人利用本人职务范围内的权力和地位形成的有利条件，具体表现为主管、保管、支配、供用或经手等便利条件。“侵吞”是指行为人利用职务上的便利，将自己控制之下的公共财物非法占有。“窃取”是指行为人利用职务之便，将自己合法主管、管理、经手的公共财物，以秘密窃取的方式非法占有的行为。“骗取”是指行为人利用职务之便，以虚构事实或隐瞒真相的欺骗手段，非法占有公共财物的行为。

（3）“委托管理、经营国有财产”是指因承包、租赁、临时聘用等管理、经营国有财产。

（4）“个人贪污数额”是指个人贪污公共财产的总额，对多次贪污未经处理的，按照累计贪污数额处罚。在共同贪污犯罪案件中，“个人贪污数额”为个人所参与或者组织、指挥共同贪污的数额。

（5）贪污罪应当以行为人是否实际控制财物作为区分既遂与未遂的标准。对于行为人利用职务上的便利，实施了虚假平账等贪污行为，但公共财物尚未实际转移，或者尚未被行为人控制就被查获的，应当认定为贪污未遂。行为人控制公共财物后，是否将财物据为己有，不影响贪污既遂的认定。

（6）犯贪污罪的死缓犯，人民法院根据犯罪情节等情况可以同时决定在其死刑缓期执行 2 年期满依法减为无期徒刑后，终身监禁，不得减刑、假释。

46. 我国《刑法》第 389 条规定：“为谋取不正当利益，给予国家工作人员以财物的，是行贿罪。

在经济往来中，违反国家规定，给予国家工作人员以财物，数额较大的，或者违反国家规定，给予国家工作人员以各种名义的回扣、手续费的，以行贿论处。

因被勒索给予国家工作人员以财物，没有获得不正当利益的，不是行贿。”

请分析：

（1）行贿罪的构成要件。

（2）如何理解本条第 1 款规定中的“谋取不正当利益”的含义？

（3）如何理解本条第 2 款规定中的“违反国家规定”的含义？

（4）如何理解本条第 3 款规定？

【记忆要点】构成要件：客体、客观方面、主体、主观方面。谋取不正当利益：行贿人谋取的利益违反规定，或违反规定要求为自己提供帮助或方便条件；违反国家规定：违反只能账内公开给予、不得账外暗中给予的规定。对本条第 3 款规定的理解：被动行贿且没获利的不构成犯罪。

【参考答案】（1）行贿罪的构成要件包括：①侵犯客体是国家工作人员职务行为的廉洁性。②客观方面表现为给予国家工作人员以财物的行为。③犯罪主体是自然人一般主体。④主观方面表现为故意，并且具有谋取不正当利益的目的。

（2）“谋取不正当利益”是指行贿人谋取的利益违反法律、法规、规章、政策规定，或要求国家工作人员违反法律、法规、规章、政策、行业规范的规定，为自己提供帮助或方便条件。违反公平、公正原则，在经济、组织人事管理活动中，谋取竞争优势的，应当认定为“谋取不正当利益”。

（3）违反国家规定是指违反国家法律、行政法规关于经济往来中给予国家工作人员礼物、回扣、手续费，只能在账内公开给予，而不得在账外暗中给予的规定。

（4）行贿行为只限于主动行为，如果是被勒索而给予国家工作人员以财物，没有获得不正当利益的，不是行贿，不构成犯罪。

★47. 我国《刑法》第399条第1款规定：“司法工作人员徇私枉法、徇情枉法，对明知是无罪的人而使他受追诉、对明知是有罪的人而故意包庇不使他受追诉，或者在刑事审判活动中故意违背事实和法律作枉法裁判的，处五年以下有期徒刑或者拘役；情节严重的，处五年以上十年以下有期徒刑；情节特别严重的，处十年以上有期徒刑。”

请分析：

（1）本条规定的罪名、罪状类型和构成要件。

（2）如何理解本款规定中的“对明知无罪的人而使其受到追诉”“对明知有罪的人而故意包庇不使其受到追诉”和“枉法裁判”？

（3）本款规定之罪和伪证罪的界限。

（4）司法工作人员因受贿而枉法裁判的，应当如何处理？

【记忆要点】罪名：徇私枉法罪。罪状类型：叙明罪状。构成要件：客体、客观方面、主体、主观方面。对明知无罪的人而使其受到追诉：明知无罪而立案侦查、采取强制措施、起诉、审判。对明知有罪的人而故意包庇不使其受到追诉：明知有罪而包庇使其不受侦查、起诉、审判。枉法裁判：出入人罪、重罪轻判、轻罪重判。徇私枉法罪和伪证罪的界限：客体、客观方面、主体。因受贿而徇私枉法的处理：择一重。

【参考答案】（1）本条规定的是徇私枉法罪，属叙明罪状。徇私枉法罪的构成要件有：①侵犯客体是国家司法机关正常活动与国家的司法公正。②客观方面表现为利用司法职务上的便利，违背事实和法律，对明知无罪的人而使其受到追诉，对明知有罪的人而故意包庇不使其受到追诉，或者在刑事审判活动中故意违背事实和法律作枉法裁判的行为。③犯罪主体是特殊主体，即司法工作人员。④主观方面表现为故意，即出于私情、私利有意枉法追诉、包庇、裁判。

（2）对明知无罪的人而使其受追诉是指对明知是无罪的人而故意予以立案侦查，用刑事强制措施限制其人身自由，提起公诉、进行审判等。对明知有罪的人而故意包庇不使其受追诉是指对有确凿事实证明其实施犯罪的人，采取伪造、隐匿、毁灭证据或其他隐瞒事实、违背法律的手段，故意包庇使其不受侦查、起诉或审判。枉法裁判是指行为人故意对有罪者作出无罪判决，对无罪者作出有罪判决，或者重罪轻判、轻罪重判。

（3）徇私枉法罪和伪证罪的区别表现在：①侵犯的客体不同。徇私枉法罪侵犯的客体是司法机关的正常活动和司法公正；而伪证罪侵犯的客体是社会管理秩序中的司法秩序。②客观方面不同。徇私枉法罪限于利用司法职务之便；而伪证罪的实施者中的证人、翻译人并无利用司法职务之便的特征。③犯罪主体不同。徇私枉法罪的犯罪主体是司法工作人员。伪证罪的犯罪主体是证人、鉴定人、翻译人和记录人。

（4）司法工作人员因受贿而枉法裁判的，应当择一重罪处断，不实行数罪并罚。

48. 我国《刑法》第399条第2款规定："在民事、行政审判活动中故意违背事实和法律作枉法裁判，情节严重的，处五年以下有期徒刑或者拘役；情节特别严重的，处五年以上十年以下有期徒刑。"

请分析：

（1）本款规定的罪名、罪状类型。

（2）如何理解本款规定中的"枉法裁判"的含义？

（3）本款规定之罪的主体范围。

（4）行为人犯本款规定之罪，又在枉法行为过程中收受他人财物，构成犯罪的，应如何处理？

【记忆要点】罪名：民事、行政枉法裁判罪。枉法裁判：违背事实和法律而颠倒黑白地判决胜诉或败诉；较重责任轻判；较轻责任重判；应立案而裁定不予立案。犯罪主体范围：民事、行政裁判中的审判人员。犯民事、行政枉法裁判又受贿的处理：择一重。

【参考答案】（1）本款规定的罪名是民事、行政枉法裁判罪；罪状是叙明罪状。

（2）枉法裁判是指依照事实和法律本应判决当事人胜诉或败诉的，行为人却故意颠倒黑白地判决当事人败诉或者胜诉，或者本应承担较重民事、行政责任的当事人违法判定减轻其责任，对本应承担较轻民事、行政责任的当事人违法判定加重其责任，或者有充分的事由和证据应予立案而有意裁定不予立案等行为。

（3）犯罪主体是特殊主体，即司法工作人员，限于在民事、行政诉讼中负有审判职责的人员。

（4）司法工作人员贪赃枉法，犯民事、行政枉法裁判罪和受贿罪的，应择一重罪定罪处罚，不实行数罪并罚。

49.《刑法》第408条之一第1款规定："负有食品药品安全监督管理职责的国家机关工作人员，滥用职权或者玩忽职守，有下列情形之一，造成严重后果或者有其他严重情节的，处五年以下有期徒刑或者拘役；造成特别严重后果或者有其他特别严重情节的，处五年以上十年以下有期徒刑：

（一）瞒报、谎报食品安全事故、药品安全事件的；

（二）对发现的严重食品药品安全违法行为未按规定查处的；

（三）在药品和特殊食品审批审评过程中，对不符合条件的申请准予许可的；

（四）依法应当移交司法机关追究刑事责任不移交的；

（五）有其他滥用职权或者玩忽职守行为的。"

请分析：

（1）食品、药品监管渎职罪的概念和构成要件。

（2）如何理解本款规定中的“滥用职权”和“玩忽职守”的含义？

（3）国家机关工作人员犯本款规定之罪又受贿的，应如何处理？

【记忆要点】构成要件：客体、客观方面、主体、主观方面。滥用职权：超越职权、不正确行使职权或违反规定处理有关事项。玩忽职守：严重不负责任、马虎草率、不履行或不正确履行职责。国家机关工作人员犯食品、药品监管渎职罪又受贿的处理：数罪并罚。

【参考答案】（1）食品、药品监管渎职罪是指负有食品药品安全监督管理职责的国家机关工作人员，滥用职权或者玩忽职守，导致发生食品、药品安全事故，造成严重后果或者有其他严重情节的行为。其构成要件有：①侵犯的客体为国家食品、药品安全监督管理制度。②客观方面表现为实施了滥用职权或者玩忽职守的行为，导致发生重大食品、药品安全事故，造成严重后果或者有其他严重情节。③犯罪主体是特殊主体，即负有食品药品安全监督管理职责的国家机关工作人员。④主观方面表现为故意或者过失。对于滥用职权型食品、药品监管渎职罪，主观方面表现为故意；对于玩忽职守型食品、药品监管渎职罪，主观方面表现为过失。

（2）滥用职权包括两种情形：一是超越食品、药品监管的职权，违法决定、处理无权决定、处理的食品、药品监管事项；二是在其食品、药品监管的职权范围内不正确行使职权或者违反食品、药品监管的职权规定来处理有关事项。玩忽职守是指在食品、药品监管工作中严重不负责任，马虎草率，不履行其应当履行的食品、药品安全监管职责或者不正确履行其食品、药品安全监管职责。

（3）国家机关工作人员犯本款规定之罪又受贿的，应当以受贿罪和食品、药品监管渎职罪实行数罪并罚。

50. 我国《刑法》第414条规定：“对生产、销售伪劣商品犯罪行为负有追究责任的国家机关工作人员，徇私舞弊，不履行法律规定的追究职责，情节严重的，处五年以下有期徒刑或者拘役。”

请分析：

（1）放纵制售伪劣商品犯罪行为罪的构成要件。

（2）如何理解本条规定中的“徇私舞弊”的含义？

（3）如何理解本条规定中的“不履行法律规定的追究职责”的适用情形？

（4）如果行为人的行为符合生产、销售伪劣商品罪（共犯），又犯本罪的，应如何处理？

【记忆要点】构成要件：客体、客观方面、主体、主观方面。徇私舞弊：徇私情、徇私利、弄虚作假、玩弄职权。不履行法律规定的追究职责：不履行追究刑事责任和其他责任的职责。既符合生产、销售伪劣商品罪又符合本罪的处理：择一重。

【参考答案】（1）放纵制售伪劣商品犯罪行为罪的构成要件有：①侵犯客体是国家对制售伪劣商品犯罪行为的查处追诉活动。②客观方面表现为对于生产、销售伪劣商品的犯罪行为，徇私舞弊，不履行法律规定的追究职责，情节严重的行为。③犯罪主体是特殊主体，即对生产、销售伪劣商品犯罪行为负有追究责任的国家机关工作人员。④主观方面表现为故意。行为人主观上出于徇私、徇情的动机，不履行法律规定的查处，追究制售伪劣商品犯罪行为的职责。

（2）“徇私舞弊”是指国家机关工作人员为徇私情、徇私利而弄虚作假、玩弄职权的行为。

（3）“不履行法律规定的追究职责”的适用情形有：①不履行刑法规定的追究刑事责任的职责，主要表现为不将该罪犯提交司法机关处理。②不履行法律规定的追究其他法律责任的职责。

（4）行为人的行为符合生产、销售伪劣商品罪（共犯），又符合放纵制售伪劣商品犯罪行为罪的，应当择一重罪论处。

三、案例分析题

1. 甲与乙是一起长大的朋友。甲是出租车司机，乙是教师。后来乙想学开车，找甲借车，甲答应和乙一起练车。起初两人在空地上练车，后来乙认为自己的技术已经很熟练了，便自作主张开到了公路上，结果乙驾驶的车不慎与迎面驶来的客车相撞，造成车损和甲的死亡，乙也受了重伤。

请根据上述材料回答下列问题：

（1）乙在此案中的主观心理态度。

（2）乙构成何罪？为什么？

【参考答案】（1）乙的心理态度属于过于自信的过失。乙初学驾车，已经预见到可能撞到他人或车辆，但由于自信技术过硬，能够避免危害结果发生，从而造成交通肇事，故乙的心理态度是过于自信过失。

（2）乙的行为构成交通肇事罪。乙在驾驶车辆过程中发生重大交通事故，致人死亡，符合交通肇事罪的构成特征，因此对乙应以交通肇事罪论处。

2. 甲于某日 18 时驾驶出租轿车载客 2 人，途中与行人乙发生碰撞，乙经抢救无效于次日凌晨死亡。交通事故发生后，甲遂停车走出汽车，在二三十米外遥望事故现场，未发现有人被撞倒，即驾车驶离现场，并于当晚更换撞碎的轿车挡风玻璃、左大灯。交警部门在侦查过程中，认为甲有重大嫌疑，遂于隔日打电话通知甲在交警支队等候。当晚，经传唤讯问，甲交代了肇事经过。

请根据上述案情回答下列问题：

（1）甲的行为构成何罪？为什么？

（2）甲的行为是否属于交通肇事后逃逸？为什么？

（3）甲的行为是否构成自首？为什么？

【参考答案】（1）甲的行为构成交通肇事罪。甲在驾驶途中，与行人乙发生碰撞，致使乙因抢救无效而死亡，其行为符合交通肇事罪的构成要件。

（2）甲的行为不属于交通肇事后逃逸。甲在交通肇事发生之后停车走出汽车，在二三十米外遥望事故现场，未发现有人被撞倒，才驾车驶离现场。如果没有相反证据证明行为人已经认识到交通肇事的发生，只能认定行为人对逃逸行为持过失态度。而刑法对交通肇事后逃逸的加重惩罚仅限于故意的情形，因此，甲在没有认识到交通肇事发生的情况下驾车驶离现场的行为不应当被认为属于交通肇事后逃逸的行为。

（3）甲的行为不构成自首。甲的交通肇事行为已经被交警部门发现，并发现甲有重大嫌疑的情况下才打电话要求其到交警部门等候，显然已经发现了甲的罪行，且甲是在被交警部门传讯之后才承认自己的行为，并非主动投案，因此对甲的行为不应认定为自首。

3. 2002 年，甲因为盗窃罪被判处有期徒刑 1 年，刑满释放后，甲一直不思悔改，游手好闲。2009 年某日，甲将邻居乙（13 岁）奸淫。事后，甲威胁乙，叫她不要向别人提及此事，否则就要报复她家人。同年，甲教唆其表弟丙（17 岁）实施强奸怀孕妇女丁。丙欲实施强奸行为时，由于丁的苦苦哀求，加之看到丁怀孕在身，未对其实施奸淫。事后，丙主动向公安机关投案自首。

根据上述材料回答下列问题并说明理由：

（1）甲的行为性质及量刑情节。

（2）丙的行为性质及量刑情节。

【参考答案】（1）①甲的行为性质：甲的行为构成强奸罪。甲将不满 14 周岁的幼女乙奸淫，对于奸淫幼女的，以强奸罪论处；甲教唆未成年人丙强奸怀孕妇女丁，构成强奸罪（教唆未遂），对甲所犯两个强奸罪应当数罪并罚。②量刑情节：甲奸淫乙，属于奸淫不满 14 周岁幼女的行为，对甲应当从重处罚；甲教唆丙强奸怀孕妇女丁，属于教唆不满 18 周岁的未成年人犯罪，对甲应当从重处罚；甲教唆丙实施强奸行为未遂，对甲教唆未遂的行为可以从轻或减轻处罚；甲多次犯罪，属于再犯，对甲酌定从重处罚；甲强奸乙后，威胁乙不要向她的家人提及此事，否则就要报复她的家人，这属于犯罪后态度恶劣的酌定情节，对甲酌定从重处罚。

（2）①丙的行为性质：丙欲对怀孕妇女丁实施奸淫，构成强奸罪，但在实施强奸过程中自动放弃犯罪，成立犯罪中止，因此丙的行为构成强奸罪（中止）。②量刑情节：丙在实施强奸过程中，由于丁的苦苦哀求，加之丁怀孕在身，未对其实施奸淫，属于中止犯罪且没有造成损害，对乙应当免除处罚；丙主动向公安机关投案，构成自首，对丙可以从轻或者减轻处罚。

4. 甲为了牟取暴利，从事拐卖妇女的活动。一日，甲以外出介绍工作为名将本村妇女乙骗出，准备出卖给他人为妻。在拐卖途中，甲见乙年轻漂亮，于是对乙实施了奸淫行为。在与买主交涉后，由于价格问题，双方没有达成一致。于是，甲继续寻找买主。为了谋取更多的利润，甲将乙卖给一实施强迫妇女卖淫活动的犯罪团伙。该卖淫团伙多次强迫乙实施卖淫活动。

根据上述案情回答下列问题：

（1）甲的行为属于罪数形态中何种犯罪形态？为什么？

（2）对甲的行为应如何定罪处罚？

【参考答案】（1）甲的行为属于罪数形态中的结果加重犯。结果加重犯即行为人实施基本犯罪构成的行为，同时又造成一个基本犯罪构成以外的结果，刑法对其规定较重法定刑的罪数形态。对于结果加重犯的处罚，依照刑法规定加重其刑。根据刑法规定，拐卖妇女的，构成拐卖妇女罪；奸淫被拐卖的妇女的，诱骗、强迫被拐卖的妇女卖淫或者将被拐卖的妇女卖给他人迫使其卖淫的，则加重其刑。据此，甲的行为构成拐卖妇女罪，并加重其刑，属于结果加重犯。

（2）对甲应当处10年以上有期徒刑或者无期徒刑，并处罚金或者没收财产；或者处死刑，并处没收财产。

【补充说明】需要说明的是，考试中，除了结果加重犯的案例分析题外，一般不会考查某一犯罪的具体刑期。

5. 甲、乙二人相约去某个体户商店盗窃，并约定由乙望风，甲进入店内盗窃。甲在盗窃过程中，发现只有妇女丙一人在店内睡觉，于是就起意强奸丙。丙被惊醒，极力反抗，甲未能得逞。甲担心被丙以后认出自己，欲杀人灭口，就掏出随身携带的刀子，扎向丙某胸部致其重伤昏迷，随后甲顺手拿走店内现金1万元和10条中华香烟。甲在店外分给乙香烟5条，二人准备离开之际，被联防队员丁发现，二人分开逃跑。丁追赶乙，乙见丁穷追不舍，就拿出随身携带的匕首进行威胁，后被赶来的警察抓获，而甲乘机得以逃脱。乙被抓后，如实交代了自己和甲的盗窃事实以及1年前抢劫的5 000元的犯罪事实（后经查证属实），并告发甲在2年前有一起绑架行为，后经查证纯属捏造。

请根据上述事实回答以下问题，并说明理由：

（1）如何认定甲、乙二人实施的犯罪行为？

（2）甲、乙有哪些量刑情节？

【参考答案】（1）对甲、乙二人的行为应作如下认定：①甲、乙二人具有共同盗窃的故意，且在共同故意支配下实施了盗窃行为，因而，甲、乙二人构成盗窃罪的共犯。②甲在盗窃过程中超出共同盗窃的故意实施的强奸行为和杀人行为，由于超出了共同故意犯罪的范围，属于实行过限行为，应由甲单独承担刑事责任，而乙对甲实施的强奸行为和故意杀人行为，不承担刑事责任。③乙为抗拒抓捕而当场对丙实施暴力，其行为转化为抢劫，对乙应以转化型抢劫罪定罪处罚。由于甲对乙的此行为缺乏共同的犯罪故意和犯罪行为，甲对此行为不承担刑事责任。④乙归案后，故意捏造甲犯有绑架犯罪行为，并向司法机关告发，对乙应以诬告陷害罪定罪处罚。

（2）甲、乙存在如下量刑情节：①甲在盗窃商店过程中实施强奸行为和杀人行为，但由于甲的强奸行为和杀人行为都属于犯罪未遂形态，因此对甲的强奸和杀人行为，可以比照既遂犯从轻或减轻处罚。②乙归案后，主动交代了自己和甲的共同犯罪事实，属于坦白，对于乙的坦白行为，可以从轻处罚。③乙归案后交代自己1年前抢劫的犯罪事实，该犯罪事实与司法机关掌握的盗窃罪不属于同种罪行，因而成立自首，对乙可以从轻或者减轻处罚。

6. 甲接到其妻子的电话称，有人在其妻子经营的饭店酒后滋事，遂纠集乙等若干人（其他人另案处理）赶到该饭店，对在此滋事的丙、丁以及丙的朋友若干人进行殴

打，后又将丙等人强行带至近郊区的一个树林内。到该树林后，甲、乙等人对丙等五人进行威胁、殴打并索要赔偿金，之后又将丙等人带至远郊区某汽车修理厂内，继续对其威胁、殴打并索要钱财。其间，丁答应赔偿 2 万元，后甲指使乙跟随丁外出取钱，因丁的家属未凑够 2 万元，乙给甲打电话问是否接钱，甲考虑后决定放弃索要钱财，并让乙带领丁返回修理厂。后甲将丁放走，并让乙带领丙、丁向警方投案，甲也时隔 2 小时后向警方投案，甲、乙投案后如实供述了所作所为。最终，甲、乙二人均被判刑。

请根据上述事实回答以下问题并说明理由：

（1）甲、乙二人构成何罪？是否是共同犯罪？如何处罚？

（2）分析甲、乙二人的犯罪形态及其处罚。

（3）甲、乙二人是否成立自首？如何处罚？

【参考答案】（1）甲、乙二人构成敲诈勒索罪。甲、乙二人以非法占有为目的，伙同他人采取暴力及威胁的手段对丙、丁等人强行索要钱财，构成敲诈勒索罪。甲、乙有共同的犯罪故意，因此构成敲诈勒索罪的共同犯罪，其中，甲起主要作用，系主犯，应当按照其所参与的全部犯罪处罚；乙起次要作用，系从犯，应当依法对其从轻、减轻或者免除处罚。

（2）甲、乙的犯罪形态属于犯罪中止。在犯罪过程中，自动放弃犯罪或者自动有效地防止犯罪结果发生的，是犯罪中止。在共同实行的场合，其中有部分共同犯罪人要成立犯罪中止的，必须有效地阻止其他犯罪人把犯罪实行到既遂。本案中，甲、乙二人在犯罪过程中，自动放弃犯罪，成立犯罪中止，依法应当对其减轻处罚。

（3）甲、乙二人成立自首。甲、乙二人犯罪后主动投案，如实供述了自己的罪行，成立自首，对其可以从轻或者减轻处罚。

【补充说明】关于参考答案第（1）点，有的考生认为构成抢劫罪，这是不正确的。因为甲、乙等人对丙等人进行威胁、殴打并索要赔偿金，其威胁殴打行为与获取赔偿金的行为在时间上和空间上不具有同一性，不符合抢劫罪的构成要件。

7. A 县村民甲同本村村民乙结伙驾驶机动三轮车，携带鱼叉、线网等工具来 B 县境内作案。在盗得几只鸡后，转而寻找新的盗窃目标，路遇公安巡逻民警。民警见其形迹可疑，遂进行盘查。为逃避盘查，甲、乙见状驾车逃离。民警遂紧追抓捕。在逃跑途中，甲、乙驾驶的三轮车不慎翻倒，甲、乙弃车徒步而逃，民警和随后赶来的村民继续追赶。甲、乙为逃跑方便，先是趁正在路边休息的村民丙不备，夺下其自行车一辆，后又分别采用暴力手段先后夺取了前来追赶他们的民警和村民的摩托车四辆，并将公安人员打成轻伤，甲被当场抓获，乙驾驶其中的一辆摩托车逃离。

请结合上述案情分析下列问题：

（1）甲、乙"逃避盘查抓捕"的行为是否构成由盗窃而转化的抢劫罪？为什么？

（2）甲、乙夺取丙的自行车的行为是否构成由抢夺而转化的抢劫罪？为什么？

（3）甲、乙夺取摩托车而抗拒抓捕的行为是否构成牵连犯？为什么？

（4）对甲、乙的行为应如何定性？为什么？

【参考答案】（1）甲、乙的行为不构成由盗窃而转化的抢劫罪。构成转化型抢劫应当具备如下三个条件：①行为人必须实施了盗窃、诈骗、抢夺任何一种犯罪行为；

②行为人的目的是窝藏赃物、抗拒抓捕或者毁灭罪证；③行为人必须是当场使用暴力或者以暴力相威胁。通过案情分析，甲、乙逃避盘查抓捕似乎是“抗拒抓捕”，但甲、乙的行为不具有当场性，即对于窝藏赃物、抗拒抓捕和毁灭罪证的现场，不能认定为当场。由于甲、乙已经离开盗窃现场，且公安机关并不是在盗窃现场的当时发现甲、乙而进行抓捕，因而本案不具备转化抢劫的时间条件，即“当场”，故甲、乙的行为不能认定为盗窃罪的转化型抢劫。

（2）甲、乙的行为不构成由抢夺转化的抢劫罪，抢夺罪的构成要件之一就是行为人主观方面以非法占有为目的。本案中，甲、乙因害怕被公安人员抓获，而在逃跑途中，趁村民丙不备顺手牵羊地将自行车夺下骑走，貌似抢夺行为，但这与转化抢劫的前提“犯抢夺罪”所要求的抢夺行为有质的不同。甲、乙夺取丙自行车的行为并不是以非法占有为目的，而是在公安人员的追赶抓捕下为了逃跑作为交通工具使用。在当时的环境下，甲、乙连自己驾驶的机动三轮车都弃之不顾，不可能临时起意顿生劫财之念，这些足以说明甲、乙主观上不以非法占有为目的，只是基于暂时支配使用的心态，因而甲、乙的行为不构成由抢夺转化的抢劫罪。

（3）甲、乙的行为不是牵连犯。构成牵连犯的前提是行为人的行为成立数罪，而不是一罪。本案中，甲、乙夺取摩托车的行为，其目的是为了抗击抓捕，似乎有目的行为和手段行为的牵连关系，但甲、乙夺取摩托车的行为并非以非法占有为目的，不构成抢劫罪，更谈不上目的行为和手段行为的牵连。至于乙乘摩托车逃离造成的事实上的非法占有，不能进而认定为具有非法占有为目的，否则将陷入“客观归罪”。因此，甲、乙的行为不构成牵连犯。

（4）甲、乙的行为构成妨害公务罪。本案中，甲、乙二人在实施盗窃违法行为之后，因形迹可疑被公安机关发觉，不但拒不接受公安人员的盘查，反而为逃避司法追究竟以暴力或暴力相威胁的手段阻碍公安人员依法履行职务，并将公安人员打成轻伤，多辆摩托车被抢，二人的行为符合妨害公务罪的构成要件，应当认定为妨害公务罪。二人盗窃数额不大，没有多次盗窃，故其行为不构成盗窃犯罪。

8. 2010年9月，高达公司因无足够的进项税抵扣销项税，该公司会计沐某与总经理吴某商议后，决定使用虚开的发票来抵扣。随后，沐某、吴某两人与天翼公司主管人员夏某、黄某商谋之后，由黄某根据沐某提供的发票内容，虚开了天翼公司的增值税专用发票25份，合计人民币120万元，均被用于抵扣高达公司及其下属公司的销项税，造成国家税款损失120万余元。2011年10月初，吴某、沐某先后到镇财政所和税务部门，主动交代了虚开增值税专用发票的事实。经查明，2007年吴某由国有钟表公司委派到中外合资、国有控股的高达公司任总经理。2009年8月，吴某以高达公司名义向镇财政所借款人民币250万元，后将此款挪至信力审计事务所，作为以吴某、王某与丁公司的名义合伙开办的盛夏公司的验资资金，同年10月，盛夏公司归还该款和利息。2010年1月，吴某以高达公司的名义向农投商发展公司借款人民币500万元，用于盛夏公司的经营活动，吴某虽未从中获取利益，但其借款行为并未经公司董事会同意。同年6月，吴某又以高达公司名义与南达进出口公司签订协议，借款人民币100万元用以归还农投商发展公司。至案发，盛夏公司尚欠高达公司人民币185万余元。

请根据上述案情回答下列问题：

(1) 本案是否涉及单位犯罪？为什么？

(2) 分析吴某、沐某、夏某、黄某行为的性质并说明理由。

【参考答案】(1) 本案涉及单位犯罪。理由：高达公司会计沐某与总经理吴某因公司无足够的进项税抵扣销项税，在与夏某、黄某商谋之后，由黄某根据沐某提供的发票内容，虚开了25份增值税专用发票，造成国家税款损失120万余元。据此，吴某、沐某让他人为自己任职的高达公司虚开增值税专用发票，均符合虚开增值税专用发票罪的构成要件。由于以上四人都是作为单位主管人员或者直接负责人员而实施的，其虚开增值税专用发票的目的是为单位谋取利益，个人也没有从中牟利，故其行为应当认定为代表单位整体意志的单位犯罪。

(2) ①吴某作为高达公司主管人员实施虚开增值税专用发票行为，对吴某应当以虚开增值税专用发票罪追究刑事责任。吴某是国有钟表公司委派到中外合资、国有控股的高达公司任总经理的国家工作人员。2009年8月，吴某以高达公司名义向镇财政所借款人民币250万元，后将此款挪至信力审计事务所，作为以吴某、王某与丁公司的名义合伙开办的盛夏公司的验资资金。2010年1月，吴某以高达公司的名义向农投商发展公司借款人民币500万元，用于盛夏公司的经营活动。虽然吴某没有从盛夏公司获取个人利益，但吴某向财政所借款并挪用开办的盛夏公司，向农投商发展公司借款用于盛夏公司的经营活动，均未经董事会同意，其行为属于“以个人名义将公款供其他单位使用”。因此，吴某挪用公款给盛夏公司，属于挪用公款归个人使用，数额较大，符合挪用公款罪的构成要件，应当以挪用公款罪定罪处罚。②沐某、夏某和黄某作为单位主管人员或直接责任人员应当以虚开增值税专用发票罪追究刑事责任。

9. 2010年3月，乙以做生意为由劝诱某国有公司经理甲出借公款，并与甲共同策划了挪用的方式，乙为此送给甲好处费10万元。甲未经董事会决定就将资金200万元借给乙。乙得到巨款以后，告知银行职员丙该款的真实来源，丙为乙提供资金账户，乙随时提款用于贩毒。在甲的催促下，2011年5月，乙归还了70万元，后来就拒绝和甲见面。甲见追回剩余款项无望，便携带乙归还的70万元潜逃。2011年11月，甲将70万元挥霍一空后，因走投无路向司法机关投案，并交代了借款给乙、接受乙好处费10万元和携款潜逃的事实，并提供线索协助司法机关将乙捉拿归案。乙归案后主动交代了给甲好处费和贩毒的事实。

阅读上述材料后，根据相关刑法理论知识和我国刑法规定分析：

(1) 甲的行为性质及其处罚。

(2) 乙的行为性质及其处罚。

(3) 丙的行为性质。

【参考答案】(1) ①甲将公款200万元借给乙做生意使用，属于挪用公款归个人使用，进行营利活动，甲的行为构成挪用公款罪；甲作为国家工作人员，携带70万元潜逃，并将70万元挥霍一空，属于利用职务便利非法占有国家财物的行为，构成贪污罪；甲作为国家工作人员，利用职务便利，收受乙好处费10万元，为乙谋取利益，构成受贿罪。②甲在走投无路的情况下被迫投案，交代了借款给乙、收受贿赂和携款潜逃的事实，这属于如实供述自己罪行的行为，构成自首，因此对甲可以从轻或减轻处罚；甲提供线索致使乙被抓获，构成立功，因此对甲可以从轻或减轻处罚；对甲应以挪用公款罪、贪污罪和受贿罪实行数罪并罚。

(2) ①乙将挪用的公款用于贩毒，属于挪用公款进行非法活动，乙虽然不是国家工作人员，但乙与甲共谋，对乙应以挪用公款罪的共犯论处；乙为了达到利用国家工作人员的职务便利挪用公款的非法目的，送给甲10万元好处费，构成行贿罪；乙将挪用的公款用于贩毒，构成贩卖毒品罪。②乙归案后如实供述了贩卖毒品的犯罪事实，对乙贩卖毒品的行为成立自首，对此自首行为可以从轻或减轻处罚；乙归案后交代了行贿的事实，但该行贿事实已被司法机关掌握，因此乙交代的行贿事实构成坦白，对乙的坦白行为，可以从轻处罚。对乙应当以挪用公款罪、行贿罪和贩卖毒品罪实行数罪并罚。

(3) 丙明知乙提供的款项属于挪用的公款而仍然为乙提供资金账户，掩饰、隐瞒犯罪违法所得的性质和来源，构成洗钱罪。

10. 某公安局预审员甲在审理乙故意杀人案时，接受乙的叔父、甲的老同学丁的请托，将乙的年龄由19岁改为17岁，又将起诉意见书中的“乙用砍刀连砍数刀”改成“乙被迫用砍刀自卫”等，尽力为乙开脱。办案期间，甲接受乙的家属财物折合人民币10万元。不久，在承办犯罪嫌疑人丙盗窃一案中，发现可认定的盗窃数额较小，不足以构成盗窃罪。但甲觉得丙在预审中，对自己不够恭敬，使自己在同事面前“丢脸面”，遂生报复心理。于是，在对丙盗窃一案的讨论中，甲故意提出，丙与两年前发生的一起强奸案（未侦破）有关，有重大作案嫌疑。甲还列举了种种“证据”来证明自己的“合理怀疑”。公安部门立即将丙列为重大犯罪嫌疑人，延长其被羁押的时间，并指定甲所在的办案组对丙强奸一案进行调查。在调查过程中，该强奸案的真正作案人在邻县实施抢劫而被抓获，在其供述中，如实供认了其曾经犯有的强奸罪行。

请根据上述案情回答下列问题：

(1) 甲在审理乙故意杀人案时的行为构成何罪？为什么？

(2) 甲在提出对丙的“强奸案”时的行为构成何罪？为什么？

(3) 对甲应如何处理？为什么？

【参考答案】(1) 甲在审理乙故意杀人案时的行为构成受贿罪。甲身为国家工作人员，收受他人钱财为他人谋取利益的行为符合受贿罪的构成要件，应以受贿罪论处。其竭力为犯罪嫌疑人开脱的行为，是徇私枉法、徇情枉法，对明知乙是有罪之人而故意包庇不使他受追诉，符合徇私枉法罪的构成特征。但依据刑法规定，行为人犯徇私枉法罪又受贿的，以受贿罪论处，不定徇私枉法罪。

(2) 甲在审理丙的“强奸”案时的行为构成徇私枉法罪。甲身为司法工作人员，为徇私情而对明知是无罪的人丙受到刑事追诉，提出对丙的“强奸案”嫌疑，甲这是利用自己办理案件的职权，对丙进行报复，其行为符合徇私枉法罪的构成特征，因此构成徇私枉法罪。

（3）甲先后犯受贿罪和徇私枉法罪，而前一徇私枉法行为不定罪，后一徇私枉法行为独立成罪，因此对甲应以受贿罪和徇私枉法罪数罪并罚。

【补充说明】 关于参考答案第（2）点，有的考生认为甲的行为构成诬告陷害罪，这是不正确的。如果甲不是利用自己办理案件的便利条件，而是在案外捏造丙“强奸”的事实陷害丙，才构成诬告陷害罪。

第二部分　民法学

一、简答题

1. 简述民法的性质。

【记忆要点】私法、市场经济关系基本法、市民社会关系基本法、权利法、实体法。

【参考答案】（1）民法是私法。民法的调整对象决定了民法是私法，民法调整的社会关系主要涉及私人利益，民事主体之间是平等主体的关系。将民法归入私法范畴，有助于提倡当事人意思自治，尽可能减少国家干预，并有助于培育和发展公民的权利意识和平等观念。

（2）民法是调整市场经济关系的基本法。从历史发展来看，民法始终与商品经济或市场经济的发展相联系；从内容来看，民法调整的财产关系主要是财产归属关系和财产流通关系。与此相适应，形成了由民事主体、物权、债权等财产制度组成的民法体系。

（3）民法是调整市民社会关系的基本法。民法调整市民社会关系，重在保护市民的私权，加大对个人自由权利的保障，以构建和谐的市民社会秩序。

（4）民法是权利法。民法最基本的职能在于对民事权利的确认和保护。从起源来看，民法就是为了排除公权力的不当干预、保障公民权利不受侵犯而产生的。民法体系的构建以权利为基本的逻辑起点，民法总则和民法分则都是围绕权利展开的。民法通过权利确认当事人的行为规则，通过救济确保权利得到实现。

（5）民法是实体法。民法规定民事主体相互间权利义务的实体内容。民法作为实体法，既是行为规则，又是裁判规则。民法作为行为规则具有确立交易规则和生活规则的功能，作为裁判规则是司法机关正确处理民事纠纷所要依循的准则。

2. 简述自愿原则的含义和具体表现。

【记忆要点】自主决定参加民事法律关系、平等协商、自由表达真实意愿。

【参考答案】自愿原则是指民事主体在从事民事活动时，在法律允许的范围内自由表达自己的意愿，并按其意愿设立、变更、终止民事法律关系的原则。

自愿原则具体表现在如下三个方面：

（1）民事主体有权自主决定是否参加民事活动以及如何参加民事活动。也就是说，当事人可以对所参与的民事法律关系的相对人、内容、行为方式、形式等依据其意志自由选择。

（2）民事主体应当以平等协商的方式从事民事活动，就民事法律关系的设立、变更、终止达成合意。

（3）在法律允许的范围内，民事主体有权依其意愿自主作出决定，并对其自由表达的真实意愿负责，任何组织和个人不得非法干预。

3. 简述诚实信用原则的含义和具体表现。

【记忆要点】如实告知、重合同、守信用、正当行使权利履行义务、采取合理补救措施。

【参考答案】诚实信用原则是指民事主体从事民事活动时，应当诚实守信，正当地行使民事权利并履行民事义务，不实施欺诈和规避法律的行为，在不损害他人利益和社会利益的前提下追求自己的利益。

诚实信用原则具体表现在如下三个方面：

（1）民事主体在从事民事活动时，必须将有关事项和真实情况如实告知对方，禁止隐瞒事实真相和欺骗对方当事人。

（2）民事主体之间一旦作出意思表示并且达成合意，就必须重合同、守信用，正当地行使权利和履行义务。法律禁止当事人背信弃义、擅自毁约的行为。

（3）民事活动过程中发生损害，民事主体双方均应及时采取合理的补救措施，避免和减少损失。

4. 简述民事权利行使的原则。

【记忆要点】符合法律和社会公共利益、不得滥用权利、符合诚实信用原则。

【参考答案】（1）民事权利的行使必须符合国家法律和社会公共利益的要求。人们必须在法律规定的限度内行使自己的权利，不得损害国家利益、社会公共利益和他人合法权益。

（2）不得滥用权利造成他人的损害。民事主体不得滥用民事权利损害国家利益、社会公共利益或者他人合法权益。

（3）民事权利的行使必须符合诚实信用原则。只有严格遵循诚实信用原则，权利人才能正当地行使民事权利，建立和谐的经济生活秩序，保障财产流转的正常进行。

5. 简述我国民法典规定的知识产权的客体类型。

【记忆要点】作品；发明、实用新型、外观设计；商标；地理标志；商业秘密；集成电路布图设计；植物新品种；法律规定的其他客体。

【参考答案】知识产权是权利人依法就下列客体享有的专有的权利：①作品；②发

明、实用新型、外观设计；③商标；④地理标志；⑤商业秘密；⑥集成电路布图设计；⑦植物新品种；⑧法律规定的其他客体。

★6. 简述我国民法典规定的承担民事责任的方式。

【记忆要点】停止侵害；排除妨碍；消除危险；返还财产；恢复原状；修理、重作、更换；继续履行；赔偿损失；支付违约金；消除影响、恢复名誉；赔礼道歉。惩罚性赔偿。

【参考答案】（1）承担民事责任的方式主要有：①停止侵害；②排除妨碍；③消除危险；④返还财产；⑤恢复原状；⑥修理、重作、更换；⑦继续履行；⑧赔偿损失；⑨支付违约金；⑩消除影响、恢复名誉；⑪赔礼道歉。

（2）法律规定惩罚性赔偿的，依照其规定。

（3）承担民事责任的方式，可以单独适用，也可以合并适用。

7. 简述宣告失踪的概念和适用条件。

【记忆要点】下落不明满2年；利害关系人提出申请；法院依法定程序宣告。

【参考答案】宣告失踪是指经利害关系人申请，由法院依照法定条件和程序，宣告下落不明满法定期限的自然人为失踪人的民事法律制度。

宣告失踪须具备如下条件：

（1）须有自然人离开其住所下落不明满2年的事实。自然人下落不明的时间自其失去音讯之日起计算。下落不明的期间必须持续满2年，有关利害关系人才能到法院申请宣告其失踪。

（2）须由利害关系人向法院提出申请。可以提出申请的利害关系人主要包括：配偶；父母、子女；兄弟姐妹、祖父母、外祖父母、孙子女、外孙子女；其他与被申请人有民事权利义务关系的人，如失踪人的债权人、债务人等。

（3）须由人民法院依照法定程序宣告。具体的程序是：先由利害关系人到法院提出申请，人民法院受理以后，应当发出寻找下落不明人的公告。公告期为3个月，期间届满后，人民法院根据失踪事实是否得到确认，作出宣告失踪或者驳回申请的判决，并在法定情形下指定失踪人的财产代管人。

8. 简述我国民法典规定的法人的类型。

【记忆要点】营利法人、非营利法人、特别法人。

【参考答案】（1）营利法人。营利法人是指以取得利润并分配给股东等出资人为目的成立的法人，包括有限责任公司、股份有限公司和其他企业法人等。

（2）非营利法人。非营利法人是指为公益目的或者其他非营利目的成立，不向出资人、设立人或者会员分配所取得利润的法人，包括事业单位、社会团体、基金会、社会服务机构等。

（3）特别法人。特别法人是指不能简单归入营利法人和非营利法人的法人，包括机关法人、农村集体经济组织法人、城镇农村的合作经济组织法人、基层群众性自治组织法人。

9. 简述我国民法典规定的非营利法人的类型。

【记忆要点】事业单位法人、社会团体法人、捐助法人。

【参考答案】（1）事业单位法人。事业单位法人是指具备法人条件，为适应经济社会发展需要，提供公益服务而设立的事业单位。

（2）社会团体法人。社会团体法人是指具备法人条件，基于会员共同意愿，为公益目的或者会员共同利益等非营利目的而设立的社会团体。

（3）捐助法人。捐助法人是指具备法人条件，为公益目的以捐助财产设立的基金会、社会服务机构等，经依法登记成立，取得捐助法人资格。

★10. 简述意思表示的概念和特征。

【记忆要点】具有法律关系变动的意图、由内到外的表示过程、能够发生当事人预期的法律效力。

【参考答案】意思表示是指向外部表明意欲发生一定私法上效果的意思的行为。

意思表示具有如下特征：

（1）意思表示的表意人具有旨在使法律关系发生变动的意图，该意图不违反法律强制性规定和公序良俗，因而发生当事人所预期的效力。

（2）意思表示是一个意思由内到外的表示过程。单纯的停留在内心的主观意思是没有法律意义的，该意思必须表示于外部，能够为人所知晓。

（3）意思表示依据是否符合生效要件，法律赋予其不同的效力。符合法定生效要件的意思表示可以发生当事人预期的法律效果，不符合法定生效要件的意思表示发生的法律效果可能与当事人的意思不尽一致。

11. 简述无效的民事法律行为的概念和特征。

【记忆要点】不具备有效条件、绝对无效、确定无效、当然无效。

【参考答案】无效的民事法律行为是指因欠缺民事法律行为的有效条件而不产生法律效力的民事法律行为。

无效的民事法律行为具有如下特征：

（1）无效的民事法律行为具备了民事法律行为的成立条件，但不具备有效条件，因此，不能发生当事人所预期的法律后果。

（2）无效的民事法律行为绝对、确定无效，没有任何事实可以使其有效，且包括当事人在内的任何人均有权主张该行为无效。

（3）无效的民事法律行为自始当然无效，无须任何人主张。

★12. 简述无效的民事法律行为的情形。

【记忆要点】无民事行为能力人实施的行为；虚假行为；违反法律、行政法规的强制性规定的行为；违背公序良俗的行为；恶意串通行为。

【参考答案】（1）无民事行为能力人实施的民事法律行为无效。

（2）行为人与相对人以虚假的意思表示实施的民事法律行为无效。

（3）违反法律、行政法规的强制性规定的民事法律行为无效。

（4）违背公序良俗的民事法律行为无效。

（5）行为人与相对人恶意串通，损害他人合法权益的民事法律行为无效。

13. 简述可撤销的民事法律行为的概念和特征。

【记忆要点】意思表示不真实、撤销权、在被撤销前有效。

【参考答案】可撤销的民事法律行为是指由于欠缺有效条件，当事人有权依照法律规定请求人民法院或者仲裁机构予以撤销的民事法律行为。

可撤销的民事法律行为具有如下特征：

（1）可撤销的民事法律行为主要是因意思表示不真实而发生的民事法律行为。意思表示不真实往往只有当事人才知晓，这就需要由当事人自己决定是否撤销不真实的意思表示。

（2）可撤销的民事法律行为须由撤销权人主动行使撤销权。撤销权在性质上属于形成权，撤销权人通过单方的意思表示行使撤销权，可导致可撤销的民事法律行为的效力溯及既往地消灭。

（3）可撤销的民事法律行为在被撤销前仍然是有效的。可撤销的民事法律行为在被撤销前，既非效力待定，又非当然无效，可被认为自成立之时起已经生效。

★14. 简述可撤销的民事法律行为的情形。

【记忆要点】重大误解、欺诈、胁迫、显失公平。

【参考答案】（1）基于重大误解实施的民事法律行为，行为人有权请求人民法院或者仲裁机构予以撤销。

（2）一方以欺诈手段，使对方在违背真实意思的情况下实施的民事法律行为，受欺诈方有权请求人民法院或者仲裁机构予以撤销。第三人实施欺诈行为，使一方在违背真实意思的情况下实施的民事法律行为，对方知道或者应当知道该欺诈行为的，受欺诈方有权请求人民法院或者仲裁机构予以撤销。

（3）一方或者第三人以胁迫手段，使对方在违背真实意思的情况下实施的民事法律行为，受胁迫方有权请求人民法院或者仲裁机构予以撤销。

（4）一方利用对方处于危困状态、缺乏判断能力等情形，致使民事法律行为成立时显失公平的，受损害方有权请求人民法院或者仲裁机构予以撤销。

15. 简述可撤销的民事法律行为与无效的民事法律行为的区别。

【记忆要点】无效的条件不同、无效的时间不同、主张无效的人不同。

【参考答案】（1）无效的条件不同。无效的民事法律行为是不附带任何条件的，不论当事人是否主张，也不论当事人之间是否有争议，该行为都是无效的，是绝对无效；可撤销的民事法律行为是相对无效，是有条件的无效，当事人提出申请并经人民法院或仲裁机构认可是该行为无效的前提条件。

（2）无效的时间不同。无效的民事法律行为从行为开始时起，就不发生法律效力，对当事人就没有约束力；可撤销的民事法律行为在被撤销之前，已经发生了法律效力，对当事人就有了约束力，只有在被撤销后，才丧失法律上的效力。当然，撤销行为具有追溯力，追溯到行为开始。

（3）主张无效的人不同。无效的民事法律行为，双方当事人或与该民事法律行为有利害关系的人都可以主张无效，人民法院或仲裁机构在受理的案件中发现属于无效范围的，也可以主动确认其无效；可撤销的民事法律行为，只有享有撤销权的当事人才可请求撤销，其他人不享有撤销权。

16. 简述效力未定的民事法律行为的概念、特征和情形。

【记忆要点】特征：效力不齐备、效力不确定、效力有待确定。情形：限制民事行为能力人、无权代理。

【参考答案】（1）效力未定的民事法律行为是指民事法律行为成立之后，是否能发生效力尚不能确定，有待享有形成权的第三人作出追认或拒绝的意思表示来使之有效或无效的民事法律行为。

（2）效力未定的民事法律行为具有如下特征：①效力未定的民事法律行为已经成立，但因缺乏处分权或行为能力而使效力不齐备。②效力未定的民事法律行为的效力既非完全无效，也非完全有效，而是处于一种效力不确定的中间状态。③效力未定的民事法律行为是否发生效力尚不能确定，有待于其他行为或事实使之确定。

（3）效力未定的民事法律行为包括两类：①限制民事行为能力人从事依法不能从事的法律行为，其行为效力有待法定代理人追认。②无权代理行为，但是表见代理除外。

17. 简述代理的概念和特征。

【记忆要点】代理权限范围内、以被代理人的名义或者代理人自己的名义、实施法律行为、后果直接或者间接由被代理人承担。

【参考答案】代理是指代理人以被代理人或者自己的名义，在代理权限内与相对人实施法律行为，其法律后果直接或者间接由被代理人承受的民事法律制度。

代理具有如下特征：

（1）代理人在代理权限范围内实施代理行为。代理权因委托或法定而产生，代理人在进行代理行为时，有独立的意思表示。法律规定或当事人约定只能由本人实施的行为，不得代理。

（2）代理人以被代理人的名义或者代理人自己的名义进行代理行为。代理人以被代理人的名义进行的代理为直接代理。代理人以自己的名义进行的代理为间接代理。

（3）代理主要是实施法律行为。代理主要是为被代理人设立、变更、消灭一定民事法律关系。不具有法律意义的行为，不是代理。

（4）代理行为的后果直接或者间接由被代理人承担。代理的目的是为被代理人进行民事活动，代理人的行为效力当然归属于被代理人。

18. 简述代理权的行使原则及效力。

【记忆要点】代理权限范围内；为维护被代理人的利益；不得滥用代理权：自己代理、双方代理、恶意串通。

【参考答案】(1) 代理人应在代理权限范围内行使代理权。代理人只有在代理权限范围内进行代理行为，才能由被代理人承担法律后果，超越代理权限所为的行为，除被代理人追认的以外，对被代理人不发生法律效力，而由代理人承担责任。被代理人知道代理人超越代理权为民事活动不作否认表示的，由代理人和被代理人承担连带责任。

(2) 代理人应为维护被代理人的利益而行使代理权。代理人的职责就是为被代理人服务，所以代理人应从被代理人的利益出发，本着对被代理人最有利的原则行使代理权，也只有在为了被代理人的利益的情况下才能转委托。代理人不履行职责或者不完全履行职责，造成被代理人损害的，应当承担民事责任。

(3) 代理人不得滥用代理权。滥用代理权主要有三种情形：①自己代理。这是指代理人以被代理人的名义与自己进行民事活动的行为。该行为通常为无效行为，但是被代理人同意或者追认的除外。②双方代理。这是指代理人以被代理人的名义与自己代理的其他人进行民事活动的行为。该行为原则上无效，但是被代理的双方同意或者追认的除外。③代理人与相对人恶意串通。此种行为属于无效的民事法律行为，给被代理人造成损害的，由代理人和相对人负连带责任。

19. 简述诉讼时效中止和中断的法定事由。

【记忆要点】诉讼时效中止：不可抗力；没有法定代理人或者法定代理人死亡、丧失民事行为能力、丧失代理权；未确定继承人、遗产管理人；被控制；其他。诉讼时效中断：提出履行请求、同意履行义务、提起诉讼或者申请仲裁、其他。

【参考答案】(1) 诉讼时效中止的法定事由有：①不可抗力；②无民事行为能力人或者限制民事行为能力人没有法定代理人，或者法定代理人死亡、丧失民事行为能力、丧失代理权；③继承开始后未确定继承人或者遗产管理人；④权利人被义务人或者其他人控制；⑤其他导致权利人不能行使请求权的障碍。

(2) 诉讼时效中断的法定事由有：①权利人向义务人提出履行请求；②义务人同意履行义务；③权利人提起诉讼或者申请仲裁；④与提起诉讼或者申请仲裁具有同等效力的其他情形。

20. 简述诉讼时效和除斥期间的区别。

【记忆要点】法律后果不同、适用范围不同、起算时间不同、适用条件不同、期间可变性不同。

【参考答案】(1) 法律后果不同。除斥期间届满的法律效力是实体权利（主要是形成权）消灭，而诉讼时效期间届满的法律后果是抗辩权发生，实体权利并不消灭。

(2) 适用范围不同。除斥期间主要适用于形成权，诉讼时效适用于请求权。

(3) 起算时间不同。除斥期间根据法律规定的时间或者权利发生的时间起算，诉讼时效一般从知道或者应当知道权利被侵害时起算。

(4) 适用条件不同。除斥期间届满，法院可依职权主动适用有关规定而无须当事人提出主张。义务人自愿履行的，也可以请求人民法院追回。而对诉讼时效人民法院不得主动适用相关规定。

（5）期间可变性不同。除斥期间是一个不变期间，法律规定多长时间就固定为多长时间，不能变动；而诉讼时效则可因各种原因而中止、中断甚至延长。

21. 简述物权的效力。

【记忆要点】优先效力、追及效力、排他效力。

【参考答案】（1）物权的优先效力。当同一标的物存在互不冲突的多项物权时，设立在先的物权优先于设立在后的物权，但是法律另有规定的除外。当物权与债权发生冲突时，物权原则上具有优先于债权的效力。

（2）物权的追及效力。作为物权客体的物无论辗转流向何处，权利人均得追及物的所在，行使其权利。但追及效力会受到善意取得的阻却。

（3）物权的排他效力。同一物上不能同时存在两个或两个以上内容互不相容的物权。在同一物上，不能同时存在两个或两个以上的性质不相同的他物权。

★22. 简述物权法的基本原则。

【记忆要点】平等保护原则、物权客体特定原则、物权法定原则、公示公信原则。

【参考答案】（1）平等保护原则。所有民事主体在物权法律关系中法律地位平等，平等适用民法典物权制度所确立的规则，并受到物权法律规范的平等保护。

（2）物权客体特定原则。物权的客体为经济上和功能上完整的、独立的一物，物的组成部分不能成为物权的客体。一物之上只能成立一个所有权。

（3）物权法定原则。物权的类型、内容和变动方式由法律明确规定，而不允许当事人自行创设。

（4）公示、公信原则。公示是指以一定的方式使公众知悉物权变动的事实。“交付”是动产物权变动的公示方式，变更“登记”是不动产物权变动的公示方式。公信是指物权变动符合法定公示方式的就具有可信赖性的法律效力。依公信原则，物权变动经公示的，即发生法律效力，即使公示所表现的物权状态与真实的物权状态不相符合，也不影响物权变动的效力。

★23. 简述违反物权法定原则的法律后果。

【记忆要点】自由创设物权的约定无效、违反内容强制规定的内容无效、不影响其他法律行为的效力。

【参考答案】（1）法律没有规定的物权，当事人不得自由设立，即使当事人有约定也不发生物权设定的法律效果。

（2）当事人的约定部分违反内容强制的规定，但不影响其他部分效力的，物权仍得以设立，仅违反规定的内容无效。

（3）违反该原则的行为无效不影响当事人之间其他法律行为的效力。

24. 简述动产物权变动的交付方式。

【记忆要点】现实交付、简易交付、指示交付、占有改定。

【参考答案】（1）现实交付。现实交付即将出让物置于受让人的实际控制之下。

（2）简易交付。动产物权的受让人因合同业已占有出让人的出让物的，转让人与受让人之间的物权转让或设立法律行为生效时，交付即完成。

（3）指示交付。出让人的出让动产被第三人占有的，出让人将返还请求权让与受让人，并告知占有人向受让人交付该动产，是为指示交付。

（4）占有改定。出让人在转让物权后，仍需要继续占有出让的动产的，由出让人与受让人订立合同，由出让人继续占有该动产，在约定期限届满时，出让人再按约定将该动产交还受让人占有，即为占有改定。

25. 简述不动产登记的主要类型。

【记忆要点】变动登记、预告登记、更正登记、异议登记。

【参考答案】（1）变动登记。这是指不动产物权登记机关就不动产物权的产生、变更、转让和消灭等事实进行的登记，包括首次登记、变更登记、转移登记、注销登记等。

（2）预告登记。这是指在当事人所期待的不动产物权变动所需要的条件缺乏或者尚未成就时，即权利取得人对未来取得物权享有请求权时，法律为保护这一债权请求权而进行的登记。

（3）更正登记。权利人、利害关系人认为不动产登记簿记载的事项错误的，可以申请更正登记。

（4）异议登记。这是指登记机构将利害关系人对不动产登记簿登记事项的异议记载于登记簿上的行为。

26. 简述所有权的特征。

【记忆要点】全面性、整体性、弹力性、排他性、恒久性。

【参考答案】（1）所有权具有全面性。所有权是所有人在法定限制范围内对所有物加以全面支配的权利，是绝对权。所有权关系的义务主体是所有人以外的一切人，他们负有不作为的义务。

（2）所有权具有整体性（单一性）。所有权并非占有、使用、收益、处分等各种权能的简单相加，而是一个整体的权利，所有人对于标的物有统一的支配力。

（3）所有权具有弹力性（归一性）。所有权人在其所有的财产上为他人设定他物权后，虽然占有等权能与所有权人发生分离，但所有权并不消灭。当所有物上设定的其他权利消灭，所有权的负担除去以后，所有权恢复其圆满的状态。

（4）所有权具有排他性（独占性）。所有权是独占的支配权，非所有权人不得对所有权人的财产享有所有权。同一物上只能有一个所有权存在，而不能同时并存两个或两个以上的所有权。

（5）所有权具有恒久性（永久存续性）。所有权不因时效而消灭，也不得预定其存续期间。所有权不以期限为要件，除因标的物灭失、所有人抛弃等事由而消灭外，本质上可以永久存续。

27. 简述物上请求权的内容。

【记忆要点】所有物返还请求权、排除妨害请求权、消除危险请求权。

【参考答案】（1）返还原物请求权。当所有人的财产被他人非法占有时，所有人或合法占有人可以依照法律的规定请求不法占有人返还原物，或请求法院责令不法占有人返还原物。

（2）排除妨害请求权。当他人的行为非法妨害物权人行使物权时，物权人可以请求妨害人排除妨害，也可以请求法院责令妨害人排除妨害。请求排除妨害，既包括请求除去已构成的妨害，也包括请求防止可能出现的妨害。

（3）消除危险请求权。当他人的行为对物权人的标的物造成危险时，权利人可以请求消除危险。

28. 简述建筑物区分所有权的内容。

【记忆要点】专有权、共有权、管理权。

【参考答案】建筑物区分所有权的内容包括专有权、共有权与管理权。

（1）专有权即专有部分所有权，系空间所有权，是建筑物区分所有权人对专有部分可自由占有、使用、收益及处分的权利。

（2）共有权即共有部分共有权，是建筑物区分所有权人依照法律或管理规约的规定，对区分所有建筑物之共有部分所享有的占有、使用及收益的权利。

（3）建筑物区分所有权人的管理权，是指建筑物区分所有权人（业主）基于一栋建筑物的构造、权利归属及使用上的密切关系而形成的、作为建筑物管理团体之成员所享有的共同管理的权利。

29. 简述建筑物区分所有权业主共同决定的事项。

【记忆要点】业主大会议事规则、管理规约、业主委员会及其成员、物业服务人、维修资金、建筑物及其附属设施、共有部分用途、利用共有部分从事经营活动、其他。

【参考答案】下列事项由业主共同决定：

（1）制定和修改业主大会议事规则。

（2）制定和修改管理规约。

（3）选举业主委员会或者更换业主委员会成员。

（4）选聘和解聘物业服务企业或者其他管理人。

（5）使用建筑物及其附属设施的维修资金。

（6）筹集建筑物及其附属设施的维修资金。

（7）改建、重建建筑物及其附属设施。

（8）改变共有部分的用途或者利用共有部分从事经营活动。

（9）有关共有和共同管理权利的其他重大事项。

30. 简述相邻关系的概念和特征。

【记忆要点】主体、内容、产生条件。

【参考答案】相邻关系是指相互毗邻的不动产的所有人或使用人因对不动产行使所有权或使用权而发生的权利义务关系。

相邻关系具有如下特征：

（1）相邻关系总是发生在两个以上权利主体之间。相邻关系的权利主体只能是不动产的所有人或使用人。

（2）相邻关系的内容是相邻人之间的权利、义务。相邻一方有为了维护其合法权益行使方便的权利，他方负有提供这种便利的义务。相邻一方的权利受到法律的保护，但其不得滥用权利。

（3）相邻关系是在不动产毗邻或相近的特定条件下因对财产的使用而发生的。它不仅涉及不动产本身的相邻关系，还包括因使用或利用不动产而产生的不利影响或有害侵扰。

31. 简述共有的概念和特征。

【记忆要点】主体、客体、内容、形成基础。

【参考答案】共有是指两个以上的权利主体对同一项财产都享有所有权。

共有具有如下特征：

（1）共有关系的主体总是两个以上。凡是形成财产共有关系的，其权利主体无论是自然人、法人还是非法人组织，也无论是发生在家庭内部或社会经济生活之中，其财产共有人必定是两个以上，否则就不能称其为共有。

（2）共有关系的客体总是同一项财产。各个共有人的权利、义务所指向的对象只能是同一项财产。同一项财产既可以是不动产，也可以是动产。只有在两个以上权利主体对同一项财产都享有所有权的条件下，才产生共有关系。

（3）共有关系的内容包括双重权利、义务关系。共有关系可分为按份共有和共同共有。无论哪种共有都发生对内、对外双重权利、义务。

（4）共有关系的形成往往基于公民或法人共同的生产经营目的或生活需要，共有既可以是同一种类型所有权的联合，也可以是不同类型所有权的联合。因此，共有并不是国家所有权、集体所有权、私人所有权之外的一种独立的财产所有权类型。

32. 简述土地承包经营权的概念和特征。

【记忆要点】性质（内容）、主体、客体、设定方式、期限性。

【参考答案】土地承包经营权是指自然人或社会组织依据承包合同对于农民集体所有或者国家所有由农民集体使用的土地享有的占有、使用和收益的权利。

土地承包经营权具有如下特征：

（1）土地承包经营权是由土地所有权派生的一种以使用、收益为内容的物权，属于他物权中的用益物权范畴。

（2）土地承包经营权的主体是承包人，包括自然人和社会组织。

（3）土地承包经营权的客体是农民集体所有和国家所有由农民集体使用的耕地、林地、草地以及其他用于农业的土地。权利人必须将以上土地用于从事种植业、林业、畜牧业等农业生产。

（4）土地承包经营权是由发包人与承包人通过签订承包合同的方式设定的。

（5）土地承包经营权是一种有期限的物权。依据民法典规定，耕地的承包期为 30 年；草地的承包期为 30 年至 50 年；林地的承包期为 30 年至 70 年。

33. 简述土地承包经营权人的权利。

【记忆要点】占有、使用、收益；互换、转让；流转土地经营权；获得补偿。

【参考答案】（1）对承包地进行占有、使用并获取相应的收益，自主组织生产经营和处置产品。

（2）通过家庭承包取得的土地承包经营权，土地承包经营权人有权将土地承包经营权互换、转让。土地承包经营权互换、转让的，当事人可以向登记机构申请登记；未经登记，不得对抗善意第三人。

（3）向他人流转土地经营权。通过家庭承包取得的土地承包经营权，土地承包经营权人有权依法采取出租、入股或者其他方式向他人流转土地经营权。流转期限为5年以上的土地经营权，自流转合同生效时设立。当事人可以向登记机构申请土地经营权登记；未经登记，不得对抗善意第三人。通过招标、拍卖、公开协商等方式承包农村土地，经依法登记取得权属证书的，可以依法采取出租、入股、抵押或者其他方式流转土地经营权。

（4）承包地被依法征收的，土地承包经营权人有权获得相应补偿。

34. 简述建设用地使用权的概念和特征。

【记忆要点】性质、主体、内容、客体、排他性。

【参考答案】建设用地使用权是指自然人、社会组织对国家或者集体所有的土地依法享有的利用该土地建造及保有建筑物、构筑物及其附属设施的权利。

建设用地使用权具有如下特征：

（1）建设用地使用权属于用益物权。

（2）建设用地使用权的主体为符合法定条件的自然人和社会组织。

（3）建设用地使用权的内容为在土地上建造和保有建筑物、构筑物及其附属设施，以及对建设用地使用权的处分，如出资、转让、抵押等，但不包括对土地本身的处分。

（4）建设用地使用权的客体包括国有土地和集体所有的土地，其范围包括土地表面及其上下的一定空间。

（5）建设用地使用权具有排他性，在同一块土地上不允许有两个以上内容相同的建设用地使用权存在。

35. 简述宅基地使用权的概念和特征。

【记忆要点】主体、内容、客体、取得、不受期限限制。

【参考答案】宅基地使用权是指农村集体经济组织成员因建造自有房屋而依法对集体所有的土地享有的占有、使用的权利。

宅基地使用权具有如下特征：

（1）宅基地使用权的主体限于农村集体经济组织成员。

（2）宅基地使用权的内容限于建造、保有住宅及其附属设施。

（3）宅基地使用权的客体限于集体所有的土地，换言之，宅基地的所有权归集体。

（4）宅基地使用权的取得是无偿的且没有期限限制，故该权利具有福利性。

★36. 简述居住权的概念、特征和内容。

【记忆要点】主体、内容、客体、设立目的、无偿、专属性、期限性。权利：占有、使用住宅；物权保护或请求承担侵权责任。义务：妥善使用、支付使用费。

【参考答案】（1）居住权是指自然人为满足生活居住的需要，按照合同约定，对他人的住宅享有的占有、使用的用益物权。

（2）居住权具有如下特征：①居住权的主体限于自然人。②居住权的内容是占有、使用他人的住宅。③居住权的客体是他人的住宅。④居住权的设立目的是满足权利人生活居住的需要。⑤居住权原则上是无偿的，当事人另有约定的除外。⑥居住权具有专属性，依附于特定人的身份而存在，故不得转让、继承，并因居住权人死亡而消灭。⑦居住权是有期限的物权。

（3）居住权人享有的权利包括：①按照合同的约定占有、使用他人的住宅。使用的目的应当限于自己生活居住的需要，故不得出租设立居住权的住宅，但是当事人另有约定的除外。②在权利受到侵害时主张物权保护或者请求侵权人承担侵权责任，如请求排除妨害或者消除危险、赔偿损失等。

（4）居住权人承担的义务包括：①行使居住权时应当妥善使用他人住宅，避免对住宅造成损害。②在双方约定有偿设立居住权的情形下，向对方支付使用费用。

★37. 简述地役权的内容。

【记忆要点】权利：依合同利用供役地、为附属行为、物权保护或请求承担侵权责任。义务：减少限制、维护并使用供役地上的设施。

【参考答案】（1）地役权人享有的权利包括：①按照合同约定的利用目的和方法利用供役地。②在供役地内为必要的附属行为。③在权利受到侵害时主张物权保护或者请求侵权人承担侵权责任，如排除妨害或者消除危险、赔偿损失等。

（2）地役权人承担的义务包括：①行使地役权时应尽量减少对供役地权利人物权的限制。②维护为行使地役权而在供役地修建的设施，并在不妨碍地役权行使的限度内允许供役地权利人使用这些设施。

38. 简述担保物权的概念和特征。

【记忆要点】优先受偿性、从属性、不可分性、物上代位性。

【参考答案】担保物权是指以担保债务清偿为目的，而在债务人或者第三人的特定物或者权利上设立的定限物权。

担保物权具有如下特征：

（1）优先受偿性。优先受偿性是指担保物权人可以就担保物的价值优先于债务人的普通债权人受偿。优先受偿性是担保物权最主要的特征和效力。

（2）从属性。从属性是指担保物权是为担保债权受偿而设定的，从属于所担保的债权。

（3）不可分性。不可分性是指债权人在全部债权受清偿前，可就担保物的全部行使其权利。

（4）物上代位性。物上代位性是指，当担保物毁损、灭失而受有赔偿金或者保险金等时，担保物权人得就该担保物的代替物即损害赔偿金或者保险金等行使权利。

39. 简述抵押权的概念和特征。

【记忆要点】性质、客体、不转移占有、优先受偿性、从属性、不可分性、物上代位性、追及性。

【参考答案】抵押权是指债权人对于债务人或第三人提供的不转移占有而作为债务履行担保的财产，在债务人不履行到期债务或者发生当事人约定的实现抵押权的情形时，得就该财产的价值优先受偿的权利。

抵押权具有如下特征：

（1）抵押权是一种约定担保物权。

（2）抵押权的客体是债务人或第三人提供的特定财产，该财产可以是动产、不动产，也可以是某种财产权利。

（3）抵押权是不转移占有的担保物权，在抵押期间，抵押财产仍由抵押人占有。

（4）抵押权除具有担保物权的优先受偿性、从属性、不可分性、物上代位性等特征之外，还具有追及性。抵押期间，抵押财产转让的，抵押权不受影响，抵押权人可以继续行使抵押权。但是，以动产抵押的，不得对抗正常经营活动中已经支付合理价款并取得抵押财产的买受人。

40. 简述动产浮动抵押的概念和特征。

【记忆要点】主体、客体、特定化之前自由转让。

【参考答案】动产浮动抵押是指以法律规定的动产作为一财产整体设立的动产抵押。

动产浮动抵押具有如下特征：

（1）抵押人限于企业、个体工商户、农业生产经营者，故主体具有特定性。

（2）抵押财产限于抵押人的动产，包括现有的和将来所有的动产，具有集合性。

（3）抵押财产特定化之前可以自由转让。

41. 简述最高额抵押的概念和特征。

【记忆要点】所担保债权的不确定性、适用范围的限定性、非从属性。

【参考答案】最高额抵押是指在预定的最高债权额限度内，为担保一定期间内将要连续发生的债权的清偿而设立的抵押。

最高额抵押具有如下特征：

（1）所担保债权的不确定性。最高额抵押所担保的债权原则上是未来的债权，其债权具有不确定性。

（2）适用范围的限定性。最高额抵押存在最高债权额限度。

（3）非从属性。最高额抵押不以某一特定债权的存在为条件。最高额抵押担保的债权确定前，部分债权转让的，除当事人另有约定外，最高额抵押权不得转让。抵押期间某一具体债权消灭，最高额抵押权不因此消灭。

42. 简述质权的概念和特征。

【记忆要点】 性质、客体、转移占有、优先受偿性、从属性、不可分性、物上代位性。

【参考答案】 质权是指债务人或者第三人将其动产或者财产权利交给债权人占有或者控制，以此作为履行债务的担保，在债务人不履行到期债务或者发生当事人约定的实现质权的情形时，债权人得以该动产或者财产权利的价值优先受偿的权利。

质权具有如下特征：

（1）质权是一种约定的担保物权。

（2）质权的客体是债务人或者第三人提供的动产或者权利。

（3）质权是转移占有的担保物权，质押期间，质押财产转由质权人占有。

（4）质权具有担保物权的优先受偿性、从属性、不可分性、物上代位性。

43. 简述留置权的概念和特征。

【记忆要点】 性质、客体、不具有追及力。

【参考答案】 留置权是指合法占有债务人动产的债权人，于债务人不履行到期债务时，得留置该动产并以其价值优先受偿的权利。

留置权具有如下特征：

（1）留置权属于法定担保物权。

（2）留置权的客体限于动产。

（3）留置权不具有追及力，留置权人丧失对留置财产的占有即丧失留置权。

44. 简述占有的效力及其保护。

【记忆要点】 占有的效力：权利推定效力、权利取得效力、保护效力。占有的保护：占有物返还请求权、妨害排除和消除危险请求权、损害赔偿请求权。

【参考答案】（1）占有的效力：①权利推定效力。如果占有人在占有物上行使权利，则推定其享有此项权利。这就是占有的权利推定效力。根据占有的权利推定效力，在没有相反证据的情况下即推定占有人享有相应的物权或者债权。②权利取得效力。占有人在符合法定要件的情况下可以取得本权，此即占有的权利取得效力。具体包括两种情形，一是善意取得所有权或者他物权，二是因占有时效的完成而取得所有权或者他物权。③保护效力。占有人的占有无论是否为有权占有，均可以对抗他人的侵犯。

（2）占有的保护：①占有物返还请求权。占有物被侵占的，占有人有权请求返还原物。占有人返还原物的请求权，自侵占发生之日起 1 年内未行使的，该请求权消灭。②妨害排除和消除危险请求权。在妨害已经发生或者有妨害之虞时，占有人有权请求排除妨害或者消除危险。③损害赔偿请求权。因侵占或者妨害造成损害的，占有人有权依法请求损害赔偿。

★45. 简述债权的概念和特征。

【记忆要点】 请求权、相对权、任意性、非排他性、平等性。

【参考答案】 债权是指债权人享有的以请求债务人为一定给付为内容的权利。

债权具有如下特征：

（1）债权为请求权。债权是债权人得请求债务人为特定行为的权利，在债务人作出给付前，债权人不能直接支配债务人应给付的标的物，也不能以支配债务人的人身来强制债务人作出给付，只能请求债务人履行债务来实现利益。

（2）债权为相对权。债权人只能向债务人主张权利，请求债务人履行债务，除法律有明确规定外，即使因第三人的原因致使债权不能实现，债权人也只能以债之关系为基础向债务人主张权利。

（3）债权具有任意性。当事人在不违反强行法规定的情况下可以任意设定债的关系，法律并不加以限制；即使是法定之债，当事人也可以通过协商确定债的内容。

（4）债权具有非排他性。债权人仅能够向债务人提出给付的请求，不能对债务人应交付的标的物或者债务人的行为予以直接支配，而且，以同一给付为标的而成立的数个内容相同的债权相互之间不发生权利上的冲突，尽管此种情形下可能只有一个债权最终得以实现，但其他债权仍然有效，债权人可以以债务不履行为由向债务人主张违约责任。

（5）债权具有平等性。对于同一债务人先后成立的数个债权，效力一律平等。在该债务人陷入破产时，数个债权人则根据债权数额的比例接受清偿。

★46. 简述债权的权能。

【记忆要点】请求权能、保持受领权能、保全权能、处分权能。

【参考答案】（1）请求权能。作为一种请求权，债权人可以直接请求债务人履行债务，也可以通过诉讼方式以国家强制力来实现其请求。

（2）保持受领权能。债权的存在是债权人受领债务人给付的合法原因。债务人履行债务或受强制执行提出给付时，债权人有接受给付的权利并有权保持因此获得的利益。

（3）保全权能。当债务人的某些行为对债权人造成损害时，债权人可以向人民法院请求以自己的名义代位行使债务人的债权，或者请求人民法院撤销债务人的行为。债权人享有的债权保全权能是对债的相对性原理的突破。

（4）处分权能。债权人可以通过抵销、免除、让与债权和设定债权质权等方式对享有的债权予以处分。

★47. 简述格式条款无效的情形。

【记忆要点】民事法律行为的无效事由；人身伤害；故意或重大过失造成财产损失；免除、减轻、加重、限制责任；排除主要权利。

【参考答案】有下列情形之一的，该格式条款无效：

（1）具有民事法律行为的无效事由。

（2）格式条款中的造成对方人身损害的、因故意或者重大过失造成对方财产损失的免责条款。

（3）提供格式条款一方不合理地免除或者减轻其责任、加重对方责任、限制对方主要权利。

（4）提供格式条款一方排除对方主要权利。

48. 简述缔约过失责任的适用情形。

【记忆要点】假借、恶意磋商；隐瞒重要事实、提供虚假情况；泄露、不正当使用商业秘密、保密信息；其他。

【参考答案】缔约过失责任主要适用于以下情形：

（1）假借订立合同，恶意进行磋商。

（2）故意隐瞒与订立合同有关的重要事实或者提供虚假情况。

（3）泄露或者不正当地使用在订立合同过程中知悉的对方商业秘密或者其他应当保密的信息。

（4）其他违背诚信原则的行为。

49. 简述选择之债中选择权的归属和行使。

【记忆要点】归属：规定、约定、交易习惯优先—债务人—对方。行使：通知、标的确定、不得选择不能履行的标的。

【参考答案】（1）标的有多项而债务人只需履行其中一项的，债务人享有选择权；但是，法律另有规定、当事人另有约定或者另有交易习惯的除外。享有选择权的当事人在约定期限内或者履行期限届满未作选择，经催告后在合理期限内仍未选择的，选择权转移至对方。

（2）当事人行使选择权应当及时通知对方，通知到达对方时，标的确定。标的确定后不得变更，但是经对方同意的除外。可选择的标的发生不能履行情形的，享有选择权的当事人不得选择不能履行的标的，但是该不能履行的情形是由对方造成的除外。

50. 简述涉他合同的履行。

【记忆要点】债务人向第三人履行、债务人为第三人利益履行、第三人向债权人履行、代为履行。

【参考答案】（1）当事人约定由债务人向第三人履行债务，债务人未向第三人履行债务或者履行债务不符合约定的，应当向债权人承担违约责任。

（2）法律规定或者当事人约定第三人可以直接请求债务人向其履行债务，第三人未在合理期限内明确拒绝，债务人未向第三人履行债务或者履行债务不符合约定的，第三人可以请求债务人承担违约责任；债务人对债权人的抗辩，可以向第三人主张。

（3）当事人约定由第三人向债权人履行债务，第三人不履行债务或者履行债务不符合约定的，债务人应当向债权人承担违约责任。

（4）债务人不履行债务，第三人对履行该债务具有合法利益的，第三人有权向债权人代为履行；但是，根据债务性质、按照当事人约定或者依照法律规定只能由债务人履行的除外。债权人接受第三人履行后，其对债务人的债权转让给第三人，但是债务人和第三人有约定的则依照约定处理。

51. 简述不安抗辩权的适用情形。

【记忆要点】经营状况严重恶化；转移财产、抽逃资金，以逃避债务；丧失商业信誉；其他。

【参考答案】 不安抗辩权的适用情形有：

（1）经营状况严重恶化。

（2）转移财产、抽逃资金，以逃避债务。

（3）丧失商业信誉。

（4）有丧失或者可能丧失履行债务能力的其他情形。

52. 简述债务承担的概念和免责债务承担的成立条件。

【记忆要点】 债务有效、债务移转协议、债务可移转性、债权人同意。

【参考答案】 债务承担是指不改变债的内容而将债务人的全部或部分债务移转给第三人承受。

免责债务承担须具备如下条件：

（1）须存在有效的债务。当事人移转的债务只能是有效的债务。如果债务本身不存在，或者合同订立后被宣告无效或被撤销，自然不能发生债务移转的效力。

（2）须有以债务移转为内容的协议。债务移转须由当事人达成移转协议。该协议可由债权人与第三人订立，也可由债务人与第三人订立。

（3）须债务具有可移转性。债务移转后，债权债务关系主体发生变更，因此，所移转的债务必须具有可移转性。凡是法律规定或性质上不可移转的债务，均不具有可移转性。

（4）须经债权人同意。这是债务移转的程序性条件，也是最关键的条件，即债务移转未经债权人同意的，不发生债务移转的法律效力。

53. 简述代物清偿的含义和构成要件。

【记忆要点】 原债务存在、他种给付代替原定给付、合意、现实受领给付。

【参考答案】 代物清偿是指在履行合同债务过程中，债权人受领他种给付以代替原定给付而使债的关系消灭。

代物清偿须具备如下要件：

（1）有原债务存在。原存在债的关系，无论是合同之债，还是无因管理之债、不当得利之债、侵权行为之债，只要有债权债务，就可成立代物清偿，至于原债的标的如何，在所不问。

（2）经双方当事人约定，以他种给付代替原定给付。给付的形态有支付金钱、交付财物、移转权利、提供劳务、提交成果、不作为等。以一种给付代替他种给付，才为代物清偿。即使在同一形态的给付中，也可成立代物清偿。

（3）有双方当事人关于代物清偿的合意。由于代物清偿改变了原债中的给付，因而须有债权人、债务人的合意才能成立。否则，不产生代物清偿的法律后果。

（4）债权人或其他有履行受领权的人现实地受领给付。债权人与债务人达成代物清偿的合意，即成立代物清偿的合同，该合同为实践合同，须清偿人现实地为给付行为并经清偿受领人受领的，才发生代物清偿的效力。

54. 简述合同解除的法定事由。

【记忆要点】不可抗力、预期违约、迟延履行主要债务、根本违约、其他。不定期合同的随时解除。

【参考答案】有下列情形之一的，当事人可以解除合同：

（1）因不可抗力致使不能实现合同目的。

（2）在履行期限届满前，当事人一方明确表示或者以自己的行为表明不履行主要债务。

（3）当事人一方迟延履行主要债务，经催告后在合理期限内仍未履行。

（4）当事人一方迟延履行债务或者有其他违约行为致使不能实现合同目的。

（5）法律规定的其他情形。

以持续履行的债务为内容的不定期合同，当事人可以随时解除合同，但是应当在合理期限之前通知对方。

55. 简述合同解除的效力。

【记忆要点】权利义务终止：终止履行；补救措施、赔偿损失；违约解除；担保责任。

【参考答案】有效合同经过双方协议解除或者一方行使解除权后，合同权利义务关系终止。

合同解除的效力具体表现为如下方面：

（1）合同解除后，尚未履行的，终止履行；已经履行的，根据履行情况和合同性质，当事人可以请求恢复原状或者采取其他补救措施，并有权请求赔偿损失。

（2）合同因违约解除的，解除权人可以请求违约方承担违约责任，但是当事人另有约定的除外。

（3）主合同解除后，担保人对债务人应当承担的民事责任仍应当承担担保责任，但是担保合同另有约定的除外。

56. 简述提存的概念和适用条件。

【记忆要点】债权人原因、发生难以履行债务的客观情况、标的物适宜提存、经法定程序。

【参考答案】提存是指由于债权人的原因而无法向其交付履行标的物时，债务人将该标的物交付给提存机关以消灭债务的行为。

提存须具备如下条件：

（1）须有因债权人方面的原因使债务人难以履行债务的客观情况发生。这种客观情况包括：债权人无正当理由拒绝受领；债权人下落不明；债权人死亡未确定继承人、遗产管理人，或者丧失民事行为能力未确定监护人；法律规定的其他情形。

（2）须提存的标的物适宜提存。如果标的物不适于提存或者提存费用过高的，债务人依法可以拍卖或者变卖标的物，提存所得的价款。债务人将标的物或者将标的物依法拍卖、变卖所得价款交付提存部门时，提存成立。提存成立的，视为债务人在其提存范围内已经交付标的物。

（3）须经法定程序进行。债务人应当向提存部门提交提存申请，提存部门应予提存的，债务人向提存部门提交提存物，提存生效。

57. 简述违约责任的概念和特征。

【记忆要点】性质、相对性、不履行债务的责任、财产责任、任意性。

【参考答案】违约责任是指当事人不履行或不适当履行合同义务而应承担的民事责任。

违约责任具有如下特征：

（1）违约责任属于民事责任。

（2）违约责任具有相对性。违约责任的相对性是由合同的相对性决定的：一方面，违约责任是违反合同的一方当事人承担的责任，不是当事人的辅助人的责任；另一方面，合同当事人对于自己一方因第三人的原因造成的违约应承担责任，其和第三人之间的纠纷，依照法律规定或者按照约定处理。

（3）违约责任是当事人不履行合同债务而产生的责任。

（4）违约责任是一种财产性的民事责任。

（5）违约责任具有一定的任意性，可由当事人在法定范围内约定。这是由合同自由原则决定的。

★58. 简述保证合同的概念和特征。

【记忆要点】从属性、单务性和无偿性、相对独立性。

【参考答案】保证合同，是指为保障债权的实现，保证人和债权人约定，当债务人不履行到期债务或者发生当事人约定的情形时，保证人履行债务或者承担责任的合同。

保证合同具有如下特征：

（1）从属性。保证合同是主债权债务合同的从合同，以主债权债务合同的成立为前提，因主债权债务合同的消灭而消灭。同时，主债权债务合同无效的，保证合同无效，但是法律另有规定的除外。

（2）单务性和无偿性。在保证合同中，保证人单方面承担财产性义务或者责任，但不因此从对方获得财产利益，对方也不承担对待给付义务，故保证合同为单务合同、无偿合同。至于债务人与保证人之间的关系是有偿还是无偿则没有强制性要求。

（3）相对独立性。保证合同虽然从属于主债权债务合同，但保证合同是独立于主债权债务合同的单独合同，有自己独立的成立要件和生效要件，以及变更和消灭原因。

★59. 简述一般保证人的先诉抗辩权和不得行使先诉抗辩权的法定情形。

【记忆要点】下落不明且无财产可供执行、受理债务人破产案件、债务人无履行债务能力、放弃先诉抗辩权。

【参考答案】一般保证的保证人在主合同纠纷未经审判或者仲裁，并就债务人财产依法强制执行仍不能履行债务前，有权拒绝向债权人承担保证责任，但是有下列情形之一的除外：

（1）债务人下落不明，且无财产可供执行；

（2）人民法院已经受理债务人破产案件；

（3）债权人有证据证明债务人的财产不足以履行全部债务或者丧失履行债务能力；

（4）保证人书面表示放弃先诉抗辩权。

60. 简述租赁权物权化。

【记忆要点】买卖不破租赁、租赁权对抗抵押权。

【参考答案】（1）租赁权物权化是指为了强化承租人的地位，保护承租人的利益，法律赋予作为债权的租赁权一定的物权效力以对抗第三人的现象。租赁权物权化是对传统合同之债的相对性原理的突破。

（2）买卖不破租赁是租赁权物权化的典型表现，即租赁物在承租人按照租赁合同占有期限内发生所有权变动的，不影响租赁合同的效力。

（3）抵押权设立前，抵押财产已经出租并转移占有的，原租赁关系不受该抵押权的影响。

61. 简述承租人的优先购买权。

【记忆要点】同等条件、通知、15 日、委托拍卖、5 日、未通知的赔偿责任、买卖合同效力不受影响。

【参考答案】（1）出租人出卖租赁房屋的，应当在出卖之前的合理期限内通知承租人，承租人享有以同等条件优先购买的权利；但是，房屋按份共有人行使优先购买权或者出租人将房屋出卖给近亲属的除外。

（2）出租人履行通知义务后，承租人在 15 日内未明确表示购买的，视为承租人放弃优先购买权。出租人委托拍卖人拍卖租赁房屋的，应当在拍卖 5 日前通知承租人。承租人未参加拍卖的，视为放弃优先购买权。

（3）出租人未通知承租人或者有其他妨害承租人行使优先购买权情形的，承租人可以请求出租人承担赔偿责任。但是，出租人与第三人订立的房屋买卖合同的效力不受影响。

62. 简述物业服务合同的概念和特征。

【记忆要点】主体地位平等；物业服务人；标的为劳务；双务、有偿、诺成、要式。

【参考答案】物业服务合同，是指物业服务人在物业服务区域内，为业主提供建筑物及其附属设施的维修养护、环境卫生和相关秩序的管理维护等物业服务，业主支付物业费的合同。

物业服务合同具有如下特征：

（1）物业服务合同的主体地位平等，相互之间没有隶属关系。

（2）作为合同一方当事人的物业服务人包括物业服务企业和其他管理人。

（3）物业服务合同是以劳务为标的的合同。

（4）物业服务合同是双务合同、有偿合同、诺成合同、要式合同。

★63. 简述商业秘密的概念和构成要件。

【记忆要点】非公知性、具有商业价值、保密性。

【参考答案】商业秘密是指不为公众所知悉、具有商业价值并经权利人采取相应保密措施的技术信息、经营信息等商业信息。

商业秘密具有以下构成要件：

（1）非公知性，即不为公众所知悉。有关信息不为其所属领域的相关人员普遍知悉和容易获得，应当认定为“不为公众所知悉”。

（2）具有商业价值。这要求作为商业秘密的有关信息应当具有现实的或者潜在的商业价值，能为权利人带来竞争优势。

（3）保密性。这要求权利人为防止信息泄露应当采取与其商业价值等具体情况相适应的合理保护措施。

★64. 简述侵犯商业秘密的主要情形。

【记忆要点】不正当手段；披露、使用、允许他人以不正当手段；违反保密义务披露、使用、允许他人使用；教唆、引诱、帮助他人获取、披露、使用、允许他人使用。间接侵权行为（非善意第三人获取、披露、使用或者允许他人使用行为）。

【参考答案】经营者不得实施下列侵犯商业秘密的行为：

（1）以盗窃、贿赂、欺诈、胁迫、电子侵入或者其他不正当手段获取权利人的商业秘密。

（2）披露、使用或者允许他人使用以前项手段获取的权利人的商业秘密。

（3）违反保密义务或者违反权利人有关保守商业秘密的要求，披露、使用或者允许他人使用其所掌握的商业秘密。

（4）教唆、引诱、帮助他人违反保密义务或者违反权利人有关保守商业秘密的要求，获取、披露、使用或者允许他人使用权利人的商业秘密。

经营者以外的其他自然人、法人和非法人组织实施上述违法行为的，视为侵犯商业秘密。第三人明知或者应知商业秘密权利人的员工、前员工或者其他单位、个人实施上述违法行为，仍获取、披露、使用或者允许他人使用该商业秘密的，视为侵犯商业秘密。

★65. 简述发明和实用新型的区别。

【记忆要点】发明所包含的范围大于实用新型；发明的创造性强于实用新型；实用新型的审批程序比发明简便；发明与实用新型的保护期限不同。

【参考答案】（1）发明所包含的范围大于实用新型。发明是指对产品、方法或者其改进所提出的新的技术方案；实用新型是指对产品的形状、构造或者其结合所提出的适于实用的新的技术方案。实用新型的范围小于发明，不包括物品的制造方法。

（2）发明的创造性强于实用新型。发明应当具有突出的特点和显著的进步；而实用新型只强调实质性特点和进步。

（3）实用新型的审批程序比发明简便。发明须经实质审查；而实用新型的审批程序比发明简便，无须经过实质审查。

（4）发明与实用新型的保护期限不同。发明专利的保护期限为 20 年；而实用新型专利的保护期限为 10 年。二者都是自申请日起计算保护期。

66. 简述专利权的内容。

【记忆要点】自己实施专利、许可他人实施专利、转让权、报酬权或受奖权、署名权和标记权。

【参考答案】（1）自己实施专利的权利。

（2）许可他人实施专利的权利。

（3）转让权。专利权人有权转让专利权和专利申请权。

（4）报酬权或受奖权。职务发明创造的发明人或设计人有权得到报酬或奖励。

（5）署名权和标记权。发明人或者设计人有权在专利文件中写明自己是发明人或者设计人，专利权人有权在其专利产品或包装上标明专利标识。

67. 简述一般人格权的概念和特征。

【记忆要点】主体的普遍性、权利客体的高度概括性、所保护利益的根本性、权利内容的不确定性。

【参考答案】一般人格权，是指民事主体基于人身自由以及人格尊严等根本人格利益而享有的人格权。

一般人格权具有以下特征：

（1）主体的普遍性。自然人、法人及非法人组织均平等地享有一般人格权。

（2）权利客体的高度概括性。一般人格权的客体是高度概括的民事主体一般人格利益，是具体人格权之外的、尚未或无法具体化的人格利益，它涵盖了具体人格利益之外民事主体应当享有的所有其他人格利益。

（3）所保护利益的根本性。人格平等、独立、自由和尊严都是民事主体之所以成为民事主体最根本的条件。

（4）权利内容的不确定性。一般人格权的内容无法事先确定，也不应当事先确定。

★68. 简述肖像权合理使用的情形。

【记忆要点】学习、欣赏、教学、研究；新闻报道；依法履行职责；展示特定公共环境；维护公共利益或肖像权人合法权益。制作、使用、公开。

【参考答案】合理实施下列行为的，可以不经肖像权人同意：

（1）为个人学习、艺术欣赏、课堂教学或者科学研究，在必要范围内使用肖像权人已经公开的肖像；

（2）为实施新闻报道，不可避免地制作、使用、公开肖像权人的肖像；

（3）为依法履行职责，国家机关在必要范围内制作、使用、公开肖像权人的肖像；

（4）为展示特定公共环境，不可避免地制作、使用、公开肖像权人的肖像；

（5）为维护公共利益或者肖像权人合法权益，制作、使用、公开肖像权人的肖像的其他行为。

★69. 简述名誉侵权的表现及因公共利益影响他人名誉仍应承担民事责任的情形。

【记忆要点】侮辱、诽谤。捏造、歪曲事实；未尽到合理核实义务；使用侮辱性言辞。

【参考答案】（1）名誉侵权表现为行为人以侮辱、诽谤等方式侵害他人的名誉权。

（2）行为人为公共利益实施新闻报道、舆论监督等行为，影响他人名誉的，不承担民事责任，但是有下列情形之一的除外：①捏造、歪曲事实；②对他人提供的严重失实内容未尽到合理核实义务；③使用侮辱性言辞等贬损他人名誉。

70. 简述荣誉和名誉的区别。

【记忆要点】来源不同、内容不同、涉及的范围不同、是否可以剥夺或者撤销不同。

【参考答案】（1）来源不同。荣誉是由特定组织授予的，来源具有特定性；名誉是民事主体获得的生活评价，其来源是不特定的社会公众。

（2）内容不同。荣誉是对民事主体的正面的、积极的、褒扬性的评价；名誉是对民事主体的客观评价，该评价可能是正面的积极的，也可能是负面的消极的，故名誉有好坏之分，而荣誉则无此区分。同时，荣誉是由一定组织依一定条件和程序给予的，是一种正式评价，表现为一定的形式，如荣誉称号；名誉则是一种带有随意性的评价，没有固定的形式。

（3）涉及的范围不同。荣誉仅仅是对民事主体的某个特定方面的评价，名誉则是对某一主体的综合性评价，涉及主体的各个方面。

（4）荣誉可以依照一定的程序剥夺或者撤销，而名誉只可能发生改变，不可能被剥夺或者撤销。

★71. 简述侵害隐私权的情形。

【记忆要点】私人生活安宁、私密空间、私密活动、私密部位、私密信息、其他。

【参考答案】除法律另有规定或者权利人明确同意外，任何组织或者个人不得实施下列行为：

（1）以电话、短信、即时通讯工具、电子邮件、传单等方式侵扰他人的私人生活安宁；

（2）进入、拍摄、窥视他人的住宅、宾馆房间等私密空间；

（3）拍摄、窥视、窃听、公开他人的私密活动；

（4）拍摄、窥视他人身体的私密部位；

（5）处理他人的私密信息；

（6）以其他方式侵害他人的隐私权。

★72. 简述处理个人信息的原则和条件。

【记忆要点】原则：合法、正当、必要、不得过度处理。条件：征得同意；公开处理规则；明示目的、方式、范围；不得违反规定、约定。

【参考答案】处理个人信息的，应当遵循合法、正当、必要原则，不得过度处理，并符合下列条件：

（1）征得该自然人或者其监护人同意，但是法律、行政法规另有规定的除外；

（2）公开处理信息的规则；

（3）明示处理信息的目的、方式和范围；

（4）不违反法律、行政法规的规定和双方的约定。

73. 简述处理个人信息的免责事由。

【记忆要点】同意范围内合理实施的行为；处理公开的信息；其他。

【参考答案】处理个人信息，有下列情形之一的，行为人不承担民事责任：

（1）在该自然人或者其监护人同意的范围内合理实施的行为；

（2）合理处理该自然人自行公开的或者其他已经合法公开的信息，但是该自然人明确拒绝或者处理该信息侵害其重大利益的除外；

（3）为维护公共利益或者该自然人合法权益，合理实施的其他行为。

74. 简述无效婚姻和可撤销婚姻的情形。

【记忆要点】无效婚姻：重婚、有禁婚亲属关系、未到法定婚龄。可撤销婚姻：受胁迫、隐瞒重大疾病。

【参考答案】（1）有下列情形之一的，婚姻无效：①重婚；②有禁止结婚的亲属关系；③未到法定婚龄。

（2）可撤销婚姻的情形：①因胁迫结婚的，受胁迫的一方可以向人民法院请求撤销婚姻。②一方患有重大疾病的，应当在结婚登记前如实告知另一方；不如实告知的，另一方可以向人民法院请求撤销婚姻。

75. 简述夫妻人身关系的主要内容。

【记忆要点】姓名权、人身自由权、抚育未成年子女的权利和义务、相互忠实义务。

【参考答案】夫妻人身关系的具体内容包括：

（1）夫妻的姓名权。夫妻双方都有各自使用自己姓名的权利。

（2）夫妻的人身自由权。夫妻双方都有参加生产、工作、学习和社会活动的自由，一方不得对另一方加以限制或者干涉。

（3）夫妻对抚育未成年子女有平等的权利和义务。夫妻双方平等享有对未成年子女抚养、教育和保护的权利，共同承担对未成年子女抚养、教育和保护的义务。

（4）夫妻相互忠实义务。夫妻应当互相忠实，互相尊重。

76. 简述夫妻约定财产制的有效条件。

【记忆要点】主体、意思表示、内容合法、形式合法。

【参考答案】（1）约定的主体须为具备完全民事行为能力的夫妻双方。

（2）约定的意思表示必须自愿、真实。

（3）约定的内容必须合法。约定的内容不得超出夫妻财产的范围，夫妻双方可以约定婚姻关系存续期间所得的财产以及婚前财产归各自所有、共同所有或者部分各自所有、部分共同所有，但不得将国家、集体或他人的财产列入约定财产的范围。此外，约定不得违背公序良俗。

(4) 约定的形式必须合法。约定应当采用书面形式。夫妻财产约定的效力包括对内效力和对外效力，即夫妻对婚姻关系存续期间所得的财产以及婚前财产的约定，对双方具有法律约束力。夫妻对婚姻关系存续期间所得的财产约定归各自所有的，夫或妻一方对外所负的债务，相对人知道该约定的，以夫或妻一方的个人财产清偿。

★77. 简述夫妻共同债务的认定。

【记忆要点】共同债务：共同意思表示负债，以个人名义为家庭共同生活、生产经营负债；个人债务：个人名义超出共同生活。

【参考答案】(1) 夫妻双方共同签名或者夫妻一方事后追认等共同意思表示所负的债务，以及夫妻一方在婚姻关系存续期间以个人名义为家庭日常生活需要所负的债务，属于夫妻共同债务。

(2) 夫妻一方在婚姻关系存续期间以个人名义超出家庭日常生活需要所负的债务，不属于夫妻共同债务；但是，债权人能够证明该债务用于夫妻共同生活、共同生产经营或者基于夫妻双方共同意思表示的除外。

★78. 简述分割夫妻共同财产的法定事由。

【记忆要点】损害共同财产利益、负有法定扶养义务的人患重病。

【参考答案】婚姻关系存续期间，有下列情形之一的，夫妻一方可以向人民法院请求分割共同财产：

(1) 一方有隐藏、转移、变卖、毁损、挥霍夫妻共同财产或者伪造夫妻共同债务等严重损害夫妻共同财产利益的行为。

(2) 一方负有法定扶养义务的人患重大疾病需要医治，另一方不同意支付相关医疗费用。

79. 简述登记离婚的条件。

【记忆要点】合法夫妻身份；完全民事行为能力人；离婚合意；就子女抚养、财产、债务处理有协议。

【参考答案】登记离婚必须符合下列条件：

(1) 双方当事人必须是办理结婚登记的合法夫妻。事实婚姻、同居关系，即使当事人协议离婚，也不能以登记离婚的方式解除。

(2) 双方当事人须为完全民事行为能力人。这是当事人作出真实有效的离婚意思表示的保证。

(3) 双方当事人必须有离婚的合意。夫妻双方自愿离婚的，应当签订书面离婚协议，载明双方自愿离婚的意思表示。

(4) 双方当事人对子女抚养、财产以及债务处理等事项达成协议。登记离婚同样会产生一系列法律后果，这些善后事项双方当事人只有全部达成一致意见，才能适用登记离婚。

80. 简述离婚损害赔偿的适用条件。

【记忆要点】夫妻身份；过错：重婚、与他人同居、家庭暴力、虐待、遗弃；因一方过错而离婚；损害；请求权人无过错。

【参考答案】（1）须当事人双方具有法律认可的夫妻身份。不具有法律认可的夫妻身份的，不得提起离婚损害赔偿请求。

（2）须一方具有法定过错。法定过错包括：①重婚；②有配偶者与他人同居；③实施家庭暴力；④虐待、遗弃家庭成员；⑤其他重大过错。

（3）须因一方的法定过错而离婚。只有在因一方的法定过错导致离婚的情况下，离婚损害赔偿请求权才能产生。

（4）须无过错方因离婚而受到损害。损害包括物质损害和精神损害，没有损害的不得提起离婚损害赔偿请求。

（5）须请求权人无法定过错。请求权人有法定过错的，不得提起离婚损害赔偿请求。

81. 简述继承的概念和特征。

【记忆要点】发生：死亡；主体：一定范围的近亲属；客体：死亡时遗留的合法财产；后果：财产权变动。

【参考答案】继承是指将自然人死亡时遗留的个人合法财产依法转移给他人所有的法律制度。

继承具有如下特征：

（1）继承因自然人死亡而发生。没有自然人死亡的法律事实，就不会发生继承。

（2）继承主体是死者一定范围内的近亲属。自然人死亡后，能够继承其遗产的人只能是自然人，并且能够作为继承人的自然人只能是法律规定的死者的近亲属。

（3）继承的客体是死者遗留的个人合法财产。他人的财产、国家或集体的财产都不能作为继承的客体。

（4）继承产生财产权利变动的后果。自然人死亡后，其财产权的主体必定会发生变更，由死者的继承人成为财产权的主体。因此，继承必定会发生财产权利的变动。

82. 简述继承权的概念、特征和继承权、受遗赠权丧失的法定情形。

【记忆要点】主体为自然人；依法律规定、遗嘱指定产生；客体为遗产；继承权于被继承人死亡时享有；继承权不得转让。故意杀害被继承人；为争夺遗产而杀害其他继承人；遗弃、虐待被继承人；伪造、篡改、隐匿、销毁遗嘱；欺诈、胁迫，妨碍设立、变更、撤回。

【参考答案】（1）继承权是指自然人根据法律的规定或者有效遗嘱的指定取得被继承人遗产的权利。

（2）继承权具有以下特征：①继承权是自然人享有的权利。继承权的主体只能是自然人，不能是法人、其他组织和国家。②继承权的产生是基于法律的规定或有效遗嘱的指定。基于法律规定产生的继承权是法定继承权，通过有效遗嘱指定产生的继承权是遗嘱继承权。③继承权的客体是遗产。继承权是继承人继承被继承人遗产的权利，因而继承权的客体只能是遗产，不能是被继承人的身份或者其他人身利益。④继承权是于被继承人死亡时才实际享有的权利。法律规定自然人享有的继承权，是对自然人继承资格的规定。只有被继承人死亡时，继承人才实际享有继承遗产的权利，此时继承人才可以根据自己的意愿，表示接受或者放弃。⑤继承权不得转让。继承权是因一定的身份关系而发生，因此具有专属性，不得转让给他人。

（3）继承人有下列行为之一的，丧失继承权：①故意杀害被继承人。②为争夺遗产而杀害其他继承人。③遗弃被继承人，或者虐待被继承人情节严重。④伪造、篡改、隐匿或者销毁遗嘱，情节严重。⑤以欺诈、胁迫手段迫使或者妨碍被继承人设立、变更或者撤回遗嘱，情节严重。受遗赠人故意杀害被继承人的，丧失受遗赠权。

83. 简述遗产的概念和特征。

【记忆要点】时间上的特定性、内容上的财产性、范围上的限定性、性质上的合法性、法律上的可转让性。

【参考答案】遗产是自然人死亡时遗留的个人合法财产。

遗产具有如下特征：

（1）时间上的特定性。自然人死亡前，其财产不能作为遗产。所以自然人死亡的时间是划定遗产的时间界限。遗产只能根据自然人死亡时其财产状况来确定。

（2）内容上的财产性。遗产是自然人死亡时遗留的个人合法财产，具有财产性质。具有非财产属性的权益不能作为遗产，如人身权，当自然人死亡时，随主体的死亡而消灭。

（3）范围上的限定性。遗产只能是死亡自然人的个人财产，如死亡自然人与他人共有的财产，不是死者的部分就不属于遗产。

（4）性质上的合法性。遗产只能是死亡自然人的合法财产，如果是死者生前非法侵占的他人财产或非法所得，则不得作为遗产。

（5）法律上的可转让性。遗产为依照法律规定能够转让给他人所有的财产。

84. 简述法定继承的概念、特征和适用情形。

【记忆要点】特征：法定继承基于一定的身份关系产生；法定继承是对遗嘱继承的补充；法定继承是对遗嘱继承的限制；法定继承具有法定性、强行性。适用情形：放弃继承或者放弃受遗赠、丧失继承权或者丧失受遗赠权、先于遗嘱人死亡或者终止、遗嘱无效部分所涉及的遗产、遗嘱未处分的遗产。

【参考答案】（1）法定继承是指直接根据法律规定的继承人范围、继承顺序以及遗产分配原则，由法定继承人继承被继承人遗产的法律制度。

（2）法定继承具有以下特征：①法定继承基于一定的身份关系产生。在法定继承中，法律规定法定继承人的依据一般是基于继承人与被继承人之间存在亲属关系。亲属关系是一种身份关系，故法定继承具有以身份关系为基础的特征。②法定继承是对遗嘱继承的补充。法定继承和遗嘱继承是两种不同的继承方式，但在效力上，遗嘱继承的效力优于法定继承。继承开始后，存在有效遗嘱的，应先适用遗嘱继承。不能适用遗嘱继承的，才可适用法定继承。因此，法定继承具有补充遗嘱继承的特征。③法定继承是对遗嘱继承的限制。尽管遗嘱继承的效力优于法定继承，但是法定继承对遗嘱继承也存在制约作用。例如，遗嘱继承人只能是法定继承人范围以内的人，遗嘱人必须在遗嘱中为缺乏劳动能力又没有生活来源的法定继承人保留必要的遗产份额。从这个意义上说，法定继承也是对遗嘱继承的一种限制。④法定继承具有法定性、强行性。在法定继承中，继承人的范围、继承人参加继承的顺序和继承人应该继承的遗产及遗产的分配原则等内容都由法律直接规定，因而法定继承具有法定性的特点。法律关于法定继承的规范为强制性规范，除法律另有规定外，不得排除其适用。从这个意义上说，法定继承具有强行性的特征。

（3）有下列情形之一的，遗产中的有关部分按照法定继承办理：①遗嘱继承人放弃继承或者受遗赠人放弃受遗赠。②遗嘱继承人丧失继承权或者受遗赠人丧失受遗赠权。③遗嘱继承人、受遗赠人先于遗嘱人死亡或者终止。④遗嘱无效部分所涉及的遗产。⑤遗嘱未处分的遗产。

85. 简述遗嘱继承的概念和特征。

【记忆要点】以有效遗嘱为前提、体现被继承人遗愿、对法定继承的排斥、效力优于法定继承。

【参考答案】遗嘱继承是指继承人按照被继承人生前所立的合法有效遗嘱继承被继承人遗产的法律制度。

遗嘱继承具有以下法律特征：

（1）遗嘱继承须以存在有效遗嘱为前提。仅有被继承人的死亡并不能发生遗嘱继承，还须有被继承人所立的有效遗嘱。因此，被继承人生前立有合法有效遗嘱是遗嘱继承的前提。

（2）遗嘱继承直接体现被继承人的遗愿。在遗嘱继承中，继承人、继承份额等都是由被继承人在遗嘱中指定的。按照遗嘱进行继承，也就是充分尊重被继承人对自己财产处分的自由。

（3）遗嘱继承是对法定继承的排斥。遗嘱中所指定的继承人对遗产的继承不受法定继承人顺序、继承人应继承份额的限制，因此，遗嘱继承实际上是对法定继承的一种排斥。

（4）遗嘱继承的效力优于法定继承。在具体分割遗产时，有遗嘱的首先适用遗嘱继承。只有在没有遗嘱、或虽有遗嘱但遗嘱无效、遗嘱继承人放弃遗嘱继承或遗嘱继承人丧失继承权等情形时，才可适用法定继承。

★86. 简述遗嘱的适用条件和遗嘱无效的情形。

【记忆要点】合法有效的遗嘱、没有遗赠扶养协议、继承人未丧失继承权。遗嘱无效的情形：无民事行为能力人、限制民事行为能力人、欺诈、胁迫、伪造、篡改。

【参考答案】（1）被继承人死亡后，只有具备以下条件时，才能适用遗嘱继承：①须被继承人生前立有合法有效的遗嘱。被继承人生前立有遗嘱且遗嘱有效，是适用遗嘱继承的前提。②须没有遗赠扶养协议。遗赠扶养协议的效力优于遗嘱继承。如果被继承人生前与扶养人订有遗赠扶养协议，被继承人对同一财产又立有遗嘱，则不能先适用遗嘱继承，而是应当先执行遗赠扶养协议。只有在没有遗赠扶养协议的情形下，遗产才可按照遗嘱继承处理。③须遗嘱继承人未丧失继承权，也未放弃继承权。在适用遗嘱继承时，继承人也必须具有继承权。如果遗嘱继承人因具有丧失继承权的法定事由而丧失继承权，则即使遗嘱中指定其为继承人，也不得参加遗嘱继承。另外，遗嘱继承人明确表示放弃继承的，也不可适用遗嘱继承。

（2）遗嘱无效的情形有：①无民事行为能力人或者限制民事行为能力人所立的遗嘱无效。②遗嘱必须表示遗嘱人的真实意思，受欺诈、胁迫所立的遗嘱无效。③伪造的遗嘱无效。④遗嘱被篡改的，篡改的内容无效。

★87. 简述遗赠与遗嘱继承的区别。

【记忆要点】法律地位不同；范围不同；接受、放弃的方式不同。

【参考答案】遗赠与遗嘱继承的区别有：

（1）受遗赠人与遗嘱继承人的法律地位不同。受遗赠人不是继承人，没有继承权；而遗嘱继承人是继承人，享有继承权。

（2）受遗赠人与遗嘱继承人的范围不同。受遗赠人必须是法定继承人以外的人，既可以是自然人，也可以是国家或者集体；而遗嘱继承人只能是法定继承人以内的人，并且只能是自然人。

（3）对遗赠和遗嘱继承的接受、放弃的方式不同。继承开始后，受遗赠人应当在知道受遗赠后60日内，作出接受或者放弃受遗赠的表示；到期没有表示的，视为放弃受遗赠。遗嘱继承人在继承开始后、遗产处理前，没有以书面形式表示放弃遗嘱继承的，视为接受继承。

88. 简述遗赠扶养协议的概念和特征。

【记忆要点】双方、有偿、错时性、优先执行力。

【参考答案】遗赠扶养协议，是指由遗赠人与扶养人签订的，由扶养人对遗赠人负生养死葬的义务，遗赠人将自己财产的一部或全部在其死后转移给扶养人所有的协议。

遗赠扶养协议具有以下特征：

（1）遗赠扶养协议是双方民事法律行为。遗赠扶养协议属于合同，须双方当事人意思表示一致才能成立。

（2）遗赠扶养协议是有偿民事法律行为。遗赠人所享有的被扶养的权利，是以死后遗赠指定的财产为代价，扶养人获得遗赠财产的权利是以对遗赠人负生养死葬的义务为代价。

（3）遗赠扶养协议双方当事人义务履行的时间具有错时性。扶养人在遗赠人（被扶养人）生前履行扶养义务，而遗赠人于其死后才转移遗赠的财产。所以，在遗赠人死亡前，扶养人不得要求遗赠人将财产归于自己。

（4）遗赠扶养协议具有优先于遗嘱继承和遗赠的执行效力。被继承人生前与他人订有遗赠扶养协议，同时又立有遗嘱的，继承开始后，如果遗赠扶养协议与遗嘱没有抵触，遗产分别按协议和遗嘱处理；如果有抵触，则遗产按协议处理。

★89. 简述遗赠扶养协议与遗赠的区别。

【记忆要点】行为的性质不同、行为的形式不同、主体的范围不同、主体资格不同、法律效力不同。

【参考答案】遗赠扶养协议与遗赠的区别主要有以下几个方面：

（1）行为的性质不同。遗赠扶养协议是双方、双务、有偿民事法律行为；遗赠是单方、单务、无偿民事法律行为。

（2）行为的形式不同。遗赠扶养协议采用合同形式；遗赠采用遗赠形式。

（3）主体的范围不同。遗赠扶养协议的扶养人限于法定继承人以外的个人或者组织，不包括国家；而遗赠中的受遗赠人除法定继承人以外的个人或者组织外，还包括国家。

（4）主体资格不同。遗赠扶养协议的遗赠人与扶养人订立协议时须均为完全民事行为能力人；而遗赠人须为完全民事行为能力人，但不要求受遗赠人为完全民事行为能力人。

（5）法律效力不同。遗赠扶养协议具有优先于遗嘱继承和遗赠的执行效力；而遗赠的执行不优先于遗嘱继承，二者的法律效力是相同的。

90. 简述被继承人债务清偿的原则。

【记忆要点】限定继承原则、清偿债务优先于执行遗赠原则、保留必留份原则、连带责任原则。

【参考答案】被继承人债务的清偿应遵循如下原则：

（1）限定继承原则。继承人以所得遗产实际价值为限清偿被继承人依法应当缴纳的税款和债务。超过遗产实际价值部分，继承人自愿偿还的不在此限。

（2）清偿债务优先于执行遗赠原则。执行遗赠不得妨碍清偿遗赠人依法应当缴纳的税款和债务。

（3）保留必留份原则。分割遗产，应当清偿被继承人依法应当缴纳的税款和债务；但是，应当为缺乏劳动能力又没有生活来源的继承人保留必要的遗产。

（4）连带责任原则。继承人共同继承遗产系共同共有，各共同继承人对遗产债务应当承担连带责任。但在共同继承人内部，则应当按照各自继承遗产份额的比例分担遗产债务。

★91. 简述一般侵权责任的构成要件。

【记忆要点】加害行为、损害事实、因果关系、主观过错。

【参考答案】（1）加害行为。加害行为是指行为人实施的加害于被侵权人民事权益的不法行为。

（2）损害事实。损害事实是指被侵权人的人身权利、财产权利以及其他利益所遭受的不利后果。

（3）因果关系。因果关系是指加害行为与损害事实之间的引起与被引起的关系。

（4）主观过错。过错是指侵权人的一种可归责的心理状态，表现为故意和过失两种形式。

92. 简述精神损害赔偿的概念和主要适用情形。

【记忆要点】侵害人身权益、侵害具有人身意义的特定物、因违约造成严重精神损害。

【参考答案】精神损害赔偿，是指法律对被侵权人的精神损害所采取的以金钱赔偿为内容的一种救济措施。

精神损害赔偿适用于下列几种情形：

（1）侵害自然人人身权益造成严重精神损害的，被侵权人有权请求精神损害赔偿。

（2）因故意或者重大过失侵害自然人具有人身意义的特定物造成严重精神损害的，被侵权人有权请求精神损害赔偿。

（3）因当事人一方的违约行为，损害对方人格权并造成严重精神损害，受损害方选择请求其承担违约责任的，不影响受损害方请求精神损害赔偿。

93. 简述惩罚性赔偿的概念和主要适用情形。

【记忆要点】故意侵犯知识产权；明知产品存在缺陷仍然生产、销售；故意污染环境、破坏生态。

【参考答案】惩罚性赔偿，是指法律规定某些情形下在补偿被侵权人的实际经济损失之外，再额外给予被侵权人一笔金钱的救济措施。

惩罚性赔偿适用于下列几种情形：

（1）故意侵害他人知识产权，情节严重的，被侵权人有权请求相应的惩罚性赔偿。

（2）明知产品存在缺陷仍然生产、销售，或者没有依据有关规定采取有效补救措施，造成他人死亡或者健康严重损害的，被侵权人有权请求相应的惩罚性赔偿。

（3）侵权人违反法律规定故意污染环境、破坏生态造成严重后果的，被侵权人有权请求相应的惩罚性赔偿。

94. 简述法定分担损失的概念和构成要件。

【记忆要点】对损害发生都无过错、损害不适用无过错责任原则、分担损失不是必须平均分担。

【参考答案】法定分担损失，是指受害人和行为人对损害的发生都没有过错的，依照法律规定由双方分担损失。

适用法定分担损失规则应同时满足下列条件：

（1）当事人双方对损害的发生均无过错。这个条件将该规则与过失相抵、见义勇为适当补偿等规则区分开来。

（2）损害不属于适用无过错责任原则的情形。

（3）分担损失不是必须平均分担。这项规则的适用，需要综合考虑受害人的损害、双方当事人的财产状况及其他相关情况等因素，才能得出双方分担的结果。

★95. 简述共同侵权行为的概念和构成要件。

【记忆要点】主体的复数性、意思上的联络性、损害结果的单一性。

【参考答案】共同侵权行为是指二人以上共同故意或者共同过失侵害他人民事权益

的行为。

共同侵权行为的构成要件有：

（1）主体的复数性。是指侵权人为二人或者二人以上。

（2）意思上的联络性。是指数个行为人对加害行为具有共同故意、共同过失或者故意和过失的混合。

（3）损害结果的单一性。是指共同侵权行为所导致的损害结果是一个不可分割的整体。

★96. 简述共同危险行为的概念和构成要件。

【记忆要点】主体的复数性、行为的同一性、时间上的同时性或相继性、行为的危险性、行为的独立性、实际侵权人的不确定性、损害结果的单一性。

【参考答案】共同危险行为，又称准共同侵权行为，是指二人或者二人以上共同实施危及他人人身或财产安全的行为并造成损害后果，但不能确定谁是实际侵权人的情形。

共同危险行为的构成要件有：

（1）主体的复数性。是指危险行为人为二人或者二人以上。

（2）行为的同一性。数个危险行为人实施的侵权行为是相同的。

（3）时间上的同时性或相继性。如果数个危险行为人所实施的行为不是同时发生或相继发生，则不会成立共同危险行为。

（4）行为的危险性。这种危险性表现为，每个人的行为都有可能侵害他人的民事权益，且这种可能性是现实存在的。

（5）行为的独立性。每个人都单独实施了危险行为，彼此之间无关联或者结合关系。

（6）实际侵权人的不确定性。

（7）损害结果的单一性。

97. 简述无意思联络的数人侵权行为的概念和构成要件。

【记忆要点】主体的复数性、无意思联络、数个行为人分别实施了侵权行为、损害结果的单一性。

【参考答案】无意思联络的数人侵权行为是指二人以上虽无共同故意或者共同过失，但其侵害行为直接结合发生同一损害后果的侵权行为。

无意思联络的数人侵权行为的构成要件有：

（1）主体的复数性。是指侵权人为二人或者二人以上。

（2）无意思联络。无意思联络的数人之间在实施侵权行为时彼此没有意思联络。

（3）数个行为人分别实施了侵权行为。数个行为人都单独实施了侵权行为。

（4）损害结果的单一性。数个侵权行为的结合所导致的损害结果是一个不可分割的整体，或者是分别实施的侵权行为造成了同一损害。

★98. 简述产品责任的构成要件、责任主体和责任承担。

【记忆要点】构成要件：缺陷、损害、因果关系。责任主体：生产者、销售者。责任承担：停止侵害、排除妨碍、消除危险；停止销售、警示、召回等补救措施；惩罚性赔偿。

【参考答案】（1）产品侵权责任的构成要件有：①产品有缺陷；②被侵权人的人身、财产遭受损害；③因果关系。产品缺陷与被侵权人遭受的损害之间具有因果关系。

（2）产品责任的责任主体。①生产者、销售者均为责任主体，被侵权人可选择向其中之一或者二者请求赔偿。②产品缺陷由生产者造成的，销售者赔偿后，有权向生产者追偿。因销售者的过错使产品存在缺陷的，生产者赔偿后，有权向销售者追偿。③因运输者、仓储者等第三人的过错使产品存在缺陷，造成他人损害的，产品的生产者、销售者赔偿后，有权向第三人追偿。

（3）产品责任的承担。①因产品缺陷危及他人人身、财产安全的，被侵权人有权请求生产者、销售者承担停止侵害、排除妨碍、消除危险等侵权责任。②产品投入流通后发现存在缺陷的，生产者、销售者应当及时采取停止销售、警示、召回等补救措施；未及时采取补救措施或者补救措施不力造成损害扩大的，对扩大的损害也应当承担侵权责任。依照法律规定采取召回措施的，生产者、销售者应当负担被侵权人因此支出的必要费用。③明知产品存在缺陷仍然生产、销售，或者没有依法采取有效补救措施，造成他人死亡或者健康严重损害的，被侵权人有权请求相应的惩罚性赔偿。

99. 简述医疗损害责任的概念、构成要件和不承担赔偿责任的法定事由。

【记忆要点】违法诊疗行为、非正常损害、因果关系、过错。

【参考答案】（1）医疗损害责任，是指因医疗机构及其医务人员的过错致使患者在诊疗活动中受到损害，由医疗机构承担的侵权责任。

（2）医疗事故属于一般侵权行为，医疗损害责任具备如下构成要件：①医疗机构及其医务人员具有违法的诊疗行为。如误诊、贻误治疗、使用不合格医疗材料等。②患者遭受非正常的损害。一般情况下的医疗行为都具有侵袭性，但这种侵袭必须是正常医疗行为导致的正常损害。如果超出了合理范围，就会导致非正常损害的发生。③违法的诊疗行为与损害后果之间具有因果关系。④医疗机构和医务人员有过错。如违反告知同意义务、违反医疗机构的注意义务等。

（3）患者在诊疗活动中受到损害，有下列情形之一的，医疗机构不承担赔偿责任：①患者或者其近亲属不配合医疗机构进行符合诊疗规范的诊疗；②医务人员在抢救生命垂危的患者等紧急情况下已经尽到合理诊疗义务；③限于当时的医疗水平难以诊疗。

100. 简述环境污染和生态破坏责任的概念和构成要件。

【记忆要点】行为、损害、因果关系。

【参考答案】环境污染和生态破坏责任，是指污染环境、破坏生态造成他人财产或者人身损害而应承担的侵权责任。

环境污染和生态破坏责任的构成要件包括：

（1）有污染环境、破坏生态的行为。该类行为一般表现为积极的作为，且行为人不得以排污符合国家规定的标准或者行为不具有违法性主张免责，即使排污没有超过批准的指标，只要造成他人人身、财产损害的，也构成污染环境、破坏生态的行为。因为环境污染和生态破坏责任是一种危险责任，危险责任本身不是对违法行为的制裁，而是对不幸损害的分配，所以不需要行为的违法性。

（2）发生损害。污染环境、破坏生态致人损害，既有财产损害，也有人身损害。

（3）污染环境、破坏生态行为与损害之间存在因果关系。我国对环境污染和生态破坏责任的因果关系规定了举证责任倒置，即：因污染环境、破坏生态发生纠纷，行为人应当就法律规定的不承担责任或者减轻责任的情形及其行为与损害之间不存在因果关系承担举证责任。

二、法条分析题

1.《民法典》第2条规定："民法调整平等主体的自然人、法人和非法人组织之间的人身关系和财产关系。"

请分析：

（1）何为"人身关系"？其有哪些特征？

（2）何为"财产关系"？其有哪些特征？

【记忆要点】人身关系的特征：地位平等、与人身不可分离、不具有直接财产内容。财产关系的特征：地位平等、意思表示自由、财产归属和流转关系、有偿。

【参考答案】（1）民法调整的人身关系，是指平等主体之间基于人格或身份而发生的，与人身不可分离，不具有直接财产内容的权利义务关系。其特征有：①主体地位平等。②与人身不可分离。③民法所调整的人身关系虽然不具有直接的财产内容，但是某些人身关系是财产关系产生的前提条件。同时，对民事主体的人身权进行侵害会导致民事主体的财产损失。

（2）民法调整的财产关系，是指平等主体之间以财产归属和财产流转为主要内容的权利义务关系。其特征有：①主体地位平等。②主体意思表示自由。③民法所调整的财产关系的基本内容是财产归属关系和财产流转关系。④民法所调整的财产关系在利益实现方面大多具有有偿的特点。

2.《民法典》第8条规定："民事主体从事民事活动，不得违反法律，不得违背公序良俗。"

请分析：

（1）"不得违反法律"体现的是民法的何种基本原则？其具体含义是什么？

（2）"不得违背公序良俗"体现的是民法的何种基本原则？其具体含义是什么？

【记忆要点】合法原则、公序良俗原则。

【参考答案】（1）"不得违反法律"体现的是合法原则。合法原则是指民事主体从事民事活动，应当符合法律尤其是公法规范的要求。

（2）"不得违背公序良俗"体现的是公序良俗原则。公序良俗即公共秩序和善良风俗。公序良俗原则是指民事主体从事民事活动的内容和目的不得违反公共秩序和善良风俗。

3.《民法典》第 46 条规定："自然人有下列情形之一的，利害关系人可以向人民法院申请宣告该自然人死亡：

（一）下落不明满四年；

（二）因意外事件，下落不明满二年。

因意外事件下落不明，经有关机关证明该自然人不可能生存的，申请宣告死亡不受二年时间的限制。"

请分析：

（1）如何确定"利害关系人"的范围？

（2）如何确定自然人的死亡宣告时间？

（3）对同一自然人，同时符合宣告失踪和宣告死亡的条件，有的利害关系人申请宣告失踪，有的利害关系人申请宣告死亡，人民法院应如何处理？

（4）自然人被宣告死亡但事实上并未死亡的，如何认定其实施的民事法律行为的效力？

（5）若自然人的死亡宣告被撤销，其与配偶之间的婚姻关系应如何认定？

【记忆要点】利害关系人范围：配偶；父母、子女；兄弟姐妹、祖父母、外祖父母、孙子女、外孙子女；其他有民事权利义务关系的人。死亡日期的确定：法院判决之日、意外事件发生之日。同时符合宣告失踪和宣告死亡的条件的处理：宣告死亡。自然人并未死亡而实施民事法律行为的效力：不影响。死亡宣告被撤销后与配偶关系的认定：婚姻关系自行恢复，配偶再婚或者书面声明不愿恢复的除外。

【参考答案】（1）"利害关系人"的范围是：配偶；父母、子女；兄弟姐妹、祖父母、外祖父母、孙子女、外孙子女；其他与被申请宣告死亡人有民事权利义务关系的人，如债权人和债务人等。

（2）被宣告死亡的人，人民法院宣告死亡的判决作出之日视为其死亡的日期；因意外事件下落不明宣告死亡的，意外事件发生之日视为其死亡的日期。

（3）对同一自然人，有的利害关系人申请宣告死亡，有的利害关系人申请宣告失踪，符合宣告死亡条件的，人民法院应当宣告死亡。

（4）自然人被宣告死亡但事实上并未死亡的，不影响该自然人在被宣告死亡期间实施的民事法律行为的效力。

（5）被宣告死亡的人的婚姻关系，自死亡宣告之日起消除。死亡宣告被撤销的，婚姻关系自撤销死亡宣告之日起自行恢复。但是，其配偶再婚或者向婚姻登记机关书面声明不愿意恢复的除外。

4.《民法典》第 111 条规定："自然人的个人信息受法律保护。任何组织或者个人需要获取他人个人信息的，应当依法取得并确保信息安全，不得非法收集、使用、加工、传输他人个人信息，不得非法买卖、提供或者公开他人个人信息。"

请分析：

（1）何为"个人信息"？

（2）信息处理者负有哪些信息安全保障义务？

【记忆要点】个人信息：以电子、其他方式记录；单独、结合识别、各种信息。信息安全保障义务：不得泄露、篡改；不得非法提供；确保信息安全；防止泄露、篡改、丢失；采取补救措施，告知自然人并向有关主管部门报告。

【参考答案】（1）个人信息是以电子或者其他方式记录的能够单独或者与其他信息结合识别特定自然人的各种信息，包括自然人的姓名、出生日期、身份证件号码、生物识别信息、住址、电话号码、电子邮箱、健康信息、行踪信息等。

（2）信息处理者不得泄露或者篡改其收集、存储的个人信息；未经自然人同意，不得向他人非法提供其个人信息，但是经过加工无法识别特定个人且不能复原的除外。信息处理者应当采取技术措施和其他必要措施，确保其收集、存储的个人信息安全，防止信息泄露、篡改、丢失；发生或者可能发生个人信息泄露、篡改、丢失的，应当及时采取补救措施，按照规定告知自然人并向有关主管部门报告。

★5.《民法典》第122条规定："因他人没有法律根据，取得不当利益，受损失的人有权请求其返还不当利益。"

请分析：

（1）本条规定的是何种法律制度？该制度的含义和构成要件是什么？

（2）如何理解本条规定的"没有法律根据"？

（3）受损失的人不得请求得利人返还利益的主要情形有哪些？

（4）如何认定"返还不当利益"的具体范围？

（5）得利人已经将取得的利益无偿转让给第三人的，受损失的人如何请求返还利益？

【记忆要点】不当得利的构成要件：获益、损失、因果关系、没有法律根据。没有法律根据：无法律、合同根据；取得利益时无根据、嗣后丧失根据。不得请求得利人返还利益的情形：道德义务性质的给付、期前清偿、明知无给付义务而清偿。返还利益的范围：善意、恶意。获益无偿转让给第三人，受损失的人的救济：在相应范围内请求返还利益。

【参考答案】（1）本条规定的是不当得利。不当得利是指一方没有法律根据取得不当利益而使另一方财产受损的事实。其构成要件有：①一方获得利益。②另一方受有损失。③一方获益和另一方受损之间有因果关系。④获益没有法律根据。

（2）没有法律根据指的是一方获益既无法律上的根据，也无合同上的根据。没有法律根据包括取得利益时无法律根据和取得利益时虽有法律根据但嗣后丧失两种情形。

（3）得利人没有法律根据取得不当利益的，受损失的人可以请求得利人返还取得的利益，但是有下列情形之一的除外：①为履行道德义务进行的给付；②债务到期之前的清偿；③明知无给付义务而进行的债务清偿。

（4）返还利益的具体范围依获益方的主观心态而定：得利人为善意时，取得的利益已经不存在的，不承担返还该利益的义务；得利人为恶意时，受损失的人可以请求得利人返还其取得的利益并依法赔偿损失。一般认为，受益方为善意时，若损失大于利益，只返还现存利益；若损失小于利益，返还利益的范围以损失为准。受益方为恶意时，应返还其取得的全部利益，若利益小于损失，还须就损失与利益之间的差额进行赔偿。受益方取得利益时为善意，而后变为恶意的，返还的范围以恶意开始剩余的利益为限。

（5）得利人已经将取得的利益无偿转让给第三人的，受损失的人可以请求第三人在相应范围内承担返还义务。

★6.《民法典》第143条规定："具备下列条件的民事法律行为有效：

（一）行为人具有相应的民事行为能力；

（二）意思表示真实；

（三）不违反法律、行政法规的强制性规定，不违背公序良俗。"

请分析：

（1）何为"行为人合格"？

（2）何为"意思表示真实"？意思表示不真实的主要情形有哪些？

（3）如何理解"不违反法律、行政法规的强制性规定"？

（4）如何认定违背公序良俗的民事法律行为的效力？

【记忆要点】行为人合格：行为人具有相应的民事行为能力。意思表示真实：行为人的外部表示与其内心的真实意思相一致。不违反法律、行政法规的强制性规定：内容、形式合法；效力性强制性规定。违背公序良俗原则的民事法律行为的效力：无效。

【参考答案】（1）"行为人合格"是指行为人具有相应的民事行为能力。

（2）"意思表示真实"是指行为人的外部表示与其内心的真实意思相一致。造成行为人意思表示不真实的主要有两种情况：一是由于相对人或者第三人的胁迫、欺诈，使行为人在违背真实意思的情况下而为民事行为；二是由于行为人自己对该行为的重大误解，使其行为与其内在意思不一致。

（3）"不违反法律、行政法规的强制性规定"，是指行为的内容和形式符合法律、行政法规的要求。这里的"强制性规定"指的是效力性强制性规定，而不是管理性强制性规定。

（4）违背公序良俗的民事法律行为无效。

7.《民法典》第146条规定："行为人与相对人以虚假的意思表示实施的民事法律行为无效。

以虚假的意思表示隐藏的民事法律行为的效力，依照有关法律规定处理。"

请分析：

（1）何为"虚假行为"？其效力应如何认定？

（2）何为"隐藏行为"？其效力应如何认定？

【记忆要点】虚假行为：表意人与受领人通谋；无效。隐藏行为：虚假表示后面隐藏真意；有效或者无效。

【参考答案】（1）"虚假行为"是指表意人所作出的需要受领的意思表示系与受领人通谋而虚假作出的，并以此共同对第三人实施欺诈的行为。其效力为无效。

（2）"隐藏行为"是指表意人为虚假的意思表示，但其真意为发生另外法律效果的意思表示的行为。隐藏行为的效力依照有关法律规定处理，即虚假行为无效，虚假行为背后隐藏的行为符合民事法律行为有效条件的，应当认定有效；具有无效的民事法律行为的法定事由的，应当认定无效。

8.《民法典》第149条规定："第三人实施欺诈行为，使一方在违背真实意思的情况下实施的民事法律行为，对方知道或者应当知道该欺诈行为的，受欺诈方有权请求人民法院或者仲裁机构予以撤销。"

请分析：

（1）何为"第三人欺诈"？

（2）第三人欺诈构成可撤销的民事法律行为的主观条件是什么？

（3）如何确定受欺诈方行使撤销权的期间？

【记忆要点】第三人欺诈：第三人故意使他人陷入错误认识。第三人欺诈构成可撤销的民事法律行为的条件：对方知道或者应当知道第三人欺诈。受欺诈方行使撤销权的期间：1年、5年。

【参考答案】（1）第三人欺诈是指民事法律行为当事人以外的第三人故意实施的，以引起、强化或维持他人的错误认识并使其基于此错误认识而作出意思表示为目的的欺骗行为。

（2）第三人欺诈构成可撤销的民事法律行为的条件有：第三人实施欺诈的，对方知道或者应当知道第三人实施欺诈行为。

（3）因第三人实施欺诈行为的，当事人自知道或者应当知道撤销事由之日起1年内行使撤销权；当事人自民事法律行为发生之日起5年内没有行使撤销权的，撤销权消灭。

9.《民法典》第151条规定："一方利用对方处于危困状态、缺乏判断能力等情形，致使民事法律行为成立时显失公平的，受损害方有权请求人民法院或者仲裁机构予以撤销。"

请分析：

（1）本条规定的是何种法律制度？其含义是什么？

（2）本条规定的法律制度的特点有哪些？

（3）如何理解本条规定的"显失公平"？

【记忆要点】显失公平的民事法律行为：危困状态、缺乏判断能力。特点：危困状态、缺乏判断能力；对一方重大不利、另一方获利；造成不利非出于不利一方本意；不公平为法律所不允许。显失公平：因危困状态、缺乏判断能力造成不公平。

【参考答案】（1）本条规定的是显失公平的民事法律行为。显失公平的民事法律行为是指在双方、有偿的民事法律行为中，一方利用对方处于危困状态、缺乏判断能力等情形，致使民事法律行为成立时显失公平的民事法律行为。

（2）显失公平的民事法律行为具有如下特点：①一方利用对方处于危困状态、缺乏判断能力等情形。②行为结果对一方当事人有重大不利，而另一方则获得显然超过了正常情况下所能获得的利益（暴利）。③不利一方当事人所为民事法律行为并非其本意，而是由于处于危困状态、缺乏判断能力等原因。④这种不公平是法律所不允许的，或者是当时社会所公认的不公平。

（3）显失公平仅指一方利用对方处于危困状态、缺乏判断能力等情形所造成的不公平，而不包括因为受欺诈或受胁迫而造成的不公平。

★10.《民法典》第158条规定：“民事法律行为可以附条件，但是根据其性质不得附条件的除外。附生效条件的民事法律行为，自条件成就时生效。附解除条件的民事法律行为，自条件成就时失效。”

请分析：

（1）本条规定中所附“条件”的特点有哪些？

（2）如何理解本条规定中“生效条件”和效力？

（3）如何理解本条规定中“解除条件”和效力？

（4）如何理解本条规定的制度的效力？

【记忆要点】条件的特点：未来性、或然性、非法定性、合法性。生效条件：所附条件成就时生效。解除条件：所附条件成就时失效。效力：恶意促成条件成就的视为不成就，恶意阻碍条件成就的视为已经成就。

【参考答案】（1）条件的特点有：①条件应当是将来发生的事实，具有未来性。②条件应当是将来可能发生也可能不发生的事实，具有或然性。③条件应当是当事人商定的事实，具有非法定性。④条件应当是合法的事实。

（2）“生效条件”是指民事法律行为中所确定的民事权利和民事义务，要在所附条件成就时发生法律效力的条件。其效力为：在条件成就前，法律行为虽然已经成立，但双方的权利义务处于停止状态，在条件成就时才能生效。

（3）“解除条件”是指民事法律行为中所确定的民事权利和民事义务，在所附条件成就时失去法律效力的条件。其效力为：法律行为已经发生法律效力，当事人已经开始享受权利，承担义务，当所附条件成就时，其权利义务即失去效力。

（4）附条件的民事法律行为一旦成立，对当事人双方都有约束力，任何一方不得为了自己的利益，恶意促成条件成就或恶意阻碍条件成就。否则，恶意促成条件成就的，视为条件不成就；恶意阻碍条件成就的，视为条件已经成就。

11.《民法典》第169条规定：“代理人需要转委托第三人代理的，应当取得被代理人的同意或者追认。

转委托代理经被代理人同意或者追认的，被代理人可以就代理事务直接指示转委托的第三人，代理人仅就第三人的选任以及对第三人的指示承担责任。

转委托代理未经被代理人同意或者追认的，代理人应当对转委托的第三人的行为承担责任；但是，在紧急情况下代理人为了维护被代理人的利益需要转委托第三人代理的除外。”

请分析：

（1）本条规定的是何种代理制度？其含义是什么？

（2）如何理解本条第3款规定中的“紧急情况”？

（3）如何认定本条规定的制度的法律后果？

【记忆要点】复代理：将代理权的全部或者一部转委托。紧急情况：因急病、通信联络中断等不得不转委托。法律后果：同意或追认；未经同意或追认。

【参考答案】（1）本条规定的是复代理（转委托、再代理）。复代理是指代理人为了被代理人的利益需要，将其享有的代理权的全部或一部分转委托给他人行使而产生的代理。

（2）“紧急情况”，是指代理人有急病、通信联络中断等情况，使自己不能办理代理事项，与被代理人不能取得联系，如果不及时委托他人代理，就会给被代理人造成损失。

（3）复代理的法律后果体现在：①转委托经被代理人同意或者追认的，被代理人可以就代理事务直接指示转委托的第三人，代理人仅就第三人的选任以及对第三人的指示承担责任。②转委托未经被代理人同意或者追认的，代理人应当对转委托的第三人的行为承担责任；但是，在紧急情况下代理人为了维护被代理人的利益需要转委托第三人代理的除外。

★12.《民法典》第171条规定：“行为人没有代理权、超越代理权或者代理权终止后，仍然实施代理行为，未经被代理人追认的，对被代理人不发生效力。

相对人可以催告被代理人自收到通知之日起三十日内予以追认。被代理人未作表示的，视为拒绝追认。行为人实施的行为被追认前，善意相对人有撤销的权利。撤销应当以通知的方式作出。

行为人实施的行为未被追认的，善意相对人有权请求行为人履行债务或者就其受到的损害请求行为人赔偿。但是，赔偿的范围不得超过被代理人追认时相对人所能获得的利益。

相对人知道或者应当知道行为人无权代理的，相对人和行为人按照各自的过错承担责任。”

请分析：

（1）本条第1款规定的“代理行为”在被代理人追认前效力如何？

（2）本条第2款规定的撤销权的行使须具备哪些条件？

（3）本条第2款规定的“善意相对人”应如何认定？

（4）无权代理人以被代理人的名义订立合同，被代理人已经开始履行合同义务或者接受相对人履行的，应如何认定合同的效力？

（5）无权代理人的“代理行为”未被追认的法律后果有哪些？

【记忆要点】无权代理行为被追认前的效力：效力未定。撤销权的行使条件：追认前、善意、通知。善意相对人：不知或不应知无代理权。被代理人已经开始履行合同义务或者接受相对人履行：视为追认，合同生效。法律后果：拒绝追认对被代理人不生效；善意相对人请求履行债务或主张赔偿；相对人与行为人按各自过错担责。

【参考答案】（1）效力未定。

（2）撤销权的行使条件有：应在被代理人追认前行使撤销权；相对人须为善意；应采取通知方式（或者回答：明示方式）。

（3）相对人行为时不知道或者不应知道无权代理人没有代理权。

（4）无权代理人以被代理人的名义订立合同，被代理人已经开始履行合同义务或者接受相对人履行的，视为对合同的追认，合同有效。

（5）无权代理行为未被追认的法律后果有：①被代理人拒绝追认或者未予追认的，无权代理行为对被代理人不发生效力。②善意相对人有权选择请求无权代理人履行债务，或者选择就其受到的损害请求无权代理人赔偿。但是，赔偿的范围不得超过被代理人追认时相对人所能获得的利益。③相对人知道或者应当知道行为人无权代理的，相对人和行为人按照各自的过错承担责任。

★13.《民法典》第172条规定："行为人没有代理权、超越代理权或者代理权终止后，仍然实施代理行为，相对人有理由相信行为人有代理权的，代理行为有效。"

请分析：

（1）本条规定的制度的概念和构成要件。

（2）如何理解本条规定中"有理由相信"？其判断标准是什么？

（3）行为人有理由相信有代理权的常见情形有哪些？

（4）本条规定的制度的法律后果是什么？

【记忆要点】表见代理：没有代理权、有理由相信、本人承担无权代理法律后果。有理由相信：表见授权基础上正当、合理相信；判断标准：善良人在正常情况下是否相信。表见代理的常见情形：表见授权、代理授权不明、代理关系终止后未采取必要措施。法律后果：有权代理。

【参考答案】（1）本条规定的是表见代理。表见代理是指行为人虽没有代理权，但第三人在客观上有理由相信其有代理权而与其实施法律行为，该法律行为的后果由本人承担的代理。其构成要件有：①代理人无代理权。②该无权代理人有被授予代理权的外表或假象。③相对人有正当理由相信该无权代理人有代理权。④相对人基于信任而与该无权代理人成立法律行为。

（2）"有理由相信"是指在具备表见授权或者权利外观的基础上，相对人有正当的、合理的理由相信代理人有代理权。判断其是否有正当理由，应以一个善良人在正常情况下是否相信为判断标准。

（3）行为人有理由相信有代理权的常见情形有：①因表见授权表示而产生的表见代理。②因代理授权不明而产生的表见代理。③因代理关系终止后未采取必要的措施而产生的表见代理。

（4）表见代理成立后，产生类似有权代理的法律后果。由被代理人承担代理行为所带来的法律后果，即享有其权利、承担其义务。当然，被代理人有权要求无权代理人赔偿因无权代理而造成的损失。

14.《民法典》第186条规定："因当事人一方的违约行为，损害对方人身权益、财产权益的，受损害方有权选择请求其承担违约责任或者侵权责任。"

请分析：

（1）何为违约责任与侵权责任的竞合？

（2）违约责任与侵权责任发生竞合的条件有哪些？

（3）违约责任与侵权责任竞合的原因有哪些？

（4）如何处理违约责任与侵权责任的竞合？

【记忆要点】违约责任与侵权责任的竞合。竞合条件：合同关系和侵权事实、过错、构成要件、损害结果、赔偿范围。竞合原因：侵权性的违约行为、违约性的侵权行为。竞合处理：选择承担责任。

【参考答案】（1）违约责任与侵权责任的竞合是指行为人实施的某一违法行为，同时违反了合同规范和侵权规范，并符合违约责任和侵权责任的构成要件，导致违约责任与侵权责任同时产生，又互相排斥、彼此不能包容的法律现象。

（2）违约责任与侵权责任发生竞合的条件有：①当事人之间须存在合同关系和侵权的事实。②当事人要有过错，且违约责任的过错与侵权责任的过错是同一的。③要符合两种请求权的构成要件。④必须有损害结果。⑤责任具有不同的赔偿范围。

（3）违约责任与侵权责任竞合的原因有：①当事人实施了侵权性的违约行为，即侵权行为直接构成违约的原因。②当事人实施了违约性的侵权行为，即违约行为造成了侵权的后果。

（4）在违约责任与侵权责任发生竞合时，受损害方有权选择其中一种责任请求对方承担。

15.《民法典》第208条规定："不动产物权的设立、变更、转让和消灭，应当依照法律规定登记。动产物权的设立和转让，应当依照法律规定交付。"

请分析：

（1）本条规定体现的是何种基本原则？其适用范围如何？

（2）何为"登记"？何为"交付"？

（3）本条体现的基本原则的内容有哪些？

【记忆要点】公示、公信原则的适用范围：基于法律行为引起的物权变动。登记：不动产权利归属记载于登记簿；交付：移转占有。内容：公示、公信。

【参考答案】（1）本条规定体现的是公示、公信原则。公示、公信原则适用于基于法律行为引起物权变动的情形。

（2）"登记"是指不动产登记机构依法将不动产权利归属和其他法定事项记载于不动产登记簿的行为。"交付"是指移转占有标的物的行为。

（3）公示是指以一定的方式使公众知悉物权变动的事实。物权存在的公示，为物权的静态公示。物权变动的公示，为物权的动态公示。变更登记是不动产物权变动的公示方式。交付是动产物权变动的公示方式。公信是指物权变动符合法定公示方式的就具有可信赖性的法律效力。依公信原则，物权变动经公示的，即发生法律效力，即使公示所表现的物权状态与真实的物权状态不相符合，也不影响物权变动的效力。

★16.《民法典》第209条规定："不动产物权的设立、变更、转让和消灭，经依法登记，发生效力；未经登记，不发生效力，但是法律另有规定的除外。

依法属于国家所有的自然资源，所有权可以不登记。"

请分析：

（1）如何理解本条规定的不动产物权变动的公示效力？

民法学

(2)“经依法登记，发生效力”的不动产物权变动的主要情形有哪些？

(3)“未经登记，不发生效力”的不动产物权变动的主要情形有哪些？

【记忆要点】 不动产物权变动的公示效力：登记生效、登记对抗。“经依法登记，发生效力”的主要情形：不动产所有权、建设用地使用权、居住权、不动产抵押权。“未经登记，不发生效力”的主要情形：土地承包经营权、地役权。

【参考答案】 (1) 本条规定采取的是登记生效和登记对抗相结合的做法，其中，登记生效主义是原则，登记对抗主义是例外。

(2)“经依法登记，发生效力”的情形主要有：因买卖、赠与、互易等行为发生不动产所有权变动，建设用地使用权的出让与转让，居住权的设立，不动产抵押权的设立等。

(3)“未经登记，不发生效力”的情形主要有：土地承包经营权人将土地承包经营权互换、转让的，未经登记，不得对抗善意第三人；地役权设立和转让时，未经登记，不得对抗善意第三人。

17.《民法典》第 220 条规定：“权利人、利害关系人认为不动产登记簿记载的事项错误的，可以申请更正登记。不动产登记簿记载的权利人书面同意更正或者有证据证明登记确有错误的，登记机构应当予以更正。

不动产登记簿记载的权利人不同意更正的，利害关系人可以申请异议登记。登记机构予以异议登记，申请人自异议登记之日起十五日内不提起诉讼的，异议登记失效。异议登记不当，造成权利人损害的，权利人可以向申请人请求损害赔偿。”

请分析：

(1) 何为“更正登记”？登记机构应予更正登记的情形有哪些？

(2) 何为“异议登记”？其适用情形是什么？其效力主要体现是什么？

(3) 异议登记失效的条件是什么？异议登记不当的法律后果是什么？

(4) 本条第 2 款规定中的“15 日”属于何种性质的期间？

【记忆要点】 更正登记：登记错误经申请予以更正；应予更正登记的情形：登记名义人书面同意更正、登记错误。异议登记：登记事项异议记载于不动产登记簿；适用情形：请求更正登记而权利人不同意；效力主要体现：不再适用善意取得。异议登记失效的条件：15 日内不提起诉讼；法律后果：权利人请求损害赔偿。15 日的期间性质：除斥期间。

【参考答案】 (1)“更正登记”是指有证据证明不动产登记簿上记载的事项错误时，登记机构依权利人或者利害关系人的申请，或者依职权对该错误事项加以更正而进行的登记。登记机构予以更正登记的情形有：①登记名义人书面同意更正时，登记机构可以直接更正。②有证据证明登记确有错误的，登记机构应当更正。

(2)“异议登记”是指登记机构将利害关系人对不动产登记簿登记事项的异议记载于登记簿上的行为。其适用情形是利害关系人请求进行更正登记而不动产登记簿记载的权利人不同意更正。异议登记的效力主要体现在异议登记的不动产不再适用善意取得。

(3) 登记机构予以异议登记，申请人自异议登记之日起 15 日内不提起诉讼的，异议登记失效。异议登记不当的法律后果是：造成权利人损害的，权利人可以向申请人请求损害赔偿。

（4）“15 日”在性质上为除斥期间。

18.《民法典》第 224 条规定：“动产物权的设立和转让，自交付时发生效力，但是法律另有规定的除外。”

请分析：

（1）本条规定的适用范围如何？

（2）动产“交付”的方式有哪些？

（3）船舶、航空器和机动车的物权变动和本条规定的适用有何不同？

（4）“法律另有规定的除外”的主要情形有哪些？

【记忆要点】适用范围：动产所有权、质权。交付方式：现实交付、简易交付、指示交付、占有改定。特殊动产物权变动：交付，但未经登记不得对抗善意第三人。法律另有规定的除外：非因法律行为引起的动产物权的变动、动产抵押权、留置权。

【参考答案】（1）本条规定适用于动产所有权的变动，也适用于质权的设立。

（2）交付包括现实交付、简易交付、指示交付和占有改定。

（3）船舶、航空器和机动车自交付时起发生物权变动，但是未经登记不得对抗善意第三人。

（4）“法律另有规定的除外”主要包括以下情形：非因法律行为引起的动产物权的变动；动产抵押权的设立；留置权的产生。

19.《民法典》第 229 条规定：“因人民法院、仲裁机构的法律文书或者人民政府的征收决定等，导致物权设立、变更、转让或者消灭的，自法律文书或者征收决定等生效时发生效力。”

请分析：

（1）如何认定本条规定中的导致物权变动的“法律文书”？

（2）依据本条规定取得不动产物权，未经登记处分的，其处分行为的效力如何？

【记忆要点】法律文书：判决书、裁决书、调解书、拍卖成交裁定书、变卖成交裁定书、以物抵债裁定书。未经登记处分的效力：不发生物权效力、合同效力不受影响。

【参考答案】（1）人民法院、仲裁机构在分割共有不动产或者动产等案件中作出并依法生效的改变原有物权关系的判决书、裁决书、调解书，以及人民法院在执行程序中作出的拍卖成交裁定书、变卖成交裁定书、以物抵债裁定书，应当认定为导致物权设立、变更、转让或者消灭的人民法院、仲裁机构的法律文书。

（2）依据本条规定取得不动产物权，未经登记处分的，不发生物权效力；但处分该不动产的合同的效力不受影响。

★20.《民法典》第 271 条规定：“业主对建筑物内的住宅、经营性用房等专有部分享有所有权，对专有部分以外的共有部分享有共有和共同管理的权利。”

请分析：

（1）本条规定的是何种法律制度？其含义是什么？特征有哪些？

（2）如何认定本条规定中的“业主”？

（3）构成“专有部分”需具备哪些条件？专有权的主导性体现在哪些方面？

（4）如何确定对于“共有部分”的费用分摊、收益分配等事项？

（5）对于使用、筹集建筑物及其附属设施的维修资金，应如何进行表决和通过？

【记忆要点】建筑物区分所有权的特征：复合性、整体性、专有权的主导性、客体的多元性。业主：专有部分所有权人；合法建造、继承、法律文书取得专有部分所有权人；基于商品房买卖合同占有房屋但未登记的合法占有人。构成专有部分的条件：构造上的独立性、利用上的独立性、能够登记成为特定业主所有权的客体。专有权主导性的体现：取得专有权即取得共有权和管理权；专有部分所有权的大小决定共有权和管理权的大小；只登记专有部分。对于“共有部分”的费用分摊、收益分配的确定：约定、按专有部分面积比例。使用维修资金：两个 2/3 表决＋两个过半数同意；筹集维修资金：两个 2/3 表决＋两个 3/4 同意。

【参考答案】（1）本条规定的是建筑物区分所有权。建筑物区分所有权是指根据使用功能，将一栋建筑物在结构上区分为各个所有权人独自使用的部分和由多个所有权人共同使用的共有部分时，每一个所有权人享有的对其专有部分的专有权、对共有部分的共有权以及各个所有权人之间基于建筑物的管理等共同事务而产生的管理权的结合。其特征有：①复合性。建筑物区分所有权由专有部分所有权、共有权及管理权三要素构成。②整体性。建筑物区分所有权人的专有权、共有权及管理权三者共为一体不可分离。在转让、继承、抵押时应将三者一起转让、继承、抵押。③专有权的主导性。在构成建筑物区分所有权的三要素中，专有权具有主导性。④客体的多元性。建筑物区分所有权的客体包括专有部分与共有部分，而不是仅局限于其中一部分。

（2）业主包括：①依法登记取得专有部分所有权的人；②通过合法建造、继承或生效法律文书等取得专有部分所有权的人；③基于与建设单位之间的商品房买卖民事法律行为，已经合法占有建筑物专有部分，但是尚未依法办理所有权登记的人。

（3）构成专有部分须具备三个条件：①构造上的独立性，即“物理上的独立性”，从而能够明确区分；②利用上的独立性，即“功能上的独立性”，可以排他使用；③能够登记成为特定业主所有权的客体。

（4）建筑物及其附属设施的费用分摊、收益分配等事项，有约定的，按照约定；没有约定或者约定不明确的，按照业主专有部分面积所占比例确定。

（5）对于使用、筹集建筑物及其附属设施的维修资金，应当由专有部分面积占比 2/3 以上的业主且人数占比 2/3 以上的业主参与表决。对于筹集建筑物及其附属设施的维修资金，应当经参与表决专有部分面积 3/4 以上的业主且参与表决人数 3/4 以上的业主同意。对于使用建筑物及其附属设施的维修资金，应当经参与表决专有部分面积过半数的业主且参与表决人数过半数的业主同意。

★21.《民法典》第 305 条规定：“按份共有人可以转让其享有的共有的不动产或者动产份额。其他共有人在同等条件下享有优先购买的权利。”

请分析：

(1) 如何理解优先购买权的适用范围?

(2) 如何确定是否属于本条规定中的“同等条件”?

(3) 按份共有人在转让其份额时应当履行什么义务?

(4) 按份共有人不得主张优先购买权的主要情形有哪些?

(5) 两个以上其他共有人主张行使优先购买权的，应如何处理?

【记忆要点】优先购买权的适用范围：有偿转让、对外转让、同等条件。同等条件：价格、价款履行方式及期限。转让份额时的义务：通知义务。不得主张优先购买权的情形：未在规定期限内主张、提出实质变更要求、仅请求撤销转让合同或认定转让合同无效。两个以上其他共有人主张行使优先购买权的处理：协商、按比例行使。

【参考答案】(1) 优先购买权的适用范围：①优先购买权仅限于应有份额的有偿转让。②优先购买权仅限于应有份额的对外转让。③优先购买权仅限于同等条件下的转让。

(2) 是否为“同等条件”，应当综合共有份额的转让价格、价款履行方式及期限等因素确定。

(3) 按份共有人转让其享有的共有的不动产或者动产份额的，应当将转让条件及时通知其他共有人。

(4) 按份共有人不得主张优先购买权的主要情形有：①未在规定的期限内主张优先购买，或者虽主张优先购买，但提出减少转让价款、增加转让人负担等实质性变更要求；②以其优先购买权受到侵害为由，仅请求撤销共有份额转让合同或者认定该合同无效。

(5) 两个以上其他共有人主张行使优先购买权的，协商确定各自的购买比例；协商不成的，按照转让时各自的共有份额比例行使优先购买权。

★22.《民法典》第311条第1款规定：“无处分权人将不动产或者动产转让给受让人的，所有权人有权追回；除法律另有规定外，符合下列情形的，受让人取得该不动产或者动产的所有权：

(一) 受让人受让该不动产或者动产时是善意；

(二) 以合理的价格转让；

(三) 转让的不动产或者动产依照法律规定应当登记的已经登记，不需要登记的已经交付给受让人。”

请分析：

(1) 本条规定的是何种法律制度？其含义是什么?

(2) 动产所有权善意取得的构成要件有哪些?

(3) 不动产所有权善意取得的构成要件有哪些?

(4) 如何认定受让人为“善意”？如何判断“善意”的时间点?

(5) 如何认定“合理的价格”?

(6) 具有哪些情形，应当认定不动产受让人知道转让人无处分权?

【记忆要点】动产善意取得的构成要件：占有委托物、非禁止流通物、无处分权、善意、合理的价格转让、交付。不动产善意取得的构成要件：无处分权、权利外观、善意、合理的价格转让、登记。善意：不知道无处分权、无重大过失；判断时间点：交付、登记。合理的价格：性质、数量、付款方式、市场价格、交易习惯。认定不动产受让人知道转让人无处分权的情形：存在异议登记；未经预告登记权利人同意；记载有限制不动产权利的事项；记载的权利主体错误；受让人知道他人已经依法享有不动产。

【参考答案】(1) 本条规定的是善意取得。善意取得是指无处分权人将他人动产或者不动产让与第三人或者为第三人设定他物权时，如果第三人在取得该动产或者不动产的物权时系出于善意且符合其他条件，即取得该动产或者不动产的所有权或者其他物权的制度。

(2) 动产所有权善意取得的构成要件有：①标的物须为占有委托物且为非禁止流通物。②让与人系无处分权人。③受让人取得动产时出于善意。④受让人以合理的价格受让。⑤已经完成交付。

(3) 不动产所有权善意取得的构成要件有：①让与人系无处分权人但具有权利外观。②受让人受让该不动产时是善意的。③受让人以合理的价格受让。④已经办理了登记。

(4) 受让人取得动产或者不动产时，不知道转让人无处分权，且无重大过失的，应当认定受让人为善意。受让人是否为善意，判断的时间点为“受让该不动产或者动产时”，即依法完成不动产物权转移登记或者动产交付之时。

(5) 是否为“合理的价格”，应当根据转让标的物的性质、数量以及付款方式等具体情况，参考转让时交易地市场价格以及交易习惯等因素综合认定。

(6) 具有下列情形之一的，应当认定不动产受让人知道转让人无处分权：①登记簿上存在有效的异议登记；②预告登记有效期内，未经预告登记的权利人同意；③登记簿上已经记载司法机关或者行政机关依法裁定、决定查封或者以其他形式限制不动产权利的有关事项；④受让人知道登记簿上记载的权利主体错误；⑤受让人知道他人已经依法享有不动产物权。

23. 《民法典》第 312 条规定：“所有权人或者其他权利人有权追回遗失物。该遗失物通过转让被他人占有的，权利人有权向无处分权人请求损害赔偿，或者自知道或者应当知道受让人之日起二年内向受让人请求返还原物；但是，受让人通过拍卖或者向具有经营资格的经营者购得该遗失物的，权利人请求返还原物时应当支付受让人所付的费用。权利人向受让人支付所付费用后，有权向无处分权人追偿。”

请分析：

(1) 何为“遗失物”？如何认定遗失物的所有权？

(2)“所有权人或者其他权利人有权追回遗失物”的规定体现的是物权的何种效力？

(3) 遗失物转让给第三人的，所有权人如何进行权利救济？

(4) 遗失物适用善意取得的条件有哪些？

(5) 本条规定中的“2 年”属于何种性质的期间？

【记忆要点】遗失物：不慎丧失占有、动产；所有权归属：失主。体现的效力：物权的追及力。救济方式：请求赔偿、请求返还原物。适用善意取得的条件：已经转让、符合善意取得、2年内未请求返还原物。2年的期间性质：除斥期间。

【参考答案】（1）“遗失物”是他人不慎丧失占有的动产。遗失物的所有权属于失主。

（2）“所有权人或者其他权利人有权追回遗失物”的规定体现了物权的追及效力。

（3）遗失物转让给第三人的，遗失物所有权人有选择权：①向无处分权人请求损害赔偿；②在知道或者应当知道受让人之日起2年内向受让人请求返还原物。

（4）遗失物适用善意取得的条件：遗失物已经转让给第三人，且符合善意取得的一般条件的，所有权人自知道或者应当知道受让人之日起2年内未向受让人请求返还原物的，受让人例外善意取得遗失物所有权。

（5）“2年”属于除斥期间。

24.《民法典》第374条规定：“地役权自地役权合同生效时设立。当事人要求登记的，可以向登记机构申请地役权登记；未经登记，不得对抗善意第三人。”

请分析：

（1）何为“地役权”？其有哪些特征？

（2）地役权何时设立？如何理解地役权合同与地役权登记之间的关系？

（3）如何理解本条规定中的“善意第三人”？

【记忆要点】地役权的特征：主体、内容、客体、目的、有偿无偿、存续期限、从属性。地役权的设立：地役权合同生效时；合同生效是生效要件，登记是对抗要件。善意第三人：供役地的善意受让人。

【参考答案】（1）地役权是指不动产的权利人，如所有权人或使用权人，为自己使用不动产的便利或提高自己不动产的效益而利用他人不动产的权利。地役权的特征有：①地役权的主体包括不动产的所有权人和使用权人。②地役权的内容是利用他人不动产，并对他人的权利加以限制。③地役权的客体是他人不动产。④地役权的设立目的是为供自己使用不动产之便利或效益之提高。⑤地役权是否有偿及存续期限依当事人约定。⑥地役权具有从属性。

（2）地役权自地役权合同生效时设立。地役权合同生效是地役权成立的生效要件，而地役权登记是对抗要件；未办理登记，地役权设立，但是不得对抗善意第三人。

（3）“善意第三人”主要指的是供役地的善意受让人。

25.《民法典》第392条规定：“被担保的债权既有物的担保又有人的担保的，债务人不履行到期债务或者发生当事人约定的实现担保物权的情形，债权人应当按照约定实现债权；没有约定或者约定不明确，债务人自己提供物的担保的，债权人应当先就该物的担保实现债权；第三人提供物的担保的，债权人可以就物的担保实现债权，也可以请求保证人承担保证责任。提供担保的第三人承担担保责任后，有权向债务人追偿。”

请分析：

（1）本条规定的是何种法律制度？

（2）如何确定担保顺序？

（3）债权人允许债务人转移全部或者部分债务的，担保人是否继续承担担保责任？

【记忆要点】混合担保的担保顺序：约定优先；没有约定或者约定不明，债务人提供物保，先物保后保证，第三人提供物保，既可物保也可保证。未经担保人同意转移债务的法律后果：担保人不再承担担保责任。

【参考答案】（1）混合担保（混合共同担保）。

（2）混合担保的担保顺序为：债权人应当按照当事人之间的约定实现债权。没有约定或者约定不明确的：①债务人提供物保的，先实现该担保物权后执行保证。②第三人提供物保的，债权人有选择权，既可请求实现物保也可请求实现保证。

（3）第三人提供担保，未经其书面同意，债权人允许债务人转移全部或者部分债务的，担保人不再承担相应的担保责任。

26.《民法典》第406条规定："抵押期间，抵押人可以转让抵押财产。当事人另有约定的，按照其约定。抵押财产转让的，抵押权不受影响。

抵押人转让抵押财产的，应当及时通知抵押权人。抵押权人能够证明抵押财产转让可能损害抵押权的，可以请求抵押人将转让所得的价款向抵押权人提前清偿债务或者提存。转让的价款超过债权数额的部分归抵押人所有，不足部分由债务人清偿。"

请分析：

（1）抵押人转让抵押财产的，向抵押权人应负的义务是什么？

（2）当事人约定禁止转让抵押财产但是未将约定登记，抵押人违反约定转让抵押财产的，转让合同的效力如何认定？抵押财产已经交付或者登记的，抵押权人确认转让不发生物权效力的条件是什么？

（3）当事人约定禁止转让抵押财产且已经将约定登记，抵押人违反约定转让抵押财产的，转让合同的效力如何认定？抵押财产已经交付或者登记的，抵押权人确认转让不发生物权效力的主张能否得到支持？

（4）动产抵押合同订立后未办理抵押登记，抵押人转让抵押财产，抵押权人向受让人请求行使抵押权的主张得到支持的条件是什么？

【记忆要点】抵押人转让抵押财产应负的义务：通知抵押权人。约定禁止转让抵押财产但约定未登记，抵押人违反约定转让抵押财产的转让合同的效力：效力不受影响；抵押财产已经交付或者登记的，抵押权人确认转让不发生物权效力的条件：抵押权人有证据证明受让人知道。当事人约定禁止转让抵押财产且已经将约定登记，抵押人违反约定转让抵押财产的转让合同的效力：效力不受影响；抵押财产已经交付或者登记的，抵押权人确认转让不发生物权效力的主张能否得到支持：应予支持，但受让人代替债务人清偿债务导致抵押权消灭的除外。动产抵押合同订立后未办理抵押登记，抵押人转让抵押财产，抵押权人向受让人请求行使抵押权的主张得到支持的条件：抵押权人能够举证证明受让人知道或者应当知道已经订立抵押合同。

【参考答案】（1）抵押人转让抵押财产的，应当及时通知抵押权人。

（2）当事人约定禁止转让抵押财产但是未将约定登记，抵押人违反约定转让抵押财产的，转让合同效力不受影响。抵押财产已经交付或者登记，抵押权人请求确认转让不发生物权效力的，不予支持，但是抵押权人有证据证明受让人知道的除外。

(3) 当事人约定禁止转让抵押财产且已经将约定登记，抵押人违反约定转让抵押财产的，转让合同效力不受影响。抵押财产已经交付或者登记，抵押权人主张转让不发生物权效力的，应予支持，但是因受让人代替债务人清偿债务导致抵押权消灭的除外。

(4) 动产抵押合同订立后未办理抵押登记，抵押人转让抵押财产，受让人占有抵押财产后，抵押权人向受让人请求行使抵押权的，不予支持，但是抵押权人能够举证证明受让人知道或者应当知道已经订立抵押合同的除外。

27.《民法典》第410条规定："债务人不履行到期债务或者发生当事人约定的实现抵押权的情形，抵押权人可以与抵押人协议以抵押财产折价或者以拍卖、变卖该抵押财产所得的价款优先受偿。协议损害其他债权人利益的，其他债权人可以请求人民法院撤销该协议。

抵押权人与抵押人未就抵押权实现方式达成协议的，抵押权人可以请求人民法院拍卖、变卖抵押财产。

抵押财产折价或者变卖的，应当参照市场价格。"

请分析：

(1) 抵押权实现的条件有哪些?

(2) 抵押权的实现方式有哪些?

(3) 抵押物折价协议的限制条件是什么?

(4) 同一财产向两个以上债权人抵押的，应如何确定清偿顺序?

【记忆要点】实现条件：抵押权有效、发生实现抵押权的法定或约定情形。实现方式：协议折价、拍卖、变卖。抵押物折价协议的限制条件：不得损害其他债权人的利益。同一财产向两个以上债权人抵押的清偿顺序：登记时间先后—未登记—债权比例。

【参考答案】(1) 抵押权实现应具备以下条件：①须抵押权有效存在；②须发生可以实现抵押权的法定或约定情形。

(2) 抵押权的实现方式主要有两种：一是与抵押人协议以抵押物折价，取得抵押物的所有权；二是抵押权人与抵押人未就抵押权实现方式达成协议的，抵押权人可以请求人民法院拍卖、变卖抵押财产。

(3) 折价协议不得损害其他债权人的利益。协议损害其他债权人的利益的，其他债权人可以请求人民法院撤销该协议。

(4) 同一财产向两个以上债权人抵押的，拍卖、变卖抵押财产所得的价款依照下列规定清偿：①抵押权已经登记的，按照登记的时间先后确定清偿顺序；②抵押权已经登记的先于未登记的受偿；③抵押权未登记的，按照债权比例清偿。

28.《民法典》第447条规定："债务人不履行到期债务，债权人可以留置已经合法占有的债务人的动产，并有权就该动产优先受偿。

前款规定的债权人为留置权人，占有的动产为留置财产。"

请分析：

（1）留置权的成立条件有哪些？

（2）如何确定留置担保的范围？

（3）留置权的实现程序和实现方式如何？

【记忆要点】留置权的成立条件：合法占有、同一法律关系、债务清偿期届至未履行债务、合法且不违背公序良俗。留置担保范围：主债权、利息、违约金、损害赔偿金、实现留置权费用。实现程序：约定优先，没有约定则60日履行期限，但是鲜活易腐不易保管的动产无须设定宽限期。实现方式：协议折价、拍卖、变卖。

【参考答案】（1）留置权的成立条件有：①债权人已经合法占有属于债务人所有的动产。②债权人对该动产的占有与其债权的发生出自同一法律关系，但是企业之间留置的除外。③债务已届清偿期而债务人未履行债务。④符合法律规定和当事人的约定并且不违背公序良俗。

（2）留置权的担保范围包括主债权及其利息、违约金、损害赔偿金、保管留置财产和实现留置权的费用。当事人另有约定的，按照其约定。

（3）留置权人与债务人应当约定留置财产后的债务履行期限；没有约定或者约定不明确的，留置权人应当给债务人60日以上履行债务的期限，但是鲜活易腐等不易保管的动产除外。债务人逾期未履行的，留置权人可以与债务人协议以留置财产折价，也可以就拍卖、变卖留置财产所得的价款优先受偿。

29.《民法典》第499条规定："悬赏人以公开方式声明对完成特定行为的人支付报酬的，完成该行为的人可以请求其支付。"

请分析：

（1）何为"悬赏广告"？

（2）如何认定悬赏广告中的要约和承诺行为？

（3）权利人悬赏寻找遗失物的，悬赏人和拾得人的主要权利义务是什么？

（4）悬赏人拒绝按照承诺履行义务的，拾得人是否享有对遗失物的留置权？为什么？

【记忆要点】要约：悬赏声明；承诺：完成特定行为。悬赏人和拾得人的权利义务：必要费用、支付报酬、请求支付报酬。悬赏人拒绝按照承诺履行义务的，拾得人是否享有对遗失物的留置权：不享有、并非基于同一法律关系。

【参考答案】（1）悬赏广告是指当事人以发布广告的形式，对完成广告中所要求的特定行为的人，给付广告中所声明的报酬的意思表示。

（2）在悬赏广告中，悬赏人发出的悬赏声明（广告）是要约，行为人按照悬赏广告的要求完成特定行为的为承诺。

（3）权利人悬赏寻找遗失物的，应当向拾得人支出保管遗失物的必要费用；权利人悬赏寻找遗失物的，领取遗失物时应当按照承诺履行义务。完成特定行为的人也有权请求悬赏人支付悬赏报酬。

（4）悬赏人拒绝按照承诺履行义务的，拾得人不享有留置权，因为遗失物返还义务与悬赏报酬请求权并非基于同一法律关系。

★30.《民法典》第500条规定：“当事人在订立合同过程中有下列情形之一，造成对方损失的，应当承担赔偿责任：

（一）假借订立合同，恶意进行磋商；

（二）故意隐瞒与订立合同有关的重要事实或者提供虚假情况；

（三）有其他违背诚信原则的行为。”

请分析：

（1）本条规定的是何种法律制度？其含义是什么？

（2）本条规定的制度的构成要件有哪些？

（3）如何理解本条规定中的“假借”“恶意”？

（4）如何理解本条第2项规定的行为性质？

（5）如何认定本条规定中责任的赔偿范围？

【记忆要点】构成要件：先合同义务、信赖利益损失、因果关系、过错。假借：以缔约为借口损害他人利益。恶意：故意造成对方损害的主观心态。第2项规定的行为性质：欺诈。赔偿范围：信赖利益损失。

【参考答案】（1）本条规定的是缔约过失责任。缔约过失责任是指在订立合同过程中，当事人一方因违反其依据诚实信用原则产生的先合同义务，而致另一方信赖利益损失时所应承担的赔偿责任。

（2）缔约过失责任的构成要件有：①一方违背依诚实信用原则应负的先合同义务。②他方受有信赖利益的损失。③一方违反先合同义务与他方所受损失之间有因果关系。④违反先合同义务的一方具有过失。

（3）“假借”就是根本没有订立合同的目的，与对方谈判只是一个借口，目的在于损害对方或者他人的利益。“恶意”是指故意给对方造成损害的主观心理状态，它不仅包括行为人主观上并没有谈判的意图，还包括行为人主观上具有给对方造成损害的目的和动机。

（4）故意隐瞒与订立合同有关的重要事实或者提供虚假情况，属于缔约过程中的欺诈行为。在缔约过程中，因行为人实施欺诈行为，使得对方陷入错误认识。

（5）缔约过失责任的赔偿范围为信赖利益的损失。一般包括：缔约费用，准备履行合同所支出的费用，丧失与第三人另订合同的机会所造成的损失。

31.《民法典》第509条规定：“当事人应当按照约定全面履行自己的义务。

当事人应当遵循诚信原则，根据合同的性质、目的和交易习惯履行通知、协助、保密等义务。

当事人在履行合同过程中，应当避免浪费资源、污染环境和破坏生态。”

请分析：

（1）本条第1款规定的是何种履行规则？其要求是什么？

（2）本条第1款规定的“义务”属于何种性质的义务？其主要内容是什么？

（3）本条第2款规定的是何种履行规则？其要求是什么？

（4）本条第2款规定的“义务”属于何种性质的义务？其主要内容是什么？

（5）本条第3款规定的是何种履行规则？其含义是什么？

【记忆要点】全面履行规则：全面完成合同义务。合同义务：主合同义务、从合同义务。遵循诚实信用规则：诚实、守信、善意、不滥用权利、不规避义务。附随义务：法律规定的附从义务；通知、协助、保密。保护生态环境规则：避免浪费资源、污染环境和破坏生态。

【参考答案】（1）第1款规定的是全面履行规则。全面履行规则要求当事人按照合同约定的标的、数量、质量、履行期限、履行地点、履行方式，全面完成合同义务。

（2）第1款规定的是合同义务，包括主合同（给付）义务和从合同（给付）义务。主合同义务是合同关系中固有的、必备的可以决定合同的类型的基本义务。从合同义务是辅助主合同义务的功能得以实现的义务。

（3）第2款规定的是遵循诚实信用规则。遵循诚实信用规则要求当事人应本着诚实、守信、善意的态度履行合同义务，不得滥用权利或故意规避义务。

（4）第2款规定的义务是附随义务。附随义务并非属于合同固有的义务，是法律规定的一种合同履行过程中的附随性质的义务。其主要内容是在合同履行过程中，当事人根据合同的性质、目的和交易习惯履行通知、协助、保密等义务。

（5）第3款规定的是保护生态环境规则。保护生态环境规则是指在履行合同过程中，当事人应当避免浪费资源、污染环境和破坏生态。

32.《民法典》第522条规定："当事人约定由债务人向第三人履行债务，债务人未向第三人履行债务或者履行债务不符合约定的，应当向债权人承担违约责任。

法律规定或者当事人约定第三人可以直接请求债务人向其履行债务，第三人未在合理期限内明确拒绝，债务人未向第三人履行债务或者履行债务不符合约定的，第三人可以请求债务人承担违约责任；债务人对债权人的抗辩，可以向第三人主张。"

请分析：

（1）本条第1款规定的是何种法律制度？本条第2款规定的是何种法律制度？

（2）如何理解本条第1款和第2款规定中的"第三人"的法律地位？

（3）本条规定体现了合同的何种性质？其主要内容有哪些？

【记忆要点】债务人向第三人履行、债务人为第三人利益履行。第三人的法律地位：在债务人向第三人履行中，第三人不具有独立的法律地位；在债务人为第三人利益履行中，第三人具有独立的地位。合同相对性的内容：主体、内容、违约责任的相对性。

【参考答案】（1）第1款规定的是债务人向第三人履行。第2款规定的是债务人为第三人利益履行（或者回答：为第三人利益订立的合同）。

（2）在债务人向第三人履行的涉他合同中，第三人不是合同当事人，不具有合同当事人的地位，不享有合同上的权利和义务，其只是代替债权人接受债务人的履行。在债务人为第三人利益履行的涉他合同中，第三人虽然不是合同当事人，但是第三人具有相对独立的法律地位，享有合同上的权利而不必履行义务。债务人未向第三人履行债务或者履行债务不符合约定的，第三人可以请求债务人承担违约责任。

（3）本条规定体现了合同的相对性。其主要内容包括主体的相对性、内容的相对性和违约责任的相对性。

33.《民法典》第523条规定："当事人约定由第三人向债权人履行债务，第三人不履行债务或者履行债务不符合约定的，债务人应当向债权人承担违约责任。"

请分析：

（1）本条规定的是何种法律制度？

（2）本条规定中的"第三人"是否具有独立的法律地位？为什么？

（3）本条规定体现了合同的何种性质？其主要内容有哪些？

【记忆要点】第三人向债权人履行。第三人的法律地位：不具有独立的法律地位、合同履行辅助人。合同相对性的内容：主体、内容、违约责任的相对性。

【参考答案】（1）本条规定的是第三人向债权人履行。

（2）在第三人向债权人履行的涉他合同中，第三人不具有独立的法律地位。因为第三人只是合同履行的辅助人，其对债务的履行需要接受债务人与债权人的约定指令，第三人不履行债务或者履行债务不符合约定的，视为债务人不履行债务或者履行债务不符合约定。

（3）本条规定体现了合同的相对性。其主要内容包括主体的相对性、内容的相对性和违约责任的相对性。

34.《民法典》第524条规定："债务人不履行债务，第三人对履行该债务具有合法利益的，第三人有权向债权人代为履行；但是，根据债务性质、按照当事人约定或者依照法律规定只能由债务人履行的除外。

债权人接受第三人履行后，其对债务人的债权转让给第三人，但是债务人和第三人另有约定的除外。"

请分析：

（1）本条规定的是何种法律制度？

（2）本条规定的"第三人"是否具有独立的法律地位？

（3）本条规定的法律制度的构成要件有哪些？

（4）本条规定的制度的法律效力如何？

【记忆要点】代为清偿。第三人的法律地位：具有独立地位、享有独立请求权。构成要件：债务人不履行债务；第三人对债务人有合法利益；只能由债务人清偿的不得代为清偿。效力：债务消灭、追偿。

【参考答案】（1）本条规定的是代为清偿。

（2）在代为清偿的涉他合同中，第三人具有独立的法律地位，享有独立的请求权，是债务人及债务履行辅助人以外的人。

（3）代为清偿的构成要件有：①有债务人不履行债务的事实。②第三人对债务人的债务具有合法利益。③债务只能由债务人本人清偿的，第三人不得代为清偿。包括根据债务性质、按照当事人约定或者依照法律规定只能由债务人履行的情形。

（4）代为清偿的效力体现在，第三人代为清偿后，债务人的债务消灭，第三人得向债务人追偿，包括代为清偿的必要费用。债权人接受第三人履行后，其对债务人的债权转让给第三人，但是债务人和第三人另有约定的除外。

35.《民法典》第525条规定："当事人互负债务，没有先后履行顺序的，应当同时履行。一方在对方履行之前有权拒绝其履行请求。一方在对方履行债务不符合约定时，有权拒绝其相应的履行请求。"

请分析：

（1）本条规定的是何种法律制度？其含义是什么？

（2）本条规定的制度的构成要件有哪些？

（3）本条规定的制度的法律效力如何？

【记忆要点】同时履行抗辩权。构成要件：双务合同互负债务；互负债务均届清偿期；未履行债务或履行债务不符合约定；对待给付是可能的。效力：对方未履行，拒绝履行请求；对方未完全履行，拒绝相应履行请求。

【参考答案】（1）本条规定的是同时履行抗辩权。同时履行抗辩权是指双务合同的当事人在没有约定履行顺序或约定应同时履行的情况下，一方当事人在对方未为对待给付之前，得拒绝履行自己债务的权利。

（2）同时履行抗辩权的构成要件有：①须当事人就同一双务合同互负债务。②须双方互负的债务均届清偿期。③须对方未履行债务或履行债务不符合约定。④须对方的对待给付是可能履行的。

（3）同时履行抗辩权的法律效力主要体现在，对方未履行或履行债务不符合约定时，有拒绝履行自己债务的权利。如果对方履行了债务，该权利即消灭。

36.《民法典》第526条规定："当事人互负债务，有先后履行顺序，应当先履行债务一方未履行的，后履行一方有权拒绝其履行请求。先履行一方履行债务不符合约定的，后履行一方有权拒绝其相应的履行请求。"

请分析：

（1）本条规定的是何种法律制度？其含义是什么？

（2）本条规定的制度的构成要件有哪些？

（3）本条规定的制度的法律效力如何？

【记忆要点】先履行抗辩权。构成要件：双务合同互负债务；互负债务已届清偿期；先履行义务；未履行债务或履行债务不符合约定。

【参考答案】（1）本条规定的是先履行抗辩权。先履行抗辩权是指在当事人互负债务且有先后履行顺序时，负有先履行义务的一方未履行债务或履行债务不符合约定时，后履行一方拒绝其履行请求的权利。

（2）先履行抗辩权的构成要件是：①当事人基于同一双务合同互负债务。②双方债务均已届清偿期。③一方当事人有先为履行的义务。④应当先履行的一方未履行债务或者履行债务不符合约定，如履行迟延、不完全履行、部分履行等。

（3）先履行抗辩权是延期抗辩权、一时抗辩权，其成立及行使，使得后履行一方可中止履行自己的债务，以保护自己的期限利益、顺序利益；在先履行一方采取了补救措施、变违约为适当履行的情况下，先履行抗辩权消灭，后履行一方须履行债务。

37.《民法典》第527条规定："应当先履行债务的当事人，有确切证据证明对方有下列情形之一的，可以中止履行：

（一）经营状况严重恶化；

（二）转移财产、抽逃资金，以逃避债务；

（三）丧失商业信誉；

（四）有丧失或者可能丧失履行债务能力的其他情形。

当事人没有确切证据中止履行的，应当承担违约责任。"

请分析：

（1）本条规定的是何种法律制度？该制度的含义是什么？

（2）本条规定的制度的构成要件有哪些？

（3）本条规定的制度的效力如何？

【记忆要点】不安抗辩权。构成要件：双务合同互负债务；先履行方债务已届清偿期；后履行方履行能力降低且有不能为对待给付的现实危险。效力：中止履行、提供适当担保、解除合同。

【参考答案】（1）本条规定的是不安抗辩权。不安抗辩权是指先履行一方在有确切证据证明后履行一方有丧失或者可能丧失履行债务能力的情况下，可暂时中止履行的权利。

（2）不安抗辩权的构成要件有：①当事人基于同一双务合同互负债务。②主张不安抗辩权的一方应当先履行债务且其债务已届清偿期。③先履行一方有确切证据证明对方履行能力明显降低，有不能为对待给付的现实危险。

（3）不安抗辩权的效力体现在，在具备不安抗辩权的行使条件时，先履行一方有权中止履行，并可要求后履行一方提供适当的担保。后履行一方提供适当担保的，先履行一方应当恢复履行。后履行一方在合理期限内未恢复履行能力且未提供适当担保的，先履行一方可以解除合同。

★38.《民法典》第533条规定："合同成立后，合同的基础条件发生了当事人在订立合同时无法预见的、不属于商业风险的重大变化，继续履行合同对于当事人一方明显不公平的，受不利影响的当事人可以与对方重新协商；在合理期限内协商不成的，当事人可以请求人民法院或者仲裁机构变更或者解除合同。

人民法院或者仲裁机构应当结合案件的实际情况，根据公平原则变更或者解除合同。"

请分析：

（1）本条规定的是何种法律制度？其含义是什么？

（2）适用本条规定的制度需要哪些条件？

（3）本条规定的制度与商业风险的主要区别是什么？

（4）适用本条规定的制度的法律后果有哪些？

【记忆要点】情事变更规则。条件：情事变更事实、合同生效后履行前、无法预见、不可归责、显失公平。与商业风险的区别：能否预见、能否归责。法律后果：变更或者解除合同。

【参考答案】(1) 本条规定的是情事变更规则。情事变更规则是指合同依法成立以后，非归因于当事人双方的原因，作为合同赖以成立的基础或环境的客观事实发生变更，使得继续维持合同的效力显失公平或者不能实现合同目的，遭受不利影响的一方当事人可以请求人民法院或者仲裁机构予以变更或者解除的规则。

(2) 适用情事变更规则的条件有：须有情事变更的事实；情事变更发生在合同生效后履行前；情事变更当事人无法预见；情事变更不可归责于双方当事人；因情事变更履行原合同会显失公平。

(3) 情事变更是当事人无法预见的，且不可归责于双方当事人；固有的商业风险是当事人能够预见的，且商业风险带来的损失可归责于当事人。

(4) 情事变更的法律后果体现在：当事人可以请求人民法院或者仲裁机构变更或者解除合同；人民法院或者仲裁机构也可以根据公平原则变更或者解除合同。

★39.《民法典》第535条规定："因债务人怠于行使其债权或者与该债权有关的从权利，影响债权人的到期债权实现的，债权人可以向人民法院请求以自己的名义代位行使债务人对相对人的权利，但是该权利专属于债务人自身的除外。

代位权的行使范围以债权人的到期债权为限。债权人行使代位权的必要费用，由债务人负担。

相对人对债务人的抗辩，可以向债权人主张。"

请分析：

(1) 债权人的代位权的含义是什么？其构成要件有哪些？

(2) 代位权提前行使的情形有哪些？

(3) 如何理解"因债务人怠于行使其债权或者与该债权有关的从权利，影响债权人的到期债权实现"？

(4)"专属于债务人自身的债权"有哪些？

(5) 如何理解代位权的行使方式、行使范围和必要费用的负担？

【记忆要点】债权人的代位权。构成要件：债权人对债务人的债权合法；债务人对相对人享有债权；债务人怠于行使债权或者从权利；非专属性权利和可以强制执行的权利。代位权的提前行使：诉讼时效期间即将届满、未及时申报破产债权。不以诉讼或仲裁方式、金钱给付内容、影响其债权实现。专属于债务人自身的债权：扶养关系、抚养关系、赡养关系、继承关系产生的给付请求权和劳动报酬、退休金、养老金、抚恤金、安置费、人寿保险、人身伤害赔偿请求权。代位权的行使方式：诉讼；代位权的行使范围：债权人的到期债权。代位权行使的必要费用的负担：债务人。

【参考答案】(1) 债权人的代位权，是指当债务人怠于行使其债权或者与该债权有关的从权利而影响债权人的到期债权实现时，债权人享有的以自己名义代位行使债务人对相对人的权利的权利。代位权的构成要件有：①债权人对债务人的债权合法。②债务人对第三人（相对人）享有债权。③债务人怠于行使其债权或者与该债权有关的从权利影响债权人到期债权的实现。④债务人对第三人的债权为非专属性权利和可以强制执行的权利。

(2) 债权人的债权到期前，债务人的债权或者与该债权有关的从权利存在诉讼时效期间即将届满或者未及时申报破产债权等情形，影响债权人的债权实现的，债权人可以代位向债务人的相对人请求其向债务人履行、向破产管理人申报或者作出其他必要的行为。

（3）“因债务人怠于行使其债权或者与该债权有关的从权利，影响债权人的到期债权实现”，这是指债务人不履行其对债权人的到期债务，又不以诉讼方式或者仲裁方式向其债务人主张其享有的具有金钱给付内容的债权，以致影响债权人的到期债权的实现。

（4）基于扶养关系、抚养关系、赡养关系、继承关系产生的给付请求权和劳动报酬、退休金、养老金、抚恤金、安置费、人寿保险、人身伤害赔偿请求权等权利属于专属于债务人自身的债权。

（5）债权人的代位权必须通过诉讼方式行使，代位权的行使范围以债权人的到期债权为限，行使代位权的必要费用，由债务人负担。

★40.《民法典》第 546 条规定：“债权人转让债权，未通知债务人的，该转让对债务人不发生效力。

债权转让的通知不得撤销，但是经受让人同意的除外。”

请分析：

（1）什么是债权让与？合同债权让与的条件有哪些？

（2）合同债权让与对债务人发生效力的条件是什么？

（3）债权让与后，债务人可以向受让人主张抵销的情形有哪些？

（4）因债权转让增加的履行费用由谁负担？

【记忆要点】债权让与的条件：债权有效、债权转让协议、可让与性债权。受让人主张抵销的情形：债务人的债权先于转让债权到期或同时到期，两个债权基于同一合同产生。履行费用负担：让与人。

【参考答案】（1）债权让与是指在不改变债的内容的前提下，债权人与第三人订立合同将其债权移转给第三人享有。合同债权让与的条件有：①存在有效的债权。②让与人即原债权人与第三人达成合意且不违反法律规定。③债权具有可让与性。

（2）合同债权让与对债务人发生效力的条件是：债权人转让债权的，须通知债务人。

（3）有下列情形之一的，债务人可以向受让人主张抵销：①债务人接到债权转让通知时，债务人对让与人享有债权，且债务人的债权先于转让的债权到期或者同时到期；②债务人的债权与转让的债权是基于同一合同产生。

（4）因债权转让增加的履行费用，由让与人负担。

★41.《民法典》第 568 条第 1 款规定：“当事人互负债务，该债务的标的物种类、品质相同的，任何一方可以将自己的债务与对方的到期债务抵销；但是，根据债务性质、按照当事人约定或者依照法律规定不得抵销的除外。”

请分析：

（1）何为抵销？

（2）法定抵销的构成要件有哪些？

（3）如何行使抵销权？行使抵销权的限制是什么？

（4）抵销的效力如何？

【记忆要点】抵销的构成要件：互负债务、互享债权；自动债权已届清偿期；标的物种类、品质相同；不存在不得抵销的情形。抵销权的行使：通知；行使抵销权的限制：不得附条件或者附期限。效力：对等数额内消灭、溯及力。

【参考答案】（1）抵销是指互负债务的双方当事人将两项债务相互充抵，以使双方债务在对等数额内消灭的行为。

（2）法定抵销的构成要件包括：①须双方当事人互负债务、互享债权；②须自动债权即提出抵销的债权已届清偿期；③须双方债务的标的物种类、品质相同；④须不存在根据债务性质、按照当事人约定或者依照法律规定不得抵销的情形。

（3）当事人主张抵销的，应当通知对方。通知自到达对方时生效。抵销不得附条件或者附期限。

（4）抵销的效力体现在，抵销使当事人双方的债权在对等数额内消灭，对于未抵销的债务部分，债务人仍然负有清偿义务。抵销具有追溯力，溯及抵销权成立之时。

42.《民法典》第577条规定："当事人一方不履行合同义务或者履行合同义务不符合约定的，应当承担继续履行、采取补救措施或者赔偿损失等违约责任。"

请分析：

（1）如何认定违约责任的归责原则？

（2）违约责任的构成要件有哪些？

（3）违约责任的承担方式有哪些？

（4）本条规定的"补救措施"有哪些？

（5）如何认定本条规定中"赔偿损失"中的损害赔偿额？

【记忆要点】归责原则：无过错责任原则。构成要件：合同有效、违约行为、无免责事由。承担方式：继续履行、采取补救措施、支付违约金、适用定金罚则、赔偿损失。补救措施：恢复原状、修理、重作、更换、退货、减少价款或者报酬。损害赔偿额：相当于因违约所造成的损失。

【参考答案】（1）违约责任实行无过错责任原则。

（2）违约责任的构成要件有：①当事人之间存在有效合同；②客观上有违约行为；③不存在免责事由。

（3）违约责任的承担方式有：继续履行、采取补救措施、支付违约金、适用定金罚则、赔偿损失。

（4）"补救措施"包括恢复原状、修理、重作、更换、退货、减少价款或者报酬。

（5）当事人一方不履行合同义务或者履行合同义务不符合约定，造成对方损失的，损失赔偿额应当相当于因违约所造成的损失，包括合同履行后可以获得的利益；但是，不得超过违约一方订立合同时预见到或者应当预见到的因违约可能造成的损失。

★43.《民法典》第634条规定："分期付款的买受人未支付到期价款的数额达到全部价款的五分之一，经催告后在合理期限内仍未支付到期价款的，出卖人可以请求

买受人支付全部价款或者解除合同。

出卖人解除合同的，可以向买受人请求支付该标的物的使用费。"

请分析：

（1）何为"分期付款"?

（2）如何确定分期付款买卖合同标的物所有权和风险承担的转移时间?

（3）出卖人请求买受人支付价款或者解除合同的条件是什么?

（4）出卖人已受领价金的，如何确定标的物的使用费?

【记忆要点】分期付款：3 次。标的物和风险转移时间：约定—交付。出卖人请求支付价款和解除合同的条件：价款已到期、未支付到期价款达全部价款的 1/5、经催告仍未支付到期价款。使用费：租金标准确定。

【参考答案】（1）分期付款是指买受人将应付的总价款在一定期间内至少分三次向出卖人支付。

（2）在分期付款买卖合同中，当事人可以约定标的物所有权和风险承担的转移时间；没有约定的，该时间应当是标的物交付之日。

（3）出卖人请求支付价款或者解除合同的条件是：买受人应支付的全部价款已到期；买受人未支付到期价款的数额达到全部价款的 1/5；买受人经催告后在合理期限内仍未支付到期价款。

（4）当事人对标的物的使用费没有约定的，可以参照当地同类标的物的租金标准确定。

★44.《民法典》第 641 条规定："当事人可以在买卖合同中约定买受人未履行支付价款或者其他义务的，标的物的所有权属于出卖人。

出卖人对标的物保留的所有权，未经登记，不得对抗善意第三人。"

请分析：

（1）本条规定的是何种法律制度?

（2）如何理解本条第 2 款规定中的"善意第三人"?

（3）出卖人有权取回标的物的情形有哪些?

（4）出卖人不得行使取回权的主要情形有哪些?

（5）出卖人行使取回权的法律后果有哪些?

（6）回赎期经过会产生哪些法律后果?

【记忆要点】所有权保留。善意第三人：善意受让人、善意取得他物权人。出卖人有权取回标的物的情形：未支付价款；未完成特定条件；出卖、出质等不当处分。出卖人不得行使回赎权的情形：已支付总价款 75%以上；出卖、出质或作其他不当处分时善意取得。出卖人取回标的物的法律后果：赔偿损失、回赎。回赎期经过产生的法律后果：合理价格转卖、返还价款或者清偿不足。

【参考答案】（1）本条规定的是所有权保留。

（2）"善意第三人"指的是善意受让人和善意取得他物权人。

（3）当事人约定出卖人保留合同标的物的所有权，在标的物所有权转移前，买受人有下列情形之一，造成出卖人损害的，除当事人另有约定外，出卖人有权取回标的

民法学

物：①未按照约定支付价款，经催告后在合理期限内仍未支付；②未按照约定完成特定条件；③将标的物出卖、出质或者作出其他不当处分。

（4）下列情形，出卖人不得行使取回权：①买受人已经支付标的物总价款的75%以上；②买受人将标的物出卖、出质或者作其他不当处分时，第三人已善意取得所有权或者其他物权。

（5）出卖人取回标的物后，产生如下法律后果：①取回标的物价值显著减少的，出卖人有权请求赔偿损失。②出卖人取回标的物后，买受人在双方约定或者出卖人指定的合理回赎期限内，消除出卖人取回标的物的事由的，可以请求回赎标的物。

（6）回赎期经过后会依法产生如下法律后果：买受人在回赎期限内没有回赎标的物，出卖人可以以合理价格将标的物出卖给第三人，出卖所得价款扣除买受人未支付的价款以及必要费用后仍有剩余的，应当返还买受人；不足部分由买受人清偿。

★45.《民法典》第686条规定："保证的方式包括一般保证和连带责任保证。

当事人在保证合同中对保证方式没有约定或者约定不明确的，按照一般保证承担保证责任。"

请分析：

（1）何为"一般保证"？何为"连带责任保证"？

（2）一般保证人和连带责任保证人承担保证责任的条件有哪些？

（3）如何确定一般保证和连带责任保证的保证期间？

【记忆要点】一般保证；连带责任保证。一般保证的条件：未清偿债务、起诉或仲裁、强制执行、不能清偿债务；连带责任保证的条件：不履行债务、发生当事人约定情形、请求保证人承担责任。保证期间：履行期限届满之日起6个月、宽限期届满之日起6个月。

【参考答案】（1）当事人在保证合同中约定，债务人不能履行债务时，由保证人承担保证责任的，为一般保证。当事人在保证合同中约定保证人和债务人对债务承担连带责任的，为连带责任保证。

（2）一般保证人承担保证责任的条件有：①主债务人到期未清偿债务；②债权人已经向主债务人提起诉讼或申请仲裁；③债权人并已申请强制执行主债务人财产；④强制执行后，主债务仍不能清偿。连带责任保证人承担保证责任的条件有：①债务人不履行到期债务或者发生当事人约定的情形；②债权人请求保证人在其保证范围内承担保证责任。

（3）债权人与保证人可以约定保证期间，但是约定的保证期间早于主债务履行期限或者与主债务履行期限同时届满的，视为没有约定；没有约定或者约定不明确的，保证期间为主债务履行期限届满之日起6个月。债权人与债务人对主债务履行期限没有约定或者约定不明确的，保证期间自债权人请求债务人履行债务的宽限期届满之日起计算。

★46.《民法典》第726条第1款规定："出租人出卖租赁房屋的，应当在出卖之前的合理期限内通知承租人，承租人享有以同等条件优先购买的权利；但是，房屋按

份共有人行使优先购买权或者出租人将房屋出卖给近亲属的除外。”

请分析：

（1）本条规定的是何种法律制度？其适用条件有哪些？

（2）如何认定“同等条件”？

（3）承租人主张优先购买权，人民法院不予支持的主要情形有哪些？

（4）出租人履行通知义务后，承租人视为放弃优先购买权的情形是什么？

（5）出租人未通知承租人行使优先购买权的，如何认定出租人与第三人订立的房屋买卖合同的效力？

【记忆要点】承租人的优先购买权。适用条件：租赁房屋、同等条件。承租人不得主张优先购买权的情形：房屋共有人优先购买权、房屋出卖给近亲属、承租人 15 日内未明确表示购买、第三人善意取得房屋所有权。承租人视为放弃优先购买权的情形：15 日内未明确表示购买。出租人与第三人订立买卖合同的效力：不受影响。

【参考答案】（1）本条规定的是承租人的优先购买权。承租人优先购买权的适用条件有：①承租人只有在租赁房屋时才享有优先购买权；②承租人只有在同等条件下才享有优先购买权。

（2）“同等条件”是指承租人就购买该房屋所给出的价格等条件与欲购买该房屋的其他人相同。是否为“同等条件”，应当综合房屋的转让价格、价款履行方式及期限等因素确定。

（3）具有下列情形之一，承租人主张优先购买房屋的，人民法院不予支持：①房屋共有人行使优先购买权的；②出租人将房屋出卖给近亲属，包括配偶、父母、子女、兄弟姐妹、祖父母、外祖父母、孙子女、外孙子女的；③出租人履行通知义务后，承租人在 15 日内未明确表示购买的；④第三人善意购买租赁房屋并已经办理登记手续的。

（4）出租人履行通知义务后，承租人在 15 日内未明确表示购买的，视为承租人放弃优先购买权。

（5）出租人未通知承租人行使优先购买权的，出租人与第三人订立的房屋买卖合同的效力不受影响。

47.《民法典》第 1090 条规定：“离婚时，如果一方生活困难，有负担能力的另一方应当给予适当帮助。具体办法由双方协议；协议不成的，由人民法院判决。”

请分析：

（1）本条规定的是何种法律制度？规定该制度的意义是什么？

（2）如何理解本条规定的“一方生活困难”？

（3）提出本条规定的请求权的时间要求是什么？

（4）适用该制度的前提条件是什么？

【记忆要点】经济帮助请求权。一方生活困难：无法维持基本生活水平。提出经济帮助请求权的时间：离婚时。适用经济帮助请求权的前提：有经济负担能力。

【参考答案】（1）本条规定的是离婚时的经济帮助请求权。民法典确立经济帮助制度的意义在于消除生活困难的一方在离婚问题上的经济顾虑，使他们能够充分行使离婚自由的权利。

(2)“一方生活困难”是指依靠个人财产和离婚时分得的财产无法维持当地基本生活水平。一方离婚后没有住处的，也属于生活困难。

(3) 提出经济帮助请求权的时间要求是要求帮助一方的生活困难存在于离婚时。

(4) 一方请求适用经济帮助的前提是另一方有经济负担能力。

48.《民法典》第1128条规定：“被继承人的子女先于被继承人死亡的，由被继承人的子女的直系晚辈血亲代位继承。

被继承人的兄弟姐妹先于被继承人死亡的，由被继承人的兄弟姐妹的子女代位继承。

代位继承人一般只能继承被代位继承人有权继承的遗产份额。”

请分析：

(1) 何为代位继承？

(2) 从继承方式和血亲角度分析代位继承的适用范围。

(3) 如果遗嘱继承人先于遗嘱人死亡的，应如何处理？

(4) 代位继承须具备哪些条件？

(5) 代位继承的效力如何？

【记忆要点】代位继承的适用范围：法定继承；直系血亲和旁系血亲。遗嘱继承人先于遗嘱人死亡的处理：不发生代位继承；指定继承的遗产按照法定继承处理。代位继承的条件：先于被继承人死亡、子女或兄弟姐妹、未丧失继承权、直系晚辈血亲。效力：代位继承人参与继承；只能继承有权继承的份额；共同继承份额。

【参考答案】(1) 代位继承是指被继承人的子女或兄弟姐妹先于被继承人死亡，应由被继承人的子女或兄弟姐妹继承的遗产份额，由被继承人的子女的直系晚辈血亲或兄弟姐妹的子女继承的法律制度。

(2) 代位继承只适用于法定继承，而不适用于遗嘱继承。代位继承既适用于直系血亲，也适用于旁系血亲。

(3) 如果遗嘱继承人系被继承人的子女或兄弟姐妹，且先于遗嘱人死亡，就不能发生代位继承，遗嘱中指定该继承人继承的遗产应按照法定继承处理。

(4) 代位继承须具备下列条件：①须被代位继承人先于被继承人死亡。②须被代位继承人是被继承人的子女或兄弟姐妹。③须被代位继承人未丧失继承权。若被代位继承人丧失继承权，不仅本人不能参加继承，他人也不能代位继承。④须代位继承人是被代位继承人的直系晚辈血亲。

(5) 具备代位继承条件的，即可发生代位继承，代位继承人取代被代位继承人的继承地位参与继承，代位继承人一般只能继承被代位继承人有权继承的遗产份额。因此，若代位继承人为数人，则只能共同继承被代位继承人有权继承的份额。

★49.《民法典》第1166条规定：“行为人造成他人民事权益损害，不论行为人有无过错，法律规定应当承担侵权责任的，依照其规定。”

请分析：

（1）本条规定的是何种归责原则？其含义是什么？特征有哪些？

（2）本条规定的归责原则的适用范围如何？适用于哪些侵权行为？

（3）如何理解本条规定的归责原则的适用方法？

【记忆要点】无过错责任原则。特征：不考虑过错、法律明确规定、存在免责事由。适用范围：特殊侵权行为；适用情形：产品质量不合格致人损害；机动车造成非机动车、行人损害；环境污染、破坏生态致人损害、高度危险作业致人损害；饲养的动物致人损害；雇员致人损害、被监护人致人损害。适用方法：举证侵权行为、损害后果以及二者之间的因果关系。

【参考答案】（1）本条规定的是无过错责任原则。无过错责任原则是指不论行为人有无过错，只要行为人损害他人民事权益，就应依法承担民事责任的原则。无过错责任原则具有以下特征：①无过错责任原则不以行为人有过错作为责任的构成要件。②无过错责任原则的适用必须有法律的明确规定。③无过错责任原则仍然存在免责事由。

（2）无过错责任原则适用于特殊侵权行为，其主要适用于以下侵权行为：①产品质量不合格致人损害；②机动车交通事故中机动车一方致非机动车或行人的损害；③环境污染、破坏生态致人损害；④高度危险作业致人损害；⑤饲养的动物致人损害；⑥用人者的雇员在工作中致人损害；⑦被监护人致人损害。

（3）适用无过错责任原则免除了被侵权人过错的举证和证明责任，侵权人也不得以证明自己没有过错而主张免责。但作为侵权责任的构成要件，除主观要件不需举证外，对其他三个要件被侵权人还是要证明的，仍要证明侵权行为、损害后果以及二者之间的因果关系（因果关系推定的除外）。

50.《民法典》第1198条第1款规定：“宾馆、商场、银行、车站、机场、体育场馆、娱乐场所等经营场所、公共场所的经营者、管理者或者群众性活动的组织者，未尽到安全保障义务，造成他人损害的，应当承担侵权责任。”

请分析：

（1）如何理解“安全保障义务”？

（2）如何理解本条规定适用的归责原则？

（3）因第三人造成他人损害的，应如何分配侵权责任？

【记忆要点】安全保障义务：使他人免受损害的义务。归责原则：过错责任原则。侵权责任的分配：第三人承担侵权责任；安全保障义务人承担补充责任；对第三人的追偿。

【参考答案】（1）“安全保障义务”是指宾馆、商场、银行、车站、机场、体育场馆、娱乐场所等经营场所、公共场所的经营者、管理者或者群众性活动的组织者，在合理限度范围内应尽的使他人免受损害的义务。

（2）本条规定适用过错责任原则。

（3）因第三人的行为造成他人损害的，由第三人承担侵权责任；经营者、管理者或者组织者未尽到安全保障义务的，承担相应的补充责任。经营者、管理者或者组织者承担补充责任后，可以向第三人追偿。

三、案例分析题

1. 甲、乙仅为商业上的合作伙伴，二人各出资5万元，共同购买了一台大型机械。二人约定，该机械放在乙处，由乙负责日常的保养，但对该机器的处分，需经二人一致同意，否则，另一方有权追回该机械。后来，乙因出现债务危机，遂自行将该机械以9万元的价格，出卖给不知情的丙，并已交付。甲得知后，向丙交涉，并以甲、乙之间有约定为由，要求丙退还机械。

根据上述案情，请回答：

（1）甲、乙之间就该机械，成立何种共有关系？

（2）丙是否能取得该机械的所有权？

（3）甲能否以甲、乙之间的约定为由，请求丙返还该机械？

【参考答案】（1）甲、乙之间就该机械成立按份共有关系，因为根据民法典规定，共有人对共有的不动产或者动产没有约定为按份共有或者共同共有，或者约定不明确的，除共有人具有家庭关系等外，视为按份共有。本案中，甲、乙共同购置的机械并没有约定共有类型，且二人仅为商业合作上的伙伴，不具有家庭关系，因此应当认定为按份共有关系。

（2）丙能够取得机械的所有权。丙取得机械符合善意取得的规定：首先，丙并不知道乙对机械无处分权，系善意；其次，丙向乙支付了9万元钱，该价款构成了合理对价；再次，该机械已经由乙实际交付给丙。因此，丙可以依据善意取得制度取得机械的所有权。

（3）甲不能以甲、乙之间的约定为由，请求丙返还机械。因为丙已经取得机械所有权，甲不能要求丙返还机械，只能要求乙赔偿损失。

2. 甲商场业务员张某到乙公司采购空调，张某见到乙公司生产的浴室防水暖风机小巧实用，在暖风没有来临之前以及在暖气停止之后的一段时间之内对普通家庭大为有用，遂自行决定购买一批该公司生产的暖风机。货运到后，甲商场即对外销售该暖风机。后因该市提前供应暖气，暖风机销量大减。甲商场遂认为甲商场并未授权张某购买暖风机，因而拒绝支付货物款项。

根据上述案情回答下列问题：

（1）如何认定张某和乙公司签订的合同的效力？为什么？

（2）甲商场是否应支付货款？为什么？

【参考答案】（1）张某和乙公司签订的合同为效力未定合同，依据民法典规定，行为人没有代理权、超越代理权或者代理权终止后而以被代理人的名义订立的合同为效力未定合同。本案中，张某并无购买暖风机的代理权，其自行决定以甲商场的名义签订合同构成超越代理权的行为，为狭义无权代理行为，因该行为所签订的合同为效力未定合同。

（2）甲商场应当向丙公司支付货款。本案中，甲商场接受丙公司的履行，并实际对外销售暖风机，这意味着甲商场作为被代理人以行为方式实际表明对效力未定合同予以追认。既然甲商场已经在事后对合同进行了追认，则该效力未定合同由效力未定状态转化为有效合同，甲商场应当受到合同的约束，享受合同权利并承担合同义务。因此，甲商场应当向乙公司支付货款。

3. 2012 年 1 月 1 日，甲经营生意，因本钱不够向乙借钱，借期 1 年。乙因甲初入商海，不了解甲的经营能力，遂要求其提供担保，甲父丙为支持甲创业，以其名下的一套房屋为甲提供担保，并与甲、乙约定，为避免拍卖等复杂手续，若甲到期不能清偿债务，则该房屋归乙所有，乙对甲的债权随之消灭。合同签订后，因国家调控，房价起伏很大，2012 年 6 月 1 日，乙找到甲，以房屋价值不稳定为由要求甲继续提供其他担保，甲找到其朋友丁作为保证人，乙同意并签订了保证合同。2012 年 7 月 21 日，因遭遇暴雨，丙设定的抵押房屋被冲垮，但因其投保了相关保险，于 2012 年 8 月 30 日获得保险金若干。

根据上述案情，请回答：

（1）甲、乙、丙三人关于甲到期不能清偿债务时房屋处理方式的约定是否有效？为什么？

（2）丙的房屋灭失后，乙原本对房屋享有的抵押权应当如何行使？

（3）若甲到期后未能清偿债务，乙有哪些救济措施？

【参考答案】（1）甲、乙、丙三人关于甲到期不能清偿债务时房屋处理方式的约定无效。甲、乙、丙三人约定，若甲到期不能清偿债务，则该房屋归乙所有，乙对甲的债权随之消灭。该约定在性质上属于流押契约。对于流押契约，根据民法典规定，抵押权人在债务履行期限届满前，与抵押人约定债务人不履行到期债务时抵押财产归债权人所有的，流押条款无效，抵押权人只能依法就抵押财产优先受偿。

（2）丙的房屋灭失后，乙应当就丙因该房屋取得的保险金若干行使抵押权。根据民法典规定，抵押物灭失的，抵押权人可以就抵押物灭失所获得的保险金、赔偿金或者补偿金等优先受偿，因此，乙可依据抵押权的物上代位性就丙在房屋灭失后所获得的保险金优先受偿。

（3）根据民法典规定，被担保的债权既有第三人提供的物的担保又有人的担保的，债权人可以就物的担保实现债权，也可以请求保证人承担保证责任。因此，若甲到期后未能清偿债务，乙可以采取的救济措施是：乙既可以就丙提供的房屋行使抵押权实现债权，也可以请求保证人丁承担保证责任。但因丙的房屋灭失，乙可以就丙因房屋灭失所获得的保险金行使优先受偿权。

4. 甲公司为了建造办公楼而向乙银行借款 500 万元，向丙银行借款 1 000 万元，向丁银行借款 1 500 万元，并签订了合法有效的借款合同。甲公司对三家银行的还款期均到 2010 年 10 月 5 日。2010 年 7 月，甲公司的办公楼建造完毕，但甲公司未将借款全部用于建造办公楼，所建办公楼总值仅为 1 800 万元。2010 年 10 月，债务清偿期届至后，乙、丙、丁三家银行均到甲公司催讨还款，甲公司声称无力还债，只有借钱所建办公楼 1 栋。实际上，2010 年 9 月 1 日，甲公司与乙银行相互恶意串通已就该办公楼为清偿乙银行的债权订立了抵押合同，并进行了登记。丙银行、丁银行得知情况后，

于2010年10月15日向法院起诉，要求甲公司清偿欠款并撤销甲公司与乙银行之间签订的抵押合同。

根据上述案情回答下列问题：

（1）甲公司何时取得所建办公楼的所有权？为什么？

（2）如何认定甲公司和乙银行设定抵押权行为的性质？为什么？

（3）丙银行、丁银行的诉讼请求能否成立？为什么？

【参考答案】（1）甲公司于2010年7月取得所建办公楼的所有权。根据民法典规定，因合法建造房屋等事实行为设立或者消灭物权的，自事实行为成就时发生效力。据此，甲公司所建办公楼于2010年7月建造完毕，事实行为成就，因此甲公司于2010年7月取得所建办公楼所有权。

（2）甲公司和乙银行设定抵押权的行为属于恶意抵押。债务人有多个普通债权人的，在清偿债务时，债务人与其中一个债权人恶意串通，将其全部或者部分财产抵押给该债权人的，因此丧失了履行其他债务的能力，损害了其他债权人的合法权益，受损害的其他债权人可以请求人民法院撤销该抵押行为。本案中，甲公司与乙银行在甲公司的办公楼上设定抵押权，损害了其他债权人的利益，故为恶意抵押行为。

（3）丙银行、丁银行的诉讼请求能够成立，因为丙银行、丁银行是合法债权人且行使的是债权撤销权的行为。①丙银行、丁银行作为借款合同的合法债权人，在借款合同清偿期届至时，有权要求债务人甲公司清偿借款。②甲公司作为债务人，与乙银行恶意串通，实施恶意抵押行为，损害了债权人的合法债权，符合债权人行使撤销权的构成条件，因此丙银行、丁银行有权请求法院撤销甲公司处分办公楼的行为，以保全自己的债权。

5. 甲公司向乙公司赊购5万吨钢材，价款总计5 000万元，为保证该笔债权能得以安全实现，乙公司要求甲公司提供抵押物，于是甲公司决定与丙公司分别提供价值2 000万元与3 000万元的建筑物两栋进行抵押，签订了抵押合同并办理了抵押登记。但甲公司与丙公司之间没有就各自提供的抵押物所担保的债权的数额作出约定。该抵押设定后，因市政规划的原因导致甲公司提供的价值2 000万元的作为抵押标的的建筑物价值下降为1 000万元，乙公司遂要求甲公司另行提供担保，丁公司愿意为甲公司提供保证，并签订了保证合同，但保证合同对保证方式并没有作出约定。甲公司赊欠价款到期后，因无力清偿到期债务，于是乙公司决定拍卖丙公司提供的价值3 000万元建筑物，并要求保证人丁公司承担保证责任。

根据上述案情回答下列问题：

（1）如何认定乙公司与甲公司、丙公司设定抵押权的性质和效力？为什么？

（2）如何确定丁公司承担的保证责任方式？为什么？

（3）如何确定担保顺位？为什么？

（4）乙公司决定拍卖丙公司建筑物的做法是否合法有效？为什么？

【参考答案】（1）①从性质上看，乙公司和甲公司、丙公司设定的抵押权属于共同抵押权，因为甲、丙二公司是为了担保同一债权而在甲公司和丙公司提供的建筑物上设定的抵押权。②从效力上看，乙公司和甲公司、丙公司设定的共同抵押权有效，因为设定抵押权的行为为当事人真实的意思表示，且签订了抵押合同并办理了抵押登记，其内容和形式都符合法律要求。尽管抵押人甲公司与丙公司之间没有就各自提供的抵押物所担保的债权的数额作出约定，但这并不影响共同抵押权的效力。

(2) 丁公司承担保证责任的方式为一般保证。依民法典规定，当事人在保证合同中对保证方式没有约定或者约定不明确的，按照一般保证承担保证责任。本案中，由于保证合同对丁公司承担保证的方式没有约定，因此丁公司应当按一般保证承担保证责任。

(3) 本案应当按照如下顺序确定担保顺位：债权人乙公司应先行使对甲公司和丙公司享有的抵押权，如果甲公司和丙公司建筑抵押物仍不能清偿乙公司债务的，乙公司才有权请求保证人承担保证责任。

(4) 乙公司决定拍卖丙公司建筑物的做法合法有效。依据相关司法解释规定，当事人对其提供的抵押财产所担保的债权份额或者顺序没有约定或者约定不明确的，抵押权人可以就其中任一或者各个财产行使抵押权。据此，乙公司既可以将抵押物作为一个整体拍卖并就所得价款优先受偿，也可以拍卖其中的一个抵押物并就价款优先受偿。因此，乙公司的做法合法有效。

6. 甲将祖传名贵玉石误认为是普通山石，于2010年1月30日以500元的价格出售给乙，约定价金于2010年2月10日由乙交付给甲。后2010年2月2日，甲通知乙其将该价金债权赠与丙，嘱咐乙向丙支付500元价金即可。2010年2月4日，甲获知玉石价值连城，找乙协商撤销玉石买卖合同，乙未答应，甲一气之下，暴病死亡。甲的继承人丁向法院提起诉讼，要求撤销与乙之间的买卖合同，丙也向法院起诉要求撤销该合同。

根据上述案情回答下列问题：

(1) 如何认定本案的性质和合同的效力？为什么？

(2) 丁是否享有玉石买卖合同撤销权？为什么？

(3) 丙是否享有玉石买卖合同撤销权？为什么？

【参考答案】(1) ①本案在性质上属于合同债权转让和合同债权债务的概括承受。本案中，甲将债权转让给丙，属于债权转让，丙因受让债权而成为债权人，而丁因继承的概括承受而成为合同一方当事人。②合同的效力是可撤销合同。根据民法典规定，因重大误解所签订的合同为可撤销合同。

(2) 丁享有玉石买卖合同的撤销权。本案中，甲的继承人丁因为被继承人死亡可以概括承受被继承人生前的权利和义务，继受甲在与乙的合同中的当事人地位。甲生前将祖传名贵玉石误认为山石出卖于乙，属于因重大误解订立的合同，按照民法典规定，甲享有向人民法院申请撤销买卖合同的权利。丁可以继承这一买卖合同中甲的地位，当然享有合同撤销权。

(3) 丙不享有玉石买卖合同撤销权。甲将其债权转让给丙，丙受让后成为新的债权人，其对乙享有受让的合同债权，但是丙并不因此而成为合同的当事人，依合同而由甲享有的专属性权利，如撤销权，并不转让给丙享有，丙仅是享有甲生前让与的价金债权，并不享有撤销权。

7. 2011 年 4 月，甲公司与乙公司签订了汽车发动机买卖合同。双方约定，乙公司供应甲公司汽车发动机 1 万台，每台价格 1 万元。乙公司于同年 6 月始，每季度交货 2 000 台，甲公司于签约后 10 天内付给乙公司定金 80 万元，乙公司每季度末交货，甲公司收货后 10 天内验货付款，违约责任为未履行货款的 2%。合同签订后，甲公司依约支付了乙公司定金。在支付了前两批 4 000 台发动机后，因原材料市场出现了大幅度变动，原材料价格飞涨，导致乙公司生产发动机的成本价和成品出厂价相差无几，乙公司要求变更合同价款，遭到甲公司拒绝。乙公司便要求解除合同，甲公司不同意。为此双方发生纠纷，甲公司诉至法院，甲公司在审理中辩称，因乙公司不能按时交货，导致甲公司仅向丙公司交付了部分车辆，以后无法按期向丙公司再行交付丙公司向其购置的数百辆汽车。因此，甲公司要求乙公司支付违约金和双倍返还定金。乙公司只同意返还部分定金，但坚持解除合同。后查明，甲公司对丙公司无法再行交付数百辆汽车的事实查证属实。

根据以上案情回答下列问题：

（1）乙公司变更合同价款和解除合同的请求能否成立？为什么？

（2）甲公司要求乙公司支付违约金和双倍返还定金的请求能否成立？为什么？若返还定金，应如何返还？为什么？

（3）如果丙公司请求甲公司承担违约责任，甲公司是否可以其违约是由于乙公司原因所致而拒绝承担违约责任？为什么？

【参考答案】（1）乙公司变更合同价款和解除合同的请求能够成立。因为乙公司主张变更合同价款和解除合同的主张符合情事变更原则，乙公司有权依据情事变更原则变更和解除合同。本案中，原材料价格飞涨这一事实已经超出了一般的价格涨落，并非单纯的市场价格的变化，构成了当事人无法预料的重大情事变化，且价格飞涨这一情事致使乙公司履行合同会导致再按照原合同履行会显失公平，因此，乙公司有权变更合同价款或解除合同。

（2）①甲公司要求乙公司支付违约金的请求不能成立。乙公司依据情事变更原则变更或者解除合同是乙公司的法定解除合同的权利，乙公司不存在解除违约的事实，因此甲公司要求乙公司支付违约金的请求不能成立。②甲公司双倍返还定金的请求不能成立。乙公司不存在违约的事实，不存在双倍返还定金的法律根据。③在合同解除后，合同已经部分履行，乙公司可以返还部分定金，在定金冲抵价款情形下，乙公司应按比例返还相应的定金，但不是双倍返还；在合同解除后，因合同关系不复存在，甲公司可以依据不当得利要求乙公司返还部分定金。

（3）甲公司拒绝向丙公司承担违约责任的主张不能成立。根据合同相对性原则，在第三人乙公司的行为造成债务不履行的情况下，甲公司作为债务人仍然应当向丙公司承担违约责任。

8. 甲男和乙女系夫妻，某日，甲未经乙同意将其共有的一套房屋以合理价格出售给丙，甲在将房屋出售给乙时谎称该出售房屋的意思表示是由甲、乙夫妻二人共同决定的。买卖合同签订后，丙支付了价款，甲、丙二人到房屋产权管理机构办理了产权过户手续。不久，甲、乙二人因感情确已破裂而离婚。乙在离婚案件审理过程中提出

丙返还房屋的请求，并要求甲赔偿因甲出售房屋给乙造成的损失。

请根据上述案情回答下列问题：

（1）丙能否取得甲出售的房屋的所有权？为什么？

（2）乙在法院审理其与甲离婚案件时提出的主张能否成立？为什么？

【参考答案】（1）丙能够取得甲所出售房屋的所有权。因为丙支付了合理的价款，甲、丙二人办理了产权过户手续，丙因而可以依据善意取得制度取得房屋的所有权。

（2）①乙主张丙返还房屋的主张不能成立，因为一方未经另一方同意出售夫妻共同共有的房屋，第三人善意购买、支付合理对价并办理产权登记手续，另一方主张追回该房屋的，人民法院不予支持。②乙要求甲赔偿损失的请求能够成立，因为夫妻一方擅自处分共同共有的房屋造成另一方损失，离婚时另一方请求赔偿损失的，人民法院应予支持。

9. 甲经养路道班同意后，约乙等4人在距离公路约10米的高斜坡上放炮炸石头。放炮后，乙等人清除了公路上的碎石，准许他人通过。放炮后半小时，丙骑自行车路过该段公路，但由于甲、乙等人清理不彻底，在甲放炮位置斜下方约2米处，滚下一块约1吨重的大石头，将丙撞倒，致右手6级残废，自行车被压坏。丙向法院提起侵权之诉，法院在认定案件性质后，判决甲、乙等4人侵权责任成立，在限制甲、乙等4人分担损失限额的基础上，由丙和甲、乙等4人分担损失。

根据上述案情，请回答：

（1）该案从性质上属于何类侵权责任？为什么？

（2）法院的判决是否正确？为什么？

【参考答案】（1）该案从性质上属于高度危险责任致人损害的侵权责任。因为甲、乙等4人从事的放炮活动属于高度危险行为，该活动对周围环境具有高度的危险性，在此情形下致人损害，应当承担高度危险责任致人损害的侵权责任。

（2）法院判决部分正确，部分错误。理由在于：①尽管法院没有确切认定该案属于高度危险责任致人损害的侵权责任，但认定甲、乙等4人侵权责任成立，该判决在定性上没有问题。②法院判决甲、乙等4人和丙分担损失的判决是错误的，因为高度危险责任适用无过错责任原则，而不是法定分担损失规则。③法院判决限制甲、乙等4人的赔偿限额是错误的。对于高度危险责任，适用无过错责任原则并采取赔偿责任限额，但是采取赔偿责任限额是有一定条件的。尽管高度危险责任适用无过错责任原则，但受害人能够证明加害人一方存在过失的，应当准许受害人一方请求全额赔偿，而不能采取限制赔偿额的办法；对于加害人对于损害无过失的，则采取赔偿责任限额。本案中，甲、乙等人对于石头的清理是不彻底的，存在过错，因此应当采取全额赔偿，而不是限额赔偿。

【补充说明】高度危险责任采取限额赔偿，这一点没有争议，目前有的学者认为，在高度危险责任中，不论加害人是否存在过失，都应当采取限额赔偿原则。考生如果能够从上述角度说明理由符合法理且言之成理者，亦可。

10. 李某明知其朋友刘某没有驾驶证，但碍于情面不得不将其轿车借给刘某使用。刘某无证驾驶该轿车沿A公路向东行驶，因超速行驶，加之清晨雾气较大，在发现路

边有人影闪动时，刘某已经来不及刹车，为躲避该人影而强行将车向右拐，但还是将该行人吴某撞伤。因躲避吴某，刘某不慎掉入附近100米处的施工路段，导致车毁人伤。经公安机关交通管理部门调查得知，该路段施工未在距离施工作业点来车方向安全距离处设置明显的安全警示标志，也未采取安全防护措施。

根据上述案情回答下列问题：

(1) 刘某对于无证驾驶车辆的行为，是否应当承担责任？该责任是否属于侵权责任？为什么？

(2) 对于吴某被撞伤的人身伤害，应由谁承担责任？为什么？

(3) 对于刘某的人身伤害，施工队是否应当承担责任？为什么？

【参考答案】(1) 刘某应当对无证驾驶车辆的行为承担责任，但该责任并非侵权责任，而是行政责任。

(2) 对于吴某的人身伤害，应由刘某承担赔偿责任，李某承担相应的责任。首先，根据民法典规定，因租赁、借用等情形机动车所有人、管理人与使用人不是同一人时，发生交通事故造成损害，属于该机动车一方责任的，由机动车使用人承担赔偿责任。据此，刘某是机动车借用方，对于吴某的损害，应当承担侵权损害赔偿责任。其次，根据民法典规定，机动车所有人、管理人对损害的发生有过错的，承担相应的赔偿责任。据此，机动车所有人李某明知刘某没有驾驶证，还将轿车借给刘某使用，存在主观过错，因此对于吴某的损害也应承担相应的赔偿责任。

(3) 对于刘某的人身伤害，施工队应当承担侵权损害赔偿责任。根据民法典规定，在公共场所或者道路上挖掘、修缮安装地下设施等造成他人损害，施工人不能证明已经设置明显标志和采取安全措施的，应当承担侵权责任。本案中，施工队未在施工作业点来车方向安全距离处设置明显的安全警示标志，也未采取安全防护措施，导致刘某车毁人伤，施工队应当承担地面施工致人损害的侵权责任。

第三部分　法理学

一、简答题

1. 简述马克思主义法学的特征。

【记忆要点】历史唯物主义、阶级性和意识形态性、人的解放。

【参考答案】（1）马克思主义法学坚持历史唯物主义的立场。马克思认为，不是国家和法决定市民社会，而是市民社会决定国家和法。马克思主义法学主张，法律实现、反映或者体现了占统治地位的经济关系，法律归根结底是由社会的物质生活条件决定的。

（2）马克思主义法学认为法律具有阶级性和意识形态性。马克思主义法学主张，在阶级社会中，法律的内容和程序直接或者间接地体现了统治阶级的利益，法律不仅体现了统治阶级的内在价值观，还为其提供了合法性。

（3）马克思主义法学致力于实现人的解放。马克思主义第一次站在人民的立场探求人类自由解放的道路，以科学的理论为最终建立一个没有压迫、没有剥削、人人平等、人人自由的理想社会指明了方向。如何通过法律实现人的解放是马克思毕生关注的一个问题。在马克思的学说中，实现人的解放是法律的本质性要求，法律也是实现人的解放的一种方式，人的解放的实现离不开法律。

2. 简述中国特色社会主义法治理论的主要内容。

【记忆要点】民主法治理论、法治国家理论、核心价值理论、三统一理论、依法治国和以德治国相结合理论、法治中国理论、法治体系理论、良法善治理论、依法治国与改革开放关系理论。

【参考答案】（1）社会主义民主制度化、法律化和程序化理论。

（2）依法治国、建设社会主义法治国家理论。

（3）中国特色社会主义法治的核心价值理论。

（4）党的领导、人民当家作主和依法治国的有机统一理论。

（5）依法治国和以德治国相结合理论。

（6）推进法治中国建设，促进国家治理体系和治理能力现代化理论。

（7）中国特色社会主义法治体系理论。

（8）良法善治理论。

（9）依法治国与改革开放的关系理论。

3. 简述中国特色社会主义法治核心价值理论的基本内容。

【记忆要点】人民主体地位、公正是法治的生命线。

【参考答案】（1）法治的诸多价值目标与全面推进依法治国的中国特色社会主义法治建设相结合，主要体现为“人民主体地位”和“公正是法治的生命线”。

（2）“人民是依法治国的主体和力量源泉”，坚持人民主体地位既是全面推进依法治国的基本原则，也是社会主义法治的根本价值。法治建设为了人民、依靠人民、造福人民、保护人民，以保障人民根本利益为出发点和落脚点，保证人民依法享有广泛的权利和自由、承担应尽的义务，维护社会公平正义，促进共同富裕。

（3）坚持公正是法治的生命线。当代中国法治的基本价值体系，主要包括：保障和促进社会公平正义、维护社会和谐稳定、确保国家长治久安、推进经济持续发展、维护世界和平。

4. 简述马克思主义法学关于法本质学说的主要内容。

【记忆要点】统治阶级意志的体现、物质生活条件所决定、经济以外因素的影响。

【参考答案】（1）法是统治阶级意志的体现。法律是统治阶级或取得胜利并掌握国家政权的阶级的意志的体现。法律所体现的统治阶级意志不是统治阶级内部的各党派、集团及每个成员的个别意志，也不是这些个别意志的简单相加，而是统治阶级的整体意志、共同意志或根本意志。这种共同意志或根本意志是统治阶级作为一个整体在政治上、经济上的根本利益的反映。

（2）法律所体现的统治阶级意志由一定的物质生活条件所决定。法律是国家意志的体现，而国家意志实质上是统治阶级的共同利益的反映。但法律并不是以意志为基础的，而是由物质生活条件决定的。

（3）法律所体现的意志也受经济以外诸多因素的影响。物质生活条件决定阶级意志的内容，但阶级意志的内容还受到经济以外的各种因素的不同程度的影响。法律和这些因素归根结底在由经济因素起决定作用的条件下相互作用。经济以外的各种因素的范围是很广泛的，主要包括政治、思想、道德、文化、历史传统、民族、宗教、习惯等。

5. 简述法起源的一般规律。

【记忆要点】个别调整到规范性调整；习惯、习惯法到制定法；混为一体到相对独立。

【参考答案】（1）法由个别调整逐步发展为规范性调整。由个别到一般、由自发到自觉，是人类认识和发展的一条基本规律，也是法起源和发展的规律。先自发产生了氏族习惯，后来发展为国家自觉认可或制定的法律规范；先出现对特定人、特定事的调整，然后才发展为对一般人、一般事的调整。

（2）法由习惯到习惯法再到制定法。任何国家法的起源，都不可能在刚形成时就具备完全成熟的形态或只有一种形态。法的形态总是先表现为不成文形式，即习惯和习惯法，然后才发展为成文（制定）形式，即成文法。在这一过程中，文化的因素起着相当大的作用。

（3）法由与道德规范、宗教规范混为一体到相对独立。法在氏族习惯的母体中孕育生长，而氏族习惯融原始的道德、宗教等多种社会规范于一体，它们之间没有明确的界限。法律规则的专门化、独立化是社会规范分化的结果，法的形成过程实际上是法日益脱离宗教、道德规范而成为独立的专门的社会规范的过程。

6. 简述资本主义法律的本质和特征。

【记忆要点】本质：资产阶级意志的体现。特征：维护私有制，维护资产阶级专政和代议制，维护资产阶级自由、平等、人权。

【参考答案】（1）资本主义法集中体现了资产阶级的意志。资本主义法律的本质是建立在资本主义经济基础上的法律上层建筑，是作为一个整体的资产阶级的意志的体现。资本主义社会的法律在本质上绝不是“超阶级”的。

（2）资本主义法律具有如下特征：①维护以剥削雇佣劳动为基础的资本主义私有制。在资本主义社会发展的不同阶段，资本主义法律在调整经济生活领域中的作用以及法律在保护财产权方面的规定虽然有所不同，但是其维护资本主义私有制即资产阶级财产权则始终是资本主义法律的核心。私有财产神圣不可侵犯是所有资产阶级宪法的一项基本原则，也是资本主义法律制度的核心。②维护资产阶级专政和代议制政府。资产阶级进行政治统治的基本方式和主要形式是建立“代议制”政府，实行资产阶级专政，其专政作用主要体现在公法上。政党制度是资本主义政治制度中的一项重要内容。③维护资产阶级自由、平等和人权。资本主义社会在形式上人人都处于“平等”地位，都“平等”地享有各种“自由”，即“人权”。资产阶级的平等、自由和人权作为资本主义民主的范畴，资本主义法对保障它们具有巨大的历史进步作用。但是资产阶级的平等、自由与人权，是资产阶级占有生产资料基础上的平等、自由和人权，是不彻底的、有局限性的。

7. 简述我国社会主义法的本质特征。

【记忆要点】人民性与阶级性的统一、正义性与政治性的统一、科学性与先进性的统一。

【参考答案】（1）我国社会主义法的本质，是工人阶级领导下的全国人民共同意志的体现。我国社会主义法所体现的意志既体现了鲜明的阶级性，又体现了广泛的人民性，它不仅强调工人阶级的领导，还强调坚持人民主体地位，一切以人民为中心，因而是人民性与阶级性的统一。

（2）我国社会主义法还体现出代表社会发展进步方向的正义性，同时，在中国共产党的领导下，以五大发展理念为引领，以社会主义法治为保障，实现创新、协调、绿色、开放、共享的社会发展。社会主义法所体现的这种发展理念与人民意志不是自发形成的，而是在中国共产党的领导下逐步形成的，因此，社会主义法是正义性与政治性的统一。

（3）我国社会主义法坚持从中国实际出发，吸收借鉴古今中外优秀的法律文化与制度经验，又与时俱进，不断发展与完善自身制度与实践，体现了科学性与先进性的统一。

★8. 简述法律全球化的重大进展。

【记忆要点】《联合国宪章》是世界共同遵守的基本规范；国际法的许多任意性规范成为强制性规范；国际司法机制正在强化。

【参考答案】（1）《联合国宪章》是世界共同遵守的基本规范。《联合国宪章》在相当长的时间里被视为政治宣言，与《世界人权宣言》以及其他重要的国际人权公约一道构成了国际法治的基本框架，具有“准世界宪法”的性质，如果违反不仅会受到国际社会的谴责，而且会受到联合国的经济乃至军事的制裁。

（2）国际法的许多任意性规范成为强制性规范。国际条约的数量迅速增加，覆盖的领域不断扩大，涉及经济、政治、人权、环境、海洋、外太空等领域，调整的社会关系也日趋具体。另外，根据《维也纳条约法公约》的规定，强行规范高于一般规范，由此，一般国际法强制性规范的地位得到了确立。

（3）国际司法机制正在强化。安理会的地位明显加强，国际法院的作用也在强化，国际刑事法院可自动启动审判程序，即检察官启动。这意味着，国际刑事法院可跨越主权国家的界域对某些犯罪行为实行管辖。

9. 简述法律全球化的主要途径。

【记忆要点】国际法的国内化、地方化；地方法或国内法的全球化。

【参考答案】（1）国际法的国内化、地方化。联合国、国际组织和国际社会层面的法律被各国全部或部分承认或接受，全球性的法律成为各国法律的组成部分。这主要表现在以下两个方面：①在人权领域中，联合国和国际组织已经形成了许多标准人权文件，规定了一般权利和自由，这些权利对于认同这些文件的成员国主权的绝对性构成了实质性限制。②世界贸易组织成立后，缔约国必须根据有关协议调整自己的法律制度，突出强调善治或良政原则。

（2）地方法或国内法的全球化。原本是地方性的法律，经由某种途径被全球化。这主要表现在：①新商人法穿越国家领土。新商人法是一种“自我合法化”的法律，是一种“自我繁衍”和“自我发展”的法律制度。②美国等西方国家通过“法律与发展”项目“推销”西方的法律。这些项目尽管没有取得完全的成功，但毕竟影响了许多拉美受援国法律发展的方向和法律改革的进程。

10. 简述法的作用的含义和实质。

【记忆要点】实质：国家权力运行和国家意志实现的具体表现；社会经济状况的具体体现。

【参考答案】法的作用是指法律对人们的行为、社会生活和社会关系产生的影响。

对法的作用的实质可以从如下两个方面来认识：一方面，法的作用是国家权力运行和国家意志实现的具体表现。国家权力是法的载体和支点，法是国家意志这一内容的规范化。法对人的行为以及对社会关系的影响，实质上就是国家把自己的意志和态度通过国家权力加以推行和实现。另一方面，法的作用是社会经济状况的具体体现。法的作用取决于经济基础，在一定的社会中，法能否承担起立法者所赋予它的功能，从根本上说，取决于生产关系或生产方式自身的生命力，而不是取决于立法者的主观愿望。

★11. 简述法的作用的局限性。

【记忆要点】调整范围的有限性、稳定性与社会生活变化之间的矛盾、制定和实施受人的影响、实施受多种因素影响。

【参考答案】（1）法律调整的范围是有限的。法是调整社会关系的重要手段，但并不是唯一手段。法在社会生活调整中具有主导地位，但是并非所有的问题都可以适用法律。很多社会关系需要由法和其他手段并行调整，在对有些社会关系的调整中，法只能起到辅助作用；而对有些社会关系而言，法并不是有效的调整手段。

（2）法的特性与社会生活的现实之间存在着矛盾。作为一种规范，法必然具有抽象性、稳定性等特征，而现实生活中的问题却是具体的和不断变化的。法还具有保守性，它总是落后于现实生活的变化，而立法者认识能力上的局限性也会使法律存在着某种不合理、不科学的地方。

（3）法的制定和实施受人的因素的制约。如果没有高素质的立法者，就不可能有良好的法律。法律也需要合适的人正确地执行和适用，需要具备良好法律素质和职业道德的专业队伍。另外，法律的实施还需要绝大多数社会成员的遵守和支持，否则法律也不可能有效地实施。

（4）法的实施受政治、经济、文化等社会因素的制约。法总是容易受到社会因素的制约，其中的主要因素有经济体制、政治体制、执法机关的工作状况、各级领导干部及普通公民的法律观、传统法律文化等，这些因素都会对法的实施形成制约。

★12. 简述法的价值的特征。

【记忆要点】阶级性与社会性的统一、主观性与客观性的统一、统一性与多样性的统一。

【参考答案】（1）法的价值是阶级性与社会性的统一。从主体角度看，法的价值是以人为主体的价值关系，具有阶级性与社会性；从客体角度看，法律本身也具有反映统治阶级意志和执行社会公共事务的双重属性。

（2）法的价值是主观性与客观性的统一。法的价值以主体的需要为转移，具有主观性；法的价值要受到物质生活条件的制约，具有客观性。二者统一于法律主体的社会实践。

（3）法的价值是统一性与多样性的统一。法的主体需要的不断发展和多样性决定了法的价值的多样性；法所蕴含的某种共同价值标准体现了法的价值的统一性。

13. 简述法律对自由的作用。

【记忆要点】法律确认和保障自由；法律实践对主体自由的保障作用。

【参考答案】（1）法律确认和保障自由。①法律确认自由通常采用两种方式：一是以权利和义务规定来设定主体享有自由的范围。二是以权利和义务来设定主体自由的实现方式。②法律保障自由的方式也是多样的：首先，法律通过划定国家权力本身的合理权限范围，明确规定公权力正当行使的程序，排除各种非法妨碍；其次，法律对每个主体享有的自由进行界定和限制，防止主体之间对各自自由的相互侵害；再次，法律禁止主体任意放弃自由；最后，法律为各种对主体自由的非法侵害确立救济手段与程序。

（2）法律在实践中对于主体自由的保障体现为两个方面：①法律排除国家权力对于某些个人自由的干涉，即保障主体的自由免受侵害。特别是私权领域，保障个人的生活选择不受公权力的干预。但随着福利国家的出现，传统上属于这类自由的领域，开始越来越受到政府福利政策的大幅干预。②法律保障主体可以合法地享有行使各项权利的自由。国家通过法律为个人的发展提供平等机会，使个人能自由地追求自己的合法目标；同时，国家还必须为保障个人的积极自由，提供必要的帮助。

★14. 简述法律确认和保障平等价值实现的基本方式。

【记忆要点】将平等确立为基本原则、确认和保障主体地位平等、确认和保障平均分配、公平分配法律责任。

【参考答案】法律一般是通过立法、执法和司法等活动来确认和保障平等的实现。

法律确认和保障平等价值实现的基本方式有：

（1）法律将平等确立为一项基本的法律原则。平等贯穿于一个国家的整个法律体系，宪法、民法和程序法领域都确认了平等原则。

（2）法律确认和保障主体法律地位的平等。主体地位平等是法律形式平等的最重要的体现，也是实质平等的前提。

（3）法律确认和保障社会财富、资源、机会与社会负担的平等分配。法律将这些内容转化为相应的法律权利与义务，并保障其实现。

（4）法律公平地分配法律责任。责任自负、责任相称、过错责任为主而无过错责任为辅等，都是责任公平原则的体现。

15. 简述法律对正义的保障作用。

【记忆要点】正义要求法治化、通过权利义务机制公正分配和落实正义、通过执法和司法保障正义。

【参考答案】（1）法律通过将社会生活的主要领域及其重要的社会关系纳入法律之内，使正义融入法律规范与制度之中，实行法治化治理，严格依法办事，从而全面促进和保障社会正义。

（2）通过法律权利和法律义务机制，公正地分配社会的利益和负担，并设定公正的程序来保障，使实体正义与程序正义得以通过立法来落实。

（3）通过法律效果上的认可与惩罚机制，在执法与司法上保障实体正义与程序正义的实现。

16. 简述当代中国正式意义上的法律渊源的构成。

【记忆要点】宪法、法律、行政法规、监察法规、地方性法规、自治条例和单行条例、行政规章、特别行政区基本法及特别行政区的法律、国际条约和国际惯例。

【参考答案】当代中国法律渊源是以宪法为核心、以制定法为主的法律渊源。

当代中国正式意义上的法律渊源有：

（1）宪法。宪法是我国的根本法，具有最高的法律效力，是我国法律的基本渊源。

（2）法律。法律是由全国人大及其常委会制定的，包括基本法律和非基本法律，效力仅次于宪法。此外，全国人大及其常委会发布的具有规范内容的决定和决议，也属于正式的法律渊源。

（3）行政法规。行政法规是国务院制定的有关国家行政管理的规范性文件。国务院发布的具有规范性内容的决定和命令，与行政法规具有同等效力，也属于我国的法律渊源。

（4）监察法规。监察法规是国家监察委员会根据宪法和法律制定的一种法规。作为法律渊源之一的监察法规不得与宪法、法律相抵触。

（5）地方性法规。地方性法规是省、自治区、直辖市、设区的市、自治州的人民代表大会及其常务委员会根据本行政区域的具体情况和实际需要，在不同宪法、法律、行政法规相抵触的前提下制定的规范性文件。

（6）自治条例和单行条例。民族自治地方的人大有权根据当地民族的政治、经济和文化的特点，制定自治条例和单行条例。

（7）行政规章。行政规章包括部门规章和地方政府规章，都属于我国正式的法律渊源。

（8）特别行政区基本法及特别行政区的法律。特别行政区基本法属于基本法律；特别行政区的法律是根据宪法和特别行政区基本法，在特别行政区内施行的法律。

（9）国际条约和国际惯例。我国签订或者加入的国际条约，具有与国内法一样的约束力；我国缔结或者参加的国际条约没有规定的，可以适用国际惯例。

★17. 简述法的效力等级的一般原则。

【记忆要点】上位法的效力高于下位法、特别法优于一般法、新法优于旧法。

【参考答案】（1）上位法的效力高于下位法，即规范性法律文件的效力层次决定于其制定主体的法律地位，行政法规的效力高于地方性法规。

（2）特别法优于一般法，指在同一位阶的法律之间，特别法优于一般法。即同一事项，两种法律都有规定的，特别法比一般法优先，优先适用特别法。

（3）新法优于旧法，即在同一位阶的法律之间，两者对同一事项规定不一样的，新颁布的法律优先适用。

18. 简述法律部门的含义和特征。

【记忆要点】统一性、既相互联系又相互区别、稳定性和变动性的统一、主客观相结合的产物。

【参考答案】法律部门又称为部门法，是指一个国家根据一定原则和标准划分的本国同类法律规范的总称。法律部门也是法律分类的一种形式。

法律部门具有如下特征：

（1）构成一国法律体系的所有部门法是统一的，各个部门法之间是协调的。我国法律部门都统一于宪法基础之上。

（2）各个法律部门之间既相互联系又相互独立，它们的内容是有区别的。各个法律部门既相互联系又相互独立，构成完整的法律体系。不同的法律部门有各自不同的调整对象和调整方法，其内容也是有区别的。

（3）各个法律部门的结构和内容基本上是确定的，但又是相对的和变动的。各个法律部门的结构和内容是相对稳定性和变动性的统一。

（4）法律部门是主客观相结合的产物。一方面，法律部门的划分离不开客观的社会关系，它有客观的基础；另一方面，法律毕竟是人们尤其是立法者主观活动的产物，法律部门的划分又带有主观的因素。

★19. 简述法律部门的划分标准。

【记忆要点】调整对象、调整方法。

【参考答案】法律部门的划分标准包括法律调整的对象和法律调整的方法，二者紧密联系，不可或缺。

（1）法律调整的对象。法律调整的对象，即法律调整的社会关系，是划分法律部门的首要标准和第一位标准。法律调整的是社会关系，每部法律规范的制定都是对于某一社会关系的规定，离开了社会关系，就不会有任何法律规范的存在。以法律所调整社会关系的不同为标准，可以把法律规范划归不同的法律部门。

（2）法律调整的方法。法律调整的对象虽然是划分法律部门的首要标准和第一位标准，但是仅依据这一标准不能解决所有法律部门的划分问题，因此，还需要将法律调整的方法作为划分法律部门的辅助标准。法律调整的方法的种类包括：①依据法律责任承担方式的不同划分法律部门。②依据法律所调整的社会关系的不同主体以及确定这种主体间权利义务关系的不同原则和形式划分法律部门。

（3）法律调整的对象和法律调整的方法之间存在着非常密切的关系。法律调整的方法是由法律调整的社会关系的性质决定的，不同性质的社会关系应当以不同的方法来调整。因此，与法律调整的对象相比，法律调整的方法是辅助的、从属的标准。

★20. 简述法律规则的含义和特征。

【记忆要点】一般的行为规则、一定的行为模式、国家制定或认可、权利和义务及责任和制裁、明确肯定的社会行为规则。

【参考答案】法律规则，又称法律规范，是采取一定的结构形式具体规定人们的法律权利、法律义务以及相应的法律后果的行为规范。

法律规则具有如下特征：

（1）法律规则是一种一般的行为规则，它使用同一标准，对属于其效力范围内的主体行为进行指导和评价，这一特点使它有别于任何个别性调整措施。

（2）法律规则规定了一定的行为模式，是一种命令式的必须遵守的行为规则，这使它区别于不包含确定行为方案或仅具有倡导性的口号或建议。

（3）法律规则是由国家制定或认可的行为规则，具有强烈的国家意志性，这是它区别于其他社会规则的最基本特征。

（4）法律规则规定了社会关系参加者在法律上的权利和义务以及违反规则要求时的法律责任和制裁措施。

（5）法律规则有明确的、肯定的行为模式，有特殊的构成要素和结构，是一种高度发达的社会行为规则。

★21. 简述法律规则和法律原则的区别。

【记忆要点】内容、适用范围、适用方式、作用。

【参考答案】（1）在内容上，法律规则的规定是明确具体的，而法律原则不预先设定明确的、具体的假定条件，更没有设定明确的法律后果，其要求比较笼统、模糊。

（2）在适用范围上，法律规则只适用于某一类型的行为，而法律原则具有宏观的指导性，其适用范围比法律规则宽。

（3）在适用方式上，法律规则是以“全有或全无的方式”应用于个案当中的，如果一条规则所规定的事实是既定的，或者这条规则是有效的，在这种情况下，必须接受该规则所提供的解决办法。而法律原则的适用则不同，它不是以“全有或全无的方式”应用于个案当中的，当两个原则在具体的个案中冲突时，法官必须根据案件的具体情况及有关背景在不同强度的原则间作出权衡。不同强度的甚至冲突的原则都可能存在于一部法律之中。

（4）在作用上，法律规则具有比法律原则强度大的显著性特征，它形成了法律制度中的坚硬部分，没有规则，法律制度就缺乏硬度。法律原则是法律规则的本源和基础，它们可以协调法律体系中规则之间的矛盾，弥补法律规则的不足与局限，它们甚至可以直接作为法官裁判的法律依据。

22. 简述法律概念的含义和功能。

【记忆要点】表达、认识、改进、提高。

【参考答案】法律概念是法律的构成要素之一，是对各种法律事实进行概括，抽象出它们的共同特征而形成的权威性范畴。法律概念具有明确性、规范性、统一性等特点。

法律概念具有如下功能：

（1）表达功能。法律概念间的连接使法律得以表达，没有法律概念，法律是难以想象的。

（2）认识功能。法律概念使人们得以认识和理解法律，不借助法律概念，人们便无法认识法律的内容，难以进行法律交流，更无法在此基础上进行法律实践活动。

（3）改进法律、提高法律科学化程度的功能。丰富而明确的法律概念可以提高法律的明确化程度和专业化程度，使法律成为专门的工具，使法律工作成为独立的职业。

23. 简述我国现行的立法体制及实行该体制的原因。

【记忆要点】现行立法体制：既统一而又分层次的立法体制。原因：国家结构形式、政权组织形式、民族区域分布状况、法律不完善的状况。

【参考答案】我国现行的立法体制可以概括为“既统一而又分层次”的立法体制。

我国实行“既统一而又分层次”的立法体制的原因有：

（1）我国是单一制国家，不是联邦制。这决定了我国的立法权必须相对集中于中央。

（2）我国实行人民代表大会制度，各级人民代表大会是人民行使国家权力的根本途径。这就决定了我国的立法权必须相对集中于国家权力机关。

（3）我国地域辽阔，人口众多，各地经济、政治、文化、社会情况各不相同，特别是多民族性，决定了我国的立法权不能全部集中在中央，必须给民族自治地方一定的立法权，在少数民族聚居的地方实行民族区域自治，以适应各地的不同情况。

（4）我国正在实行改革开放，法律尚不完备。这就决定了我国的立法权不能完全集中在国家权力机关的手中，必须给行政机关以一定的立法权，以适应体制改革和对外开放的实际需要。

24. 简述法律实施的主要基础与动力。

【记忆要点】人民性、公正性、权威性。

【参考答案】（1）法律的人民性是法律实施的根本基础与动力。法律实施需要人民的拥护和信赖。我国宪法法律秉持“以人为本”的基本理念，以尊重人民主体地位、增进人民利益福祉、促进人的全面发展、保障和改善民生、确保改革成果的广泛公平分享为核心价值，必将获得人民群众发自内心的拥护和支持，进而不断增强宪法法律实施的内生动力，提升宪法法律实施的水平和效果。

（2）法律的公正性是法律实施的前提和基础。公正是法律的生命线，保障和维护社会公正是法治的核心价值。法律公正是良法善治的基本标志，也是法律有效实施的基本前提。只有公正的法律才能获得人民群众的认可、接受和遵守。在法治的范畴内，法律公正主要包括权利公平、机会公平、规则公平等。

（3）法律的权威性是法律实施的根本保障和动力。法律的权威性是指在国家生活中法律应当有至上的效力和尊严，宪法和法律拥有足够的力量规范权力运行、制约权力任性，维护宪法法律秩序，维护国家制度安全。法律权威的重要标志和基本保障在于，法律由国家强制力保证实施。

★25. 简述行政执法和司法的区别。

【记忆要点】主动性与被动性、单方面性与多方面性、广泛性和单一性、非中立性和中立性、非终局（极）性和终局（极）性、实质性和程序性、可转授性和不可转授性。

【参考答案】（1）行政执法具有主动性，司法具有被动性。

（2）行政执法具有单方面性，司法活动要有多方主体参加。

（3）行政执法的内容具有广泛性，司法的内容具有单一性。

（4）行政执法具有鲜明的阶级倾向性和非中立性，司法具有中立性。

（5）行政执法的合法性要受到司法的审查，不具有终极性，司法具有终极性。

(6) 行政执法注重结果的实质性，司法注重程序性。

(7) 行政执法具有可转授性，执法可以由行政机关实施，也可以授权给社会组织实施，还可以委托社会组织和个人实施；司法不能转授，只能由法定的司法机关行使。

26. 简述执法活动中比例原则的内涵。

【记忆要点】妥当性原则、必要性原则、比例性原则。

【参考答案】比例原则是指行政机关实施行政行为应兼顾行政目标的实现和相对人权益的保护，如果为了实现行政目标可能对相对人权益造成某种不利影响时，应使这种不利影响限制在尽可能小的范围和限度内，使二者处于适度的比例。

比例原则的内涵分为如下三个方面：

(1) 妥当性（适当性）原则。妥当性原则是指行政行为对于实现行政目的、目标是适当的。

(2) 必要性原则。必要性原则是指行政行为应以达到行政目的、目标为限，不能给相对人权益造成过度的不利影响，即行政的行使只能限于必要的度，以尽可能使相对人权益遭受最小的侵害。

(3) 比例性原则。比例性原则是指行政行为的实施应衡量其目的达到的利益与侵犯相对人的权益二者孰轻孰重。只有前者重于后者时，其行为才具合理性。行政行为在任何时候均不应给予相对人权益以超过行政目的、目标本身价值的损害。

★27. 简述公民在法律面前一律平等原则的基本含义。

【记忆要点】统一适用法律、平等受法律保护、保证平等享有诉讼权利、平等追究法律责任和给予法律制裁。

【参考答案】(1) 法律对于全体公民都是统一适用的，所有公民依法享有同等的权利并承担同等的义务。

(2) 任何权利受到侵犯的公民一律平等地受到法律的保护，不能歧视任何公民。

(3) 在民事诉讼和行政诉讼中，要保证诉讼当事人享有平等的诉讼权利，不能偏袒任何一方当事人；在刑事诉讼中，要切实保障诉讼参与人依法享有的诉讼权利。

(4) 对任何公民的违法犯罪行为，都必须追究法律责任，依法给予相应的法律制裁，不允许有不受法律约束或凌驾于法律之上的特殊公民，任何超出法律之外的特殊待遇都是违法的。

★28. 简述司法体制改革的主要任务。

【记忆要点】保证公正司法、提高司法公信力；增强全民法治观念、推进法治社会建设；加强法治工作队伍建设。

【参考答案】(1) 保证公正司法、提高司法公信力。重点包括推进以审判为中心的诉讼制度改革，改革法院案件受理制度，探索建立检察机关提起公益诉讼制度，实行办案质量终身负责制和错案责任倒查问责制，完善人民陪审员和人民监督员制度等。探索设立跨行政区划的人民法院和人民检察院，办理跨地区案件。完善行政诉讼体制机制，合理调整行政诉讼案件管辖制度，切实解决行政诉讼立案难、审理难、执行难等突出问题。

（2）增强全民法治观念、推进法治社会建设。重点包括发展中国特色社会主义法治理论，把法治教育纳入国民教育体系和精神文明创建内容，完善守法诚信褒奖机制和违法失信行为惩戒机制，推进公共法律服务体系建设，构建对维护群众利益具有重大作用的制度体系，完善多元化纠纷解决机制等。

（3）加强法治工作队伍建设。重点包括完善法律职业准入制度，加快建立符合职业特点的法治工作人员管理制度，建立法官、检察官逐级遴选制度，健全法治工作部门和法学教育研究机构人员双向交流与互聘机制，深化律师管理制度改革。

29. 简述法律解释的概念和特征。

【记忆要点】法律规定、与具体案件密切相关、价值取向性、受解释学循环的制约。

【参考答案】法律解释是指一定的人或组织对法律规定含义的说明。

法律解释具有如下特征：

（1）法律解释的对象是法律规定。法律解释的任务是要通过研究法律文本及其附随情况即制定时的经济、政治、文化、技术等方面的背景情况，探求它们所表现出来的法律意旨。

（2）法律解释与具体案件密切相关。法律解释往往由待处理的案件所引起，法律解释需要将条文与案件事实结合起来进行。

（3）法律解释具有一定的价值取向性。法律解释的过程是一个价值判断和价值选择的过程。人们创制并实施法律是为了实现一定的目的，而这些目的又以某些基本的价值为基础。这些目的和价值就是法律解释所要探求的法律意旨。

（4）法律解释受解释学循环的制约。解释学循环是解释学中的一个中心问题，它是指“整体”只有通过理解它的“部分”才能得到理解，而对“部分”的理解又只能通过对“整体”的理解来实现。

★30. 简述立法解释的主要任务。

【记忆要点】阐明法律实施中产生的疑义、赋予法律规定以新含义、解决法条冲突以及司法解释之间的冲突。

【参考答案】（1）阐明法律实施中产生的疑义。即对法律规定本身不十分清楚、明确的条文进行说明，或者规定本身虽然清楚、明确，但实施法律的人不了解立法者的立法精神，因此需要立法解释的。

（2）适应社会发展，赋予法律规定以新含义。在没有对原法律进行修改、补充、废止之前，通过赋予法律规定新含义的方法以补充法律。

（3）解决法条冲突以及司法解释之间的冲突。一方面，当出现法条冲突，而不能用法条竞合的一般规则来解释时，需要全国人大常委会进行立法解释；另一方面，根据我国现行法律解释体制，最高人民法院和最高人民检察院都有权进行司法解释，如果它们的司法解释发生冲突的，应当报请全国人大常委会作出最终解释。由全国人大常委会负责解释我国整个法律制度的核心部分，即宪法和法律，表明它在我国法律解释体制中应当占有主体地位。

★31. 简述法律推理的概念和特征。

【记忆要点】思维活动、两个已知判断、运用多种方法、提供正当理由、结果涉及当事人的利害关系。

【参考答案】法律推理通常是指以法律与事实两个已知的判断为前提，运用科学的方法和规则，为法律适用提供正当理由的一种逻辑思维活动。

法律推理具有如下特征：

(1) 法律推理是法律运用中的一种思维活动。它不仅需要对抽象的法律规范进行理解和选择，而且还需要将这种抽象的法律规范应用于具体案件之中，因此，它可能是一系列复杂的法律推理和论证活动的综合。

(2) 法律推理以法律与事实为两个已知的判断作为推理的前提。在法律规范所作出的规定和已判明的法律事实之间建立合理的联系，以此为前提，推理论证出适用结果，也就是“以事实为根据，以法律为准绳”。法律推理要受到现行法律的约束，现行法律是法律推理的前提和制约法律推理的条件。在缺乏明确的法律规定的情况下，有时法律原则、政策、法理等也会成为法律推理的前提。

(3) 法律推理运用多种科学的方法和规则进行。其中除了最基本的逻辑推理方法外，还需要应用一些非逻辑的分析和论证。

(4) 法律推理的目的是为法律适用提供正当理由。法律推理的结果与法律适用的理由相关，法律推理为适用结论提供正当理由，故推理过程实际上带有说明理由的成分。

(5) 法律推理的结果往往涉及当事人的利害关系。在许多情况下，法律推理的结论事关当事人是否拥有权利、是否应承担义务、是否应负法律责任等，而这些问题直接关系到当事人的利益。

★32. 简述法律论证的含义和特点。

【记忆要点】通过论证作出最佳选择、合情理论证、具有可证伪性。

【参考答案】法律论证主要是指在司法过程中对判决理由的正当性、合法性或合理性进行论证，即在诉讼过程中，诉讼主体运用证据确定案件事实、得出结论的思维过程。

法律论证具有如下特点：

(1) 法律论证的目的，是从多种合理甚至合法的法律主张中论证出最佳选择。

(2) 法律论证是合情理论证。法律论证理论是对传统法律教义学和解释理论的超越，即意识到法律三段论的局限，强调“法外”因素在法律正当性论证（证成）中的意义，实际上与论理解释中的目的解释和社会学解释以及实质推理异曲同工，属于演绎论证和归纳论证之外的似真论证，即合情理论证。

(3) 法律论证具有可证伪性。法律论证一般由两个部分组成，即法律问题和事实问题。由于事实、法律、社会等因素的变化，论证的结论有可能被证伪或被修正，因此，法律论证的结论不是绝对的，具有可废止性，或称为可改写性或可证伪性。

★33. 简述法律论证的正当性标准。

【记忆要点】内容的融贯性、程序的合理性、依据的客观性和逻辑有效性、结论的可接受性。

【参考答案】（1）内容的融贯性。法律论证寻求法律上的合法性，需要与法律体系内部的规则形成一致；同时追求广泛的正当性，要符合社会的评价，得到社会的认同。

（2）程序的合理性。法律论证的过程应当符合合理的程序，以消解论证的开放性和灵活性所带来的缺陷。法律论证过程的合理、公正决定着结论的正当性。

（3）依据的客观性和逻辑有效性。法律论证不是完全主观和随意的主张，而是必须依据基本的法律和社会规范以及合理的逻辑规则达成。尽管评价性判断的依据可能是多元的，但原则上仍必须是客观的。法律论证使用的逻辑方法应当满足大众的接受度，符合大众的思维习惯。

（4）结论的可接受性。法律论证的最终结论应当具有说服决策者和公众的效力，能够为社会普遍接受。法律论证的结果是否正当、合理，取决于其说服力，即能否被决策者和公众认同和接受。特别是超越既有法律的论证结论，必须具有非常正当的合理性，符合社会绝大多数公众的利益、价值观或具有人权、公共利益等正当性。

34. 简述法律关系的概念和特征。

【记忆要点】合法性、一致性、权利义务性。

【参考答案】法律关系是根据法律规范产生、以主体之间的权利与义务关系的形式表现出来的特殊社会关系，即在法律规范调整社会关系的过程中所形成的人们之间的权利和义务关系。

法律关系具有如下特征：

（1）法律关系是依法建立的社会关系。法律规范是法律关系产生的前提，法律关系是法律规范的实现形式，是法律规范的内容在现实社会生活中得到的具体贯彻。法律关系是人与人之间符合法律规范的社会关系。没有严格的合法形式，甚至完全违背法律的事实关系，不是法律关系。

（2）法律关系是一种体现意志性的特殊社会关系。法律关系是根据法律规范建立的，而法律规范是国家意志的体现。法律关系参加者的意志对法律关系的建立和实现有重要作用。在法律关系产生或实现的过程中，国家意志和法律关系参加者的意志相互作用。法律关系是一种客观存在的社会关系。

（3）法律关系是以法律上的权利义务为内容的社会关系。法律关系属于思想社会关系。法律关系是以法律上的权利和义务为内容。法律规范中的权利和义务是一种可能性的、抽象的权利和义务；而法律关系中的权利和义务则是一种现实性的、具体的权利和义务。

★35. 简述法律权利和权力的区别。

【记忆要点】对象不同、主体不同、自由度不同、强制性程度不同。

【参考答案】（1）针对的对象不同。在我国现行宪法中，对中央国家机关使用职权一词，对地方国家机关使用权限一词，对公民则使用权利一词。

(2) 主体不同。权利主体一般是公民与法人和其他社会组织，权力主体则只能是被授予权力的国家机关及其特定的工作人员。

(3) 自由度不同。权利主体对其享有的某些权利是可以转让或放弃的，职权不能放弃、不可让与。

(4) 强制性程度不同。权力的强制性是直接的，权利的强制性则是以权力为中介的，是间接的。

★36. 简述法律责任的概念和构成要件。

【记忆要点】责任主体、违法行为、损害结果、因果关系、主观过错。

【参考答案】法律责任是指行为人由于违法行为、违约行为或者由于法律规定而应承受的某种不利的法律后果。

法律责任的构成要件如下：

(1) 责任主体。责任主体是指承担法律责任的主体，这是构成法律责任的主体条件。责任主体必须是具有法定责任能力的自然人、法人或组织。

(2) 违法行为。违法行为是指违反法律规定的义务、超越权利的界限行使权利以及侵权行为的总称，包括一般违法行为和犯罪行为。多数情形下，违法行为是法律责任产生的前提；特殊情形下，法律责任的承担不以违法行为为构成要件，而是以法律规定为构成要件。

(3) 损害结果。损害结果是指由于违法行为所导致的损失和伤害的事实，包括人身、财产和精神方面的损失和伤害。一般情形下，法律责任的承担必须要有实际损害结果；特殊情形下，法律责任的承担不以实际损害结果为条件。

(4) 因果关系。因果关系即违法行为与损害结果之间的因果关系。法律归责原则上要求证明违法行为与损害结果之间的因果关系。

(5) 主观过错。主观过错是构成法律责任的主观条件，主观过错包括故意和过失。

【补充说明】没有回答法律责任概念的，不扣分；正确回答法律责任概念的，给 1 分，但总分不能超过 10 分。法理学简答题存在类似情形的，依此类推。

37. 简述我国法律责任的归责原则。

【记忆要点】责任法定、因果关系、责任与处罚相称、责任自负。

【参考答案】(1) 责任法定原则。责任法定原则即法律责任应当由法律规范预先规定，反对没有法律依据追究行为人法律责任的做法。责任法定原则的内容包括：刑事法律是追究刑事责任的唯一法律依据，罪刑法定；由特定的国家机关或国家授权的机构归责；反对责任擅断；反对有害追溯；同时，允许人民法院行使一定的自由裁量权，准确认定和归结行为人的法律责任。

(2) 因果关系原则。因果关系原则即在追究法律责任时应确认行为人的行为与损害结果之间的因果关系。在认定行为人违法责任之前，应当确认行为与危害或损害结果之间的因果关系，意志、思想等主观方面因素与外部行为之间的因果关系，并区分这种因果关系是必然的还是偶然的，直接的还是间接的。

(3) 责任与处罚相称原则。责任与处罚相称即责任与处罚相适应，包括法律责任的性质与违法行为性质应当相适应，法律责任的轻重和种类应当与违法行为的危害或者损害相适应，还应当与行为人主观恶性相适应。

（4）责任自负原则。责任自负原则即行为人独立对其行为承担法律责任。责任自负原则要求违法行为人应当对自己的违法行为负责；要保证责任人受到法律追究，也要保证无责任者不受法律追究。

【补充说明】考生从其他方面，比如从责任公平原则、责任合理、效率等方面作答的，也可酌情给分。

★38. 简述法律责任免除的条件。

【记忆要点】时效免责、不诉免责、自首立功免责、有效补救免责、自助免责。

【参考答案】（1）时效免责。如果没有法律的特别规定，违法者在其违法行为发生一定期限后因时间的流逝而不再承担法律责任。

（2）不诉免责。对于不告不理或告诉才处理的违法行为，因当事人不告诉而使违法者免除法律责任。

（3）自首立功免责。对那些违法之后有自首或立功表现的人，免除其部分或全部法律责任。

（4）有效补救免责。对于那些实施违法行为，造成一定损害，但在国家机关追责之前采取及时补救措施的人，免除其部分或全部责任。

（5）自助免责。权利人为保护自己的权利，在情势紧迫而又不能及时请求国家机关予以救助的情况下，对他人的财产或自由施加扣押等相应措施，因被法律认可而免责。

★39. 简述法治和法制的区别。

【记忆要点】侧重点不同、内容不同、与人治是否对立不同、政治基础和产生条件不同。

【参考答案】（1）法治不仅包括形式意义上的法律制度及其实施，更强调实质意义上的法律至上、权利保障的内涵；而法制仅侧重于形式意义上的法律制度及其实施。

（2）法治关注法律制度的内容，讲究“良法”之治，强调法律的至高权威，强调法律的公正性、稳定性、普遍性、公开性和平等性，以及对权力的制约与对人权的保障；而法制则侧重于关注法的规范性和有效性，要求严格依法办事，以实现立法者期望的法律秩序，对法律本身的内容和价值取向并无特殊的规定性。只要有法律和制度存在就有法制存在，但这不一定就是法治。

（3）法治与人治对立，法治要求“法律的统治”，将法律置于统治者权力之上，要求公共权力必须依法取得和行使；而法制不与人治对立，专制政体的统治者为巩固统治秩序也可以建立或推行法制。

（4）法治的政治基础是民主政治，其根本意义在于制约国家权力，以确认和保障公民的权利和自由。没有民主和宪政就没有真正的法治；法制的问世早于法治，法制和民主、宪政无关，专制政体下的法制是专制和主权的统治工具。

40. 简述法治与民主的关系。

【记忆要点】矛盾：前提不同。统一：没有民主就没有法治，民主的实现需要法治，不能片面强调每一方面。

【参考答案】（1）法治与民主存在矛盾：法治的前提是国家里没有一个最高的权威和力量，如果有，只有作为妥协的法律是最高的权威；民主的前提是国家中有一个最高权威——公意或多数，而公意是随时变化的，如果法律沦为工具，法治就不可能真正实现。

（2）法治与民主并不必然对立：法治是一种以民主宪政为核心的政治法律制度，没有民主就没有法治，法治必须建立在民主基础上，民主化是实现法治的先决条件；民主理念要在国家统治中得到实现，离不开法治。民主与法治不可分割，法治支持民主，民主兼容法治。既不能离开民主片面地强调法治，也不能脱离法治的轨道片面地强调民主。

41. 简述全面依法治国的重大意义。

【记忆要点】社会主义的本质要求、国家治理体系和治理能力现代化的要求、长治久安的要求、中国梦的要求、提高党的执政能力和水平的要求；党领导人民治理国家的基本方略、党的执政方式和国家治理方式的重大变革。

【参考答案】（1）全面推进依法治国的重大意义包括：①依法治国是坚持和发展中国特色社会主义的本质要求和重要保障。②依法治国是实现国家治理体系和治理能力现代化的必然要求。③依法治国事关我们党执政兴国，事关人民幸福安康，事关党和国家长治久安。④依法治国也是全面建成小康社会、实现中华民族伟大复兴的中国梦的必然要求。⑤依法治国是全面深化改革、完善和发展中国特色社会主义制度，提高党的执政能力和执政水平的必然要求。

（2）依法治国是党领导人民治理国家的基本方略，是党的执政方式和国家治理方式的重大变革。它把坚持党的领导、发扬人民民主和严格依法办事统一起来，从制度上和法律上保证党的基本路线和基本方针的贯彻实施，保证党始终发挥领导核心的作用。这对于推进社会主义民主政治建设，促进社会主义市场经济的发展，确保国家长治久安和社会稳定等都有着极其重要的意义。

42. 简述法与社会的相互作用。

【记忆要点】社会是法律的基础、法律是社会关系的调整器。

【参考答案】（1）社会是法律的基础。首先，法是社会的产物。社会性质决定法律性质，社会物质生活条件最终决定着法律的本质。不同的社会就产生不同的法律。即使是同一性质或历史形态的社会，在其不同的发展阶段上，法律的内容、特点和表现形式也往往不尽相同。但是，法律也像上层建筑的其他组成部分一样，并不仅仅消极地反映社会，而且还对社会具有强大的反作用，它要么表现为对社会发展的促进作用，要么表现为对社会发展的阻碍作用。其次，社会是法的基础。一方面，法律应该以社会为基础。法律应该是由一定的物质生产方式所产生的社会共同的利益需要的表现，而不是单个人的恣意横行。另一方面，制定、认可法律的国家以社会为基础，国家权力以社会力量为基础。总之，法以社会为基础，不仅指法律的性质与功能决定于社会，而且还指法律变迁与社会发展的进程基本一致。

（2）法律是社会关系的调整器。首先，法对社会的调整，是通过调和社会各种冲突的利益，进而保证社会秩序得以确立和维护。法对社会的调整，还表现为通过法律对社会机体的疾病进行治疗。具体而言，就是运用法律解决经济、政治、文化、科技、道德、宗教等方面的各种社会问题，由此实现法的价值，发挥法的功能。其次，法律不是万能的。所以，普及法律知识，提高全民法律意识，使民众守法、用法，人人都善于使用法律，法律的作用才能得以充分发挥。

43. 简述法与经济基础的关系。

【记忆要点】经济基础决定法、法反作用于经济基础。

【记忆要点】（1）法律与经济基础之间的关系是形式与内容的关系。一方面，法律只能在经济基础所蕴含的可能性范围内选择，而不能任意地选择；法律的性质、内容和发展趋势等，都主要是由其赖以建立的经济基础的状况和要求所决定的。另一方面，法律虽然根源于经济基础，但作为一种超经济的力量，对经济基础既具有依赖性，又具有一定的反作用和相对独立性。

（2）法律与经济基础的关系主要表现为经济基础对法律的决定作用。这主要体现在：①经济基础决定法律的性质；②经济基础决定法律的基本内容；③经济基础的发展变化决定法律的发展变化。但在法律与经济基础的关系中，法律也并不是消极地被决定的。法律是在归根结底决定于一定的经济基础的同时，又服务于该经济基础，对经济基础具有能动的反作用，这主要体现在：①法律对经济基础具有选择和确认作用；②法律对经济基础具有加速或延缓其发展的作用；③法律对经济基础具有保障和促进作用；④法律对生产关系的某些方面具有否定、阻碍或限制作用。

★44. 简述法对科技的作用。

【记忆要点】为科技发展提供良好的社会环境；为组织科技活动提供准则；鼓励科技发展的有效手段。

【参考答案】（1）法保证科学技术的顺利发展有良好的社会环境。

（2）法为组织科学技术活动提供必要的准则。法确认和保证科学技术发展在国家社会生活中的优先地位，确定国家科技发展战略，确立科技管理体制和科技运行机制。法在推动国际科学技术合作，促进科学技术成果的全球共享和高效能运用方面也有重要作用。

（3）法是鼓励科学技术发展的有效手段。法通过规定对公民的创造性劳动的保护和鼓励措施，如授予职称、荣誉称号和物质奖励等，激发人们为科技发展作出贡献的热情。

45. 简述法与国家的一般关系。

【记忆要点】国家是法律存在的政治基础、法律也对国家权力起到支持和制约的作用。

【参考答案】（1）国家是法律存在的政治基础。国家权力是法的支持和保障，这主要表现在：①国家是法的产生和发展直接的推动力之一。②国家权力是创制法的直接力量。③国家权力以其强制力参与和保障法的实现。

（2）法律也对国家权力起到支持和制约的作用。法律不是完全依赖于国家，而是具有相对于国家权力的独立性的。具体而言，法律对国家权力的支持和制约作用表现在：①法确认国家权力的合法性。②通过法来组织和完善国家权力机构体系。③通过法律制约和监督国家权力的运行。④法有助于提高国家权力运行的效率。

46. 简述法与政治的相互作用。

【记忆要点】政治对法的影响和制约作用、法对政治的确认和调整作用。

【参考答案】（1）政治对法的影响和制约作用。一般认为，由于政治在上层建筑中居主导地位，因而总体上法的产生和实现往往与一定的政治活动相关，反映和服务于一定的政治，政治活动和政治关系的发展变化必然在一定程度或意义上影响法律的内容或价值追求的发展变化。

（2）法对政治的确认和调整作用。法作为上层建筑相对独立的部分，对政治并非无所作为。特别是在近现代，可以说，法在多大程度上离不开政治，政治也便在多大程度上离不开法，法对政治具有确认、调整和影响作用。具体表现为：①法与政治体制。在集权型权力结构中，法的被需要还只是作为人治这种权力运行方式的点缀或辅助，而在分权型权力结构中，权力的配置和行使都须以法为依据。②法与政治功能。法不仅贯穿经济关系反映和凝聚为政治关系的过程，且将利益和各种社会资源的权威性分配以规范、程序和技术性形式固定下来，使之具有形式上共同认同的性质，并因此具有形式上的正统性。③法与政治角色的行为。法对于国家机构、政治组织、利益集团等政治角色行为和活动的程序性和规范性控制，表明了法对重要政治角色行为控制、调整的必然性和必要性。④法与政治运行和发展。政治运行的规范化，政治发展中政治生活的民主化和政治体系的完善化，离开法的运作都无从谈起。

47. 简述社会主义法与执政党政策的相互关系。

【记忆要点】政策是法的核心内容；法是贯彻政策、完善和加强党的领导的不可或缺的手段；政策保障、促进法的实现。

【参考答案】（1）执政党政策是社会主义法的核心内容。社会中的法律需要也往往首先被执政党认知，执政党的政策是人民意志的集中体现，法律受执政党政策的指导，因此，执政党政策是社会主义法的核心内容。

（2）社会主义法是贯彻执政党政策，完善和加强党的领导的不可或缺的基本手段。执政党的政策在被制定为法律后，就可以上升为国家意志，获得更有利的实施保障。因此，社会主义法律是贯彻执政党政策、完善和加强党的领导、提高党的执政水平的不可或缺的基本手段。

（3）执政党政策充分发挥作用，能够保障、促进社会主义法的实现。执政党政策的贯彻，能够规范党的领导方式，提高党组织的工作能力，提高党员素质和水平，尤其会促使各级领导干部带头遵纪守法。因此，充分发挥执政党政策，有利于促进社会主义法的实现。

★48. 简述法律意识的作用。

【记忆要点】法律意识有时具有法的作用；法律意识对法律实践有影响和制约作用；法律意识影响立法、司法；法律意识推动社会变革；法律意识有助于建设法治国家。

【参考答案】（1）占统治地位的法律意识有时会起到法的作用。在一个国家法律制度不完备、缺乏明确法律规定时，统治阶级的法律意识往往直接起到法的作用。

（2）法律意识对法律实践活动有影响和制约作用。就占统治地位的法律意识而言，它既渗透到法的制定和实施中，成为法律调整全过程时刻不可脱离的因素，又可独立于法律调整，发挥社会意识形态所固有的思想教育作用，灌输统治阶级的法律意识形态、价值观，普及法律知识、文化，为实现法律调整、实行法治创造良好的思想、心理条件。

（3）法律意识对立法活动的影响。在法律的创制过程中，立法者的法律意识直接影响着法律创制活动的效果。如果立法者能正确认识和反映一定社会关系的客观要求，有效地进行创制法律的活动，那么这样的法律就会促进经济的发展和社会的进步。

（4）法律意识对法律适用的影响。在法律适用的过程中，司法人员法律意识的水准直接关系司法人员能否准确理解法律规范的精神实质，能否合法、公正地审理案件，能否有效地维护国家利益和公民权利。

（5）法律意识是推动法律变革的重要力量。法律实践是一个生动现实的过程，在一个急剧变化的社会里，随着从传统社会向现代社会的转型，法律也必然要发生变化。在这种情况下，对待法的新的法律意识往往会成为社会变革的推动力量。

（6）法律意识的培养对建设社会主义法治国家的作用。通过宣传和灌输马克思主义法律观、价值观，以马克思主义为指导，能够帮助广大公民树立正确的法律观与价值观。通过开展法制宣传，普及法律常识，重视法制教育，加强法学研究，能够培养广大公民的主人翁观念、权利义务观念、自由纪律观念、平等观念。

★49. 简述法律文化的内容特点。

【记忆要点】复合有机体和法律文化传统、行为模式和思维模式、多样性、阶级性、相对独立性、民族性。

【参考答案】（1）法律文化是法律的制度、规范和现象的态度、价值、信念、心理、感情、习惯以及学说理论的复合有机体和法律的文化传统。

（2）法律文化是人们从事法律活动的行为模式和思维模式。法律文化体现在实际生活中起着作用、指导人们的法律活动的实际规则中。

（3）法律文化在不同的国家和不同的历史发展阶段会有很大的差异，体现出法律文化的多样性。

（4）法律文化作为一个整体，一方面受到经济基础的制约，反映社会发展的客观需要和统治阶级的意志，具有阶级性；另一方面又具有相对独立性，它是一个民族长期积累起来的通过法律调整社会关系、进行社会管理的智慧、知识和经验的结晶，反映了历史上形成的有价值的法律思想和法律技术，反映了一个民族法律调整所达到的水平，具有民族性。

★50. 简述法是传播道德、保障道德实施的有效手段。

【记忆要点】道德法律化、法律推动道德的更新与变革、法律推动新的道德风貌和精神文明的形成。

【参考答案】法是传播、保障道德实施的有效手段，主要表现在：

（1）通过立法，将社会中的道德理念、信念、基本原则和基本要求法律化、制度化、规范化，赋予社会的道德价值观念以法的强制力，进一步强化、维护、实现道德规范。通过道德法律化的形式和方式，社会规范真正实现了自律与他律的结合。

（2）法是道德的承载者，它弘扬、发展一定社会的道德理念、信条和原则，促进社会道德的更新和变革。法律通过把道德理念、原则、信条和要求具体化，把社会中的道德准则、义务和要求确定为法的准则、义务和要求，促使人们更明确自己的道德义务，更为积极地认同和接受道德的约束。

（3）法是形成新的道德风貌、新的精神文明的强大力量。法确立和形成一个法定的基本道德体系和标准，促进和改善社会的精神风貌。法通过自身特殊的制度性机制，推动道德的更新与进步，促进精神文明的发展。

二、分析题

1. 材料1：古希腊思想家认为自然法是法律基础，自然法要求“和自然相一致的生活”，人定法必须符合自然理性要求。中世纪神学家阿奎那认为法是管理社会的人为了公共幸福而制定、颁布的理性规则。近代自然法学派认为，法的基础不是大自然，也不是神的意志，而是人类理性，自然法就是人类理性，是立法者以及一切人的永恒规范；人生来就有不可剥夺的权利，这种权利源于自然法，不允许任何政府以及任何人侵犯。

材料2：孟德斯鸠说：“从最广泛的意义来说，法是由事物的性质产生出来的必然联系。在这个意义上，一切存在物都有它们的法。上帝有他的法；物质世界有它的法；兽类有它们的法；人类有他们的法。”埃利希（奥地利法社会学家——编者注）说：“法律史上已经证明，最初，立法和司法都是在国家范围以外的。司法并不来自国家，而是根源于国家存在以前”。奥斯丁认为，法就是主权者的命令，每一实在法是由一个主权者个人或集体，对独立政治社会的一个成员或若干成员，直接地或间接地设立的。这是一种严格意义上的法，是一般法理学的研究对象。

材料3：马克思在评论资产阶级法律时指出：你们的观念本身是资产阶级的生产关系和所有制关系的产物，正像你们的法不过是被奉为法律的你们这个阶级的意志一样，而这种意志的内容是由你们这个阶级的物质生活条件决定的。

请结合上述材料回答下列问题：

（1）材料1关于法律现象的认识有何相同点和不同点。

（2）材料2中孟德斯鸠和埃利希对于法的定义有何相同点？奥斯丁关于法的本质的看法有何局限性？

（3）结合上述材料概括说明马克思主义法学关于法本质的认识。

【记忆要点】材料体现的自然法观点：自然法高于实在法；古代自然法：自然的

法理学

法；中世纪自然法：神的意志；古典自然法：理性的法。孟德斯鸠和埃利希从法与国家权力无关的角度定义法；奥斯丁从法是主权者的命令定义法。奥斯丁对法的定义的局限性：没有强调法的强制力是国家强制力；仅强调法的效力渊源而没有强调其他渊源。马克思主义关于法的本质：阶级意志性、物质制约性、经济以外的因素对法本质的影响。

【参考答案】（1）①相同点：都认为实定法之上有自然法，实在法要符合自然法的要求。②不同点：古希腊自然法主要是自然的法；中世纪时期认为自然法是神的意志；近代资产阶级认为自然法是人的理性。

（2）孟德斯鸠和埃利希在定义法时都认为法与国家权力没有必然联系。奥斯丁认为法的本质是主权者的命令，其局限性在于：①奥斯丁将法律与强制力联系起来，但没有说明该强力是否是国家强制力。②法律是主权者的命令揭示了法律的强制力和法律的效力渊源，但没有阐明法律的其他来源，如法律可能来源于习惯，也没有指明法律的物质渊源和法的规范形式，使得规范性法律文件与其他国家文件、非规范性法律文件难以区别。

（3）马克思主义法学关于法本质的认识如下：①法律是统治阶级意志的体现。阶级意志性是法律的第一层的浅层本质。②法律所体现的意志是由一定的物质生活条件决定。物质制约性是法律的第二层的深层本质。③阶级意志性和物质制约性是辩证统一的，片面强调法律的阶级意志性会导致“唯意志论”；片面强调法律的物质制约性，甚至以物质制约性否定阶级意志性，将导致“宿命论”。④在物质制约性的作用下，经济以外的因素对法的本质也产生着广泛的影响。

2. 材料 1：古代西亚楔形文字法的主要法典“苏美尔法典”第一条：推撞自由民之女，致堕其身内之物者，应赔偿银十舍客勒……第九条：倘牛伤害栏中之牛，则应以牛还牛。

材料 2：据《国语·鲁语下》记载：“昔禹致群神于会稽之山，防风氏后至，禹杀而戮之。”即传说禹在会稽之山大会部落首领，防风氏迟到，因此禹杀了防风氏。

材料 3：《新旧约全书》中的“出埃及记·戒民数例”规定：行邪术的女人，不可容她存活。凡与兽淫合的，总要把他治死。祭祀别神，不单单祭祀耶和华的，那人必要灭绝。

请根据法理学有关法的起源的有关知识和原理，请回答下列问题：

（1）试从材料 1 中概括出法起源的规律？

（2）试从材料 2 中概括出法起源的规律？

（3）试从材料 3 中概括出法起源的规律？

【记忆要点】由个别调整逐步发展成为规范性调整，由习惯发展为习惯法再发展为制定法，由与道德规范、宗教规范混为一体发展到相对独立。

【参考答案】（1）法律对人们行为的调整从个别调整逐步发展成为规范性调整，即不是对特定人、特定事的调整，而是对一般人、一般事的调整。由苏美尔法典的条文可知，法律萌芽之初，对行为的调整是针对个别行为进行的。在法律调整的实践中，随着偶尔的个别行为演变为比较常见的行为，进而在个别调整基础上形成人们共同遵行的行为规则，调整着大量同类的社会关系，个别调整便发展为规范性调整。规范性调整为某一类社会关系提供了行为模式，它相对地使人们摆脱了偶然性和任意性的左右，有利于形成稳定的社会秩序。

（2）法的产生经历了由习惯演变为习惯法，再发展为成文法的过程。这个事例就反映了夏朝由氏族习惯向习惯法转变的过程。当时，氏族习惯作为协调社会纠纷、约束人们共同劳动以及平均分配的共同准则，随着母系社会向父系社会的转变，母系氏族的习惯也逐渐向父系氏族的习惯转变。父权制习惯变化的表现之一，就是确认部落联盟酋长的权威地位。事例中记载的这个传说，反映了氏族习惯的某些变化，即不但确认部落联盟酋长的权威地位，而且赋予他们临时处置的大权。这类习惯到奴隶制确立以后，则被改造成为维护君主专制的习惯法。

（3）从法律、道德和宗教规范混为一体，逐渐分化为各个相对独立的、不同的社会规范。原始社会的习惯，集各种社会规范于一体，兼有风俗、道德和宗教规范等多重属性。新旧约全书的上述规定，既是宗教规范，同时也是道德规范和法律规范。在国家与法律萌芽之初，法律与道德和宗教等社会规范并无明显的界限，随着社会管理经验的积累和文明的进化，对相近或不同行为影响社会的性质和程度有了区分的必要和可能，法律与道德规范和宗教规范及其调整的行为类型开始从混沌走向分化。这种分化在不同的社会所经历的过程不完全相同，但是，使法律调整与道德调整和宗教调整相对区分开来，却是一个共同的趋势。

3. 1994年6月13日，黑人橄榄球前明星辛普森的前妻及其男友被利刃割喉致死。警方在案发现场发现了两被害人及辛普森的血迹，也发现了辛普森的头发和一只血手套；在辛普森住宅中发现了一只与案发现场属于同一副的血手套和一双血袜子；在其汽车上也发现了被害人和被告人的血迹。警方遂将辛普森作为重大犯罪嫌疑人予以起诉。当警方怀疑系辛普森作案准备对他逮捕时，通知了他的律师，之后辛普森组成阵容强大的律师团为自己辩护。在整个诉讼过程中辛普森始终保持沉默。无论他本人还是他的律师都不承担证明他无罪的举证责任。相反，证明辛普森有罪的责任由发动起诉的控方承担。为此控方准备了上千件证据，控方证人一一出庭并在法庭上接受辩方律师的交叉询问。作为决定本案命运的主审法官和陪审团，则完全站在控辩以外第三方立场上，倾听双方发言，分析双方的证据，特别是12名陪审员，大多为未受过高等教育的普通职员和工人，与控辩双方不存在任何利益关系。在长达一年零四个月的法庭审理中，中断与外界的联系，最后本着无罪推定原则和“排除合理怀疑”的证明标准，本着良心作出一致裁决：辛普森无罪。

结合上述材料，回答下列问题：

（1）对“辛普森杀妻案”的审理反映了英美法系的哪些特点？

（2）英美法系在审判方式上与大陆法系有何不同？

（3）请根据材料谈一谈你对正当程序原则的理解。

【记忆要点】材料体现的英美法系的特点：辩论式程序和对抗式诉讼、陪审团。英美法系在审判方式上不同于大陆法系的特点：当事人主义。对正当程序的理解：程序正义的灵魂和体现、有利于推动我国法治建设、正当程序须建立在实体正义基础之上。

【参考答案】(1) 对“辛普森杀妻案”的审理体现了英美法系的如下特点：①英美法系的诉讼程序体现了辩论式程序和双方对抗性特点。英美法系的诉讼程序以原告、被告及其辩护人和代理人为重心，法官只是充当双方争论的“仲裁人”角色，法官不参与争论。②与抗辩式程序同时发挥作用的是陪审团制度。陪审团主要负责作出事实上的法律上的基本结论，如作出有罪或无罪的结论，法官作出法律上的具体结论，即判决。二者相互作用、相互支撑。

(2) 英美法系在审判方式上奉行当事人主义，当事人在审判中出于核心地位，而大陆法系国家在审判方式上奉行职权主义，具有纠问程序的特点，法官在审判中居于核心地位。

(3) ①正当程序原则是英美法系国家法官在审理案件中遵循的基本准则，也是程序正义的灵魂和体现。正当程序原则促进了资本主义国家法治原则在诉讼程序中的实现，成为资本主义国家法治原则之一。②英美法系国家注重程序的特点对建设我国的社会主义法治国家具有积极的推动作用，但注重正当程序并不意味着轻视实体法的规定，正当程序原则应当建立在实体法的规定基础之上。

★4. 材料1：甲抓住了潜入家中行窃的窃贼，非常生气，本想教训教训他，但后来想起老师曾经说过抓住窃贼应该交给公安机关处理，私自对窃贼用刑是违法的，于是就和家人一起将窃贼送到了当地派出所。

材料2：乙因涉嫌行凶杀人而被公安机关依法逮捕，邻里一片哗然，邻里们议论纷纷：有的说乙可能会被判处死刑，实属罪有应得；有的说乙虽属杀人，但罪不至死。

材料3：我国刑法规定了贪污贿赂犯罪，但是当有人以谋取不正当利益为目的，向国家工作人员进行性贿赂时，法律并没有规定为犯罪。

结合上述材料回答下列问题：

(1) 材料1和材料2体现了何种法的规范作用？为什么？

(2) 结合材料3说明法的作用的局限性。

【记忆要点】材料体现的法的规范作用的种类：指引作用（对象为本人的行为），评价作用（对象是他人的行为）。材料体现的法的作用的局限性：法的抽象性、稳定性和不断变化的社会现实生活之间存在矛盾；法的制定、实施受制定、实施主体等人的因素的限制。

【参考答案】(1) 材料1体现的是法的指引作用。指引作用是指法律规范对本人行为起到的导向和引导的作用。指引作用的对象是本人的行为。材料1中，甲在法律的指引下，没有对窃贼用刑，而是将其交给公安机关处理，体现了法的指引作用。材料2体现的是法的评价作用。评价作用是指法作为人们对他人行为的评价标准所起的作用。评价作用的对象是他人的行为。材料2中，有的评价乙的行为可获死刑，有的评价乙的行为罪不至死，这正是利用法律对他人行为的评价，因此是评价作用。

(2) 材料3表明了法的作用存在局限性，法的局限性表现在诸多方面，本题所体现的法的作用的局限性体现在法的特性与社会生活的现实之间存在着矛盾。作为一种规范，法必然具有抽象性、稳定性特征，而现实生活中的问题却是具体的和不断变化的。法还具有保守性，它总是落后于现实生活的变化，而立法者认识能力上的局限性也会使法律存在着某种不合理、不科学的地方。基于上述理由，我国刑法具有稳定性，其规定往往落后于现实社会生活，因此导致刑法对性贿赂犯罪的调整与现实不协调，这正是法的局限性之所在。

5. 材料1：法国思想家皮埃尔·勒鲁《论平等》："平等已经成为一种原则，一种信条，成为社会的基础。"

材料2：美国法哲学家博登海默《法理学：法律哲学与法律方法》："平等乃是一个具有多种不同含义的多型概念。它所指的对象可以是政治参与权利、收入分配制度，也可以是不得势的群体的社会地位和法律地位。其范围涉及法律待遇平等、机会的平等以及人类基本需要的平等。它可能关注保护诺成合同的义务与对应义务间的平等，关注因损害行为进行赔偿时作出恰当补偿与恢复原状，并关注在执行刑法时维护罪行与刑罚间的某种程度的均衡。"

材料3：法国思想家托克维尔："一个社团的基本努力或许就是设法使其成员平等，但其成员个人的自尊心却总是希望自己出人头地，在某处形成某种对自己有利的不平等。"

请结合上述材料回答下列问题：

（1）结合材料2说明平等含义的特点和博登海默阐述的平等价值的主要内容。

（2）结合材料3说明平等的特点。

（3）结合材料1、2、3说明法律确认和保障平等价值实现的基本方式。

【记忆要点】平等含义的特点：多重复合性；平等价值的内容：参与政治权利、收入分配、法律待遇、机会、基本需求、财产交换、损害补偿、刑法适用要平等。平等的特点：绝对平等和相对平等的统一。法律确认和保障平等价值的实现方式：法律宣布平等为一项法律原则、法律确认和保障平等的法律地位、法律确认平等分配、法律公平地分配法律责任。

【参考答案】（1）材料2表明了平等是具有多重含义的复合价值，其含义具有广泛性。平等价值的基本内容包括：①参与政治权利和收入分配的平等；②法律待遇、机会和基本需求的平等；③财产交换的平等；④损害的补偿要平等；⑤刑法适用的平等。

（2）平等有绝对平等和相对平等之分，平等是绝对平等和相对平等的统一，在一定条件下可以相互转化：①平等是无差别的、绝对的，所有人都应受到同样的对待，法律更应当追求绝对的平等，并为绝对平等的实现创造条件。②平等是相对的，人们应该得到与自己的优点、贡献、需要、身份等相称的待遇。

（3）法律一般通过立法、执法和司法等活动来确认和保障平等的实现，其基本方式有：①法律把平等宣布为一项基本的法律原则。②法律确认和保障主体法律地位的平等。③法律确认和保障社会财富、资源、机会与社会负担的平均分配。④法律公平地分配法律责任。

★6. 1969年，美国得克萨斯州一名叫罗伊的女孩子因为一次意外事件而怀孕，根据当时得克萨斯州刑法，堕胎属于犯罪行为，要受到严厉的处罚。迫于无奈，罗伊将孩子生了下来，并于不久后送给他人收养，随即与收养人失去了联系，无法找到孩子

的下落。罗伊对此非常伤心。当时，有两个主张堕胎自由的律师正寻找试验案件以挑战得克萨斯州的刑法，他们找到罗伊表示愿意为她代理本案。于是罗伊以得克萨斯州刑法违反美国联邦宪法，剥夺了她的堕胎自由为由将得克萨斯州政府告上法庭。美国联邦最高法院开庭审理了这一案件。在案件审理同时，关于法律应否允许妇女堕胎的争议在全国如火如荼地进行。不同的团体对此发表了自己的看法。由于美国联邦宪法对堕胎是否违宪并没有明确规定，而且这个案件并不是一个简单的案件，在罗伊的背后可能有成千上万的渴望堕胎自由的年轻人，而在得克萨斯州政府的背后，则是呼唤负起家庭责任心的中老年人以及一大批禁止堕胎的各州法律，因此无论如何判决，赞成与反对的呼声都不会少。美国联邦最高法院也淹没在赞成与反对的声音中，法官对此都有着不同的观点：有的法官推崇个人自由，愿意宽容年轻人的生活方式；有的法官看重责任心和对爱情的忠诚和家庭的稳定；有的法官则主张采取折中办法，有限度地允许堕胎自由。最终在九名老法官中，以6∶3的比例作出裁决：得克萨斯州刑法规定过于宽泛地限制了妇女的选择权，构成违宪，裁定相关堕胎条款的规定无效。

请结合上述材料并根据法理学的知识和理论回答下列问题：

（1）美国法官最终裁决得克萨斯州刑法违宪总体上运用的法律推理形式是什么？为什么？

（2）请结合上述材料从法与自由角度分析，您对堕胎所持的基本态度（赞成、不赞成或折中，只能选择其中一种观点）。

【记忆要点】辩证推理的适用情形：命题发生矛盾。法与自由的关系：法律保障自由，主体的行为和意志的自由是在法律范围内的自由，但自由不是无限制的，法律禁止借自由之名行侵害之实，法律通过约束义务主体的自由保障权利主体自由的实现。

【参考答案】（1）美国法官运用的法律推理形式是辩证推理（实质推理）。辩证推理是面临作为推理前提的两个或两个以上相互矛盾的法律命题时，借助于辩证思维，从中选择最佳命题，以解决法律问题。适用法律推理的前提是面临因法律规定的复杂性而引起的疑难问题。本材料中，美国联邦最高法院法官在造成堕胎和反对堕胎这两种不同的声浪中，通过价值判断过程，对一起因堕胎引起的疑难问题，通过选择最佳命题的方式，作出了堕胎违宪的判决。

（2）赞成的观点——从法与自由的关系角度分析。理由：自由不仅仅表现为主体有在法律规定的范围内进行活动的权利，也表现为主体在法律规定之外不被强迫的权利。自由表明主体可以自主选择所从事的行为，而堕胎完全是个人意志的选择。一方面，法律要保障堕胎的自由免受侵害，特别是免受刑事法律的危害，政府对堕胎更不应加以干涉；另一方面，法律要支持个人追求自己堕胎的自由，并为保障个人的积极自由提供必要的帮助。

反对的观点——从法与自由的关系角度分析。理由：自由并不意味着主体可以随心所欲地选择，自由是法律规定范围内的自由，法律在规定和保障自由的同时，主体自主选择的行为必须与既有的法律规定相一致，更不能以维护自由为名侵害他人的自由，否则要受到法律制裁。本材料中，既然得克萨斯州刑法既有规定禁止堕胎，则行为人没有选择的自由，否则就是对爱情的忠诚和家庭的背叛，破坏了家庭关系的稳定和追求爱情的自由，从而逃脱应有的责任。

折中的观点——从法与自由的关系角度分析。理由：法律在保障自由的同时应当对每个主体享有的自由进行界定和限制，防止主体之间对各自自由的相互侵害，同时应当明确政府在鼓励自由和限制自由方面的权力和责任。自由的实现很大程度上要依赖于社会的法律环境，法律通过约束义务主体的自由保障权利主体自由的顺利实现是现代社会自由实现的最主要形式；在受法律支配的社会中，没有法律也就没有自由的实现。就本材料而言，应当有限度地允许堕胎，但绝非放任不管，例如，政府为保护孕妇健康为目的，在堕胎危险性增加期限内禁止强制引产的，这时必须限制堕胎自由；但为挽救孕妇生命情况下不得不采取堕胎的，则应捍卫妇女的堕胎自由。

7. 在无任何证据证明其辖区存在“河南籍敲诈勒索团伙”的情况下，A 市公安局 B 区分局 C 派出所在其辖区某大型市场附近的大街上悬挂了“坚决打击河南籍敲诈勒索团伙”和“凡举报河南籍团伙敲诈勒索犯罪、破获案件的，奖励 500 元”字样的横幅。此行为引起了河南籍人士的不满。2009 年 4 月 15 日，河南籍市民甲、乙二人以 B 区分局的行为侵害了二人的名誉权为由向法院起诉，要求 B 分局在国家级媒体上公开赔礼道歉。后经法院调解，双方当事人自愿达成和解协议，B 区公安分局撤下横幅，并向甲、乙二人赔礼道歉，甲、乙二人对 B 区公安分局的做法给予谅解。

请结合上述材料回答下列问题：

（1）B 区公安分局应当承担何种性质的责任？为什么？

（2）结合本材料说明法律平等价值的特点。

（3）法律确认和保障平等价值实现的基本方式。

【记忆要点】材料体现的法律责任：民事责任。材料体现的平等价值的特点：消除特权与歧视。平等价值的实现方式：法律宣布平等为一项法律原则、法律确认和保障平等的法律地位、法律确认平等分配、法律公平地分配法律责任。

【参考答案】（1）B 区公安分局应当承担民事责任。国家机关及其工作人员行使职权的行为可以导致民事侵权，应当承担民事责任。本材料中 B 区公安分局在行使职权的过程中造成对河南籍公民社会评价的降低，致使河南籍人士的名誉权遭受侵害，其性质属于民事侵权，应当承担民事责任。

（2）本材料说明法律具有平等价值，由于特权与歧视都是对平等的否定，因此要消除特权与歧视，本材料恰恰体现了平等要求排除特权和消除歧视这一特点。具体而言，地域歧视也属于对平等原则的否定，因此，为了促进法律平等成为现实，必须消除普遍存在的地域歧视。

（3）法律一般通过立法、执法和司法等活动来确认和保障平等的实现，其基本方式有：①法律把平等宣布为一项基本的法律原则。②法律确认和保障主体法律地位的平等。③法律确认和保障社会财富、资源、机会与社会负担的平均分配。④法律公平地分配法律责任。

★8.《传染病防治法》第 39 条规定：“医疗机构发现甲类传染病时，应当及时采取下列措施：（一）对病人、病原携带者，予以隔离治疗，隔离期限根据医学检查结果确定；（二）对疑似病人，确诊前在指定场所单独隔离治疗；（三）对医疗机构内的病

人、病原携带者、疑似病人的密切接触者，在指定场所进行医学观察和采取其他必要的预防措施。拒绝隔离治疗或者隔离期未满擅自脱离隔离治疗的，可以由公安机关协助医疗机构采取强制隔离治疗措施。医疗机构发现乙类或者丙类传染病病人，应当根据病情采取必要的治疗和控制传播措施。医疗机构对本单位内被传染病病原体污染的场所、物品以及医疗废物，必须依照法律、法规的规定实施消毒和无害化处置。”

新冠肺炎疫情爆发后，国家采取各种措施，加强人员管控，做好重点场所防控，严防输入和扩散风险，采取封闭隔离等措施。重点防控城市的各个居住区、工作区都实行出入证进出小区的办法，地铁、商店等还采取出示健康码、佩戴口罩等措施。疫情防控措施落实后，社会秩序井然，居民生活无忧，社会各界也普遍对疫情防控措施表示理解和支持。

请结合上述材料，运用法理学相关知识，回答下列问题：

(1)《传染病防治法》属于何种性质的法律渊源?

(2)《传染病防治法》第 39 条规定体现了何种法律价值? 该法律价值的作用是什么?

(3)《传染病防治法》第 39 条规定所体现的价值与何种价值之间存在冲突? 如何解决冲突?

【记忆要点】《传染病防治法》的法律渊源性质：非基本法律。体现的法律价值：秩序价值；体现的作用：建立和维护社会生活秩序、建立和维持经济秩序。《传染病防治法》第 39 条规定体现的价值冲突：自由与秩序的冲突；采取个案平衡原则和比例原则解决冲突。

【参考答案】(1)《传染病防治法》在法律渊源上属于法律，是由全国人大常委会制定的非基本法律。

(2)《传染病防治法》第 39 条规定体现了法的秩序价值。法律秩序有助于建立和维护社会生活秩序，建立和维持社会经济秩序。新冠肺炎疫情爆发后，国家采取各种防控措施，有效地控制疫情，社会生活秩序井然有序，社会生活秩序得以维护，社会经济有效运转，社会的基本安全得到充分保障。

(3) 疫情防控隔离措施限制了人的自由，导致自由与秩序的冲突，解决二者的冲突要采取个案平衡原则和比例原则。因为自由和秩序属于同一位阶的基本价值，当二者存在冲突时，应当综合考虑主体之间的特定情况，在做好疫情防控的同时，兼顾主体的利益需求。在保护某种较为优越的法律价值即秩序的同时，不得逾越达到维持秩序所必要的程度，如封闭隔离采取出入证制度、对于不能出示健康码的老年人要予以特殊照顾等。

9. 材料 1：张某在路途中遭到流氓殴打，跑到附近的派出所向值班民警求救，民警要求张某给“保护费”，张某没有答应，于是民警拒绝给予保护，导致张某被打成残疾。事后张某向法院提起行政诉讼，状告派出所民警行政不作为。法院审理案件之后认为由于公安机关不履行法定行政职责，致使张某的合法权益遭受损害，应当承担赔偿责任。

材料 2：王某与同村的张某因为琐事打架，王某不慎失手将张某打死。王某的父母

向张某的父母求情，并表示愿意赔偿张家 40 万元，希望张家不要向公安机关报案。考虑到两家是世交，关系一直很好，王家又愿意赔偿，在经过一番讨价还价之后，张某的家人答应接受赔偿，不向公安机关报案，两家“私了”此事。后来村里有人向公安机关举报，公安机关介入此案，在查明事实后，移交给检察机关提起公诉，法院经过审判之后，认为张某犯有过失杀人罪，判处其有期徒刑 3 年。

材料 3：根据我国的刑事诉讼制度，我国实行公诉主义，对犯罪分子由国家检察机关向审判机关提起公诉。但对于某些刑事案件，如暴力干涉他人婚姻自由案件、虐待案件、侮辱、诽谤案件等，刑法规定告诉才处理。就是说只有当事人向法院起诉，法院才受理，而检察机关并不主动对这些案件提起公诉。黄某（男）1996 年经人介绍与陈某结婚。陈某系再婚，其前夫因病去世，遗有一子刘某。婚后，黄某经常对陈某带来的儿子进行虐待，不让小孩吃饱饭，并对其拳打脚踢，造成孩子身上多处受伤，给孩子的身心健康带来严重伤害。陈某稍加阻拦，黄某即对陈某拳脚相向。无奈之下，陈某作为刘某的法定代理人向法院提起刑事诉讼。法院经过审理之后，判决黄某犯虐待罪，判处有期徒刑 1 年。

请阅读上述材料，运用法理学知识和原理回答下列问题：

（1）材料 1 中民警的做法违反了何种法律规则？说明了什么问题？

（2）材料 2 中“私了”的行为违反了何种法律规则？说明了什么问题？

（3）材料 3 中体现的法律规则的种类是什么？说明了什么问题？

【记忆要点】民警的做法违反的法律规则：权义复合性规则。说明的问题：公安机关维持秩序、维护生命安全的职责既是权力又是义务。私了违反的法律规则：强行性规则。说明的问题：强行性规则必须遵守，不得私了。材料 3 体现的法律规则的种类：任意性规则。说明的问题：任意性规则允许协商确定、告诉才处理。

【参考答案】（1）民警的做法违反了权义复合性规则。权义复合性规则是指兼具授予权利、设定义务两种性质的法律规则。权义复合性规则大多是有关国家机关组织和活动的规则。这类规则的特点是，一方面主体有权按照法律规则的规定做出一定行为，另一方面做出这些行为又是他们不可推卸的责任，否则将承担相应的法律责任。依据法律规定，公安机关负有维持社会公共秩序、维护公民生命财产安全的职责。这种职责既是公安机关所享有的一种权力，同时也是一种必须履行的义务。如果公安机关拒绝履行这种义务，将承担相应的法律责任。

（2）材料 2 中的“私了”违反了强行性规则。强行性规则是指内容规定具有强制性，不论人们的意愿如何，都必须加以适用的规则。据此，行为主体必须遵守规则的规定，不允许他们自行协议解决问题，违反法定行为模式的协议是无效的。在该案当中，王某犯有过失杀人罪，按照刑法的规定，必须由检察机关提起公诉，由审判机关判决此案。刑法的有关规定是强行性规则，必须依照这些强行性规则来处理此案。张家和王家并没有权利自行达成协议，“私了”此事。

（3）材料 3 中体现了任意性规则。任意性规则是指规定在一定范围内，允许人们自行选择或协商确定法律关系中的权利义务内容的法律规则。对于黄某所犯的虐待罪，检察机关并不提起公诉，而由受害人自主决定是否提起刑事诉讼。如果陈某不愿意向法院提起公诉，则司法机关不会主动介入此案。

★10. 材料1:《中华人民共和国刑法》第395条第1款规定:“国家工作人员的财产或者支出明显超过合法收入,差额巨大的,可以责令说明来源,不能说明来源的,差额部分以非法所得论,处五年以下有期徒刑或者拘役;差额特别巨大的,处五年以上十年以下有期徒刑。财产的差额部分予以追缴。”

材料2:《中华人民共和国民法典》第1260条规定:“本法自2021年1月1日起施行。”

材料3:《中华人民共和国信托法》第2条规定:“本法所称信托,是指委托人基于对受托人的信任,将其财产权委托给受托人,由受托人按委托人的意愿以自己的名义,为受益人的利益或者特定目的,进行管理或者处分的行为。”

材料4:《中华人民共和国行政许可法》第5条第1款规定:“设定和实施行政许可,应当遵循公开、公平、公正的原则。”

《中华人民共和国行政许可法》第6条规定:“实施行政许可,应当遵循便民的原则,提高办事效率,提供优质服务。”

结合上述规定并运用法理学的知识和理论回答下列问题:

(1)材料中涉及的《刑法》《民法典》《信托法》《行政许可法》属于何种性质的法律渊源?

(2)运用法律规则的逻辑结构知识和理论,分析材料1中给定的法律规则的逻辑结构。

(3)材料2、3、4所给的规定是否属于法律规则?为什么?

(4)试说明法律规则和法律条文的关系。

【记忆要点】材料体现的法律渊源:基本法律和基本法律以外的其他法律。材料1体现的法律规则的逻辑结构:假定、行为模式、法律后果。材料2所给的规定为法律技术性规定;材料3所给的法律规定为法律概念;材料4所给的法律规定是法律原则。法律规则和法律条文的关系:法律条文不仅仅规定法律原则;一个法律条文并非仅完整表述一个法律规则;一个规则包括在几个法律条文中、一个条文包括多个法律规则。

【参考答案】(1)《刑法》《民法典》是由全国人大制定的,属于基本法律的法律渊源。《信托法》《行政许可法》是由全国人大常委会制定的,属于基本法律以外的其他法律的法律渊源。它们的法律渊源表现形式都是法律。

(2)法律规则是由假定条件、行为模式和法律后果三要素构成的。假定是法律规则中有关适用该规则的条件和范围部分,行为模式是法律规则中规定人们如何具体行为的方式的部分,即作为和不作为的具体行为模式,法律后果是法律规则中对遵守规则或违反规则的行为予以肯定或否定评价的部分。《刑法》第395条第1款中规定的“国家工作人员”为假定;“财产或者支出明显超过合法收入,差额巨大的,可以责令说明来源”为法律规则中的“行为模式”。“差额部分以非法所得论”“处五年以下有期徒刑或者拘役”“处五年以上十年以下有期徒刑”“财产的差额部分予以追缴”是法律规则中的“法律后果”。

(3)材料2、3、4所给的法律规定都不属于法律规则,材料2所给的法律规定属于法律技术性规定;材料3所给的法律规定属于对法律概念的规定;材料4所给的规定属于对法律原则的规定。

（4）法律规则是法律条文的内容，法律条文是法律规则的表现形式。法律规则不同于法律条文：①并不是所有的法律条文都是规定法律规则的，某些法律条文并没有规定具体法律规则，而是法律技术性规定、法律术语和法律原则的规定。②不是每一个条文都能完整地表述一个规则或只表述一个法律规则。③一个法律规则可以包括在几个法律条文中，一个法律条文可能包含几个法律规则。

【补充说明】关于参考答案第（2）点，本书是按照“考试分析”的观点拟定的答案，但考生也可以从假定、处理和制裁三要素论进行正确分析。

11. 在美国著名的黑格斯诉帕尔默案件中，一名16岁男孩毒死了他的祖父。围绕他是否能够继承被害人遗产的问题引起了很大争议。肯定者认为他是合法继承人，按照美国法律规定应当继承其祖父的遗产。反对者则认为，其继承的目的与法律的目的不符，最终法院以“一个人不能从他的不当行为中得利”这一原则剥夺了男孩的继承权。

请法理学法律原则的知识和理论并结合材料回答下列问题：

（1）材料中美国该法院的判决是否正确？为什么？

（2）结合材料说明法律原则发挥作用的前提。

（3）如何解决我国确定既有法律规则和法律原则的矛盾与冲突？为什么？

【记忆要点】法院判决正确的理由：体现了法的正义价值。法律原则发挥作用的前提：疑案、存在法律漏洞或规则冲突。解决法律原则和法律规则冲突的原则：对违反法律原则的法律规则予以废止或修改。

【参考答案】（1）法院的判决是正确的。按照美国的法律，男孩是合法继承人，应当继承财产，但由于财产继承的出现是男孩的不当乃至犯罪行为所致，如果允许男孩继承遗产，无疑是对其犯罪行为的肯定甚至鼓励，是对法律所体现的正义价值的违背，因此，法院应当判决剥夺该男孩的继承权。

（2）要使法律原则直接作为判案依据，发挥其应有的作用，必须具备如下前提条件：①案件在法律上必须是有争议的特殊或疑难案件。②没有明确的法律规则作为依据，即存在法律漏洞，或者存在法律规则，但两个或两个以上的规则存在冲突，无法判定适用何者；或者存在一个法律规则，但适用法律规则得出的结果违背立法目的，且显而易见使人无法接受。就材料中的案件而言，男孩是否享有继承权是有法律规则可以适用的，但适用该规则不仅违背立法目的，而且难以接受，因此法院引用法律原则作出判决，剥夺了男孩的继承权。

（3）一般而言，在确定的既有的法律规则的前提下，不能援引法律原则作出判决，因为在确定的既有的法律规则前提下，必须适用该规则，这在成文法国家显得尤为突出。但在判例法国家，通过判例形式较好地解决了两者的冲突。在确定的既有的法律规则与法律原则发生冲突时，应采取的解决方式是：法律原则是法律规则的基础，是在法律中较为稳定的原理和准则，法律规则不能违反法律原则，否则就不能实现法律的目的和价值。因此，二者存在冲突的情况下，必须通过立法形式对违反法律原则的法律规则实行废止或修改。

★12. 1997 年 7 月 8 日，香港特区临时立法会通过“居权证”制度，所有港人内地子女均要在内地申请居港权。

1999 年 1 月 29 日，香港特区终审法院就香港居民在内地所生子女的居留权案件所作的判决，认为临时立法会制定的有关法律不符合《香港特别行政区基本法》，《基本法》第 24 条第 2 款第（3）项所指的香港居民所生子女，是包括在其父或母成为香港永久性居民之前或之后所生的子女；《基本法》第 23 条第 4 款中对“中国其他地区的人”进入香港的限制不适用于这些人士。该判决扩大了原来根据香港《入境条例》香港永久性居民在内地所生中国籍子女获得香港居留权的范围，即认为：港人内地所生子女如能证明父或母是香港永久居民，便享有居港权，无须经内地有关机关批准，即可进入香港特区定居。

1999 年 6 月 26 日，全国人大常委会应特区政府要求解释《基本法》：拥有居港权的内地居民必须同时持有单程证及居权证，同时其父母最少有一人必须在其出生时已成为香港永久性居民，才能根据《基本法》第 24 条第 2 款（3）项的规定，享有居港权并来港定居。

1999 年 12 月 3 日，香港特区终审法院裁定全国人大释法具有约束力。

2002 年 1 月 10 日，香港特区终审法院裁定 1999 年 1 月之前赴港的港人内地子女拥有居港权，可以留港。

结合上述材料回答下列问题：

（1）请根据该材料并结合法理学法律渊源理论概括说明香港特别行政区的法律渊源。

（2）香港《入境条例》是何种性质的法律渊源？为什么？

（3）请根据材料说明《基本法》的解释权限和全国人大常委会对《基本法》解释的效力。

【记忆要点】香港特区的法律渊源：特区基本法及在香港实施的全国性法律、条例、附属立法、普通法、衡平法、某些习惯法。《入境条例》的法律渊源性质：成文法、特区法律。《基本法》的解释机关：全国人大常委会；解释效力：立法解释、与特区基本法效力等同。

【参考答案】（1）香港特别行政区的法律渊源是由《香港特别行政区基本法》及在香港特别行政区实施的全国性法律、条例、附属立法、普通法、衡平法和某些习惯法组成。

（2）香港特别行政区条例是由行政长官会同立法会制定的规范性法律文件，是成文规定。从性质上看，条例属于香港特别行政区法律的范畴，属于香港特别行政区法律渊源的组成部分。条例须报呈全国人民代表大会常务委员会备案，条例是香港法律的重要组成部分。

（3）全国人大常委会拥有对《香港特别行政区基本法》的解释权，全国人大常委会对基本法的解释属于立法解释，是具有法律约束力的最终决定，与《香港特别行政区基本法》具有同等法律效力，并可以作为裁判的依据。

【补充说明】本题是法理学法律渊源理论与宪法学结合的一道分析题，但主要考查知识点仍然是运用法理学法律渊源理论进行分析。关于参考答案第（1）点，考生也可以将判例法作为香港的法律渊源，但不能将判例法和普通法、衡平法并列表述。

★13. 材料 1：2010 年《最高人民法院关于案例指导工作的规定》第 2 条规定："本规定所称指导性案例，是指裁判已经发生法律效力，并符合以下条件的案例：（一）社会广泛关注的；（二）法律规定比较原则的；（三）具有典型性的；（四）疑难复杂或者新类型的；（五）其他具有指导作用的案例。"

材料 2：天津市高级人民法院的案例指导制度实行于 2002 年 10 月，其主要做法是：将该院民商事审判领域中的典型案例选编为"判例"，经审判委员会讨论决定后正式予以公布，供司法管辖区内所有的法院在审理同类型案件时作为裁判的参考。经选编的"判例"由案情、审判要旨和评析三部分组成。

请结合上述材料回答下列问题：

（1）《最高人民法院关于案例指导工作的规定》是否属于我国正式的法律渊源？为什么？

（2）材料 1、2 中的"案例指导"和材料 2 中的典型案例汇编是否属于司法判例？为什么？"案例指导"和"案例汇编"在司法审判中有何意义？

（3）结合材料说明我国是否应当将判例法作为法律渊源。

【记忆要点】司法解释并非正式意义上的法律渊源。案例指导和案例汇编并非判例的理由：判例并非我国法律渊源，判例不具有强制力；案例指导和案例汇编在司法审判中的意义：正确适用法律和司法政策，体现司法公正和高效；补充司法解释；发挥启示、指引、示范和规范功能。我国不能引入判例制度的理由：判例与我国现行政治制度不符；我国没有普通法判例传统；法律实践证明不能引入判例。

【参考答案】（1）《最高人民法院关于案例指导工作的规定》从性质上看属于司法解释。司法解释并非属于我国正式意义上的法律渊源，因为司法解释是如何具体适用法律问题所作的说明，其法律渊源地位尚不明确。

（2）"案例指导"和"案例汇编"并非判例，判例作为普通法系的重要法律渊源，是法院对于诉讼案件所作判决的成例，判例对于法院以后类似案件具有普遍约束力，判例可以确定新的审判原则，它不仅是个案的决定，而且具有普遍适用的意义，判例实际上是创造了法律。材料 1 和 2 中提及的"案例指导"和"案例汇编"对辖区内各级法院不具有法律意义上的强制约束力，只具有指导性；"案例指导"和"案例汇编"不能作为裁判的依据，也不具有普遍适用的意义；"案例指导"和"案例汇编"也不是造法。尽管"案例指导"和"案例汇编"并非判例，但"案例指导"和"案例汇编"在司法实践中却具有非常重要的意义：①"案例指导"和"案例汇编"能引导司法工作者正确适用法律和司法政策，切实体现司法公正和司法高效。②最高人民法院的指导性案例，从其性质上看是解释法律的一种形式，实际上起到了解释、明确、细化相关法律的作用。③实行案例指导制度能够充分发挥这些案例独特的启示、指引、示范和规范功能，实现裁判尺度的统一和司法个案的公正。

（3）我国目前还不能将判例作为正式意义上的法律渊源，理由在于：判例法的原则与中国现行政治制度不符；从法律文化角度来看，中国并没有普通法意义上的判例法传统；从法律实践角度看，我国也不宜实行判例法制度；判例法本身既有长处也有不足之处。但我国可以采取"案例指导"或"案例汇编"的形式，指导司法工作人员的司法活动，同时充分发挥最高司法机关司法解释的作用，来指导审判工作方面出现的疑难问题。

【补充说明】关于参考答案第（1）点，司法解释是否可以成为我国法律渊源问题，目前争议较大，但至少权威性教材和“考试分析”目前还没有将其纳入正式意义上的法律渊源，因此本书采取否定说。但如果考生认为司法解释可以成为我国正式意义上的法律渊源，且言之成理者，亦可。关于参考答案第（3）点，如果考生从我国应当引入判例制度入手作答，符合法理且言之成理者，亦可，但必须结合材料予以说明。一般而言，如果考生认为应当引入判例制度的，应从如下角度入手作答：引进判例制度可以弥补成文法的不足；从法律文化角度看，中国历史上有采取判例断案的悠久传统（如廷行事、决事比、举轻以明重、举重以明轻、比附断罪、类推等）；判例法的价值比以往更突出；引进判例制度有其必要性和可行性。如果结合材料说明，考生可从“案例指导”和“案例汇编”就是引进判例制度的尝试等角度入手分析。然而鉴于目前较多学者主张不宜引进判例制度，因此，从可以引进判例制度角度回答此问题存在较大风险，但只要论述充分、言之成理且符合法理的，亦可。

14. 据沿海某市劳动保障部门发布的信息，该市开展的以清理拖欠农民工工资为主要内容的“春雨行动”告一段落，全市劳动保障部门共检查用户单位 2 426 户，涉及职工 31 万人。其中 764 家用人单位拖欠 1. 2 万名职工工资 2 060 万元，追回工资 2 000 万元，其中涉及农民工 1. 15 万人。对 26 家支付工资不力用人单位进行了处罚。

为了确保农民工在春节前按时足额领到工资，该市于去年 11 月启动了“春雨行动”，市政府还专门下发了《关于进一步解决拖欠农民工工资问题的通知》，对各地清欠农民工工资的情况进行了督查。在“春雨行动”期间，各地加大了检查力度，保证了清欠工作的顺利进行。

阅读上述材料，并根据执法原理回答下列问题：

（1）材料主要反映了执法活动的哪方面特征？请说明理由。

（2）材料主要反映的执法原则是什么？请说明理由。

【记忆要点】材料体现的执法特征：主动性。理由：执法主体依职权主动进行执法活动；执行法律是一种职权、职责。材料体现的执法原则：依法行政原则。理由：执法内容合法。

【参考答案】（1）材料主要反映了执法活动具有执法的主动性特征。执法程序的启动与司法程序的启动不同，一般不必要求有关当事人提出请求，而是由执法主体依据其职权即可开始执法活动。执法主体执行法律，既是一种职权，也是一种职责。执法机关必须积极主动地去行使其执法权力，实现对社会的管理，有效地维护法律所要求的社会正常秩序。本材料中，劳动保障部门开展劳动执法检查，清查用人单位拖欠农民工资情况，就不必等有关农民工提出申请才采取行动。所以，有关部门及其工作人员只要据此即可以而且应当开展劳动保障的检查执法活动，这恰恰体现了行政执法的主动性特征。

（2）材料体现了依法行政的执法原则。依法行政原则，是指行政机关必须依照法定的权限、法定程序和法治精神进行管理，越权无效。该原则的具体要求包括执法的主体、内容和程序必须合法。就材料反映的问题看，主要体现了依法行政原则的执法内容要合法。材料中，劳动保障部门对拖欠农民工工资的用人单位的处罚，就必须要先认定用人单位是否存在拖欠工资的事实，证据是否确凿充分，然后还要正确适用有关劳动保障法规对拖欠工资的用人单位进行处罚，处罚的法律依据必须具体明确，这些都是依法行政的要求。

15. 1996年，四川省夹江县某个体印刷厂仿冒印制另一企业的产品，被技术监督机构查封。该印刷厂认为该技术监督机构无权对其实施行政处罚，属于越权行政，遂向法院提起行政诉讼。对此，中央电视台“焦点访谈”栏目以“打假者上了被告席”为题进行了报道，并以“恶人先告状”为道德批判模式，对“制假者”的起诉行为予以谴责。面对媒体形成的舆论压力，法院不得不违心地作出不利于“制假者”的裁决。实际上，依照相关法律，“制假者”是有起诉权的，法院应当受理。媒体的报道把一个法律问题变成了一个是非分明的道德问题，给司法审判带来了不利影响，也损害了当事人的权利。

阅读上述材料，并根据执法原理回答下列问题：

（1）请说明这段材料反映的司法原则及其含义。

（2）请阐述该段文字中新闻媒体的做法说明的问题。

（3）针对该材料说明法与道德的冲突。

【记忆要点】材料体现的司法原则：司法独立；含义：司法机关依法独立行使职权，不受行政机关、社会团体和个人的干涉。新闻媒体的做法说明的问题：处理好监督和非法干涉的关系。材料体现的法律与道德的冲突：合理不合法；二者的冲突不能影响司法独立。

【参考答案】（1）这段材料反映的是司法独立原则。司法独立原则，即司法权独立行使原则，是指司法机关在办案过程中，依照法律规定独立行使司法权。司法独立原则要求国家的司法权只能由国家的司法机关独立行使，其他任何组织和个人都无权行使此项权力；要求司法机关行使司法权只服从法律，不受其他行政机关、社会团体和个人的干涉。

（2）上述材料表明，在实践中必须把握好“监督”与“非法干预”之间的界限。司法机关依法独立行使职权并不意味着司法权不受监督。从本材料来看，接受舆论监督是必要的。但有时候，监督者的“监督”可能会演变为“干预”。在上述事例当中，新闻媒体的本意是进行舆论监督，但这种监督却干预了法院的独立审判。法官审理案件，必须以法律而不是道德为标准，尽管造假者在道德上应受到谴责，但依据法律，其享有向法院起诉的权利。媒体借助于舆论的力量对法院施加了压力，形成了事实上的“媒体审判”。类似的情形在权力机关对法院的个案监督中也时常出现。

（3）法与道德之间存在冲突。就该材料而言，材料反映的问题是道德允许的，但是法律不允许的。司法机关行使司法权时，一定要坚持司法机关依法独立行使职权的原则。

16. 汪某和范某是邻居，某天，双方因生活琐事发生争吵，范某怒而挥刀砍向汪某，致汪某死亡。事后，范某与汪某的妻子在中间人的主持下，达成“私了”。后汪某

父母得知儿子身亡，坚决不同意私了，遂向当地公安部门告发。公安部门立案侦查之后，移送检察院。最后，法院依据刑法规定判处范某无期徒刑，同时依据民法典规定判决范某向汪某的家属承担民事责任。

请结合上述材料，运用法理学相关知识，回答下列问题：

（1）本案形成哪些法律关系？

（2）引起范某与司法机关之间法律关系的法律事实是什么？

（3）法院判决适用的法律推理形式是什么？

【记忆要点】法律关系：刑事法律关系、民事法律关系、诉讼法律关系。引起范某与司法机关之间法律关系的法律事实：法律行为。法院适用的推理形式：演绎推理。

【参考答案】（1）本案形成刑事法律关系、民事法律关系和诉讼法律关系。范某的行为致汪某死亡，在范某与汪某的家属之间形成了刑事法律关系。由于范某的行为，在范某与检察院之间形成刑事诉讼法律关系，在范某与汪某的家属之间形成了因范某的犯罪行为直接导致的物质损失而引起的以损害赔偿为内容的民事损害赔偿法律关系。

（2）引起范某与司法机关之间法律关系的法律事实属于法律行为。

（3）法院判决适用的法律推理是演绎推理。法院依据刑法规定判决范某承担刑事责任，并依据民法典规定判决范某承担赔偿责任，这是法院适用刑法和民法典规定（大前提），结合案件事实（小前提，即范某致人死亡），依法作出判决（结论），这是演绎推理形式。

★17. 材料1：《全国人民代表大会常务委员会关于〈中华人民共和国刑法〉第三百一十三条的解释》规定：“‘人民法院的判决、裁定’，是指人民法院依法作出的具有执行内容并已发生法律效力的判决、裁定。人民法院为依法执行支付令、生效的调解书、仲裁裁决、公证债权文书等所作的裁定属于该条规定的裁定……”

材料2：2008年9月1日，最高人民法院《关于审理民事案件适用诉讼时效制度若干问题的规定》（2020年12月修改）开始施行。该规定分别从诉讼时效总则、起算、中断、中止、效力、附则等方面进行了较为系统、全面地规定。该规定符合诉讼时效制度的立法目的，更有利于保护权利人的利益。

材料3：《行政法规制定程序条例》第31条规定：“行政法规条文本身需要进一步明确界限或者作出补充规定的，由国务院解释。国务院法制机构研究拟订行政法规解释草案，报国务院同意后，由国务院公布或者由国务院授权国务院有关部门公布。行政法规的解释与行政法规具有同等效力。”

请结合上述材料回答下列问题：

（1）从法律解释角度分析材料1、2、3中提及的规范性法律文件的法律解释种类。

（2）对比材料1、2中涉及的两种法律解释的界限。

（3）说明材料3中的法律解释适用的情形及其效力。

【记忆要点】材料体现的法律解释的种类：立法解释、司法解释、行政解释。立法解释和司法解释的界限划分：法律、法令条文本身需要进一步明确界限或作补充规定的采取立法解释；法律具体应用问题采取司法解释；立法解释是主导，司法解释是主体，但司法解释不得侵入立法解释范围。行政解释的适用情形：行政法规条文需要进一步明确界限或作补充规定的。

【参考答案】(1) 材料 1 中关于《全国人民代表大会常务委员会关于〈中华人民共和国刑法〉第三百一十三条的解释》的规定属于立法解释；材料 2 中《关于审理民事案件适用诉讼时效制度若干问题的规定》属于司法解释；材料 3 中关于《行政法规制定程序条例》的规定属于行政解释。

(2) 立法解释和司法解释的界限是：①凡关于法律、法令条文本身需要进一步明确界限或作补充规定的，由全国人民代表大会常务委员会进行解释或用法令加以规定。②凡属于法院审判工作中具体应用法律、法令的问题，由最高人民法院进行解释。凡属于检察院检察工作中具体应用法律、法令的问题，由最高人民检察院进行解释。最高人民法院和最高人民检察院的解释如果有原则性的分歧，报请全国人民代表大会常务委员会解释或决定。③法律解释应当以立法解释为主导，但必须以司法解释为主体，只要不是明显地侵入立法解释的范围，司法解释就具有广泛的解释权限。

(3) 行政解释的适用情形是，行政法规条文本身需要进一步明确界限或者作出补充规定的，由国务院解释。行政法规的解释与行政法规具有同等效力。

★18. 材料 1：A 县电缆受到破坏，大面积停电 5 小时，后经调查得知为甲偷割电缆所致。甲被控犯有“危害公共安全罪”，被判处 5 年有期徒刑。甲不服遂向上级法院提起上诉，称自己偷割电缆变卖仅得 200 元钱，顶多是“小偷小摸”行为。二审法官依照最高人民法院《关于审理破坏公用电信设施刑事案件具体应用法律若干问题的解释》维持原判。

材料 2：出租车司机乙送病危病人去医院，该病人需要及时治疗，否则性命难保。为争取时间，乙将车开至非机动车道掉头，被交警拦截并被告知罚款。经乙解释，交警对乙未予处罚且为其开警车引道，将病人及时送至医院，使病人脱离危险。

根据法理学知识和理论并结合上述材料回答下列问题：

(1) 对比材料 1 和材料 2 分析法院和交警运用的法律推理形式。

(2) 材料 1 和材料 2 说中，二审法官和交警运用的案件判断方法是价值判断还是事实判断？为什么？

(3) 根据材料 2 分析法的价值存在的冲突及解决办法。

【记忆要点】材料体现的法律推理形式：演绎推理、辩证推理。价值判断和事实判断的区别：价值判断以人为价值取向；事实判断以现存法律规范（不包括司法解释）为取向。材料体现的解决价值冲突的基本原则：价值位阶原则、比例原则和人民群众根本利益原则。

【参考答案】(1) ①材料 1 中，法官运用的推理形式是演绎推理：演绎推理是从一般到特殊的推理形式。材料 1 中，法院依据《关于审理破坏公用电信设施刑事案件具体应用法律若干问题的解释》这个大前提进行审判，并针对甲盗割电缆这个具体案件的小前提，从而得出一个确定的判决，这正是演绎推理的推理形式。②材料 2 中，交警运用的是辩证推理：辩证推理即当作为推理前提的是两个或两个以上的相互矛盾的法律命题时，借助于辩证思维，从中选择出最佳命题，以解决法律问题。材料 2 中，交警在存在保护生命权和维持秩序价值两个疑难命题的情形下，从中选择出最佳命题，

法理学

该方法是辩证推理方法。

（2）材料1和材料2中，二审法官和交警运用的案件判断方法都是价值判断而非事实判断。因为二审法院法官引用的最高人民法院《关于审理破坏公用电信设施刑事案件具体应用法律若干问题的解释》并非既有法律规范，而是司法解释，不能认定为是事实判断；交警也并没有以法律制度作为判断的取向，而是以具体案件中的人作为判断标准，因此也是价值判断。

（3）材料2中存在秩序价值和人权价值之间的冲突。在人权价值和秩序价值存在冲突时，应遵循价值位阶原则、比例原则和人民群众根本利益原则解决二者的冲突，即人权价值要优先于秩序价值。

★19. 某日早上8时许，一头野生羚牛闯入人家，将某甲顶倒在地，其妻某乙亦被困屋中，当地有关部门闻讯展开营救。根据《中华人民共和国野生动物保护法》第16条明文规定，禁止猎捕、杀害国家重点保护野生动物。因科学研究、驯养、繁殖、展览或者其他特殊情况，需要捕捉、捕捞国家一级保护野生动物的，必须由国务院野生动物行政主管部门批准。由于野生羚牛是国家一级保护动物，因此当地有关部门不敢擅自捕杀，只能逐级请示；当日下午1时许才从当地某省林业厅传来指示，可以击毙羚牛；下午4时许，羚牛终于被击毙，而此时某甲已经死亡，其妻某乙亦因伤势过重抢救无效死亡。

请根据上述材料，运用相关法理学知识，回答下列问题：

（1）该案存在的法律价值冲突是什么？如何解决这种冲突？

（2）省林业厅的指示是否合理、合法？为什么？

（3）从法制要求和法治目标角度谈谈你对该案的认识。

【记忆要点】材料体现的法律价值：人权、正义、秩序。材料体现的解决价值冲突的基本原则：价值位阶原则、人民群众根本利益原则。指示：合理、合法。人权、正义价值优先；材料体现的法治原则：权利保障原则、法律至上原则。

【参考答案】（1）该案存在法的人权价值、正义价值和法的秩序价值之间的冲突。从人权价值角度看，人的生命价值高于一切，在人的生命遭到威胁时，应当牺牲法律调整所形成的法律秩序；从正义价值角度看，法律调整所形成的法律秩序必须以维护正义为己任，而保护人的生命则是最大的正义。解决上述法律价值之间的冲突应遵循价值位阶原则和人民群众根本利益原则。

（2）省林业厅的指示具有合理性，也具有合法性。省林业厅得知人的生命受到羚牛威胁时，为了维护人的生命价值，作出了击毙羚牛的决定，从而维护了人权和正义，因此是合理的；省林业厅根据《野生动物保护法》有关“其他特殊情况”的规定作出指示，是依法办事的表现，因而是合法的。

（3）法制要求严格依法办事，形成稳定的法律秩序，该案相关部门严格按照法律规定办事，他们一面组织营救，一面向上级主管部门请求，这正是野生动物保护法所要求的。法治强调法律的至高权威，法治的终极目标是对权力的制约和人权的保障，就该案而言，法律的至高权威和保障人权都是法治的内在要求，但在二者存在冲突时，必须寻求既能够维护法律权威，又能够保障人权的平衡，即只有人们都能够认识到保护人的生命的崇高价值、牺牲法律的权威不被认为是践踏法治的时候，法治的终极目标才能实现。

★20. 某县县长甲在一次县人民代表大会上郑重指出：“为了维护全县良好的社会秩序，加快全县经济的发展，各主管部门必须坚决做好依法治国方略的具体落实。具体来说，必须做到依法治县、依法治镇、依法治村，要制定各种办法、规定来治理全县的经济秩序和社会秩序，特别是重点治理有违法、违规行为的居民和村民，做到稳扎稳打，快速而有效地推进，对违法行为做到不枉不纵、决不姑息。”

请运用法治的知识和理论对县长甲的讲话作出评价。

【记忆要点】法治与人治的对立；广义法律、狭义法律；依法治国的主体是人民不是官员，客体是社会政治、经济生活，不是人民的行为。

【参考答案】(1) 县长甲的讲话体现了人治思想。法治是与人治对立的治国方略：法治是民主政治，其依据是反映众人意志的法律；人治则是专制政治，其依据是统治者个人或少数人意志。依法治国是法治的典型表述。材料 1 中，县长甲的言论表明，他所认为的法治仅是少数人治理社会的工具，这是人治观念的典型表现，是以法治之名行人治之实。

(2) 县长甲的讲话体现了对法律范围的误解。法律有广义和狭义之分，狭义的法律仅指全国人大及其常委会制定的法律，广义的法律是指包括宪法、法律、行政法规、监察法规、地方性法规、规章等一切规范性法律文件。无论是广义的法律，还是狭义的法律，其范围都是有界限的，不能将法律的范围泛化，不能认为只要是有关部门制定的规则都是法律，这是对法律的严重曲解。

(3) 县长甲的讲话错误地理解了依法治国的内涵。依法治国或者说法治的主体是人民，而不是官员。依法治国的根本目的在于保证人民充分行使当家作主的权力。依法治国的目标在于治吏，而非治民。依法治国的客体是国家权力和社会政治、经济生活，而不是人民的行为。县长甲的讲话不仅错误地曲解了依法治国的主体，而且错误地认为依法治国就是依法治理居民、村民的观念，这对于实现法治和依法治国方略是十分有害的。

★21. 材料 1：出租车司机甲送孕妇乙去医院，途中乙临产。为争取时间，甲将车开至非机动车道掉头，被交警拦截并被告知罚款。经甲解释，交警对甲未予处罚且为其开警车引道，将乙及时送至医院。

材料 2：丙将一婴儿盗走，并给婴儿的父母打电话勒索高额赎金，由于婴儿的父母没有按时将赎金交付给丙，丙便采取“撕票”行动，将婴儿掐死并将尸体抛入河中。后丙被抓获。法院依据我国《刑法》第 239 条第 2 款规定，认定丙犯有绑架罪，并判处丙死刑。

材料 3：甲依法收养了 1 名女婴乙，乙成年后，甲、乙又依法办理了解除收养关系的手续。时隔 1 年后，甲、乙又办理了结婚登记手续。甲的儿子丙对二人结婚非常不满，便向法院申请宣告甲、乙二人的婚姻无效。法院根据我国《婚姻法》第 7 条有关直系血亲和三代以内旁系血亲禁止结婚的规定，宣告甲、乙的婚姻为无效婚姻。审理

该案的法官认为，甲、乙二人为拟制直系血亲，虽然我国《婚姻法》对拟制直系血亲是否可以结婚没有规定，且二人的拟制直系血亲已被依法解除，但基于伦理等目的，应当比照《婚姻法》第7条规定，宣告二人的婚姻无效。

请根据上述材料，运用相关法理学知识，回答下列问题：

（1）材料1、2、3各体现的推理方式。

（2）材料1中体现了法的哪些价值之间的冲突？警察采取了何种原则解决这种冲突？

（3）根据法律推理原则，分析材料2中法院采取法律推理的基本逻辑。

（4）根据材料3说明该法律推理的作用。

【记忆要点】材料体现的法律推理形式：辩证推理、演绎推理、类比推理。材料1体现的价值冲突：人权和秩序；解决冲突的原则：价值位阶原则、人民群众根本利益原则。法律推理的基本逻辑结构：大前提、小前提、结论。类比推理的作用：弥补法律漏洞、解决法律局限性、合理运用自由裁量权。

【参考答案】（1）材料1体现的法律推理形式是辩证推理；材料2体现的法律推理形式是演绎推理；材料3体现的法律推理形式是类比推理。

（2）材料1中体现了法的人权价值和秩序价值之间的冲突。警察依据价值位阶原则和人民群众根本利益原则解决了人权和秩序的冲突。

（3）法院采取的法律推理的基本逻辑是：

大前提（《刑法》第239条规定）：以勒索财物为目的偷盗婴幼儿的，以绑架罪定罪处罚。

小前提（本案事实）：本案中丙实施了偷盗婴幼儿以勒索赎金的行为。

结论（判决）：丙的行为应定绑架罪。

（4）类比推理的作用体现在：①类比推理可以弥补法律规定存在的漏洞。②类比推理可以适应现实生活的变化，解决法律因自身的局限性带来的问题。③类比推理可以在价值判断基础上，合理地运用法官的自由裁量权。

【补充说明】关于参考答案第（3）点，考生其他表述符合题意和法理的，可酌情给分。

22. 甲公司未在有较大危险因素的生产经营场所和有关设施、设备上设置明显的安全警示标志，并使用应当淘汰的危及生产安全的工艺、设备，被A省B市市场监督管理局依据A省人民代表大会常务委员会制定的《安全生产管理条例》罚款50万元，并责令限期改正。甲公司以处罚违法为由诉至法院。法院查明，根据《安全生产法》第96条规定，对甲公司的行为的罚款为5万元以下，逾期未改正的，罚款为5万元以上20万元以下。

请结合上述材料，运用法理学相关知识，回答下列问题：

（1）《安全生产法》与《安全生产管理条例》属于何种性质的法律渊源？为什么？

（2）法院应当援引何种规范性法律文件进行判决？为什么？

（3）《安全生产管理条例》如何报备？

【记忆要点】《安全生产法》属于法律；《安全生产管理条例》属于地方性法规。法院援引《安全生产法》判决、上位法优于下位法。《安全生产管理条例》报全国人大常委会和国务院备案。

【参考答案】(1)《安全生产法》为全国人大常委会制定的非基本法律，因此其属于作为法律渊源的“法律”。《安全生产管理条例》为A省人民代表大会常务委员会制定的，因此其属于作为法律渊源的“地方性法规”。

(2)法院应当援引《安全生产法》进行判决。因为《安全生产法》为上位法，《安全生产管理条例》为下位法，《安全生产法》在效力位阶上高于《安全生产管理条例》。

(3)《安全生产管理条例》报全国人民代表大会常务委员会和国务院备案。

23. 李某因热水器漏电受伤，经鉴定为重伤，遂诉至法院请求厂家赔偿损失，其中包括精神损害赔偿。庭审时被告代理律师辩称，一年前该法院在审理一起类似案件时并未判决给予精神损害赔偿，本案也应作相同处理。但是法院根据《民法典》第996条规定，支持了李某的诉讼请求。

《民法典》第996条规定：“因当事人一方的违约行为，损害对方人格权并造成严重精神损害，受损害方选择请求其承担违约责任的，不影响受损害方请求精神损害赔偿。”

请结合上述材料，运用法理学相关知识，回答下列问题：

(1)《民法典》第996条规定的逻辑结构。

(2)被告代理律师运用的法律推理的形式是什么?

(3)法院能否援引一年前类似案件的判决结论对李某伤害案作出判决?为什么?

(4)本案形成哪些法律关系?

【记忆要点】法律规则的逻辑结构：假定条件、行为模式、法律后果。法律推理形式：类比推理。法院能否援引先前判决：不能，判例并非正式意义上的法律渊源。法律关系：民事法律关系、诉讼法律关系。

【参考答案】(1)《民法典》第996条规定的逻辑结构：当事人一方的违约行为是假定条件；损害对方人格权并造成严重精神损害是行为模式；承担违约责任和精神损害赔偿是法律后果。

(2)被告代理律师运用的是类比推理。被告代理律师认为，法院审理的李某伤害案与一年前该法院判决的案件类似，那么适用的法律和判决结果也应当类似，法院应当按照一年前类似案件的判决处理李某伤害案，此为类似案件类似处理，是类比推理。

(3)法院不能援引一年前类似案件的判决结论对李某伤害案作出判决，因为判例不是我国正式意义上的法律渊源。

(4)本案在李某与厂家之间形成民事法律关系，李某、厂家与法院之间形成诉讼法律关系。

24. 28岁的打工者王某余，因急需钱给父亲治病，并且自己因身体原因不想继续打工，和弟弟一起准备向包工头吴某国要回当年的工钱。2005年5月11日晚，兄弟俩到吴某国住处讨要工钱时，吴某国一直没有开门。住在旁边的苏某才、苏某刚、苏某

兰、吴某还有吴某国之妻过来让他俩走。吴某骂哥俩像条狗，用拳头打王某余，还用脚踢他。苏氏父子也对兄弟二人连踢带打。“为什么我活着总是让人欺负?”愤怒的王某余拿出随身携带的折叠刀，将苏某刚、苏某才、吴某、苏某兰相继捅倒在地，见吴某国之妻汤某琴扶着被捅伤的苏某刚蹲在墙角处，王某余持刀又将汤某琴捅伤，最终酿成四死一伤的惨案。王某余杀人后没有逃跑，而是投案自首。“他们这样欺负农民工，却受不到法律的制裁，我就要杀了他们。我杀了他们，并不是我想的，这是命运的安排。”对于自己的所作所为，王某余没有后悔，“反正我不想活了，我这样活着太累了!”

请结合上述材料，运用法理学相关知识，回答下列问题：

(1) 王某余只是想讨要工钱，找回属于自己的“正义”，但却酿成了重大血案，等待他的必然是法律的制裁。在这起案件中，法律规定和正义是否存在冲突？为什么？

(2) 正义作为法律价值有哪些作用？

(3) 如何运用法律实现正义？

(4) 从社会治理角度分析社会公平正义的实现。

(5) 王某余应当承担何种法律责任？其存在何种免责条件？

【记忆要点】法律规定与正义不存在冲突。正义作为法律价值的作用：存在根据、评价标准、根本动因、法律实践。运用法律实现正义：法治化管理、公正分配正义、实体正义、程序正义。通过社会治理实现公平正义：从社会治理和法治本质看；从价值追求看。王某余承担的法律责任：刑事责任；免责条件：自首免责。

【参考答案】(1) 法律规定与正义不存在冲突，因为我国不存在严重缺乏“正当性”的恶法去阻碍正义的实现。王某余在分配正义实现受阻时，采取了自力救济，而未采取法律手段来维护自己的合法权益。但是，王某余在实现自己的分配正义时，破坏了他人的分配正义，导致矫正正义的发生，王某余要受到法律制裁。

(2) 法律的价值在于实现正义。正义作为法律价值有下列作用：①正义是法律的存在根据和评价标准。②正义是法律发展和进步的根本动因。③正义适用于具体的法律实践。

(3) 国家要通过制定法律，运用法治手段解决社会问题，要对王某余等弱势群体通过法律关怀和救济实现正义，实行法治化管理，公正地分配正义，并设定公正的程序来保障，使实体正义和程序正义以看得见的方式实现。

(4) 王某余讨薪杀人案虽然是个案，但也表明社会治理在某一方面出现了机能失调、制度调节失效的问题。从社会治理和法治本质看，执法为民是社会主义法治的本质要求。法治作为一种社会治理形式，其最根本的目的就是使公民的权利得到实现。从价值追求看，社会主义法坚定不移地追求社会公平正义。实现公平正义，首先要从程序正义来实现，也就是司法过程的公正，它是从立法公正通往现实公正的路径。公平与效率，是司法制度追求的两种价值，诉讼公正与诉讼效率作为司法的价值追求，当二者难以兼得时，必须将实现公正作为优先选项，唯有在实现公正的前提下，高效方能体现出它的意义。

(5) 王某余应当承担刑事责任，其可以免责的条件是自首免责。

★25. 洪某10岁时父母离异，随其母生活。洪某14岁时祖父去世，但洪某自觉与祖父感情不深，未参加葬礼。洪某之父老洪遂不再向洪某提供抚养费。洪某及其监护人向当地法院提起诉讼，请求责令老洪承担抚养费。老洪在答辩状中说，洪某不参加葬礼不孝之至。法院没有采纳老洪的答辩理由，并依据相关法律判决洪某胜诉。二审法院还在判决书后附有一段“判后语”：祖父去世，令人悲恸。双方当事人要节哀顺变，不能因抚养费而生纠怨。死者已去矣，亲者尚生存，亲情不可废。愿双方重修亲情，死者永瞑目。

请根据上述材料，运用相关法理学知识，回答下列问题：

（1）法院的“判后语”是否具有法律效力？为什么？

（2）法院的“判后语”反映了哪一层面的法律文化？

（3）您对法院在判决书后附入“判后语”有何看法？请说明理由（赞成或反对，仅选择一种观点回答）。

（4）结合材料分析法与道德的关系和法律作用的局限性。

【记忆要点】“判后语”不具有法律效力；“判后语”反映的是观念形态的法律文化。“判后语”的积极作用：弥补法律适用和道德判断不足，弘扬法律文化，推进法治建设，推动精神文明建设，宣传法制和法制教育，培养法律意识。“判后语”的消极作用：破坏法律统一性和权威性，模糊了法律和道德的界限，损害了法律的严肃性和权威性。法与道德的关系：道德是法律的价值基础；法律是传播和保障道德的手段；法律有其局限性。

【参考答案】（1）法院的“判后语”不具有法律效力。因为“判后语”并非案件适用的具有普遍效力的规范性法律文件，也并非法律适用的结果，而只是对判决的道德评价和补充意见。

（2）法院的“判后语”反映的是观念形态的法律文化。

（3）赞成的观点：①法律适用的过程不能完全排除道德判断，判后语可以弥补法律适用缺乏道德判断的不足。②“判后语”可以弘扬社会主义法律文化，推进法治建设和精神文明建设。③“判后语”可以起到法制宣传和法制教育的作用，培养人们的守法意识。

反对的观点：①“判后语”破坏了法律的统一性和权威性，对判决的性质也缺乏在“法治”层面上的认可。②“判后语”反映出法官对法律与道德界限的认识仍模糊不清。③“判后语”损害了法律的严肃性和权威性。

（4）①道德是法律的价值基础，是判断、评价法律的价值尺度。②法律是传播道德、保障道德实施的有效手段。③法律在社会生活的调整中起到主导作用，但并非所有问题都可以用法律来调整，对于法律调整无法发挥作用的领域，道德调整起着不可忽视的作用。本案中洪某没有参加祖父的葬礼，虽然不孝，但法律对此无能为力，这体现了法律作用的局限性。

【补充说明】关于参考答案第（2）点，考生回答法院的“判后语”反映的是“精神形态的法律文化”亦可。关于参考答案第（3）点，无论是赞成的观点，还是反对的观点，其阐述符合法理者，亦可。

26. 西方法学家艾尔利希（埃利希）在《法社会学原理》中指出："在当代以及任何其他的时代，法的发展的重心既不在立法，也不在法学或司法判决，而在于社会本身。"

请结合上述材料，运用法理学相关知识，回答下列问题：

（1）艾尔利希是哪一个法学流派的代表人物？其主要观点有哪些？

（2）根据材料分析法与社会的一般关系。

【记忆要点】艾尔利希：社会法学派；主要观点：成文法不是唯一渊源、活法、法律的发展重心在于社会。法与社会的一般关系：社会是法律的基础；法律是社会关系的调整器。

【参考答案】（1）艾尔利希是社会法学派的代表人物。艾尔利希的主要观点是：反对成文法是唯一的法律渊源，重视现实社会中的活法；扩大法官自由裁量权；法律的发展重心在于社会本身。

（2）法与社会的一般关系可以概括为：①社会是法律的基础。社会是法律产生与形成的基础。法是社会的产物。社会是法的基础，即社会是法赖以产生或形成的基础。②法律是社会关系的调整器。首先，法对社会的调整，是通过调和社会各种冲突的利益，进而保证社会秩序得以确立和维护。其次，法对社会的调整还表现为通过法律对社会机体的疾病进行疗治。

★27. 王某参加朋友李某婚礼期间，自愿帮忙接待客人，婚礼后王某返程途中遭遇车祸，住院治疗花去费用 1 万元。王某认为，参加婚礼并帮忙接待客人属于帮工行为，遂将李某诉至法院要求赔偿损失。法院审理认为，王某的行为属于由道德规范调整的情谊行为，不在法律的调整范围内。

请结合上述材料，运用法理学相关知识，回答下列问题：

（1）法律有哪些局限性？

（2）法院审理案件能否将道德规范作为裁判的理由？

（3）如何解决法与道德的冲突？

【记忆要点】法律的局限性：调整范围的有限性；法的特性与社会生活现实的矛盾；法的制定和实施受人的因素的影响；法的实施受政治、经济、文化等社会因素的制约。在既有法律规则或法律原则时不能援引道德规范裁判。解决法律与道德冲突的途径：减少法律漏洞，使道德与法律吻合。

【参考答案】（1）法律的局限性体现在：①法律调整的范围是有限的。②法的特性与社会生活的现实之间存在着矛盾。③法的制定和实施受人的因素的影响。④法的实施受政治、经济、文化等社会因素的制约。正因为法律有上述局限性，法律不能调整所有的社会关系。该案中的情谊行为，法律则不宜调整，这表明了法律的局限性。

（2）在既有法律规则或法律原则的情况下，不能援引道德规范作出裁判，特别是在刑法领域，道德规范不能作为裁判依据。但法律与道德不能截然分开，法官往往参照道德规范进行价值判断。在特定情形下，道德规范可以作为裁判的理由，这在民商事领域有所体现，这里的特定情形包括：①没有法律规定可借助于道德规范；②有法律规定但裁判结果不公正、不合理可借助于道德规范。

（3）解决法律与道德在日常法律适用领域中冲突的措施主要有：①提高立法质量，尽量避免出现法律的漏洞，要最大限度地减少法律与道德进行不必要碰撞的概率。②在宣传法律过程中，对旧道德进行批判，使道德与法律尽量吻合。

★28. 张某和女儿联合起来，准备一文不花将母亲陆老太的房产骗到手，被陆老太告上法庭。北京市东城法院开庭审理并宣判此案，法官首次在判决中援引《孝经》，维护了陆老太的权益。依据相关法律条文，法院已足以作出如此判决，但是，法官引用了传统的孝道，在判决书中指出，我国有"百善孝为先"的古语，"孝"有孝顺、善事父母之意，古代以尽心奉养和绝对服从父母为孝，儒家经典《孝经》把孝誉为"天之经、地之义、人之行、德之本"。法官通过孝道原则进行说理，体现了法律的公正和法律文本的道德升华。

请结合上述材料，运用法理学相关知识，回答下列问题：

（1）判决书援引的《孝经》是否属于我国的法律渊源？《孝经》确立的规则对当事人是否具有法律约束力？

（2）法院援引了相关法律条文进行裁判，其适用的法律推理形式是什么？

（3）法院在审理过程中进行了释法说理，体现的法律论证的标准有哪些？

（4）结合材料，从规范内容的角度说明法律是最低限度的道德。

【记忆要点】《孝经》不属于我国正式的法律渊源。推理形式：演绎推理。体现的法律论证标准：内容的融贯性、程序的合理性、依据的客观性和逻辑有效性、结论的可接受性。法律是最低限度的道德：法律不同于道德；道德要求高于法律；道德调整广于法律；判决书体现法律是最低限度的道德，发挥了道德教化作用。

【参考答案】（1）《孝经》属于道德规范，不属于我国正式意义上的法律渊源，但可作为我国非正式意义上的法律渊源。《孝经》确立的规则对当事人不具有法律约束力。

（2）法院适用的是演绎推理形式。法院援引相关法律条文作为裁判的大前提，将相关条文作为适用具体案件的法律依据，这是演绎推理的逻辑。

（3）法院在审理过程中，通过适用法律进行分析和释法说理，体现了内容的融贯性、程序的合理性、依据的客观性和逻辑有效性、结论的可接受性。

（4）法律与道德不同，法律是立法机关制定或认可的具有强制约束力的社会规范，道德是在长期社会生活中形成的关于善恶美丑的判断标准和行为规范。从规范内容的角度分析，法律对人的要求相对较低，即人的行为不应伤害他人与社会；而道德的要求比较高，不仅要求人的行为无害于他人，更要追求对他人和社会有益。道德规范要广于法律规范，法律不能将一切道德规范上升为法律，但是法律有必要将最低限度的道德上升为法律。法官援引《孝经》判案，显示了法官更高的社会责任意识，法律只是最低限度的道德，父母与子女的关系不只是法律关系，更是道德的关系。判决书起到的道德教化的作用，将更有效，也更持久。

★29. 王某向市自然资源局提出信息公开申请，市自然资源局为此公开相关信息，但信息不全面、不真实，给王某造成误导。王某遂请求自然资源局及时公开全面、真

实的信息，但是自然资源局并未在法定期限内答复，也未进一步全面公开准确、真实的信息。王某诉至法院，法院判决自然资源局败诉，并判决其承担相应的法律责任。

请结合上述材料，运用法理学相关知识，回答下列问题：

（1）王某向市自然资源局提出信息公开申请是否属于守法行为？为什么？

（2）市自然资源局的做法违反了执法的何种原则？为什么？

（3）法院判决自然资源局败诉并判决其承担相应的法律责任体现的是法律的哪些规范作用？

（4）法院对市自然资源局的监督属于何种性质的法律监督？其法治意义何在？

【记忆要点】守法行为：依法行使权利。违反的执法原则：诚实守信原则中的行政信息真实原则。体现的法的作用：评价作用、强制作用。法律监督的种类和法治意义：国家司法机关的监督；督促政府依法行使权力，提升管理和服务水平。

【参考答案】（1）王某的行为属于守法行为。守法包括履行法定义务和依法行使权利，王某申请信息公开，是依法行使权利的行为，是守法行为。

（2）市自然资源局的做法违反了执法的诚实守信原则。根据诚实守信原则，行政机关公布的信息应当全面、准确、真实，否则承担相应的法律责任。但是，市自然资源局公开的信息不全面、不真实，违反了诚实守信原则中的行政信息真实原则。

（3）法院判决市自然资源局败诉，体现了法的评价作用；法院判决市自然资源局承担相应的法律责任，体现了法的强制作用。

（4）法院对市自然资源局的监督属于国家监督中的国家司法机关的监督，该监督有助于督促政府依法行使权力，提升管理和服务水平，切实保护公民、法人的合法权益。

★30. 公司周经理与员工在饭店喝酒聚餐后表示：别开车了，酒驾入罪，咱把车推回去。随后，周经理在车内掌握方向盘，其他人推车缓行。记者从交警部门了解到，如机动车未发动，只操纵方向盘，由人力或其他车辆牵引，不属于酒后驾车。但交警部门指出，路上推车既会造成后方车辆行驶障碍，也会构成对推车人的安全威胁，建议酒后将车置于安全地点，或找人代驾。鉴于我国对“酒后代驾”缺乏明确规定，周经理起草了一份《酒后代驾服务规则》，包括总则、代驾人、被代驾人、权利与义务、代为驾驶服务合同、法律责任共6章21条邮寄给国家立法机关。

请结合上述材料，运用法理学相关知识，回答下列问题：

（1）周经理和员工拒绝酒驾体现了法的规范作用中的何种作用？

（2）交警部门的推车前行不属于酒驾的解释，运用的推理形式是什么？为什么？

（3）周经理起草的《酒后代驾服务规则》是否属于立法议案？为什么？

【记忆要点】体现的规范作用：指引作用。运用的推理形式：演绎推理。《酒后代驾服务规则》的性质：并非立法议案，只是公民的立法建议。

【参考答案】（1）周经理和员工拒绝酒驾体现了法的指引作用。法的指引作用是指法律规范对本人的行为的导向和引导的作用。本案中，周经理和员工在酒驾入罪（构成危险驾驶罪）的指引下，没有实施酒驾行为，这正是指引作用的体现。

（2）交警部门运用的是演绎推理。演绎推理是从一般到个别的推理。本案中，交警部门依据大前提"酒驾入罪"和小前提"推车前行"的具体案件事实，结论是"推车前行不入罪"。交警部门的推车前行不属于酒驾的解释显然是根据演绎推理而得出的结论。

(3) 周经理起草的《酒后代驾服务规则》并非属于立法议案。因为周经理不符合法律规定的立法议案的提案主体资格，《酒后代驾服务规则》只是公民的立法建议。

三、论述题

1. 论述依法治国与以德治国的关系。

【记忆要点】政治文明、精神文明、相互补充、相互促进、法律是成文的道德、道德是内心的法律、一手抓法治、一手抓德治、相辅相成、相得益彰、法律的德性、道德的理性、丰富和发展治理现代化理论。

【参考答案】(1) 依法治国属于政治文明范畴，以德治国属于精神文明范畴，依法治国与以德治国并非彼此对立，而是相互补充、相互促进。

(2) 法律是成文的道德，道德是内心的法律，法律和道德都具有规范社会行为、维护社会秩序的作用。因此，治理国家、治理社会必须一手抓法治、一手抓德治，既重视发挥法律的规范作用，又重视发挥道德的教化作用，实现法律和道德相辅相成、法治和德治相得益彰。

(3) 从法哲学角度讲，一方面，道德使法律更善，增加了法律的德性；另一方面，法律使人们对待社会道德问题更加客观，增加了道德的理性。

(4) 依法治国和以德治国相结合的理论是对我国古代治国理政经验的传承，也是对国家治理现代化理论的丰富和发展。

2. 联系我国法治建设的实际，论述依法治国与改革开放的关系。(没有联系实际的论述题，联系实际部分的内容由考生根据论述内容自行总结，下同。)

【记忆要点】深化改革需要法治保障、推进依法治国需要深化改革；以法治推进改革；以改革完善法治。

【参考答案】(1) 依法治国与改革开放是辩证统一关系：全面推进依法治国本身就是全面深化改革的有机组成部分，法治又是改革的牵引力、推动力和保障力。全面深化改革需要法治保障，全面推进依法治国也需要深化改革。

(2) 以法治凝聚改革共识，发挥立法对改革的引领和推动作用，实现改革决策和立法决策相统一、相衔接；以法治规范改革行为，做到重大改革于法有据，运用法治思维和法治方式推进各项改革，许多重大改革都涉及现行法律，如果在法律当中没有规定，就要抓紧制定法律，一些合理的改革如果与现行法律有明显冲突，法律应适应改革需要，抓紧"立改废释"；以法治确认、巩固和扩大改革成果，将实践证明已经比较成熟的改革经验和行之有效的改革举措尽快上升为法律，使其更加定型化、精细化，并以法律的强制力保证其实施。

(3) 在全面深化改革的总体框架下全面推进依法治国，在改革中完善法治，以改革驱动法治现代化。

3. 试论马克思主义法学关于法的本质认识。

【记忆要点】法的第一层本质：国家意志性；法的第二层本质：物质制约性；经济以外的因素对法的本质的影响。

【参考答案】（1）法的第一层本质（浅层本质）：国家（阶级）意志性，即法是统治阶级意志的体现。马克思认为，法律是上升为国家意志的统治阶级意志的体现。法的第一层次的本质是国家意志。法律是统治阶级或取得胜利并掌握国家政权的阶级的意志的体现。统治阶级利用掌握国家政权这一政治优势，有必要、也有可能将本阶级的意志上升为国家意志，然后体现为国家的法律。法律所体现的统治阶级意志不是统治阶级内部的各党派、集团及每个成员的个别意志，也不是这些个别意志的简单相加，而是统治阶级的整体意志、共同意志或根本意志。这种共同意志或根本意志是统治阶级作为一个整体在政治上、经济上的根本利益的反映。当然，法律的阶级意志论是马克思在批判资本主义法律的过程中总结出来的观点。马克思批判资本主义法律是为了揭示资本主义法律对人的压迫、奴役和剥削的本质。马克思赞赏的法律致力于实现人的自由、全面发展和人类的解放。

（2）法的第二层本质（深层本质）：物质制约性，即法所体现的意志由一定的物质生活条件所决定。马克思认为，法的关系正像国家的形式一样，既不能从它们本身来理解，也不能从所谓人类精神的一般发展来理解，相反，它们根源于物质的生活关系。法律是国家意志的体现，而国家意志实质上是统治阶级的共同利益的反映。但法律并不是以意志为基础的，而是由物质生活条件决定的。不以人的意志为转移的物质生活，即相互制约的生产方式和交往形式，是国家意志和统治阶级意志的现实基础。物质生活条件是指人类社会所包括的地理环境、人口、物质资料的生产方式诸方面，主要是指统治阶级赖以建立其政治统治的经济关系。法律的物质制约性和法律的阶级意志性是法律不同层次的本质属性。

（3）法所体现的意志也受经济以外诸多因素的影响。物质生活条件决定阶级意志的内容，但阶级意志的内容还受到经济以外的各种因素的不同程度的影响。法律和这些因素归根结底在由经济因素起决定作用的条件下相互作用。经济以外的各种因素的范围是很广泛的，主要包括政治、思想、道德、文化、历史传统、民族、宗教、习惯等。在分析法律的本质时，不应忽略这些因素。如果将经济条件理解为法律的阶级意志内容的唯一决定因素，实际生活中无数现象就无法理解了。比如，几个国家或一个国家在不同地区、不同时期，虽然经济制度或经济发展水平是一样的，但它们的法律却可以千差万别。不认真分析经济以外的因素，就无法正确解释法律的种种差异。这是马克思主义法学关于法本质学说的基本观点之一。

4. 联系实际，论述法律移植的必要性。

【记忆要点】社会发展和法律发展的不平衡性、市场经济的客观规律、对外开放、法治现代化。

【参考答案】法律移植是指在鉴别、认同、调适、整合的基础上，引进、吸收、采纳、摄取、同化外国法，使之成为本国法律体系中的有机组成部分，为本国所用。

法律移植的必要性体现在：

（1）社会发展和法律发展的不平衡性决定了法律移植的必然性。同一时期不同国家的发展是不平衡的，或者它们处于不同的社会形态，或者处于同一社会形态的不同发展阶段。在这种情况下，比较落后的国家或发展中国家为了赶上先进国家，有必要移植先进国家的某些法律，以保障和促进社会发展。世界法律的发展史已经表明这是落后国家加速发展的必由之路。

（2）市场经济的客观规律和根本特征决定了法律移植的必要性。法律移植有助于减少不同国家之间的法律抵触和冲突，降低法律适用上的成本，为长期、稳定、高效的经济技术合作，进而推进经济一体化创造良好的法律环境。

（3）法律移植是对外开放的应有内容。全方位的对外开放不仅使经济国际化，而且其他的社会事务和国家事务也越来越带有跨国性质，从而使一个国家的国内法越来越具有涉外性和外向性，法律在处理涉外问题和跨国问题的过程中，必然逐步与国际社会通行的法律和惯例接轨。

（4）法律移植是法治现代化的必然需要。对于法律制度仍处于传统型和落后状态的国家来说，要加速法治现代化的进程，必须适量移植发达国家的法律，尤其是对于发达国家法律制度中反映市场经济和社会发展共同客观规律和时代精神的法律概念和法律原则，要大胆地吸纳，这对于当代中国的法治现代化来说尤为重要。

5. 联系实际，论述法的社会作用。

【记忆要点】维护阶级统治的作用；执行社会公共事务的作用；两种作用的意志性和区别。

【参考答案】（1）维护阶级统治的作用。①调整统治阶级与被统治阶级之间的关系。调整统治阶级与被统治阶级之间的关系，是法的社会作用的重要体现。一方面，统治阶级用法律在经济上确认和维护自己赖以存在的经济基础，在政治上维护统治阶级对被统治阶级的政治统治，在思想意识形态上维护有利于统治阶级的思想、道德和意识形态。另一方面，由于被统治阶级的斗争，统治阶级在一定条件和限度内，也在法律中规定一些对被统治阶级有利的条款。这种条款既反映了被统治阶级斗争的成果，也是统治阶级为了维护自己的统治而暂时缓和阶级矛盾的一种手段。②调整统治阶级与同盟者之间的关系。统治阶级与同盟者之间既存在共同的利益，又有利益冲突，统治阶级需要用法的形式确定与其同盟者之间的关系，适当给予同盟者在政治、经济上的某些权力和利益；同时对同盟者滥用其权利的行为，甚或对统治阶级进行政治对抗的行为也实行法律上的制裁。③调整统治阶级内部的关系。法维护的是统治阶级整体的长远的利益，统治阶级中个别成员违背统治阶级整体利益和长远利益的行为，也会受到法的制裁。统治阶级需要用法来规定和确认他们自己内部各阶层、集团的相互关系，以此建立起个人意志服从整个阶级的关系，通过这种服从，确保其成员的权利的实现，解决其内部因财产、婚姻等问题而引起的矛盾和纠纷，保证其内部和谐一致。

（2）执行社会公共事务的作用。阶级对立社会的法，除了维护阶级统治这一核心作用外，还具有执行各种社会公共事务的作用。法在执行社会公共事务上的作用具体表现在：①维护人类社会的基本生活条件，包括维护最低限度的社会治安，保障社会成员的基本人身安全，保障食品卫生、生态平衡、环境与资源合理利用、交通安全，等等。②维护生产和交换条件，即通过立法和实施法律来维护生产管理，保障基本劳动条件，调节各种交易行为，促进公共设施建设，组织社会化大生产，确认和执行技术规范，保护消费者权益等。③促进教育、科学和文化事业的发展，如通过法律对人们的受教育权加以保护，鼓励兴办教育和科技发明，保护人类优秀的文化遗产，要求政府兴办各种图书馆、博物馆等文化设施。

（3）从统治阶级的角度看，调整和维护社会公共事务的法律在根本上与维护政治统治的法律是一致的，执行社会公共事务的法主要体现在法的社会性，维护阶级统治的作用和执行社会公共事务的作用并不矛盾。但作为两种不同的社会作用，二者还是有差别的。维护阶级统治的作用和执行社会公共事务的作用存在着如下明显的区别：①维护阶级统治作用的对象是阶级统治，执行社会公共事务作用的对象是阶级统治以外的事务。这两种法律都是调整社会关系，即人与人之间的关系，但其保护的直接对象是不同的。②维护阶级统治的法律当然仅有利于统治阶级，对被统治阶级则是剥夺和压迫；执行社会公共事务的法律，至少从客观上说，是有利于全社会而不是仅有利于统治阶级一个阶级。③执行社会公共事务的法律，即使在不同社会制度下，往往也是相似的，是可以相互借鉴的。

6. 联系实际，论述法律确认和保障自由及法律在实践中对主体自由的保障。

【记忆要点】法律上的自由。法律确认自由：设定主体自由范围、设定主体自由的实现方式；法律保障自由：明确公权力范围、界定主体自由界限、确立救济手段和程序。实践中法律对主体自由的保障：排除国家权力对自由的干涉；保障主体合法享有自由。

【参考答案】（1）法律上的自由是指主体的行为与法律的既有规定相一致或相统一。

（2）法律确认和保障自由。①法律确认自由。法律确认自由通常采用两种方式：一是以权利和义务规定来设定主体享有自由的范围，即把自由法律化为权利。法律在把自由确认为权利的同时，也就确定了自由的范围，国家通过对权利的保护来实现自由。二是以权利和义务来设定主体自由的实现方式。②法律保障自由。法律保障自由的方式具有多样性：首先，法律通过划定国家权力本身的合理权限范围，明确规定公权力正当行使的程序，排除各种非法妨碍，以保障社会主体的自由免受公权力的侵害；其次，法律对每个主体享有的自由进行界定和限制，防止主体之间对各自自由的相互侵害，防止社会主体超越权利滥用自由；再次，法律禁止主体任意放弃自由；最后，法律为各种对主体自由的非法侵害确立救济手段与程序。

（3）实践中法律对主体自由保障的体现。法律在实践中对于主体自由的保障体现为两个方面：一方面，法律排除国家权力对于某些个人自由的干涉，即保障主体的自由免受侵害。特别是私权领域，保障个人的生活选择不受公权力的干预。但随着福利国家的出现，传统上属于这类自由的领域，如就业、医疗、住房等，开始越来越受到政府福利政策的大幅干预。另一方面，法律保障主体可以合法地享有行使各项权利的自由。国家通过法律为个人的发展提供平等机会，使个人能自由地追求自己的合法目标；同时，国家还必须为保障个人的积极自由，提供必要的帮助。

7. 联系实际，论述法律确认和保障平等价值实现的基本方式和贯彻平等原则对落实法治原则、实现全面依法治国的总目标的意义。

【记忆要点】法律上的平等。确认和保障平等实现的基本方式：将平等确立为一项基本原则、确认和保障地位平等、确认和保障财富等平等分配、公平地分配法律责任。贯彻平等原则对落实法治原则的意义：要求法律面前人人平等。贯彻平等原则对实现全面依法治国总目标的意义：在宪法和法律范围内活动。

【参考答案】（1）法律上的平等主要是社会主体能够获得同等的待遇，包括形式平等与实质平等。

（2）法律的平等价值体现在，法律能确认和保障平等价值的实现。法律一般是通过立法、执法和司法等活动来确认和保障平等的实现。其基本方式有：①法律将平等确立为一项基本的法律原则。平等贯穿于一个国家的整个法律体系，宪法、民法和程序法领域都确认了平等原则。②法律确认和保障主体法律地位的平等。主体地位平等是法律形式平等的最重要的体现，也是实质平等的前提。③法律确认和保障社会财富、资源、机会与社会负担的平等分配。法律将这些内容转化为相应的法律权利与义务，并保障其实现。④法律公平地分配法律责任。责任自负、责任相称、过错责任为主而无过错责任为辅等，都是责任公平原则的体现。

（3）贯彻平等原则对落实法治原则具有重要意义。建设法治国家要贯彻权利保障原则，而法律面前人人平等是权利保障原则的主要内容之一。首先，法律面前人人平等是民主和法治的基本要求。法治原则首先要求法律适用上的平等，即在执法和司法的过程中，对一切公民权利和自由的平等保护，对一切主体义务的平等要求，对违法行为平等地追究法律责任，不承认任何法外特权。其次，法律面前人人平等还要求在立法上平等分配各种社会资源。此外，平等还意味着尊重社会主体的多元价值观和生活方式，消除歧视与偏见。法治原则要求在法的制定和实施过程中贯彻主体的权利与义务相一致原则。一方面，确认和保障主体的权利和自由是法治的根本目的；另一方面，权利和义务具有一致性，没有无权利的义务，也没有无义务的权利，这是平等原则的必然要求。对国家权力而言，在资源分配上不能将权利分配给一部分人，义务分配给另一部分人；对社会主体而言，在行使权利时，也必须尊重他人和社会的相应权利，不能只享有权利而不承担义务。

（4）全面依法治国的总目标是建设中国特色的社会主义法治体系，建设社会主义法治国家。为了实现全面依法治国的总目标，也要坚持法律面前人人平等。平等是社会主义法律的基本属性。任何组织和个人都必须尊重宪法法律权威，都必须在宪法法律范围内活动，都必须依照宪法法律行使权力或权利、履行职责或义务，都不得有超越宪法法律的特权。

8. 联系实际，结合人权作为法律价值的重要意义论述我国宪法对人权保护的特点。

【记忆要点】人权作为法律价值的重要意义：肯定作为主体的人的独立、平等的人格；法律运行的目的基于人本身；既是法律的方向和引导，又是批判标准和完善法律的依据。我国人权法律保护的特点：人权保护与本国国情相结合；宪法和法律全面保障人权；生存权和发展权是实现人权的基础；权利和义务统一性。

【参考答案】（1）人权是人作为人所享有或应当享有的权利。人权作为法律价值的意义体现在：①人权作为法律价值表明了法律对作为主体的人的肯定，即对人的独立且平等的人的尊严的尊重。②人权作为法律价值，表明法律的来源、法律运作的各个环节以及法律的根本目的都基于人本身，并以人的现实生活为关注焦点，以人的理想生活为直接目标。③人权作为法律价值，既是对法律的精神、原则、规范的直接检验和方向引导，也是对法律的内在品质进行批判的标准和完善的依据。

（2）我国人权法律保护的特点。①我国人权的法律保护主张与本国的具体国情相结合。我国宪法在对基本人权的保障中，从我国的实际情况出发，充分考虑到了我国现阶段的政治、经济、文化发展的实际水平，来确认基本人权的范围、内容和基本保障问题。例如，对于受教育的权利，宪法规定了公民的受教育权，并基于这一权利规定了国家举办各种学校的国家责任，同时还规定了国家鼓励各种社会力量依法办学。②我国宪法对人权进行了全面的保障。我国宪法规定了公民权利和政治权利以及经济、社会和文化权利。这两大类权利都属于人权的基本内容，并受到我国宪法和法律的保护。从主体上分析，我国保障的人权既包括个人权利，也包括集体权利。③生存权和发展权是全面实现其他人权的基础，是我国宪法首要保障的人权。生存权和发展权是首要人权，没有生存权、发展权，其他一切人权均无从谈起。这是我国在人权问题上的基本观点。④我国宪法在人权的保障中强调权利与义务的统一。没有无义务的权利，也没有无权利的义务。我国宪法明确规定，任何公民享有宪法和法律规定的权利，同时必须履行宪法和法律规定的义务。中华人民共和国公民在行使自由和权利的时候，不得损害国家的、社会的、集体的利益和其他公民的合法的自由和权利。因此，宪法在规定公民各项权利的同时，也规定了公民的义务，包括劳动的义务，受教育的义务，遵守宪法和法律的义务，依法服兵役和参加民兵组织的义务，依法纳税的义务等。

9. 联系实际，论述法律与正义的相互关系。

【记忆要点】正义价值的作用：存在根据和评价标准、发展进步的根本动因、适用于具体法律实践。法律对正义的保障作用：将正义融入法律规范和制度中、将正义要求具体化为法律上的权利和义务、通过法律实施以促进和保障正义的实现。

【参考答案】正义是对一定社会现存经济关系的观念化的反映，是一种有着客观基础的、人们关于某种特定事物如思想、行为、规范、制度、事业等的理想状态及模式的主观评价尺度和价值判断。法与正义的关系主要体现在正义作为法律价值所具有的作用和法律对正义具有保障作用两个方面。

（1）正义作为法律价值的作用。①正义是法律的存在根据和评价标准。一定的正义观不仅是评价人们行为公正与否、善良与否的标准，而且也是评价现实中法律是“良法”还是“恶法”的根本标准和依据。②正义是法律发展和进步的根本动因。正义作为区别良法和恶法的标准，始终是法律进化的精神动力。作为一种社会观念和社会准则，正义不是永恒不变的，不同时代的正义观念具有一定的差异。社会正义观的进步，常常是法制改革的先驱。人们在评价法律是否优良或合理时，总是以特定时代的正义观为标准。正义目标的实现要求严格、明确、公正、公开的程序，正义成为程序法进化的直接推动力量。由于正义的最低要求是相同情况相同对待，所以正义提高了法律的普遍性。同时，正义要求标准的同一性，符合人们对平等的需求，从而推动法律平等的实现。③正义适用于具体的法律实践。正义不仅是法律的评价目标，也是法律的重要组成部分。正义原则已被吸纳为众多法律的法源。在法律实践中，正义由于其内涵的丰富，从而能够弥补法律漏洞，成为纠正法律错误的力量。在法律推理和解释过程中，按照正义要求对法律进行推理和解释也体现了法律的本质目标。在司法实践中，正义也为解决疑难案件提供了依据。

（2）法律对正义的保障作用。①法律通过将社会生活的主要领域及其重要的社会关系纳入法律之内，使正义融入法律规范与制度之中。正义只有通过良好的法律才能实现，良好的法律使正义的原则和要求规范化、明确化，从而实现法治化治理，严格依法办事，全面促进和保障社会正义。②通过法律权利和法律义务机制，将正义要求具体化为权利和义务，公正地、权威地分配资源、社会利益和负担，并设定公正的程序来保障，使实体正义与程序正义得以通过立法来落实。③通过法律实施，发挥法律的特殊强制性，惩罚非正义行为，以促进和保障正义的实现。正义是法律的价值目标，法律是实现正义的手段。由于正义作为社会价值必然会遭到各种形式的侵扰，因此在执法和司法上通过惩罚机制，对非正义行为作出否定性评价，以恢复正义，从而在执法和司法上保障实体正义与程序正义的实现。

10. 联系实际，论述法的秩序价值。

【记忆要点】建立秩序、维护政治秩序、维护权力秩序、维护经济秩序、维护生活秩序。

【参考答案】法律与秩序表现为一种互相生成、相互促进的关系。一方面，法律基于社会对秩序的需求，是社会内在规律的表达；另一方面，法律对于建立和维护社会生活各方面的秩序起着根本性的作用。在现代社会中，法律在建立和维护社会秩序中的作用主要体现为以下几个方面：

（1）法律有助于建立相应的社会秩序。在建立秩序方面，法律制度通常依照人们所向往的理想社会秩序来设计。法律不仅通过赋予社会主体一定的权利和自由来引导社会主体的各种行为，还通过给社会主体施加一定的义务与责任的方式，使之对自身的行为加以必要的克制与约束，以建立相应的社会秩序。

（2）法律有助于维护合理的政治统治秩序。在现代社会中，国家主要是以法律为手段来调整社会各阶级、各集团之间的矛盾和冲突。法律使社会政治秩序合法化、社会化，把阶级冲突限制在社会存在所允许的范围之内。任何人只要侵犯了他人的合法权利，或者超出自身权利的范围而滥用权利，不履行自己的法定义务或要求他人履行无法律根据的义务，其行为都将被取缔。同时，法律是社会各阶级根本利益和共同意志客观化的产物。作为客观的准则，法律明确规定哪些行为应当受到保护、哪些行为应该受到限制或者禁止，人们据以行为，并且能够对自己的行为后果作出准确预测，或者对别人的行为作出是否合法的判断。法律的普遍性和客观性容易为社会成员接受，也便于遵守，使国家暴力仅仅在个别案件上使用或者仅仅作为一种威慑的力量而存在，使社会政治秩序得到很好的维持。

（3）法律有助于维护合理的权力运行秩序。法律在建立和维护合理的权力运行秩序的过程中具有非常重要的作用。法律明确规定了公民的各项政治权利和自由，并加以有力的保障，确保国家政权的民主性质；同时，法律要对国家权力系统的结构作出科学的安排，规定各权力主体（各国家机构）之间的权限划分以及相互间的合作、协调与制约关系，各权力主体内部的职权分配以及权力运行的程序机制等。

（4）法律有助于维护正常的社会经济秩序。法律通过将内在于社会生产、分配和交换等经济活动的规则加以提升，使之明确化、合理化以及权威化，从而建立起有条不紊的社会生产和交换秩序，使得生产和交换等生产活动脱离偶然性和任意性，实现稳定性和连续性，从而社会经济生活得以正常、健康地运行。在市场经济中，经济秩序对法律的依赖前所未有地增强，法律在建立和维护市场经济秩序的过程中，起到了至关重要的作用。

（5）法律有助于维护正常的社会生活秩序。在现代社会中，法律确定权利和义务的界限，以避免和解决纠纷；法律以和平、文明的手段解决纠纷；法律对社会基本安全加以特殊维护。

11. 联系实际，论述法的效率价值的实现方式。

【记忆要点】确认和维护人权；确认物质利益；确认和保护产权关系；确认、保护、创造一定经济模式；承认和保护知识产权；设立责任与惩罚机制。

【参考答案】法的效率价值就是指法所具有或应当具有促进社会财富增长和活动便利并满足人们对物质的需求和便利条件的价值。法律是通过有利于资源优化配置的权利义务分配来实现这一价值的。实现法的效率价值的方式包括：

（1）通过确认和维护人权，调动生产者的积极性，促进生产力的进步。确认和维护人权，使作为主体的人的尊严得到尊重，从而调动人的积极性，促进生产力的提高。

（2）确认并保障主体的物质利益，从而鼓励主体增进物质利益。利益的不断实现和追求是提高生产力、促进经济增长的决定性动机，是社会发展的动力，那么，承认和保护人们的利益，使之成为一种权利，从而激励人们在法的范围内尽其所能地实现物质利益，就成为人类之所以需要法律的一个重要理由。同时，法在承认和保护人们的物质利益的同时，还要权衡和调节各种利益冲突，以便把对立和摩擦减小到最低限度。法的整个运行过程实际上就是对各种利益进行平衡、选择、取舍，并通过权利和义务对这些不同利益进行权威性、规范性调整的过程。

（3）确认和保护产权关系，鼓励人们为着效益的目的而占有、使用或转让财产。法在确认财产权的同时，还要创造财产权有效利用的机制，其中最主要的是为财产权的转移提供保障和便利。如果说财产权的法律确认和保障是有效利用资源的必备条件，那么，财产权的可转移性就是有效利用资源的充分条件。

（4）确认、保护、创造最具有效率的经济运作模式，使之容纳更多的生产力。在市场经济模式中，市场把生产者和经营者置于自由竞争、优胜劣汰的境地，为人们施展才能创造了广阔的场所，同时也使资源能够从低效益利用向高效益利用流转。市场经济中的宏观调控则使市场中的竞争摆脱盲目状态，减少生产和经营中的偶然性、任意性、风险性及其他浪费资源的现象。

（5）承认和保护知识产权，使人类创造性的智力成果最大化地发展。把人类创造性智力成果宣布为权利，推动人们进行创造性活动，创造新思想、新知识、新技术。

（6）通过设立法律责任、赔偿与惩罚等机制，使社会上的违法、犯罪行为最大限度地减少，从而使人们的人身安全与社会财富总量不受损害或少受损害，从而使社会效率得到一定程度的保障。

★12. 联系实际，论述法的价值冲突的表现和解决价值冲突的一般原则。

【记忆要点】个体之间、共同体之间、个体与共同体之间的价值冲突；价值位阶原则、个案平衡原则、比例原则、人民根本利益原则。

【参考答案】（1）从主体角度看，法的价值冲突具体表现为如下三种情形：①个体之间法律所承认的价值冲突，如个人自由可能导致与他人利益的冲突。②共同体之间发生的价值冲突，如国际人权与一国主权之间的冲突。③个体与共同体之间的价值冲突，典型的如个人自由与社会秩序之间常常会出现的矛盾情形。

（2）由于立法不可能穷尽社会生活的一切形态，在个案中更可能因为特殊情形的存在而使价值冲突难以避免，因而必须形成相关的平衡或解决冲突的规则或原则。解决价值冲突的原则一般有：①价值位阶原则。价值位阶原则是指在不同位阶的法律价值发生冲突时，在先的价值优于在后的价值。当基本价值与非基本价值之间发生冲突时，应以基本价值为优位；而基本价值之间有冲突时，人权和正义作为法治保障的核心和标尺，具有重要的价值地位，这与我国宪法确立的“国家尊重和保障人权”的原则精神相符合，它也是正义原则的具体体现。②个案平衡原则。个案平衡原则是指在处于同一位阶上的法律价值之间发生冲突时，要基于个案的基本情况作出适当的平衡，同时，必须综合考虑主体之间的特定情形、需求和利益，便利个案的解决能够适当兼顾双方的利益。③比例原则。比例原则即指为保护某种较为优越的法律价值不可避免侵害某一法益时，不得逾越达此目的所必要的程度。如为了维护公共秩序，必要时可能会实行交通管制，但应尽可能实现最小损害或最小限制，以保障社会上人们的自由。④人民根本利益原则。人民根本利益原则是当代中国社会主义法律价值体系中的根本价值原则，即以是否满足最广大人民的根本利益为标准，来解决一些存在重大疑难的法律价值冲突问题。它也可以作为价值位阶原则的补充和保障。

★13. 联系实际，论述法律部门的划分原则。

【记忆要点】客观、合目的性、适当平衡、辩证发展、相对稳定、主次。

【参考答案】划分法律部门应当坚持正确的原则，划分法律部门的原则主要有客观原则、合目的性原则、适当平衡原则、相对稳定原则和主次原则。

（1）客观原则（从实际出发原则）。划分法律部门不是主观任意进行的，它有相对稳定的客观依据，这就是社会关系。划分法律部门时应当考虑到法律调整的不同社会关系的广泛程度以及法律、法规数量的多少。社会关系范围较广并且相应法律法规也较多的，可以成为一个甚至几个独立的法律部门，所以，划分法律部门尽管属于主观的活动，但仍然需要有客观理由，即划分法律部门要从实际出发，尊重客观规律，以社会关系为依据。

（2）合目的性原则。划分法律部门的目的在于帮助人们了解和掌握本国现行法律，所以合目的性原则是划分部门法时首先应当坚持的原则。如果某种划分不利于这一目的，那么其划分就是无意义的。人们在学习和研究某个问题时，尤其是当人们想从数以千计的法律和法规中找到解决某个问题的有关法律时，必须借助于法律部门的划分的理论和知识，才能顺利达到目的。所以，划分法律部门时，合目的性原则是首先要坚持的原则。

（3）适当平衡原则。划分法律部门时应当注意在各种法律部门之间保持适当的平衡，各法律部门所包含的法律范围不宜太宽，也不宜太窄。每个具体的法律部门所包含的法律、法规数量既不能太少，也不能太多。不同部门法所包含的法律、法规应当保持适当的平衡。

（4）辩证发展原则。客观世界是在发展变化的，社会关系也是在发展变化的，那么作为调整社会关系的法律本身当然也会发展变化。法律和法规也始终处在变化中。同时，人们的主观认识也不是老停留在一个水平上，也在发生变化。由于主客观条件都在变化，因此法律部门的划分就不可能是绝对不变的，只能是相对的。没有也不可能有运用于一切时代、适合于任何国家的、永远不变的法律部门划分模式。

（5）相对稳定原则。虽然法律部门是发展的，但是法律的稳定性特征要求我们不能频繁地变动法律部门的内容和结构。这就要求在划分法律部门时不能只考虑目前的法律、法规的多少，而应当具有一定的前瞻性，在划分部门法时应当考虑到法律、法规今后的发展，即考虑到即将制定和可能制定的法律、法规，避免法律体系结构的频繁变动。

（6）主次原则（重点论原则）。具体的社会关系和法律规范是极为复杂的，有时同一部法律、法规可以被划归几个不同的法律部门。还有时候，有的法律被采用一个或者几个标准予以划分，也很难弄清楚其到底应属于哪一个法律部门。在这种情况下，划分法律部门时应当考虑这一法律、法规的主导因素是什么，按照其主导因素来进行划分和归类。

由于划分者的主观情况和意图，注意和强调的角度或者原则、标准有所差别，受到诸多因素影响的程度不同等，法律部门的具体划分也不会是完全一样的，在社会上也存在许多划分方法。但是，力求法律部门划分的科学和实用，既合乎逻辑又便于操作，应该是划分法律部门时坚持努力的方向和目标。

★14. 联系我国法治建设的实际，论述当代中国法律体系的完善。

【记忆要点】加强发展民主政治立法、加强经济领域立法、加强社会领域立法、注重文化科技领域立法、重视生态文明领域立法、推进科学民主立法。

【参考答案】完善中国特色社会主义法律体系，是推进中国特色社会主义制度发展完善的内在要求，也是今后立法工作面临的重要任务。实现科学发展，加快转变经济发展方式，进一步保障和改善民生，迫切需要法律制度建设予以推动和引导。利益主体多元化、利益格局复杂化的客观现实，对科学立法、民主立法的要求愈来愈高，通过立法调整社会利益关系的难度越来越大。为适应推动科学发展、促进社会和谐、全面落实依法治国基本方略的要求，当前和今后一个时期，中国将根据经济社会发展的客观需要，紧紧围绕实现科学发展、加快转变经济发展方式、着力保障和改善民生、推动和谐社会建设，不断健全各项法律制度，推动中国特色社会主义法律体系不断完善。具体而言，今后一段时间要着力加强和完善以下几个方面的立法：

（1）积极加强发展社会主义民主政治的立法。适应积极稳妥推进政治体制改革的要求，完善选举、基层群众自治、国家机构组织等方面的法律制度；加强规范行政行为的程序立法，完善审计监督和行政复议等方面的法律制度；适应司法体制改革要求，进一步修改法院组织法、检察院组织法，完善诉讼法律制度；完善国家机关权力行使、惩治和预防腐败等方面的法律制度，扩大社会主义民主，加强对权力行使的规范和监督，不断推进社会主义民主政治制度的完善和发展。

（2）继续加强经济领域立法。适应社会主义市场经济发展要求，完善民事商事法律制度；适应深化财税、金融等体制改革要求，完善预算管理、财政转移支付、金融风险控制、税收等方面的法律制度，特别是加强税收立法，适时将国务院根据授权制定的税收方面的行政法规制定为法律；完善规范国家管理和调控经济活动、维护国家经济安全的法律制度，促进社会主义市场经济健康发展。

（3）突出加强社会领域立法。坚持以人为本，围绕保障和改善民生，在促进社会事业、健全社会保障、创新社会管理等方面，进一步完善劳动就业、劳动保护、社会保险、社会救助、社会福利、收入分配、教育、医疗、住房以及社会组织等法律制度，不断创新社会管理体制机制，深入推进社会事业建设。

（4）更加注重文化科技领域立法。适应推进文化体制改革、促进科技进步的要求，完善扶持公益性文化事业、发展文化产业、鼓励文化科技创新、保护知识产权等方面的法律制度，推动社会主义文化大发展、大繁荣，建设创新型国家。

（5）高度重视生态文明领域立法。适应资源节约型、环境友好型社会建设的要求，完善节约能源资源、保护生态环境等方面的法律制度，从制度上积极促进经济发展方式转变，努力解决经济社会发展与环境资源保护的矛盾，实现人与自然和谐相处。

（6）深入推进科学立法、民主立法，着力提高立法质量。完善人大代表参与立法工作机制，充分发挥人大代表在立法工作中的作用；完善法律草案审议制度，建立健全科学民主的审议和表决机制；探索公众有序参与立法活动的途径和形式，完善立法座谈会、听证会、论证会和公布法律法规草案征求意见等制度，建立健全公众意见表达机制和采纳公众意见的反馈机制，使立法更加充分体现广大人民群众的意愿；建立健全立法前论证和立法后评估机制，不断提高立法的科学性、合理性，进一步增强法律法规的可操作性。同时，在完善各项法律制度的同时，更加注重保障法律制度的有效实施。建立健全工作机制，做好法律法规配套规定制定工作；完善法律解释机制的途径和方法，建立法律解释常态化机制，对需要进一步明确法律规定的具体含义或者法律制定后出现新情况需要明确法律适用依据的，及时作出法律解释；健全备案审查机构，完善备案审查机制，改进备案审查方式，加强对法规、规章、司法解释等规范性文件的备案审查；健全法律法规清理工作机制，逐步实现法律法规清理工作常态化，确保法律体系内在科学和谐统一。

★15. 联系我国法治建设实际，论述我国的立法原则。

【记忆要点】合宪和法制统一原则、民主原则、科学原则。

【参考答案】(1) 合宪和法制统一原则。合宪原则是指享有立法权的立法机关在创制法律的过程中，应当以宪法为依据，符合宪法的理念和要求，遵循宪法的基本原则。立法合宪性的要求具体还包括立法主体的合宪性、内容的合宪性和程序的合宪性等。依法立法原则，是在合宪原则的前提下，立法还应遵循《立法法》。我国现行《立法法》不仅明确规定了立法原则，还规定了不同立法主体所具有的不同立法权限以及应遵循的立法程序。《立法法》特别对法律、行政法规、地方性法规与规章等的制定主体、内容与程序作了明确的规制。各主体均应严格依法立法，保证立法合法。法制统一原则是指立法应当依照法定的权限和程序，从国家整体利益出发，维护社会主义法制的统一和尊严。它同时要求立法机关所创设的法律应内部和谐统一，做到法律体系内各项法律、法规之间相互衔接且相互一致、相互协调。法制统一的前提和基础是宪法，只有在严格遵守和维护宪法的前提下，才能保证法制的统一。

(2) 民主原则。民主原则是指在立法中要贯彻人民民主思想，集中反映和体现人民意志、利益和要求，保障、发展和发扬社会主义民主，立法机关主导与人民群众参与相结合的原则。民主原则应当包括两个方面：①立法主体具有广泛性。在立法中要广泛听取各方面的意见，反复进行比较、论证和协调。例如，对于列入全国人大常委会会议议程的法律案，《立法法》第 36 条第 1 款规定，法律委员会、有关的专门委员会和常务委员会工作机构应当听取各方面的意见。听取意见可以采取座谈会、论证会、听证会等多种形式。②立法内容具有人民性。立法要从最大多数人的最根本利益出发，要以民意为依托，要深入群众征求意见，这是由我国社会主义的性质决定的。③立法过程和立法程序具有民主性。在立法过程中，要把民主精神贯彻到立法的每一环节中去。立法过程和立法程序的民主性，首先要求立法主体的产生要民主；其次是立法过程要公开；再次是立法主体的活动要民主，保障人民通过多种途径参与立法活动。

(3) 科学原则。科学原则即立法必须从实际出发，尊重客观规律，维护和保障立法的科学性。科学原则的内容包括：①立法活动应坚持从实际出发，尊重客观规律，维护和保障立法的科学性。立法不能脱离客观实际，不能凭主观臆想进行。从实际出发首先要求立法要从现实国情出发，符合国情；其次要求立法要尊重和反映客观规律。②科学合理地规定权利与义务、权力与责任。立法活动应该科学、合理地规定公民、法人和其他组织的权利和义务以及国家机关的权力与责任，这就要求在立法工作中首先要坚持权利本位，把保障权利作为权利义务设定的出发点；其次要考虑权利义务的平衡；此外，还应该要考虑弱势群体的实际承受能力。而国家机关的权力与责任应当是统一的。按照现代法治原则，国家机关并不是权力的天然享有者，权力的赋予必须以责任为基础，以维护公共利益、实现社会职能为目标。立法机关赋予国家机关以某种权力，必须与其承担的责任相对应。③法律规范明确、具体，具有针对性和可执行性。这就要求立法不仅要在语言上具有明确性和严谨性，而且要在内容上具有针对性和可执行性。法律不明确，执法者的自由裁量权就会扩大，法律的权威就会削弱，效能就会降低。

16. 联系我国法治中国建设的实际，谈谈在坚持科学立法原则基础上如何提高立法质量。

【记忆要点】科学立法：从实际出发，尊重客观规律，维护和保障立法的科学性；

科学合理地规定权利与义务、权力与责任；法律规范明确、具体，具有针对性和可执行性。提高立法质量：完善各项法律制度；保障法律制度的有效实施。

【参考答案】（1）科学原则是指立法必须从实际出发，尊重客观规律，维护和保障立法的科学性。①立法活动应坚持从实际出发，尊重客观规律，维护和保障立法的科学性。立法不能脱离客观实际，不能凭主观臆想进行。从实际出发首先要求立法要从现实国情出发，符合国情；其次要求立法要尊重和反映客观规律。②立法活动应当科学合理地规定权利与义务、权力与责任。立法活动应该科学、合理地规定公民、法人和其他组织的权利和义务以及国家机关的权力与责任，这就要求在立法工作中首先要坚持权利本位，把保障权利作为权利义务设定的出发点；其次要考虑权利义务的平衡；此外，还应该要考虑弱势群体的实际承受能力。而国家机关的权力与责任应当是统一的。按照现代法治原则，国家机关并不是权力的天然享有者，权力的赋予必须以责任为基础，以维护公共利益、实现社会职能为目标。立法机关赋予国家机关以某种权力，必须与其承担的责任相对应。③法律规范明确、具体，具有针对性和可执行性。这就要求立法不仅要在语言上具有明确性和严谨性，而且要在内容上具有针对性和可执行性。法律不明确，执法者的自由裁量权就会扩大，法律的权威和效能就会降低。

（2）深入推进科学立法，着力提高立法质量。1）完善各项法律制度。①完善人大代表参与立法工作机制，充分发挥人大代表在立法工作中的作用；②完善法律草案审议制度，建立健全科学的审议和表决机制；③建立健全立法前论证和立法后评估机制，不断提高立法的科学性、合理性，进一步增强法律、法规的可操作性。2）保障法律制度的有效实施。在完善各项法律制度的同时，更加注重保障法律制度的有效实施：①建立健全工作机制，做好法律法规配套规定制定工作；②完善法律解释机制的途径和方法，建立法律解释常态化机制，对需要进一步明确法律规定的具体含义或者法律制定后出现新情况需要明确法律适用依据的，及时作出法律解释；③健全备案审查机构，完善备案审查机制，改进备案审查方式，加强对法规、规章、司法解释等规范性文件的备案审查；④健全法律法规清理工作机制，逐步实现法律法规清理工作常态化，确保法律体系内在科学和谐统一。

★17. 联系法律实施的实际，论述法律实施的条件。

【记忆要点】法律实施有赖于法律的正当性、法律的良善、社会公众的认同、社会成员的道德水平、守法意识、良好的社会环境、良好的传统和道德、完善的执法、司法制度。

【参考答案】法律实施是指法在社会生活中被人们实际施行，即在社会生活中通过执法、司法、守法、法律监督等方式对法律的贯彻落实。法律实施就是使法律从书本上的法律变成行动中的法律，使它从抽象的行为模式变成人们的具体行为，从应然状态进到实然状态。法律实施依赖于各种条件，包括制度条件和社会条件。具体而言，法律实施需要具备如下条件：

（1）法律实施有赖于法律的正当性、良善的法律和社会公众的认同。符合正当性、具备公正性的法律是法律得以实施的价值保障。法律是正当的，符合传统道德及绝大多数人的利益和价值观，法律实施的成本就低；缺少正当性和社会公众的认同，法律实施的成本就高。良法即良好的规则和制度体系容易有效地得到实施，也可以最大限度地避免和减少国家强制力的作用。因此，法律实施的公正性、贯彻法律实施的民主化和信息公开等，对法律实施具有重要意义。

（2）法律实施有赖于社会成员的道德水平和守法意识。尽管任何法律都不可能百分之百地得到实施，但是，符合传统和公共道德及绝大多数人的利益和价值观的规则或制度，被社会成员自觉遵守的程度就会高，法律实施就较为容易。缺乏道德、信仰和守法意识的支持，法律制度或规则只能依靠强制力和执法保障实施。因此，法律实施有赖于社会成员，包括执法者和公民的较高的道德水平和守法意识。

（3）法律实施有赖于良好的社会环境。法律需要在具体的社会环境中实施，因此社会环境对法律实施起着不可替代的重要作用。社会环境可以对法律实施起到积极作用，促进法律规范和法律制度既定功能的正常发挥，产生预期的效果和目的，实现公正与效率的价值目标，推进法律适应社会发展需求的不断改进和发展；法律实施也可以对法律实施起到消极作用，阻碍法律规范和法律功能既定目标的实现。因此，法律实施必须注意法律与社会环境的适应，克服社会环境对法律实施的消极影响，培养和提高全社会的法律意识，逐步创造良好的法律环境。

（4）法律实施有赖于良好的传统和习惯。法律实施必须来源于真实的法律需求，并具备必要的实施条件和良好的时机。而具备必要的实施条件和良好的法律实施时机，良好的传统和习惯是必不可少的。在这一依赖条件中，法律传统和法律文化起着非常重要的作用。

（5）法律实施有赖于完善的执法、司法制度。完善的执法和司法制度是法律得以充分实施的制度保障。如果执法人员执法不严，司法人员违法不究，再好的法律也无法得到实施。因此，要提高执法、司法人员的法律实施水平，并结合社会力量，使法律实施活动处于多元化纠纷解决机制的状态中。

18. 请结合实际，论述影响法律实现的主要因素。

【记忆要点】国家阶级本质、法律与经济发展适应程度、贯彻法治原则的程度、社会成员的法律意识和法律文化水平。

【参考答案】（1）法律实现是指法律的要求在社会生活中转化为现实；法律权利得到保护；法律义务得到履行；法的价值目标得到实现。

（2）影响法律实现的主要因素包括：①国家的阶级本质，以及法律、法规等规范性法律文件反映统治阶级（在社会主义国家是工人阶级领导的广大人民）意志的程度。我国是以工人阶级领导的人民民主专政的社会主义国家，国家的阶级本质决定了我国能够更好地使法律得以实现。我国社会主义法体现了绝大多数人的利益和意志，法的目的是为了建设社会主义物质文明和精神文明，满足人民群众的物质利益和精神上的自由发展，因而能够保证法在社会生活中充分实现。②现行法律与社会生活，归根到底与经济发展相适应的程度。我国社会主义法可以在相当大的程度上和客观规律相一致，和物质生活条件相一致，因而能够体现经济发展的水平。③国家机关活动中贯彻法治原则的程度。国家机关活动中贯彻法治原则至关重要，立法、司法和行政机关在社会生活中贯彻法治原则，能够促进法律的充分实现。④社会成员的法律意识、法律文化水平。社会成员的法律意识和法律文化水平影响着法律实现的程度。社会成员的法律意识和法律文化水平越高，法律实现的程度就越高，反之就越低。因此，应当培养社会主义法律意识，普及法律常识，重视法律教育，使社会成员养成学法、知法、守法、用法的习惯，从而提高法律在社会生活中实现。

【补充说明】以上各点应联系实际充分论述。从其他角度正确论述的，亦可酌情给分。

19. 联系实际，论述法律实现的意义。

【记忆要点】法律实施的直接目的、法的作用的前提、协调利益的工具、实现法治国家的必备条件。

【参考答案】法律实现是指法律的要求在社会生活中被转化为现实，达到法律设定的权利和义务的目的。法律实现的意义在于：

（1）法律实现是法律实施活动的直接目的。法作为一种社会规范，只有将抽象的行为模式转化为人们现实的权利、义务关系，才能发挥其应有的功能。但法律实施并不必然意味着法的要求的实现。要使法律产生实效，又必须以法律实施为条件。只有将法律实施与对法的实效的追求结合起来，才能使法真正得到实现。

（2）要发挥法的作用，就必须使法在生活中真正实现。通过法的制定，使社会关系上升为法律规范固然很重要，但更重要的是把应然的东西变成现实的东西。如果法的规定不能在人们及其组织的活动中实现，就不能实现法的价值。仅仅承认公民在宪法中的基本权利是不够的，还必须通过法的实施使公民真正享受这些权利。

（3）法的实现是协调利益的有效工具。法是反映和实现一定利益的形式之一。我国通过法律在社会生活中的实现，协调人们之间的利益关系，维护广大人民群众的长远利益、根本利益。法的实现还能充分保障公民的宪法权利，使公民的权利得以真正保护，从而真正地尊重、保障和促进人权。我国通过法的实现，能够充分发挥人民群众及社会组织的主动性和创造性，从而也体现了社会主义国家的意志和广大人民群众利益的一致性。

（4）法的实现是实现法治国家的必备条件。法治国家不仅要求有完备而良善的法律，而且还要使这些法律得以充分实现。这不仅是法治的内在要求，也是实现法治国家的必由之路。

20. 联系实际，论述依法行政的执法原则。

【记忆要点】内容：主体合法、内容合法、程序合法。理由和意义：指导国家行政机关正确实施管理、有利于防止行政权力滥用、有利于合理限制自由裁量权。

【参考答案】（1）依法行政原则是指行政机关必须依照法定的权限、法定程序和法治精神进行管理，越权无效。

（2）依法行政原则的具体内容。国家行政机关在全部行政管理中要严格依法办事，使国家的行政管理活动完全建立在法治的基础上。该原则的具体要求是：①执法的主体合法。国家行政机关的设立及其职权必须有法律依据，必须在法律规定的职权范围内活动，越权违法，越权无效。②执法的内容合法。执法活动是根据法律的规定进行的，执法的具体内容也要符合法律的规定。③执法的程序必须合法。要严格按照法定的步骤、顺序和时限执法，不得任意改变、省略和超越。

（3）坚持依法行政原则的理由和意义。①指导国家行政机关正确实施管理。国家行政机关的执法活动涉及面广，内容庞杂，关系到国计民生和社会发展的一切方面，具有普遍性和社会性。不按法律规则和程序办事，整个国家机器将处于混乱无序的状态，其后果不堪设想。只有依法行政，行政执法活动才能始终保持正确的方向。②有利于防止行政权力的滥用。由于执法主体特殊、范围广泛、活动带有强制性和主动性的特点，权力易被滥用，有可能滋生腐败，走向执法宗旨的反面。坚持依法行政原则，既能使行政机关充分行使行政权力，对社会进行有效的管理，又能对权力进行有效的制约和监督。③有利于把行政执法活动的自由裁量权限制在合理的范围之内。由于执法活动涉及的社会范围很广，加之社会生活的复杂性和社会发展的不平衡性，法律不可能都作出明确而严格的规定，一般只作概括性的规定，由行政机关根据具体情况决定，因而执法具有较大的灵活性，国家行政机关在执法活动中享有较大的自由裁量权。坚持依法行政原则，有利于将行政执法活动的自由裁量权控制在合理的范围之内，有利于保护行政相对人的合法权益。

★21. 联系实际，论述我国的司法原则。

【记忆要点】司法法治原则、司法平等原则、司法独立原则、司法责任原则、司法公正原则。

【参考答案】（1）司法法治原则。司法法治原则就是以事实为依据、以法律为准绳的原则。以事实为依据，就是指司法机关审理一切案件，都只能以与案件有关的事实作为依据，而不能以主观臆断作依据。以事实为依据的“事实”包括被合法证据证明了的事实和依法推定的事实。以法律为准绳，就是指司法机关在司法过程中，要严格按照法律规定办事，把法律作为处理案件的唯一标准和尺度。为了贯彻实行该原则，必须坚持实事求是、从实际出发的思想路线，重证据，重调查研究，不轻信口供；坚持维护社会主义法律的权威和尊严，严格遵守实体法和程序法的规定。

（2）司法平等原则。司法平等原则就是公民在适用法律上一律平等原则。司法平等原则要求法律对于全体公民都统一适用，所有公民依法享有同等的权利并承担同等的义务；任何权利受到侵犯的公民一律平等地受到法律的保护；在民事诉讼和行政诉讼中，要保证诉讼当事人享有平等的诉讼权利，不能偏袒任何一方当事人；在刑事诉讼中，要切实保障诉讼参与人依法享有的诉讼权利；对任何公民的违法犯罪行为，都必须追究法律责任，依法给予相应的法律制裁，不允许有不受法律约束或凌驾于法律之上的特殊公民。实行司法平等原则是发展社会主义市场经济的必然要求；是建设社会主义民主政治的重要保证；是社会主义精神文明的必要条件；也是建设社会主义法治国家的要求。在司法实践中贯彻司法平等原则，要坚决反对封建特权思想；司法工作者在司法活动中必须忠于事实，忠于法律，忠于人民。

（3）司法独立原则。司法独立原则意味着司法权具有专属性和独立性，司法独立原则还要求行使职权必须具有合法性。专属性即国家的司法权只能由国家各级审判机关和检察机关统一行使，其他任何机关、团体和个人都无权行使此项权力；独立性即人民法院、人民检察院依照法律独立行使自己的职权，不受行政机关、社会团体和个人的非法干涉；行使职权的合法性即司法机关审理案件必须严格依照法律规定，正确适用法律，不得滥用职权，枉法裁判。实行司法独立原则对于发扬社会主义民主、维护国家法制统一，保证司法机关正确适用法律和维护社会主义司法公正，具有重要意义。

（4）司法责任原则。司法责任原则是指司法机关和司法人员在行使司法权过程中侵犯了公民、法人和其他社会组织的合法权益，造成严重后果而应承担相应的责任的一种责任制度。司法责任原则是根据权力与责任相统一的法治原则而提出的权力约束机制。司法机关和司法人员接受人民的委托，行使国家的司法权，掌握着重大的责任。按照权力与责任相一致的原则，一方面对司法机关和司法人员行使国家司法权给予法律保障，另一方面对司法机关及其司法人员的违法和犯罪行为给予严惩。只有将司法权力与司法责任结合起来，才能更好地增强司法机关和司法人员的责任感，防止司法过程中的违法行为，并对违法行为进行法律制裁，以更好地维护社会主义司法的威信和社会主义法制的权威和尊严。

（5）司法公正原则。司法公正原则是指司法机关及其司法人员在司法活动的过程和结果中应坚持和体现公平和正义的原则。司法公正是社会正义的重要组成部分，它包括实体公正和程序公正，其中实体公正主要是指司法裁判的结果公正，当事人的权益得到了充分的保障，违法犯罪者受到了应得的惩罚和制裁。程序公正主要是指司法过程的公正，司法程序具有正当性，当事人在司法过程中受到公平公正的对待。司法活动的合法性、独立性、有效性，裁判人员的中立性，当事人地位的平等性以及裁判结果的公正性，都是司法公正的必然要求和体现。司法公正是司法的生命和灵魂，是司法的本质要求和终极价值准则。追求司法公正是司法的永恒主题，也是民众对司法的期望。当今中国正在进行司法改革，它包括制度、程序和体制的改革以及建立现代司法制度，其最终目的就是实现司法公正，并通过司法公正维护和促进社会公正。

★22. 联系实际，论述我国的以事实为依据、以法律为准绳原则的具体内涵和要求。

【记忆要点】内容：以事实为依据、以法律为准绳。意义：坚持实事求是、从实际出发的思想路线；坚持维护法律的权威和尊严；正确处理依法办事与坚持党的政策的指导作用的关系。

【参考答案】（1）以事实为依据，就是指司法机关审理一切案件，都只能以与案件有关的事实作为依据，而不能以主观臆断作依据。适用法律，就是运用法律对已经发生的事情作出判断、处理。任何一个案件，都是一种客观存在，由特定的、已经发生的事实构成。以事实为依据的"事实"包括被合法证据证明了的事实和依法推定的事实。后一种事实是在案件客观事实真相无法查明的情况下，依照法律中有关举证责任和法律原则推定的事实。尽管这种事实可能与客观事实有所不同，但是，在法律上能够引起同样的效果。以法律为准绳，就是指司法机关在司法过程中，要严格按照法律规定办事，把法律作为处理案件的唯一标准和尺度。在查办案件的全过程中，都要按照法定权限和法定程序，依据法律的有关规定，确定案件性质，区分合法与违法、一般违法和犯罪等，并根据案件的性质，作出恰当正确的裁决。以法律为准绳，意味着在整个司法活动中，在审理案件中，法律是最高的标准，这是社会主义法治对司法提出的必然要求。

（2）认真贯彻以事实为依据、以法律为准绳原则，首先要求在司法工作中，应当坚持实事求是、从实际出发的思想路线，重证据，重调查研究，不轻信口供；其次要求在司法工作中，坚持维护社会主义法律的权威和尊严，不仅要严格遵守实体法的规定，而且要严格执行程序法的各项规定。另外，还要求在司法工作中，正确处理依法办事与坚持党的政策的指导作用的关系。一方面，不能将坚持依法办事和坚持党的政策的指导作用对立起来；另一方面，也不能以政策改变、代替法律甚至取消法律，而是应当将两者统一起来。

★23. 联系实际，论述公民在适用法律上一律平等原则的具体内涵和意义。

【记忆要点】内涵：适用平等、保护平等、制裁平等、诉讼平等。意义：发展市场经济的要求、建设民主政治的保证、精神文明建设的条件、建设法治国家的要求。

【参考答案】（1）公民在法律适用上一律平等原则是指，各级国家司法机关及其司法人员在处理案件、行使司法权时，对于任何公民，不论其民族、种族、性别、职业、社会出身、宗教信仰、财产状况、居住期限等有何差别，也不论其出身、政治历史、社会地位和政治地位有何不同，在适用法律上一律平等。这一原则不仅适用于公民个人，也适用于法人和其他社会组织。我国宪法明确规定，中华人民共和国公民在法律面前一律平等。这是我国的一项宪法原则，也是司法的基本原则之一。它意味着法律对于全体公民都统一适用，所有公民依法享有同等的权利并承担同等的义务；任何权利受到侵犯的公民一律平等地受到法律的保护；在民事诉讼和行政诉讼中，要保证诉讼当事人享有平等的诉讼权利，不能偏袒任何一方当事人；在刑事诉讼中，要切实保障诉讼参与人依法享有的诉讼权利；对任何公民的违法犯罪行为，都必须追究法律责任，依法给予相应的法律制裁，不允许有不受宪法和法律约束或凌驾于宪法和法律之上的特殊公民。

（2）实行该原则的意义在于：①该原则是发展社会主义市场经济的必然要求。市场经济是法治经济，只有贯彻适用平等原则，才能为法治经济的良好运行提供切实可行的保障。②适用平等原则是建设社会主义民主政治的重要保证。我国在经历了两千多年的封建帝制和近一个世纪的半封建半殖民地社会后，中国社会中的特权思想一度根深蒂固。这种思想不仅制约了政治民主理念的传播和发展，也容易导致国家权力的滥用和对公民权益的非法剥夺。因此，贯彻司法平等原则，有利于推动社会主义民主政治的发展。③适用平等原则是建设社会主义精神文明的必要条件。司法机关贯彻司法平等原则，必须尊重事实，尊重法律，严格并依法行使司法职权，维护公民的根本利益，以利于弘扬良好的社会风气和道德操守。④适用平等原则是建设社会主义法治国家的要求。司法是公民权益维护的最后手段，如果司法机关不能平等对待诉讼当事人，那么公民的平等权利就失去了最后屏障，腐败和不公将随之产生并扩大，也就谈不上建设社会主义法治国家。因此，适用平等原则是建设社会主义法治国家的应有之义。

★24. 联系我国法治建设的实际，论述司法机关依法独立行使职权原则的内涵、意义、要求和对司法权的监督。

【记忆要点】内涵：专属性、独立性、合法性。意义：发扬民主、维护法制统一；保障司法机关正确行使职权；正确适用法律的前提；维护司法公正的需要。要求：正确处理司法机关和党组织的关系；进行法制教育；推进司法改革。对司法监督的表现：党的领导和监督、国家权力机关的监督、司法机关内部的监督、其他主体的监督。

【参考答案】（1）司法机关依法独立行使职权原则是指司法机关依法独立行使职权，不受任何机关、团体和个人的干涉。其具体内涵是：①司法权的专属性，即国家的司法权只能由国家各级审判机关和检察机关统一行使，其他任何机关、团体和个人都无权行使此项权力；②司法权行使的独立性，即人民法院、人民检察院依照法律独立行使自己的职权，不受行政机关、社会团体和个人的非法干涉；③司法权行使的合法性，即司法机关审理案件必须严格依照法律规定，正确适用法律，不得滥用职权，枉法裁判。

（2）实行司法机关依法独立行使职权原则的意义。①实行这项原则是发扬社会主义民主、维护国家法制统一的需要。行使司法权意味着运用法律裁决纠纷，纠正法律，制裁违法犯罪。它可以决定公民、法人和其他组织的政治权利、财产权利以及公民的人身权利。在我国，为了实现和保障公民的民主权利和人权，维护国家利益，宪法规定，审判权由人民法院统一行使，检察权由人民检察院统一行使。②实行这项原则是保证司法机关正常行使职权的基本条件。要行使职权就必须独立，不独立就无法行使职权。如果谁都可以干涉职权的行使，就无法确定真正的行使职权的主体；在主体不确定的状态下，法律所规定的行使司法权的机关也不可能正常行使自己的职权。③实行这项原则是正确适用法律的前提。法律适用是一项专业性很强的工作，只能由受过专业训练的法律职业人员从事。这些人员具有从事司法工作所必需的职业素养和职业技能。如果不能做到司法机关独立行使职权，如果司法机关的工作受到肆意干涉，不仅无法发挥司法机关及其工作人员的专业特长，而且会因为外行干预、外行办案而曲解法律，违法办案，损害法律的权威和尊严。④实行这项原则是维护社会主义司法公正的重要条件。因为，独立行使职权，只服从法律，有统一的标准；独立行使职权，办案人自己承担责任，可以提高办案质量。如果什么机关、组织和个人都可以对司法机关施加影响，不仅会导致司法活动背离社会主义法律准绳，而且会削弱办案人员的责任意识，损害办案人员严格司法的积极性。独立司法，责任自负，是司法公正的重要制度保证。

（3）贯彻司法机关依法独立行使职权原则的要求。①要正确处理司法机关与党组织的关系。司法机关依法独立行使职权和党对人民法院、人民检察院的领导是一致的。要求司法机关依法独立行使职权，并非认为司法机关可以脱离党的领导。要坚持党对司法工作的领导不能动摇。党的领导主要是政治领导，而不是具体包办司法业务，不是以党代政、党法不分。②在全社会进行有关树立、维护司法权威，尊重、服从司法机关决定的法治教育。司法机关应当具有国家权威性，服从司法机关的决定就是服从法律。但是，由于数千年封建思想的影响，司法机关的权威受到严重损害，司法机关依法作出的判决、裁定和决定难以执行，因此，有必要在全社会进行维护司法机关权威、尊重、服从司法机关决定的法治教育。③推进司法改革，从制度上保证司法机关依法独立行使审判权和检察权。要适当强化有关司法人员的职权，使之能够在制度上避免和对抗非法干涉。

（4）坚持司法机关依法独立行使职权原则，并不意味着司法机关行使司法权可以不受任何监督和约束。司法权如同其他任何权力一样，都要接受监督和制约。对司法权的监督表现为：①司法权要接受党的领导和监督，这是司法权正确行使的政治保证。②司法权要接受国家权力机关的监督。司法权由国家权力机关产生，并对国家权力机关负责，因此，国家权力机关有权监督司法权的行使，司法机关也有义务接受国家权力机关的监督。③司法机关的上、下级之间以及同级之间也存在监督和约束，这种监督和约束是通过司法制度中的一系列制度安排来体现和实现的。④司法权也要接受行政机关、监察机关、企事业单位、社会团体、民主党派和人民群众的监督，还要接受舆论的监督。这些种类广泛的监督形式和监督机制，有利于更好地行使司法权，并防止司法权的滥用等司法腐败现象和行为。

★25. 联系我国法治建设的实际，论述司法体制改革的方向和原则。

【记忆要点】坚持正确的政治方向、坚持以宪法为根本遵循、坚持以提高司法公信力为根本尺度、坚持符合国情和遵循规律相结合、坚持依法有序推进。

【参考答案】深化司法体制改革事关党和国家事业大局，必须树立科学的司法改革观，在司法改革中坚持正确的方向和原则：

（1）坚持正确的政治方向。坚持党的领导是我国社会主义司法制度的根本特征和政治优势。深化司法体制改革，必须在党的统一领导下进行，坚持党的领导，关键是坚持党对政法工作的领导，坚持党管政法干部的原则，坚持走中国特色社会主义司法改革之路，努力创造更高水平的社会主义司法文明。

（2）坚持以宪法为根本遵循。我国宪法以国家根本法的形式确立了司法制度的基本框架和司法活动的基本规矩，是组织实施司法体制改革的根本遵循。深化司法体制改革，不仅不能违反宪法的规定，更重要的是把宪法的规定落实到位。

（3）坚持以提高司法公信力为根本尺度。推进司法体制改革，必须坚持以提高司法公信力为根本尺度，以矛盾纠纷得到公正的解决、合法权益得到有效的维护为目标，确保取得人民满意的改革实效。

（4）坚持符合国情和遵循规律相结合，坚持依法有序推进。凡是同现行法律规定不一致的改革举措，必须先提请立法机关修改现行法律规定，然后再开展改革。修改现行法律规定的条件尚不成熟的，应及时提请立法机关进行授权，在授权范围内进行改革试点。

★26. 完善人权司法保障制度是我国司法改革的重要组成部分，也是建设公正高效的社会主义司法制度的重要内容。请结合我国的实际，论述如何完善我国的人权司法保障制度。

【记忆要点】注重对法治原则的遵循、体现对基本人权的尊重、突出对司法权力的制约、强化对诉讼权利的保障、加强对公民权利的救济。

【参考答案】完善人权司法保障制度是我国司法体制改革的重要组成部分，也是建设公正高效权威的社会主义司法制度的重要内容。完善人权司法保障制度要正确处理打击犯罪与保护人权、程序公平与实体公正、追求公正与注重效率的关系，确保人民群众有尊严地参加诉讼，及时得到公正的裁判结果。

（1）完善人权司法保障要注重对法治原则的遵循。法治原则要求良法善治，坚持法律面前人人平等。加强对人权的司法保障要以宪法和法律为依据，逐步健全人权司法保障的法律法规，完善制度设计，细化保障措施。在司法活动中，要切实遵守人权保障的相关法律规定，着力提升司法理念、加强保障力度、完善监督制约，做到尊重人权与防止侵权有机结合，充分发挥社会主义司法制度的优越性。

（2）完善人权司法保障要体现对基本人权的尊重。国家尊重和保障人权是宪法的明确要求，要始终贯彻尊重和保障人权的理念，切实保护公民的人身权利、财产权利、民主权利等合法权益。司法活动直接涉及公民的人身、自由、人格尊严、财产权益等基本权利，要以完善人权司法保障改革为契机，不断提升人权司法保障的制度化、法治化水平。

（3）完善人权司法保障要突出对司法权力的制约。在司法活动中，当事人及诉讼参与人的权利相对于司法机关的公权力，处于弱势地位，容易受到侵犯。完善人权司法保障就要强化对司法权力的限制和制约，防止滥用权力侵犯人权。要完善外部监督制约，认真贯彻《宪法》和《刑事诉讼法》关于司法机关“分工负责、互相配合、互相制约”的基本原则，完善内部监督制约，改革人民陪审员制度，健全人民监督员制度，推进审判公开、检务公开，为公民维护自身权利提供坚实的制度保障。

（4）完善人权司法保障要强化对诉讼权利的保障。树立理性、平和、文明、规范的执法理念，严禁刑讯逼供、体罚虐待。充分保障犯罪嫌疑人、被告人的辩护权、辩解权等诉讼权利，要重视其辩护辩解的内容，对涉及无罪、罪轻的辩护意见要认真核实。完善律师执业权利保障机制，发挥律师在依法维护公民和法人合法权益方面的重要作用。

（5）完善人权司法保障要加强对公民权利的救济。完善人权司法保障，既要有效防止侵权行为的发生，又要切实保障公民权利在受到侵犯后，能及时得到有效救济。不论是民事诉讼、行政诉讼还是刑事诉讼，司法活动本身就是对公民权利最有效的救济手段。

★27. 联系我国法治建设的实际，论述提高司法公信力的改革要求和意义。

【记忆要点】改革要求：完善确保依法独立公正行使审判权和检察权的制度；优化司法职权配置；推进严格公正司法；保障人民群众参与司法；加强人权司法保障；加强对司法活动的监督。意义：推进国家治理体系和治理能力现代化的重要举措；公正是司法的生命线。

【参考答案】（1）提高司法公信力的改革要求。保证公正司法、提高司法公信力在当前有如下六个方面的改革要求：①完善确保依法独立公正行使审判权和检察权的制度。主要有：建立领导干部干预司法活动、插手具体案件处理的记录、通报和责任追究制度，健全尊重法院裁判制度，建立健全司法人员履行法定职责保护机制等举措。

②优化司法职权配置。主要有：推动实行审判权和执行权相分离的体制改革试点，统一刑罚执行体制，探索实行法院、检察院司法行政事务管理权和审判权、检察权相分离，最高人民法院设立巡回法庭，探索设立跨行政区划的人民法院和人民检察院，探索建立检察机关提起公益诉讼制度等举措。③推进严格公正司法。主要有：推进以审判为中心的诉讼制度改革，实行办案质量个人负责制和错案责任倒查问责制等举措。④保障人民群众参与司法。主要有：完善人民陪审员制度，构建开放、动态、透明、便民的阳光司法机制等举措。⑤加强人权司法保障。主要有：健全落实罪刑法定、疑罪从无、非法证据排除等法律原则的法律制度。完善对限制人身自由司法措施和侦查手段的司法监督等举措。⑥加强对司法活动的监督。主要有：完善检察机关行使监督权的法律制度，完善人民监督员制度。建立终身禁止从事法律职业制度等举措。

（2）提高司法公信力的意义。深化司法体制改革，建设公正高效权威的社会主义司法制度，是推进国家治理体系和治理能力现代化的重要举措。其中，公正是法治的生命线。司法公正对社会公正具有重要引领作用，司法不公对社会公正具有致命的破坏作用。必须完善司法管理体制和司法权力运行机制，规范司法行为，加强对司法活动的监督，努力让人民群众在每一个司法案件中感受到公平正义。公正司法事关人民切身利益，事关社会公平正义，事关全面推进依法治国。要坚持司法体制改革的正确方向，坚持以提高司法公信力为根本尺度，坚持符合国情和遵循司法规律相结合。

28. 试论法律解释的必要性。

【记忆要点】抽象变为具体、概括变为特定；统一理解；弥补立法缺憾；解决法律稳定性和社会发展之间的矛盾；普及法律知识、开展法律教育。

【参考答案】法律解释是指一定的人或组织对法律规定含义的说明。法律解释的必要性是由法律调整的特殊性及其运作的规律所决定的，它有助于解决法律实施中原则性与灵活性、一般与具体的矛盾，是完善立法的需要。

（1）由于法律具有概括性、抽象性的特点，因此需要法律解释化抽象为具体，变概括为特定。法律规范是抽象的、概括的行为规则，只能规定一般的适用条件、行为模式和法律后果，它不可能也不应该对一切问题都作出详尽无遗的规定。在法律实施过程中，要把一般的法律规定适用于千差万别的具体情况，对各种具体的行为、事件和社会关系作出处理，就必须对法律作出必要的解释。例如，如何界定《民法典》第8条所规定的“公序良俗”，人们可能就有着不同的认识和见解。为了统一适用法律，就需要对法律的含义作出统一的、正确的解释。在这个意义上，可以说法律解释是从法律制定到法律实施中间的桥梁。

（2）人们对同一法律规定往往有不同的理解，因此需要通过法律解释来统一人们的理解，保证法的实施的统一性。由于人们在认识能力、认识水平上以及利益与动机的差别，因此会对同一法律规定有不同的理解，特别是对法律规定中一些专门术语有不同的理解。法律规范是以严格的、专门的法律概念、术语表述出来的，有时会与实际生活用语含义不同，不易为人们所理解。同时，由于社会主体的社会地位、生活环境和文化水平等特定原因，对于同一法律规范往往会产生不同的理解，这就需要有权威性的法律解释，来统一人们的理解，保证法的实施的统一性。

(3) 对于立法缺憾，需要通过法律解释来改正、弥补。法律规范是由不同的国家机关创制的，分属于不同的法律部门，在现实的法律运作过程中，属于不同法律部门的各种法律规范之间，有时会发生各种各样的矛盾或冲突；而且，在任何法律体系中都不可避免地存在着应规定的而未作规定、规定不够准确清晰或界限不明等诸如此类的法律漏洞。为了弥补法律漏洞，使法律规范得以实施，有效地进行法律调整，法律解释就是必不可少的手段。

(4) 由于法律滞后于社会发展，因此需要通过法律解释解决法律的稳定性与社会发展之间的矛盾。法律规范是相对稳定、定型的规则，而社会生活却是不断发展变化的。要把相对确定的法律规定适用于不断变化的法律实际，就需要对法律规范作出必要的解释，以期在保证法律体系和基本原则的稳定性的同时，能够适时根据法律规范的基本原则、精神和规定，对新情况、新问题作出符合实际的处理。

(5) 通过法律解释普及法律知识，开展法制教育。在社会主义初级阶段，由法学工作者和法律界人士进行的，旨在普及法律知识、开展法制宣传教育的法律解释工作，对全面推进依法治国，建设社会主义法治国家的伟大进程具有十分重要的意义。

29. 试论法律关系的含义和特征。

【记忆要点】依法建立、体现意志性、以权利义务为内容。

【参考答案】法律关系是根据法律规范产生、以主体之间的权利与义务关系的形式表现出来的特殊社会关系，即在法律规范调整社会关系的过程中所形成的人们之间的权利和义务关系。法律关系具有如下特征：

(1) 法律关系是依法建立的社会关系。这一特征包含四个方面的含义：首先，法律规范是法律关系产生的前提。如果没有相应的法律规范的存在，就不可能产生法律关系。其次，法律关系不同于法律规范调整或保护的社会关系本身。社会关系是一个庞大的体系，其中有些领域是属于法律所调整的，有些是不属于法律调整或法律不宜调整的，还有些是法律所保护的对象，这些被保护的社会关系不属于法律关系本身。再次，法律关系是法律规范的实现形式，是法律规范的内容（行为模式及法律后果）在现实社会生活中得到的具体贯彻。人们按照法律规范的要求行使权利、履行义务并由此而发生特定的法律上的联系，既是一种法律关系，也是法律规范的现实状态。最后，法律关系是合法的社会关系，即法律关系是符合法律规范的社会关系。在社会生活中，往往存在着大量的事实关系，它们没有严格的合法形式，甚至完全违背法律。这些事实关系，都不能看作是法律关系，但是又可能与法律适用相关联，是法律适用过程中必须认真处理的一类法律事实。

(2) 法律关系是一种体现意志性的特殊社会关系。首先，法律关系属于思想社会关系和上层建筑现象，法律关系是一种体现意志性的特殊社会关系。法律关系是根据法律规范建立的，而法律规范是国家意志的体现，因此法律关系像法律规范一样必然体现国家的意志。从实质上看，法律关系作为一种社会关系的特殊形式，正在于它体现了国家意志，从这个意义上讲，破坏了法律关系，其实也就违背了国家的意志。其次，法律关系参加者的意志对于法律关系的建立和实现也有着重要的作用。有的法律关系的建立要根据法律关系参加者的意志，如合同法律关系的建立，除了要有一般规定外，签订合同的各方还需要意思表示一致，不能把一方的意思强加给另一方；有的法律关系的建立只需要法律关系参加者一方的意志即可成立，如绝大部分行政法律关系；有的法律关系的产生可以不通过人的意志，而仅由于某种不以当事人的意志为转移的事件发生，如出生、死亡、自然灾害等。在法律关系产生或实现的过程中，国家意志和法律关系参加者的意志是相互作用的，一方面，法律关系参加者的意志必须符合国家意志，否则该法律关系得不到国家的确认和保护，法律关系不可能建立起来。在这个意义上，国家意志对于法律关系的产生和实现起着主导作用。另一方面，体现在法律规范中的国家意志，只有通过法律关系参加者的意志才能实现，否则法律规范所体现的权利和义务就只能是一种抽象的可能性和必然性，不能变成现实，在这个意义上，法律关系参加者的意志对于法律规范中所体现的国家意志的实现又是必不可少的。承认法律关系的意志性，并不能否认它的客观性。其客观性主要表现在：任何法律关系都根源于一定的经济关系，反映一定的经济关系的要求；法律关系作为一定社会关系的特殊形式，除了受经济关系的制约外，还受其他社会关系的制约，反映一定社会关系的性质、内容和发展规律的要求；从法律关系本身来看，其一经形成，就作为一种社会法律现象而存在，并对一定社会关系发生影响。

（3）法律关系是以法律上的权利义务为内容的社会关系。法律关系属于思想社会关系。法律关系之所以属于思想社会关系，就在于它是根据法律规定而结成的权利义务关系。法律规范与法律关系中都包含着主体的权利与义务，但它们在法律规范和法律关系中的表现形式不同：首先，法律规范中的权利和义务具有可能性，法律关系中的权利和义务具有现实性。法律规范中的权利和义务只是一种可能性，是主体能做和应该做的行为，并不是现实行为，是在假定某种事实发生的情况下，设定主体有什么权利和义务，并不表明主体实际已经有了某种权利和义务。而在法律关系中，主体的权利和义务是现实的，法律规范所假定的事实已经发生，从而使主体之间产生了实际的权利义务关系。因此，法律规范中的权利与义务属于可能性的领域，而法律关系中的权利和义务属于现实性的领域。其次，法律规范中的权利和义务是抽象的，法律关系中的权利和义务是具体的。在法律规范中，主体的权利和义务是针对同一类人、同一类行为的，凡是出现法律规范所假定的事实，具有法律规范所规定的主体资格的，都享有同一类权利并承担同一类义务。而在法律关系中，法律所规定的事实情况、主体、权利与义务及其所指向的对象都是具体的。因此，法律规范中的权利和义务是抽象的，而法律关系中的权利和义务是具体的，法律关系是法律规范规定的权利义务在现实社会关系中的体现。没有具体法律关系主体的实际法律权利和法律义务，就不可能有法律关系的存在。在此，法律权利和义务的内容是法律关系区别于其他社会关系的重要标志。

30. 联系实际，论述社会主义法治和社会主义民主的关系。

【记忆要点】总体关系：前提、保障；关系密切、相互依存、不可分离。具体关系：民主是法治的前提和基础；法治是民主的保障；民主和法治的融合、发展和完善；民主和法治的完善途径。

【参考答案】（1）社会主义民主和社会主义法治的关系可以概括为，社会主义民主是社会主义法治的前提，社会主义法治是社会主义民主的保障。具体而言：社会主义法治与社会主义民主有着非常密切的关系，两者相互依存，不可分离。如果离开社会主义民主讲社会主义法治，社会主义法治就可能改变性质；如果离开社会主义法治来讲社会主义民主，社会主义民主就可能失去强有力的保障，就可能偏离社会主义方向。

（2）社会主义民主是社会主义法治的前提和基础。社会主义民主对社会主义法治的积极作用主要表现在：①从民主作为一种国家制度来看，社会主义民主是社会主义法治的政治前提和基础；②从民主作为一种公共决策方法和机制来看，社会主义民主决定着社会主义法的创制的质量；③社会主义民主是社会主义法治的力量源泉；④社会主义民主在促进社会主义法治发展方面也有重大作用。

（3）社会主义法治是社会主义民主的保障。社会主义民主内在地需要法治，要求法治原则贯穿于民主发展的全过程。没有社会主义法治也就不会有真正的社会主义民主，应当通过法治来积极推进民主的进程。社会主义法治对社会主义民主的积极作用主要表现在：①社会主义法治确认人民群众当家作主的地位，确认国家的基本民主体制及其活动原则的合法性；②社会主义法治确认和保障广大人民群众享有广泛的民主权利和自由，为政治参与提供畅通的渠道；③社会主义法治确认和规范社会主义民主的范围以及实现社会主义民主的程序和方式；④社会主义法治是保卫社会主义民主的重要武器。

（4）社会主义民主和社会主义法治的融合、发展和完善。对于正在进行社会主义现代化建设的中国来说，对民主与法治的融合必须有一个清醒的认识。社会主义民主和法治的建设要受很多条件的制约。我国现阶段的民主和法治并不完善，但它不是静止不变的，而是在不断发展的。它的发展是一个从不完善到逐步完善的过程，这是我国社会主义民主和法治建设的一个基本特征和发展规律。在引进西方民主经验的时候，必须仔细考察它特定的孕育背景，仔细研究它与本国国情的契合条件。在推进民主政治时，既要以各方面完备的法律体系代替对个人完美道德的预期，又要防止西方极端个人主义和无政府主义乘虚而入。

（5）社会主义民主和社会主义法治的完善途径。在增强民主参与意识的同时加强法治观念，逐步扩大自由、完善民主，让社会在稳定的环境中逐步实现民主政治，而不能让激情的民主淹没理性的法治。这样，民主与法治才能相互结合、相互促进，我国“依法治国，建设社会主义法治国家”的治国方略才能真正得到实现，人民当家作主才能最终得到保障。

★31. 联系我国实际，论述社会主义民主是社会主义法治的前提和基础。

【记忆要点】总体关系：前提、基础；确认、保障；关系密切、相互依存、不可分离。具体关系：政治基础、价值取向和基本要求、权威性和合法性来源、力量源泉。

【参考答案】（1）社会主义民主是社会主义法治的前提和基础，社会主义法治是社会主义民主的确认和保障，社会主义民主和社会主义法治有着非常密切的关系，二者相互依存，不可分离。如果离开社会主义民主讲社会主义法治，社会主义法治就可能改变性质；如果离开社会主义法治来讲社会主义民主，社会主义民主就可能失去强有力的保障，就可能偏离社会主义方向。

（2）社会主义民主是社会主义法治的政治基础。人民民主专政的国家性质和国家制度，决定了社会主义法治建设的基本框架和发展模式。之所以选择民主作为社会主义的国家制度，是因为人民是国家的主人，人民掌握了国家政权，采取民主的政权组织形式，才有可能、有基础通过国家制定和实施的法律，将民主制度化、法律化。没有社会主义民主，没有人民民主专政的政权，就不可能建立社会主义法治。

（3）社会主义民主决定社会主义法治的基本价值取向和基本要求。我国是人民当家作主的社会主义国家，扩大人民的民主权利，确认和保障民主制度，规范民主政治运行，是社会主义法治的基本目标和落脚点。社会主义民主是人民当家作主的政治制度，这决定了社会主义法治必须把保障和实现人民的权利作为出发点和归宿，人民当家作主决定了社会主义法治的基本价值取向和基本要求，即必须扩大民主权利，确认和保障民主制度。

（4）社会主义民主是社会主义法治的权威性与合法性的来源。社会主义法治权威性与合法性的确立，需要以人民的广泛认同和参与为基础。社会主义法治要树立权威，要具有合法性，必须有广大人民群众的广泛认同。人民的积极参与是确认法治的权威性和合法性的来源。

（5）社会主义民主是社会主义法治的力量源泉。社会主义法治之所以有权威、有力量，归根结底来源于社会主义民主。因此，加强民主立法有助于提高法律质量，人民群众的支持有助于宪法和法律的贯彻实施，也有助于全面提升法治的社会公信力。

32. 联系我国法治建设的实际，论述社会主义法治理念的基本内容。

【记忆要点】依法治国是核心内容、执法为民是本质要求、公平正义是价值追求、服务大局是重要使命、党的领导是根本保证。

【参考答案】社会主义法治理念是社会主义法治建设的指导思想，是社会主义法治的观念体系、理论体系。当代中国社会主义法治理念是马克思主义关于国家与法的理论同中国国情和现代化建设实际相结合的产物。社会主义法治理念的基本内容有：

（1）依法治国。依法治国是社会主义法治的核心内容，是中国共产党领导人民治理国家的基本方略。只有坚持依法治国，才能使广大人民群众在党的领导下依照宪法和法律规定，通过各种途径和形式管理国家事务，管理经济文化事业，管理社会事务；才能保证国家各项工作都依法进行；才能逐步实现社会主义民主政治的制度化、规范化、程序化。

（2）执法为民。执法为民是社会主义法治的本质要求，这是党全心全意为人民服务的根本宗旨和立党为公、执政为民的执政理念在政法工作上的体现。人民是国家的主人，一切权力来源于人民，这不仅是我国宪法确立的基本原则，也是党一贯倡导的立党为公、执政为民的思想源头。为人民服务、对人民负责是执法的根本目的和要求。做好执法工作，必须把人民利益放在第一位，把人民满意不满意、拥护不拥护、赞成不赞成作为检验工作的根本标准。

（3）公平正义。公平正义是社会主义法治的价值追求。法治有两项最基本的要求，第一是要有制定得良好的法律；第二是这种法律得到普遍的服从。良好的法律就是体现社会公平和正义的法律；普遍的服从就是法律的实体正义和程序正义都得到全面的实现。公平正义是人类社会文明进步的重要标志，是社会主义和谐社会的关键环节。只有坚持公平正义，做到合法合理、平等对待、及时有效，才能实现公正执法，才能真正维护人民群众的合法权益，促进社会和谐。

（4）服务大局。服务大局是社会主义法治的重要使命。法治作为国家治理方式，必须服务于国家的根本任务。社会主义法治的重要使命就是保障和服务建设富强民主文明和谐美丽的社会主义现代化强国这一根本目标。要树立大局观念，坚持自觉服从服务于党和国家的工作大局和社会主义经济建设。只有这样，才能掌握工作的主动权，与时俱进，最大限度地发挥职能作用。

（5）党的领导。党的领导是社会主义法治的根本保证。中国共产党的方针、政策集中反映了党的基本政治主张，蕴含着先进的社会主义法治理念和深刻的政治内涵，是制定法律的根据，是执行法律的灵魂。要全面理解和准确把握党的路线方针政策的精神实质，自觉地把执行党和国家的政策与执行法律统一起来，既要防止用政策代替法律，又要坚持以党和国家的一系列重要政策、策略为指导，坚定不移地依靠和接受党的领导和监督。要坚持把党的领导与严格依法办事，把执行法律与执行党的政策有机结合起来。

33. 联系我国法治建设的实际，试论法治思维的内涵。

【记忆要点】含义：思维方式和认识过程；将法律作为判断是非和处理事务的准绳，关注五方面内容（目的、权限、内容、手段、程序）。内涵：规则思维、平等思维、权力受制约思维、程序思维、人权保障思维。

【参考答案】（1）法治思维是指按照社会主义法治的逻辑来观察、分析和解决社会问题的思维方式，它是将法律规定、法律知识、法治理念付诸实施的认识过程。

（2）法治思维是将法律作为判断是非和处理事务的准绳，它要求崇尚法治、尊重法律，善于运用法律手段处理问题和推进工作。运用法治思维解决问题，要求国家工作人员，特别是领导干部，在行使国家公权力时，无论是决策，还是执行，都应始终关注至少以下五个方面的内容，即目的是否合法、权限是否合法、内容是否合法、手段是否合法以及程序是否合法。

（3）法治思维的内涵可以概括为：①法治思维是规则思维。法律规则具有明确性、稳定性和可预测性，可以为人们提供基本的行为准绳。有了法律规则，人们对于自己乃至他人的行为及其法律后果就有了稳定的预期，便会依此对自己的行为进行调整和规范。规则思维要求制定良好的法律，并贯彻它、遵守它。②法治思维是平等思维。法律的一个重要价值取向是平等，即权利平等、机会平等、规则平等。平等思维要求每一个人都抛弃特权思想，自觉将自己置于法律的监督和制约之下。法律的制定需要贯彻平等原则，不允许个别人或个别集团将自己的特权法制化；法律的实施更要落实平等原则，任何人不得凌驾于法律之上，不得有法外特权。③法治思维是权力受制约思维。权力受制约思维要求制定科学的制度机制，使权力得到制约，使权力行使具有明确边界。依据法治思维，权力体制与机制必须保证权力在相互制约的前提下相互配合。因此，应逐条梳理权力事项，进一步强化对公权力的监督制约，努力形成科学有效的权力运行机制，促使手中握有公权力的人慎重对待权力行使的边界，把自己置于监督约束之下。④法治思维是程序思维。程序正义是实体正义的重要保证。程序思维要求分析问题特别是处理问题按照法定程序进行。必须遵循规律，为公权力的行使设立科学、合理的程序，并确立违反程序的制裁性后果，从而防止破坏法定程序的行为。⑤法治思维是人权保障思维。国家工作人员在运用法治思维解决实际问题时，要贯彻保障人权的思想，加强人权保障，注重人权保护，尊重基本人权，切实保护公民的人身权利、财产权利和民主权利等合法权益，防止滥用权力侵犯人权。

★34. 结合立法科学性原则和法治中国建设的实际，论述科学立法是法治的前提。

【记忆要点】科学立法原则：从实际出发，尊重客观规律，维护和保障立法的科学性；科学合理地规定权利与义务、权力与责任；法律规范明确、具体，具有针对性和可执行性。科学立法是前提：尊重客观规律、体现民意、切合实际、完善程序、符合科学。

【参考答案】立法科学性原则要求立法从实际出发，尊重客观规律，维护和保障立法的科学性，立法活动应当科学合理地规定权利与义务、权力与责任，法律规范明确、具体，具有针对性和可执行性。立法科学性原则要求提高立法质量，提高立法质量也是立法的中心任务。

（1）要尊重客观规律，不仅要按照客观经济规律尤其是市场经济的价值规律、市场和自由关系的内在规定性等来及时进行法律的废改立，而且要充分反映社会规律，将社会文化以及民主政治建设和生态文明发展规律及时用法律的形式加以固定和强化，使改革发展稳定工作在良法体系的规范和保障下科学地推进。

（2）要体现民意。立法应当回应人民群众的真实关切和心愿，而不是部门利益至上、利用立法搞地方保护主义。人民性是法律的最根本特征，也是衡量法律质量的根本标准。凡是人民群众呼声高、要求强的，就应当及时进行立法；凡是与人民利益和意志不尽相符或根本背离的，必须及时进行废改。

（3）要切合实际。立法必须立足现实，以解决现实问题和现实利益诉求为导向，既要有预见性和超前性，又要增强针对性和务实性。

（4）要完善程序。民主立法是科学立法的保障，科学民主的立法程序是良法产生的基本途径，拓宽立法渠道、加强开门立法，为科学立法奠定基础。

（5）要符合科学。立法应当按照科学的法治原理和原则加以完善，既要将人类法治发展史上凝结的宝贵法治遗产，如罪刑法定、无罪推定和非法证据排除等及时吸纳到立法之中，又要增强可操作性和逻辑性，明确具体的适用条件、行为模式和法律后果，克服权利义务关系不明、责任抽象、有效性不足的局限性。

★35. 联系我国法治建设的实际，论述全面依法治国的基本原则。

【记忆要点】坚持中国共产党的领导、坚持人民主体地位、坚持法律面前人人平等、坚持依法治国和以德治国相结合、坚持从中国实际出发。

【参考答案】（1）坚持中国共产党的领导。党的领导是中国特色社会主义最本质的特征，是社会主义法治最根本的保证。把党的领导贯彻到依法治国的全过程和各方面，是我国社会主义法治建设的一条基本经验。必须坚持党领导立法、保证执法、支持司法、带头守法，把依法治国基本方略同依法执政基本方式统一起来，把党总揽全局、协调各方同人大、政府、监察机关、审判机关、检察机关依法履行职能统一起来，把党领导人民制定和实施宪法法律同党坚持在宪法法律范围内活动统一起来。

（2）坚持人民主体地位。人民是依法治国的主体和力量源泉，人民代表大会制度是保证人民当家作主的根本政治制度。必须坚持法治建设为了人民、依靠人民、造福人民、保护人民，以保障人民根本权益为出发点和落脚点，保证人民依法享有广泛的权利和自由、承担应尽的义务，维护社会公平正义，促进共同富裕。

（3）坚持法律面前人人平等。平等是社会主义法律的基本属性。任何组织和个人都必须尊重宪法法律权威，都必须在宪法法律范围内活动，都必须依照宪法法律行使权力或权利、履行职责或义务，都不得有超越宪法法律的特权。

（4）坚持依法治国和以德治国相结合。必须坚持一手抓法治、一手抓德治，既重视发挥法律的规范作用，又重视发挥道德的教化作用，以法治体现道德理念、强化法律对道德建设的促进作用，以道德滋养法治精神、强化道德对法治文化的支撑作用，实现法律和道德相辅相成、法治和德治相得益彰。

（5）坚持从中国实际出发。必须从我国基本国情出发，同改革开放不断深化相适应，总结和运用党领导人民实行法治的成功经验，围绕社会主义法治建设重大理论和实践问题，推进法治理论创新。汲取中华法律文化精华，借鉴国外法治有益经验，但绝不照搬外国法治理念和模式。

★36. 联系我国法治建设的实际，论述全面依法治国的基本格局。

【记忆要点】科学立法、严格执法、公正司法、全民守法、人才强法。

【参考答案】坚持中国特色社会主义法治道路，既要建成一套高效严密、统一协调的法治体系，更要以此为前提，实现科学立法、严格执法、公正司法、全民守法，促进国家治理体系和治理能力现代化，建成社会主义法治国家。

（1）科学立法。科学立法是法治的前提。在中国特色社会主义法律体系形成之后，提高立法质量成为立法的中心任务。科学立法，一要尊重客观规律，不仅要按照客观经济规律尤其是市场经济的价值规律、市场和自由关系的内在规定性等来及时进行法律的废、改、立，而且要充分反映社会规律，将社会文化以及民主政治建设和生态文明发展规律及时用法律的形式加以固定和强化，使改革发展稳定工作在良法体系的规范和保障下科学地推进。二要体现民意。人民性是法律的最根本特征，也是衡量法律质量的根本标准。凡是人民群众呼声高、要求强的，就应当及时进行立法；凡是与人民利益和意志不尽相符或根本相背离的，必须及时进行废、改。三要切合实际。立法必须立足现实，以解决现实问题和现实利益诉求为导向，既要有预见性和超前性，又要增强针对性和务实性。四要完善程序。民主立法是科学立法的保障，科学民主的立法程序是良法产生的基本途径，拓宽立法渠道、加强开门立法，为科学立法奠定基础。五要符合科学。立法应当按照科学的法治原理和原则加以完善，既要将人类法治发展史上凝聚的宝贵法治遗产，如罪刑法定、无罪推定和非法证据排除等及时吸纳到立法之中，又要增强可操作性和逻辑性，明确具体的适用条件、行为模式和法律后果，克服权利义务关系不明、责任抽象、有效性不足的局限性。

（2）严格执法。严格执法是对行政机关的正当要求，是指行政机关应当严格、严明和严肃地执行国家法律。法律的生命力在于实施，法律的权威也在于实施，严格执法是全面推进依法治国的重要内容。然而，在现实中，由于有的执法人员法治意识淡薄，有的部门权力制约不够、自由裁量权过大，导致不执法、乱执法、选择性执法、以权谋私、执法寻租等现象依然存在，偏离了法治的轨道、妨碍了法治的实施、损害了法治的权威，不符合人民群众的诉求和期待。为此，要依法惩处各类违法行为，加大关系群众切身利益的重点领域执法力度。完善执法程序，建立执法全过程记录制度。明确具体操作流程，重点规范行政许可、行政处罚、行政强制、行政征收、行政收费、行政检查等执法行为。严格执行重大执法决定法制审核制度。

（3）公正司法。公正司法是对司法机关的基本要求。司法是正义的最后防线，也是法治的生命线。司法不公，则权利受损；司法不公，则社会不稳；司法不公，则法治不存。司法公信力是法治的基本要求，也是社会主体普遍关注的重点。司法不公的深层次原因在于司法体制不完善、司法职权配置和权力运行机制不科学、人权司法保障制度不健全。所以，必须完善司法管理体制和司法权力运行机制，规范司法行为，加强对司法活动的监督，努力让人民群众在每一个司法案件中感受到公平正义。

（4）全民守法。全民守法是法治建设的基础工程，法治根系于社会大众对法律的信守和遵从。全民守法是指全体社会成员和一切国家机关、政党、社会团体、企事业组织，都必须尊重宪法法律权威，都必须在宪法法律范围内活动，都必须依照宪法法律行使权力或权利、履行职责或义务，都不得有超越宪法法律的特权。必须维护国家法制统一、尊严、权威，切实保证宪法法律有效实施，绝不允许任何人以任何借口、任何形式以言代法、以权压法、徇私枉法。为此，必须深入开展法治宣传教育，大力弘扬社会主义法治精神，努力建设社会主义法治文化，增强全社会厉行法治的积极性和主动性；必须依法抑恶扬善、严格公正执法司法，形成守法光荣、违法可耻的社会氛围；必须发挥法治建设的强大效能，引导人民群众按照法律的规定和程序，依法表达利益诉求、依法维护自身利益；必须完善国家工作人员学法用法制度，坚持把领导干部带头学法、模范守法作为树立法治意识的关键，充分发挥领导干部率先垂范的带动效应，使全体人民都成为社会主义法治的忠实崇尚者、自觉遵守者、坚定捍卫者。

（5）人才强法。要注重人才强法，加强法治队伍建设和法治人才培养。从法律大国向法治大国和法治强国的发展是治国强国的强大保障，而法治人才则是其中的主体性力量。法治与人治相对，但法治社会绝不是要否定人的作用，相反，人的素养和主观能动性对法治的成败意义重大。无论是法律的制定，还是法律的实施，抑或法律的监督，在全面推进依法治国的每一个层面，都需要高素质的法治人员。法治以坚持人民主体地位为重要原则，法治的本源性主体是人民，但法治的执行性主体则是党和国家机关尤其是立法执法司法机关。法治的高度政治性、专业性和专门性以及技术性，要求必须重视法治专门人才的建设，发挥法治人才的作用。

★37. 联系我国法治建设的实际，谈谈您对“一个共同推进”的总体认识。

【记忆要点】坚持依法治国、依法执政、依法行政共同推进。

【参考答案】（1）“一个共同推进”指的是坚持依法治国、依法执政、依法行政共同推进，这是全面推进依法治国的基本途径。

（2）依法治国是党和人民治国理政的根本方略，是以法律权威至上为核心、以权力制约为机制、以人权保障为目标的治理模式。社会主义法治的核心内容就是依法治国。依法治国，就是广大人民群众在党的领导下，依照宪法和法律规定，通过各种途径和形式管理国家事务，管理经济和文化事业，管理社会事务，保证国家各项工作都依法进行，逐步实现社会主义民主的制度化、法律化，使这种制度和法律不因领导人的改变而改变，不因领导人看法和注意力的改变而改变。依法治国是党领导人民治理国家的基本方略，是发展社会主义市场经济的客观需要，是社会文明进步的重要标志，是国家长治久安的重要保障。

（3）依法执政是中国共产党的执政方式在新时期的重要转变，是指党依据宪法和法律以及党内法规体系治国理政和管党治党，实现党和国家政治生活的法律化、制度化、规范化。全面推进依法治国、建设社会主义法治国家，关键在于执政党依法民主科学执政。依法执政的基本内容，一是党领导立法，保证党的主张和意志通过法定程序上升为国家意志；二是依照宪法和法律，党领导国家政权，运用国家政权，实现党的宗旨、目标和任务；三是保证和支持行政机关依法严格执法、司法机关公正司法，确保民主的法律化、制度化；四是带头遵守宪法法律，自觉维护宪法法律权威；五是通过依法执政的体制机制改革，自觉提升运用法治思维和法治方式执政的意识和能力；六是依法保障和规范党的机关和党员干部执掌和运用权力的行为，反对以言代法、以权废法、徇私枉法。

（4）依法行政是指各级政府在党的领导下、依法行使行政管理权和依法执行法律。无论是哪一层级的政府及其部门，其权力的设定、取得、运行和监督都必须依法进行，确保始终不偏离法治的轨道。其基本要求是，以合法性原则为基本指导，坚持法定职责必须为、法无授权不可为、违法行为必追究。为此，应当改革行政执法体制，推进综合执法、严格执法责任，构建权责统一、权威高效、程序严谨的依法行政体制，切实防止选择性执法、多头执法、违法执法，牢固树立权力来源于人民、权力依据法律授予、权力为了人民并受人民监督的法治观念。

（5）依法治国、依法执政和依法行政是相互联系、相辅相成的关系，具有价值取向的一致性、基本要求的统一性、运行机制的关联性。依法治国是全局、依法执政是核心、依法行政是关键，三者缺一不可、不可偏废，应当通盘谋划、共同推进。

★38. 联系我国法治建设的实际，谈谈您对“一个一体建设”的总体认识。

【记忆要点】坚持法治国家、法治政府、法治社会一体建设。

【参考答案】（1）“一个一体建设”指的是坚持法治国家、法治政府、法治社会一体建设，这是全面推进依法治国的基本途径。

（2）法治国家是全面依法治国的根本目标。法治国家是指依法赋予、运行和制约国家权力、通过公正司法和严格执法来维护法律权威并实现人民权利的国家存在形式。一个成熟的法治国家首先是依法治理的国家。①法律之治是法治国家的第一要件。国家的政治、经济、社会、文化所涉及的一切国家权力形式之间及其与公民权利之间的关系，均被纳入法律调控的范围，接受法律的治理。②权力制约。依法制约公共权力。

国家权力应当是有限的、分立的，受法律监督制约的。③注重程序。无论是司法过程、执法行为，还是政治决策与民主政治活动，都应该有一整套程序规范引导，并固化为法律程序，获得全体组织和所有人的一体遵循。④法律权威。法律与人尤其是领导者个人的权威比较是否具有至上性是人治与法治的最根本区别。当法律权威高于领导者个人的权威时，便是法治，反之，便只会是人治国家。⑤人权保障。坚持人民主体地位，以人民的基本权利和利益为最高价值追求，是法治国家的生命力之所在。⑥良法善治。不仅要有完备的法律体系，更需要抛弃恶法、弘扬良法，用文明进步的良善价值来主导和统帅法律规范；不仅要依法治理，更要构建法治先行、透明公开、公平正义、以人为本、高效理性、权责统一的现代治理体系。依法进行良善治理的国家才是真正的法治国家。

（3）法治政府是政府依据宪法法律设立、政府权力法定、政府决策和行为严格依据法律程序进行并对其后果承担相应责任的政府。政府依法行政和严格执法，是法治的重心。在所有的国家机关中，与群众关系最密切的是各级人民政府，国家的法律法规也需要各级政府来实施。政府的决策与执法活动是否符合法治精神和法治原则，不仅关系到法治国家能否建成，更关系到社会的稳定和人民的幸福。因此，必须牢牢抓住这个关键，在规范政府权力的行使、防止权力滥用、明确权力价值取向上作出全面的法治制度安排，并确保在法治实践中得到有效落实。只有这样，全面依法治国、加快建成法治国家才不至于流于形式。法治政府是有限政府，其权力受到法律的界分和限定，不能超越法律的界限运行；法治政府是责任政府，有权必有责，有责必承担；法治政府是人民政府，以人的基本自由和权利为依归；法治政府是程序政府，一切重大决策和行动都必须通过公众参与、专家论证、风险评估、合法性审查和集体讨论决定；法治政府是阳光政府，实行信息公开，赋予社会大众广泛的知情权和参与权，以民主决策和民主监督来实现公开公正、保障政府的法治本色；法治政府是诚信政府，应当自觉维护法律权威、自觉履行职责，为政令畅通、政民和谐奠定基础。

（4）法治社会是社会依法治理、社会成员人人崇尚法治和信仰法治、社会组织依法自治、社会秩序在法治下和谐稳定的社会。全面依法治国，必须推进法治社会建设。具体包括：①全社会树立法治意识。法律的权威来自人民的内心拥护和真诚信仰。通过法治宣传教育，弘扬社会主义法治精神、建设社会主义法治文化，使全体人民自觉依法行使权利、履行义务、承担社会和家庭责任。②社会组织多层次多领域依法治理。坚持系统治理、依法治理、综合治理、源头治理，提高社会治理法治化水平，支持各类社会主体自我约束、自我管理。③党和国家依据宪法法律治理社会。要建设完备的法律服务体系，推进覆盖城乡居民的公共法律服务体系建设，加强民生领域法律服务；完善法律援助制度；健全依法维权和化解纠纷机制。强化法律在维护群众权益、化解社会矛盾中的权威地位，引导和支持人们理性表达诉求、依法维护权益，解决好群众最关心、最直接、最现实的利益问题。

总之，法治国家、法治政府和法治社会三者内在统一、相互融合、相互促进，共同构成社会主义法治国家。

★39. 联系我国法治建设的实际，论述建设社会主义法治体系的标准和内容。

【记忆要点】完备、良善的法律规范体系；公正高效的法治实施体系；科学严密的法治监督体系；充分有力的法治保障体系；完善的党内法规体系。

【参考答案】（1）形成完备、良善的法律规范体系。为此必须做到：健全宪法实施和监督制度；完善我国的立法体制；深入推进科学立法、民主立法；并加强重点领域立法，进一步形成完善的、科学规范的中国特色社会主义法律规范体系。

（2）形成公正高效的法治实施体系。在行政执法领域必须做到：依法全面履行政府职能；健全依法决策机制（包括公众参与、专家论证、风险评估、合法性审查、集体讨论决定）；深化行政执法体制改革；坚持严格规范公正文明执法；全面推进政务公开（坚持以公开为常态、不公开为例外原则，推进决策公开、执行公开）。公正是法治的生命线，实现公正司法必须做到：完善确保依法独立公正行使审判权和检察权的制度；优化司法职权配置（让公安机关、检察机关、审判机关、司法行政机关各司其职）；推进严格司法（坚持以事实为依据、以法律为准绳）；保障人民群众参与司法；加强人权司法保障；加强对司法活动的监督。

（3）形成科学严密的法治监督体系。特别是要强化对行政权力的制约和监督，通过加强党内监督、人大监督、民主监督、监察监督、司法监督、审计监督、社会监督、舆论监督制度的建设，努力形成科学有效的权力运行制约和监督体系，增强监督合力和实效。同时，加强对政府内部权力的制约，是强化对行政权力制约的重点。要完善政府内部层级监督和专门监督，改进上级机关对下级机关的监督，建立常态化监督制度。完善纠错问责机制，健全责令公开道歉、停职检查、引咎辞职、责令辞职、罢免等问责方式和程序。

（4）形成充分有力的法治保障体系。这方面主要应当强化两大保障体系，一是加强法治工作队伍建设，二是加强和改进党对全面推进依法治国的领导。在加强法治工作队伍建设方面，主要包括：建设高素质法治专门队伍；加强法律服务队伍建设，特别是加强律师队伍思想、政治与组织建设；创新法治人才培养机制。在加强和改进党对全面推进依法治国的领导方面，主要应强调：党的领导是全面推进依法治国、加快建设社会主义法治国家最根本的保证。必须加强和改进党对法治工作的领导，把党的领导贯彻到全面推进依法治国全过程。强化依法执政的法治意识，让各级党组织和领导干部深刻认识到依法行政是依法治国的关键。将进一步完善党内法规、从严管党、从严治党上升到法治国家建设保障体系的高度。

（5）形成完善的党内法规体系。这是党中央针对全面从严治党的新战略提出的全新主张，也是依法治国与依规治党相结合的具体体现。党在新时期既要坚持全面依法治国与依法执政，又要坚持全面从严治党，在从严治党问题上必须从源头上抓起，不断完善党内法规。仅十八大以来，中央就出台了一系列准则、条例和规则，包括修改党章，还出台了五十多项党内法规，为从严治党提供了规则基础。

40. 联系我国法治建设的实际，论述当代中国法律在构建和谐社会中的作用。

【记忆要点】社会主义民主的实现、确认和保障正义标准的实现、诚信友爱、激发主体活力、维护社会安定和秩序、协调人与自然的关系。

【参考答案】当代中国社会主义法在构建社会主义和谐社会中的作用具体表现为以下六个方面：

(1) 法对于社会主义民主的实现具有重要作用。社会主义民主是社会主义法治的前提和基础，社会主义法治是社会主义民主的体现和保障。

(2) 法通过确认并保障正义标准的实现，协调主体之间的利益关系。实现社会公平正义的关键是确定公平正义的标准，并以有效方式保证公平正义的实现。在民主基础上达成关于公平正义的共识，将其制定为法律，确定利益主体和利益范围，指导利益分配，协调利益关系。当产生利益纠纷时，以法律判明是非；当利益受到侵害时，只有通过法律救济，才能排除根本上的不公正，将社会矛盾和冲突控制在一定范围内，使不同利益主体共存，公平合理地分享经济发展和社会进步的成果。在当今中国，通过法律切实保障弱势群体的利益，是实现公平正义的重要任务之一。

(3) 法可以为诚信友爱的实现提供良好的制度环境。诚信友爱是和谐社会的基本要求之一。在生产社会化、人际关系依赖性高的现代社会中，离开诚信友爱，就不可能有良好的合作和互动，整个社会就无法维系。诚信友爱本身虽然从根本上说是主体的价值观问题，但法并非对其无能为力。首先，价值观只有通过行为表现出来，才能形成现实的合作与互动关系，法在指导和规范主体之间的互动行为关系方面有不可替代的作用。其次，法通过确立和维护普遍的社会正义标准，抑制和制裁违法行为，可以促进良好社会风气的形成，为全社会范围内诚信友爱精神的巩固和发展提供有利的制度环境。

(4) 法为激发主体的活力创造制度条件。社会进步的动力源于每一个主体的创造力的发挥，而自由是发挥创造力的基本条件。与传统社会相比，现代社会的重要特征之一就是对主体行为自由的保护。自由是现代法律的基本价值取向之一，法律将社会公认的主体行为自由确定为法律上的“权利”，排除来自各个方面包括国家权力对主体自由的非法限制和干预，从而有效保障主体自由的实现，如以法律形式确认和维护劳动者的财产权利、交易自由和其他权利等。此外，法还可以通过制度安排直接鼓励公民从事有益于社会的创造性劳动，进一步激发主体的创新欲望。

(5) 法为维护社会的安定和秩序提供有力保障。秩序是社会的基础价值之一。任何社会都需要安定和秩序，没有安定和秩序，社会共同体就无法存在，更无法正常运转。没有安定和秩序，也根本不可能有中国当前改革开放和经济建设的大好局面。社会的安定有序需要诸多条件，除主体利益分配的合理性这种实质要求以外，还需要有健全的组织结构和良好有效的管理。法可以确认和规范各种社会组织和国家机关的构成，界定其内部关系和不同组织之间的相互关系；法可以指导社会组织的活动，规范国家权力的运行；法可以大大提高社会管理的水平，使之制度化、规范化，做到有据、有序、有效、有力；法还可以缓和矛盾与冲突，将纠纷的解决控制在“秩序”的范围以内。总之，法在缓解矛盾、维护社会正常秩序方面有突出的优势。立法可以提供普遍的行为准则以形成统一的秩序，法的实施过程可以将法的秩序要求具体化为行政机关的管理活动和司法活动以实现秩序，法的国家强制力则是抑制违法犯罪行为、实现法律秩序的有效保障。

(6) 法协调人与自然的关系，为经济发展与自然环境的和谐提供制度支持。市场经济激发了人们创造财富的潜能，在生产力飞速发展的同时，也构成对人类赖以生存的资源和环境的巨大威胁。如何实现人与自然的和谐，使发展经济与自然界能够提供的资源相适应，实现可持续的发展，这是摆在全人类面前的重大课题。对于人口众多、人均资源相对贫乏的中国来说，这一任务更为艰巨。以法律形式规范和调节人与自然的关系，确定可持续发展的基本原则和规范，抑制生产和消费活动中的任意性，制裁破坏资源和环境的违法行为，是实现可持续发展、维护良好生态环境的必要手段。

★41. 党的十八大报告指出了当代中国社会主义法治在社会治理中的重要作用，要“更加注重发挥法治在国家治理和社会管理中的重要作用，维护国家法制的统一、尊严、权威，保证人民依法享有广泛的权利和自由”。请结合实际，论述当代中国社会主义法治在社会治理中的作用。

【记忆要点】经济和社会发展、政治运行、社会治理和法治本质、价值追求、公众参与、法治德治。

【参考答案】中国社会主义法在社会治理中有着不可替代的地位。在进行经济建设的同时，必须加强社会主义法治建设。随着科技创新涌现、自我意识加强、社会物质增长，社会治理必须要有一个体现人民群众共同利益，且可保证社会平等公正，维护个体利益及社会秩序的规则。社会主义法治作为一种“规则之治”，其使命就是处理好社会中各种错综复杂的利益关系，解决好各种可能出现的社会冲突和矛盾。

第一，从经济和社会发展的角度看，社会主义法是解决社会复杂矛盾、维护社会稳定的利器。经济不断发展，会导致贫富差距加大等一系列社会问题，导致各种利益关系矛盾凸显，要化解这些矛盾，最好的解决方式就是将这些问题纳入法治轨道。唯有用法治的方式来实现公正、维护正义，使社会矛盾化解，才能从根本上防止严重的社会问题出现，实现长治久安。

第二，从政治运行角度看，社会主义法是政治权力认可并制定的行为规则。没有法律制度，庞大而复杂的国家机器就无法准确高效地运转。在我国，只有坚持党的领导，才能保证国家沿着社会主义法治方向前进，才能使各项方针政策符合广大人民群众的根本利益。社会主义法治是党通过领导国家的立法、司法、行政机关，制定、贯彻、落实良法，将人民的意志集合为国家意志，并运用国家的强制力加以实施。党的领导是社会主义法治的一个突出特点，党在对社会主义法治的领导中，主要体现为思想领导、政治领导、组织领导。构建社会主义法治社会，最根本的是要坚持党的领导、人民当家作主和依法治国的有机统一。

第三，从社会治理和法治本质看，执法为民是社会主义法治的本质要求。执法是行使公权力的行为；为民是维护广大人民群众根本利益的目标。法治作为一种社会治理形式，其最根本的目的就是使公民的权利得到实现。执法为民作为一个法治概念，表明了中国共产党的宗旨就是全心全意为人民服务，一切为了人民。执法为民是法治精神的具体实施，为了人民，依靠人民，这也是社会治理永远不变的宗旨和实质。

第四，从价值追求看，社会主义法坚定不移地追求社会公平正义。法律面前人人平等，是法治国家的一条基本准则，公平正义是社会主义法治的价值追求。实现公平正义，首先要从程序正义来实现，也就是司法过程的公正，它是从立法公正通往现实公正的路径。公平与效率，是司法制度追求的两种价值，诉讼公正与诉讼效率作为司法的价值追求，当二者难以兼得时，必须将实现公正作为优先选项，唯有在实现公正的前提下，高效方能体现出它的意义。

第五，从公众参与看，社会主义法广泛引导社会参与。要适应全面深化改革的新形势、新任务、新要求，厘清社会权力边界，科学界定政府、社会组织、社区居民在社会治理中的权利和义务；规范政府的社会管理权力，提升社会组织、社区居民参与社会治理的地位、权利，完善其法定程序，实现政府社会治理权责体系的明晰化、科学化和法治化。加快培育社会组织，完善政社分开、权责明确、依法自治的现代社会组织制度，充分发挥社会组织在公共事务管理和公共服务领域的主体作用。提升社会组织的治理效能，激发社会活力，形成政府与社会合作共治的新格局。

第六，从法治德治角度看，社会主义法与道德相互支撑。传统法律大多最初是由道德衍生出来的，制定的法律是否善法良法法治的关键所在。法治若没有德治支持，就没有根基。一方面，在立法中明确政府的社会治理责任，实现社会治理权责关系明晰化，提升治理效能，激发社会活力；另一方面，建设法治的同时不能忽视中国的道德传统，要从中国的道德文化中发掘与法治相适应的文化因素，进一步完善现有的法治模式。

总之，依法治国作为治国理政的基本方式，在推进国家治理体系和治理能力现代化中具有基础性地位和作用。在社会治理过程中，通过推进国家与社会治理法治化，保障宪法和法律认真贯彻落实，让一切劳动、知识、技术、资本管理的活力竞相迸发，让一切创造社会财富的源泉充分涌流，让发展成果更多更公平地惠及全体人民，使法治现代化成为全面实现建设富强民主文明和谐美丽的社会主义现代化强国的根本保障。

42. 联系我国法治建设的实际，论述法律对我国新时期社会发展理念的体现、保障和促进作用。

【记忆要点】依法实施创新驱动发展战略、依法增强社会发展的整体协调性、依法推进人与自然和谐共生的绿色发展观、依法形成对外开放的发展新体制、依法践行以人民为中心的共享发展思想。

【参考答案】法律助推五大社会发展理念，体现和保障创新、协调、绿色、开放、共享的社会发展。当前，我国经济发展已经进入新常态，作为社会发展调整器的法律应该积极适应社会的变动，保障和促进新时期的社会发展，这就要求法律体现和保障全新的社会发展理念。

(1) 依法实施创新驱动发展战略。将创新摆在第一位，是因为创新是引领发展的第一动力。发展动力决定发展速度、效能、可持续性。对我国这么大体量的经济体来讲，如果动力问题解决不好，要实现经济持续健康发展和“两个翻番”是难以做到的。当然，协调发展、绿色发展、开放发展、共享发展都有利于增强发展动力，但核心在创新。抓住了创新，就抓住了牵动经济社会发展的“牛鼻子”。

(2) 依法增强社会发展的整体协调性。事物是普遍联系的，事物及事物各要素相互影响、相互制约，整个世界是相互联系的整体，也是相互作用的系统。要从客观事物的内在联系去把握事物，去认识问题、处理问题，才能依法增强社会发展的整体协调性。

（3）依法推进人与自然和谐共生的绿色发展观。绿色发展，就其要义来讲，是要解决好人与自然和谐共生问题。人类发展活动必须尊重自然、顺应自然、保护自然，否则就会遭到大自然的报复，这个规律谁也无法违背。因此，依法绿色发展成为必然选择。

（4）依法形成对外开放的发展新体制。我国 40 多年来的发展成就得益于对外开放。一个国家能不能富强，一个民族能不能振兴，最重要的就是看这个国家、这个民族能不能顺应时代潮流，掌握历史前进的主动权。因此，应依法形成对外开放的发展新体制。

（5）依法践行以人民为中心的共享发展思想。依法践行以人民为中心的共享发展思想，体现了我们党全心全意为人民服务的根本宗旨，体现了人民是推动发展的根本力量的唯物史观。这也符合人民主体地位的法律原则。

★43. 联系实际，论述科技对法的影响。

【记忆要点】科技发展影响：影响法的内容，扩展法律调整的领域，引起有关法律概念和原则的变化，完善法律调整机制，影响法学教育、法治宣传、法学研究的方式和内容。

【参考答案】（1）科学技术影响法的内容，成为法律规定的重要依据。科学技术进步所形成的新的科学知识，不断被运用到法律领域，成为法律规定的重要的科学依据。

（2）科学技术的发展扩展了法律调整的领域。在科学技术的研究发明和推广应用的实践活动中出现的大量新的社会关系需要法律规范的调整。

（3）科学技术的发展引起了有关的传统法律概念和原则的变化。随着科技的发展，科学技术知识内容的立法所占的比重不断增加，而这类专业性、技术性比较强的立法任务要求立法者具备一定的专门性的科学文化知识，需要将这类立法工作委托给专门的机关或人员，这导致“委任立法”范围的不断扩大。随着通信、交通技术的进步，以及信息交换的加快，法律时效和时限观念不断加强。

（4）科学技术的发展完善了法律调整机制，为立法和执法提供了新的技术和手段，对法的制定和实施产生重大影响。

（5）科学技术的发展影响了法学教育、法制宣传和法学研究的方式和内容，促进其方式和内容的更新和发展。

★44. 联系实际，论述法律意识对我国法律实践的作用。

【记忆要点】建设法治国家的必然要求；认识社会发展的客观需要；执法和司法中正确适用法律的思想保证；全社会成员遵守法律的重要思想保证；法治国家的条件之一。

【参考答案】法律意识是社会意识的一种特殊形式，泛指人们对法律，特别是对本国现行法律的思想、观点、心理或态度等的总称。

（1）就法律意识与法治的关系而言，培养和提高全民的法律意识是建设法治国家的必然要求。就占统治地位的法律意识而言，它既渗透到法的制定和实施中，成为法律调整全过程时刻不可脱离的因素，又可独立于法律调整，发挥社会意识形态所固有的思想教育作用，灌输统治阶级的法律意识形态、价值观，普及法律知识、文化，为实现法律调整、实行法治创造良好的思想、心理条件。

（2）在法的制定中，法律意识起着认识社会发展的客观需要的作用。一个国家法律的形成和完善，归根结底取决于该国的社会物质生活条件，同时也不能否认法律意识的作用。有正确的法律意识，是使客观需要转化为法律规范的重要条件。

（3）国家机关及其工作人员法律意识的培养和提高是执法和司法中正确适用法律的思想保证。在法律实施过程中，法律意识起到调整作用，使人们的行为与法律规范相协调。法律意识在国家机关及其工作人员将法律规范运用到具体问题、具体案件中，起着重要作用。国家机关工作人员法律意识水平的高低决定着他们对法律精神实质的理解程度，并将直接关系到他们处理案件的正确与否。

（4）法律意识的培养和提高是全社会成员遵守法律的重要思想保证。如果公民不能正确地理解法律及其体现的价值观，就不可能自觉实施和遵守法律。法律意识能使人们的行为同现行法律的规定相符或者不相符，从而指引人们自觉遵守法律，并同违法犯罪行为作斗争。

（5）法律意识是法律文化的基本构成要素，而社会成员较高的法律文化素养是法治国家的条件之一。就厉行法治、依法治国的需要来说，科学精神、权利观念、制度与规则意识等理性文化有着特别重要的意义。

45. 联系我国法治建设的实际，从全民守法角度论述弘扬社会主义法治精神与建设社会主义法治文化。

【记忆要点】全民守法；弘扬社会主义法治精神，建设社会主义法治文化的成效取决于全民守法情况；要达到全民守法目标须培育公民守法的自觉性；要推动普法教育和普法宣传。

【参考答案】（1）全民守法是法治建设的基础工程，法治根植于社会大众对法律的信守和遵从。全民守法是指全体社会成员和一切国家机关、政党、社会团体、企事业组织，都必须尊重宪法法律权威，都必须在宪法法律范围内活动，都必须依照宪法法律行使权力或权利、履行职责或义务，都不得有超越宪法法律的特权。必须维护国家法制统一、尊严、权威，切实保证宪法法律有效实施，绝不允许任何人以任何借口任何形式以言代法、以权压法、徇私枉法。为此，必须深入开展法治宣传教育，大力弘扬社会主义法治精神，努力建设社会主义法治文化，增强全社会厉行法治的积极性和主动性；必须依法抑恶扬善、严格公正执法司法，形成守法光荣、违法可耻的社会氛围；必须发挥法治建设的强大效能，引导人民群众按照法律的规定和程序，依法表达利益诉求、依法维护自身利益；必须完善国家工作人员学法用法制度，坚持把领导干部带头学法、模范守法作为树立法治意识的关键，充分发挥领导干部率先垂范的带动效应，使全体人民都成为社会主义法治的忠实崇尚者、自觉遵守者、坚定捍卫者。

（2）全面推进依法治国，科学立法是前提、严格执法是保障、公正司法是生命线，法治建设的成效如何则要看全民守法的情况如何。弘扬社会主义法治精神，建设社会主义法治文化，增强全社会厉行法治的积极性和主动性，形成守法光荣、违法可耻的社会氛围，使全体人民都成为社会主义法治的忠实崇尚者、自觉遵守者、坚定捍卫者。这表明守法意识、法治精神在法治中国建设中的重要性。历史发展表明，只有法律成为人们自觉遵守的规则，内化于心、外化于行，法的意义、法的精神才能真正展现出来，法治的理想才能最终落地。因此，在全面推进依法治国的过程中，“全民守法”对于弘扬法治精神和法治文化具有特殊重要的意义。

（3）要达到“全民守法”的目标，必须以法治政府的建立促进法治社会的发育，以司法的严谨、执法的严格来培育公民守法的自觉性。这就要求我们，一方面要加快建设职能科学、权责法定、执法严明、公开公正、廉洁高效、守法诚信的法治政府；另一方面要充分发挥司法公正对于社会公正的引领作用，并在此基础上，推进覆盖城乡居民的公共法律服务体系建设，健全依法维权和化解纠纷机制、利益表达机制、协商沟通机制、救济救助机制，畅通群众利益协调、权益保障法律渠道。只有让人民群众在每一件具体的司法案件中建立对法治的信心、在日常工作生活中感受到法律的权威，他们对法律的态度才能由认识到遵守，由信任到信仰。此外，推动社会主义法治文化和法律精神建设，离不开类型多样的法治宣传与教育。深入开展普法教育，对于推进依法治国、建设社会主义法治国家具有重要意义。

★46. 联系实际，论述法是传播道德、保障道德实施的有效手段。

【记忆要点】通过立法将道德法律化、制度化、规范化；法促进社会道德的更新和变革；法是形成新的道德风貌、新的精神文明的强大力量。

【参考答案】法是传播道德、保障道德实施的有效手段，主要表现在以下几个方面：

（1）通过立法，将社会中的道德理念、信念、基本原则和基本要求法律化、制度化、规范化，赋予社会的道德价值观念以法的强制力，进一步强化、维护、实现道德规范。法的强制性和强制力远比道德的强制性和强制力更为有力，它能够有效地促使人们自觉地遵守道德的信念、原则和要求，从而在更大、更广的范围内维护社会秩序，促进、保障和维护人们的正当生活。通过道德法律化的形式和方式，社会规范真正实现了自律与他律的结合。

（2）法是道德的承载者，它弘扬、发展一定社会的道德理念、信条和原则，促进社会道德的更新和变革。在社会中，许多法律规定本身就是最低的基本的道德要求，比如“法律面前人人平等”“诚实信用”等原则就是道德中的平等性、诚实性的表现和升华。法律通过把道德理念、原则、信条和要求具体化，把社会中的道德准则、义务和要求确定为法的准则、义务和要求，促使人们更明确自己的道德义务，更为积极地认同和接受道德的制约。因此，在弘扬、发展和完善社会的道德价值体系方面，在提高社会的道德水平方面，法发挥了其他社会规范不可替代的独特功能。

（3）法是形成新的道德风貌、新的精神文明的强大力量。一个社会通过法律形式，把适合社会生活需要的道德法律化、制度化、规范化，使之成为法律规范，这实际上确立和形成了一个法定的基本道德体系和标准，促进和改善了社会的精神风貌。法通过自身特殊的制度性机制，推动道德的更新与进步，促进精神文明的发展，从而改造人和人性，改造社会，这是其积极的社会使命和功能。

★47. 联系实际，论述社会主义法与社会主义道德的关系。

【记忆要点】道德对法的作用：道德是立法的价值指导；道德对法的实施的促进作用；道德可以弥补法在调整社会关系方面的不足。法对道德的作用：以法律规范的形式把道德的原则和要求加以确认，使之具有法的属性；法是进行道德教育的重要方式。

【参考答案】社会主义法与社会主义道德之间具有极为密切的联系，二者相互渗透，相互作用，相互促进。

（1）社会主义道德对社会主义法的作用。①社会主义道德是社会主义法制定的价值指导。社会主义法的创制以道德为指导，体现了法的合理性、正义性。社会主义道德通过对社会关系和人的行为的正义与非正义的衡量，把它转换为法律上的权利和义务，把合理与否转换为合法与否，构成权利义务关系。如果社会主义立法不以道德为指导，将失去其合理性。社会主义法要保持合法性与合理性的一致，必须以道德为导向。另外，社会主义立法以道德为指导，不能脱离社会现实的道德基础，要受实际道德水平的制约。②社会主义道德对法的实施的促进作用。社会主义法的实施需要国家强制力的保证，也需要社会主义道德的驱动。良好的道德状况有助于法的更有效实现。执法人员执行法律，运用国家强制力，既依靠法律制度的保证，也要有执法人员内在素质的保证，包括道德素质因素。执法人员具有高度的职业道德，公正无私，刚直不阿，有助于正确合法地执行法律。执法人员在“自由裁量权”范围内直接按照合理性原则处理问题时，道德素质更为重要。法律遵守要依靠人民群众的舆论道义支持。道德觉悟的提高是顺利实施法律的重要条件，否则将助长对法律的机会主义态度。社会道德风尚会提高维护社会主义法的自觉性和积极性。③社会主义道德可以弥补社会主义法在调整社会关系方面的不足。对于由于社会主义法不健全而留下的空白，可以由社会主义道德加以弥补。另外，由于社会主义法本身的局限性，对法律不宜调整的社会关系，可以由社会主义道德加以调整。

（2）社会主义法对社会主义道德建设的作用。①社会主义法以法律规范的形式把社会主义道德的某些原则和要求加以确认，使之具有法的属性。遵守法律化的社会主义道德成为法律上的义务，从而使它获得强有力的保障。违反它，既是违反道德规范也是违反法律规范，既要受到道德谴责又要受到法律追究，这样就能够更好地实现社会主义道德。②社会主义法是进行社会主义道德教育的重要方式。由于社会主义法的规范深刻体现了社会主义道德的基本精神和要求，所以通过法律教育和法律实施活动，可以促进社会主义道德，提高人们的道德素质。一般说来，凡是法律所禁止的行为通常也是社会主义道德所谴责的行为，法律所鼓励的行为也是社会主义道德所要求的行为。通过对违法犯罪行为的处理，不仅使人们看到什么行为是法律禁止的，而且也使人们认识到什么行为是道德所谴责的。通过对合法行为的保护和奖励，表扬先进，树立榜样，培养人们的道德观念。因此，社会主义法对道德方面的教育作用，不仅表现在对违法犯罪行为的制裁方面，而且还表现在对先进行为、模范遵守法律的公民的表彰奖励方面。社会主义法对那些为国家和社会作出积极贡献的公民，以及对为保护人民利益和国家财产作出贡献的公民予以奖励，对那些为了公共利益而受到损失的公民给予必要的补偿等，从而鼓励人们的道德行为，培养人们的道德情操，以形成良好的社会风尚。

第四部分　中国宪法学

一、简答题

1. 简述2018年宪法修正案关于国家机构修改的主要内容。

【记忆要点】宪法和法律委员会；取消主席和副主席任期限制；地方性法规；监察委员会。

【参考答案】为推进国家治理体系和治理能力的现代化，在国家机构方面进行了以下修改：

（1）推进合宪性审查工作，将全国人大法律委员会改名为“宪法和法律委员会”。

（2）“国家主席、副主席每届任期同全国人大每届任期相同，连续任职不得超过两届”修改为“国家主席、副主席每届任期同全国人大每届任期相同”。

（3）赋予设区的市制定地方性法规的权限。设区的市的人民代表大会和它们的常务委员会，在不同宪法、法律、行政法规和本省、自治区的地方性法规相抵触的前提下，可以依照法律规定制定地方性法规，报本省、自治区人民代表大会常务委员会批准后施行。

（4）为实现反腐败对公职人员的全覆盖，在国家机构中设立“监察委员会”。

2. 简述基本人权原则在我国宪法中的体现。

【记忆要点】公民的基本权利和义务、人权白皮书和国际人权公约、尊重和保障人权。

【参考答案】（1）现行宪法调整了宪法章节的结构安排，将“公民的基本权利和义务”一章规定在“总纲”之后、“国家机构”前面，突出了公民基本权利作为国家权力来源的宪法价值。

（2）我国积极宣传社会主义人权价值观，并发布了十余部中国人权白皮书。同时积极加入国际人权公约。我国迄今为止已经加入了25个世界人权公约。

（3）2004年宪法修正案规定，国家尊重和保障人权。这是我国宪法首次引入“人权”的概念，确立了基本人权原则。

3. 简述宪法法治原则的内容及在我国宪法中的具体体现。

【记忆要点】宪法优位、法律保留、审判独立。

【参考答案】（1）宪法优位。①我国宪法以法律的形式确立了中国各族人民奋斗的成果，规定了国家的根本制度和根本任务，是国家的根本法，具有最高法律效力。②实行依法治国，建设社会主义法治国家是我国基本的治国方略。国家维护社会主义法制的统一和尊严。一切法律、行政法规和地方性法规都不得同宪法相抵触。一切国家机关和武装力量、各政党和各社会团体、各企业事业组织都必须遵守宪法和法律。一切违反宪法和法律的行为，必须予以追究。③行政机关的一切行政行为或其他活动都不得与法律相抵触；行政法规和行政规章必须在法律规定的范围之内作出。

（2）法律保留。我国宪法规定了公民的基本权利，为了充分保障和落实宪法规定的公民的基本权利，对公民政治权利的剥夺、限制公民人身自由的强制措施和处罚，只能由法律规定；限制人身自由的行政处罚也只能由法律规定；关于公民基本权利的限制等专属立法事项，应当由立法机关通过法律来规定，行政机关不得代为规定，行政机关实施的行政行为必须要有法律的授权，不得与法律相抵触。

（3）审判独立。法官审判案件只服从于宪法和法律。人民法院依照法律规定独立行使审判权，不受行政机关、社会团体和个人的干涉。

4. 简述我国宪法关于国家尊重和保障人权规定的意义。

【记忆要点】国家尊重和保障人权的规定：体现了对人权的重视和促进人权事业发展；促进了宪法的发展和完善；为人权法治化提供了宪政基础；对立法、国家机关及其工作人员的工作、司法具有指导作用；能使人与自然协调发展。

【参考答案】（1）我国宪法明确规定，国家尊重和保障人权。人权原则体现了我国宪法的基本精神和我国对人权的高度重视，有助于推进我国人权事业的发展。

（2）国家尊重和保障人权的规定，促进了我国宪法自身的发展和完善。

（3）国家尊重和保障人权的规定为人权法治化提供了宪政基础。

（4）国家尊重和保障人权对立法、国家机关及其工作人员的工作和司法起着重要的指导作用。

（5）国家尊重和保障人权作为宪法原则将指导人与自然、环境、资源和社会的协调发展。

5. 简述我国违宪审查机关的规定及意义。

【记忆要点】我国的违宪审查机关：全国人大、全国人大常委会。意义：最高权威性；提供违宪审查依据；及时处理违宪案件。

【参考答案】（1）全国人民代表大会行使监督宪法实施的职权。这是沿用了1954年宪法和1978年宪法的做法，有利于保证宪法监督的最高权威性。

（2）全国人民代表大会常务委员会解释宪法，监督宪法的实施。这一规定为保证违宪审查工作的经常开展提供了依据。

（3）由全国人大及其常委会行使宪法监督的职权，能够使违宪审查经常性地、有权威地进行，有利于对违宪事件的及时处理。

6. 简述我国宪法关于违宪审查依据的规定。

【记忆要点】宪法实施宣言性保障；宪法是根本法，具有最高法律效力；国家维护法制的统一和尊严；全国人大代表协助宪法实施；地方各级人大保证宪法的遵守和执行。

【参考答案】（1）宪法规定了宪法的最高法律地位和最高立法效力，这是对宪法实施的宣言性保障，其意义在于为其他宪法保障体制运行提供宪法最高依据，并具有推动守宪意识建设的巨大社会政治作用。

（2）宪法是我国的根本法，具有最高的法律效力。全国各族人民、一切国家机关和武装力量、各政党和各社会团体、各企业事业组织，都必须以宪法为根本的活动准则，并且负有维护宪法尊严、保证宪法实施的职责。

（3）国家维护社会主义法制的统一和尊严。一切法律、行政法规和地方性法规都不得同宪法相抵触。一切国家机关和武装力量、各政党和各社会团体、各企业事业组织都必须遵守宪法和法律。一切违反宪法和法律的行为，必须予以追究。任何组织或者个人都不得有超越宪法和法律的特权。

（4）全国人民代表大会代表要在自己参加的生产、工作和社会活动中，协助宪法和法律的实施。

（5）地方各级人民代表大会在本行政区域内，保证宪法的遵守和执行。

7. 简述中国宪法监督制度的完善。

【记忆要点】违宪审查权过于分散；如何对违宪审查对象进行审查缺乏明确规定；违宪审查制度缺乏可操作性。

【参考答案】我国的宪法监督制度在具体的运作中还存在着一些问题，完善该项制度是社会主义法治建设的需要。

首先，《全国人民代表大会组织法》《立法法》规定了全国人大各专门委员会具体审查相关立法的合宪性的职责。但全国人大设有10个专门委员会，这导致违宪审查权的行使过于分散。

其次，就违宪审查的对象来看，主要是对行政法规、地方性法规、自治条例和单行条例等进行违宪审查，而对法律、规章等法律形式如何进行违宪审查缺乏明确的规定。

最后，关于违宪审查的启动程序、审理程序和审理结果方面的规定相对比较抽象。我国的违宪审查还需要在协助全国人大及其常委会进行审查的机构、提出违宪审查请求主体的条件和原则、违宪审查的程序、违宪审查的原则、违宪审查的方式、违宪审查的措施、违宪审查的效力等方面，作进一步具体化的规定，使我国的违宪审查制度更具有可操作性。

总体而言，各界在这个问题上取得了一定的共识，那就是要建立能够真正维护国家法制统一、约束政府权力、保障公民自由的宪法监督机制。

8. 简述我国宪法总纲中关于民族关系和民族政策的规定。

【记忆要点】民族平等、民族团结、禁止破坏民族团结和制造民族分裂、经济和文化、民族自治、自治权、语言文字、风俗习惯。

【参考答案】（1）中华人民共和国各民族一律平等。国家保障各少数民族的合法的权利和利益，维护和发展各民族的平等团结互助和谐关系。禁止对任何民族的歧视和压迫，禁止破坏民族团结和制造民族分裂的行为。

（2）国家根据各少数民族的特点和需要，帮助各少数民族地区加速经济和文化的发展。

（3）各少数民族聚居的地方实行区域自治，设立自治机关，行使自治权。各民族自治地方都是中华人民共和国不可分离的部分。

（4）各民族都有使用和发展自己的语言文字的自由，都有保持或者改革自己的风俗习惯的自由。

9. 简述我国宪法关于现阶段的爱国统一战线的规定及爱国统一战线的特点。

【记忆要点】组成：全体社会主义劳动者、社会主义事业的建设者、拥护社会主义的爱国者、拥护祖国统一的爱国者、致力于中华民族伟大复兴的爱国者。特点：党的领导、政治协商、爱国主义、三大任务、人民政协。

【参考答案】（1）社会主义的建设事业必须依靠工人、农民和知识分子，团结一切可以团结的力量。在长期的革命、建设、改革过程中，已经结成由中国共产党领导的，有各民主党派和各人民团体参加的，包括全体社会主义劳动者、社会主义事业的建设者、拥护社会主义的爱国者、拥护祖国统一和致力于中华民族伟大复兴的爱国者的广泛的爱国统一战线，这个统一战线将继续巩固和发展。

（2）现阶段爱国统一战线的特点有：①以中国共产党的领导为最高原则。②以政治协商为主要工作方式。③以爱国主义为政治基础和界限范围。④以“三大任务”（服务于现代化建设、服务于祖国统一、服务于世界和平）为奋斗目标。⑤以中国人民政治协商会议为组织形式。中国人民政治协商会议是我国爱国统一战线的组织形式，在我国民主参政体系中居于重要地位，已经成为我国的政治特色，在国家政治运转中发挥着不可替代的作用。

★10. 简述现行宪法关于集体经济的规定。

【记忆要点】农村集体经济组织、城镇集体经济组织；权利、利益、鼓励、指导、帮助。

【参考答案】（1）农村集体经济组织实行家庭承包经营为基础、统分结合的双层经营体制。农村中的生产、供销、信用、消费等各种形式的合作经济，是社会主义劳动群众集体所有制经济。参加农村集体经济组织的劳动者，有权在法律规定的范围内经营自留地、自留山、家庭副业和饲养自留畜。

（2）城镇中的手工业、工业、建筑业、运输业、商业、服务业等行业的各种形式的合作经济，都是社会主义劳动群众集体所有制经济。

（3）国家保护城乡集体经济组织的合法的权利和利益，鼓励、指导和帮助集体经济的发展。

★11. 简述我国宪法关于土地制度的规定。

【记忆要点】城市和农村土地确权、土地的征收和征用、土地流转、土地利用。

【参考答案】(1) 城市的土地属于国家所有。农村和城市郊区的土地，除由法律规定属于国家所有的以外，属于集体所有；宅基地和自留地、自留山，也属于集体所有。

(2) 国家为了公共利益的需要，可以依照法律规定对土地实行征收或者征用并给予补偿。

(3) 任何组织或者个人不得侵占、买卖或者以其他形式非法转让土地。土地的使用权可以依照法律的规定转让。

(4) 一切使用土地的组织和个人必须合理地利用土地。

★12. 简述我国宪法规定的分配原则。

【记忆要点】各尽所能、按劳分配。

【参考答案】(1) 我国消灭了人剥削人的制度，实行各尽所能、按劳分配的原则。按劳分配原则是我国社会主义分配制度的基础。我国实行各尽所能、按劳分配的原则，是由生产资料的社会主义公有制决定的，是社会主义公有制的具体体现。

(2) 国家在社会主义初级阶段，坚持公有制为主体、多种所有制经济共同发展的基本经济制度，坚持按劳分配为主体、多种分配方式并存的分配制度。在按劳分配为主体的情况下又允许多种分配方式并存，这是由我国社会主义初级阶段生产力发展水平和多种生产方式并存的实际状况决定的，并最终取决于生产力的发展水平。

13. 简述我国宪法总纲关于教育政策的规定。

【记忆要点】学校与教育措施、鼓励自学、企业兴学、推广普通话。

【参考答案】(1) 国家发展社会主义的教育事业，提高全国人民的科学文化水平。

(2) 国家举办各种学校，普及初等义务教育，发展中等教育、职业教育和高等教育，并且发展学前教育。

(3) 国家发展各种教育设施，扫除文盲，对工人、农民、国家工作人员和其他劳动者进行政治、文化、科学、技术、业务的教育，鼓励自学成才。

(4) 国家鼓励集体经济组织、国家企业事业组织和其他社会力量依照法律规定举办各种教育事业。

(5) 国家推广全国通用的普通话。

14. 简述我国人民代表大会制度的概念和特点。

【记忆要点】规范国家权力和保障公民权利、地位最高、一院制、代表的兼职性、常设机关。

【参考答案】(1) 人民代表大会制度是马克思主义关于政权组织形式的基本理论同中国具体实际情况相结合的产物，是人民通过选举的方式，选举代表组成各级国家权力机关，由各级国家权力机关产生其他国家机关，其他国家机关对权力机关负责，权力机关对人民负责的一种制度。

(2) 我国人民代表大会制度具有以下五个特点：①人民代表大会制度的目标是规范国家权力和保障公民权利。人民代表大会制的核心内容是国家的一切权力属于人民。②人民代表大会在国家机关体系中居最高的地位，其他机关由它产生，对它负责，受它监督。③人民代表大会制度实行的是一院制。全国人民代表大会作为最高国家权力机关，代表全国行使国家权力。④人民代表大会代表是兼职代表。全国人大代表由省、自治区、直辖市、特别行政区和军队选出的代表组成。各少数民族都应当有适当名额的代表。⑤在人民代表大会中设立常务委员会作为常设机关。

15. 简述人民代表大会制度的组织原则。

【记忆要点】民主集中制原则。

【参考答案】（1）人民代表大会制度的形成就是以民主集中制为原则，同时民主集中制也成为人民代表大会的组织活动原则。民主集中制就是在民主基础上的集中和在法治规范下的民主的有机结合。

（2）民主集中制在人民代表大会制度中主要表现为：①各级国家权力机关由民主选举产生，对人民负责、受人民监督，人民代表大会成为代表人民行使国家权力的代表机关。②国家行政机关、监察机关、审判机关、检察机关都由人民代表大会产生，对人民代表大会负责，受人民代表大会监督。人民代表大会代表人民产生其他国家机关，并监督这些国家机关，使这些国家机关具有广泛的民意基础，并在授权范围之内，行使各自的权力。③在中央与地方的关系上，遵循在中央的统一领导下，充分发挥地方的主动性和积极性的原则。

16. 简述我国选举法关于代表辞职的规定。

【记忆要点】书面提出辞职；过半数通过；常委会组成人员、专委会成员、乡级人大主席、副主席辞职并被接受的，其职务终止。

【参考答案】（1）全国人民代表大会代表，省、自治区、直辖市、设区的市、自治州的人民代表大会代表，可以向选举他的人民代表大会的常务委员会书面提出辞职。常务委员会接受辞职，须经常务委员会组成人员的过半数通过。接受辞职的决议，须报送上一级人民代表大会常务委员会备案、公告。

（2）县级的人民代表大会代表可以向本级人民代表大会常务委员会书面提出辞职，乡级的人民代表大会代表可以向本级人民代表大会书面提出辞职。县级的人民代表大会常务委员会接受辞职，须经常务委员会组成人员的过半数通过。乡级的人民代表大会接受辞职，须经人民代表大会过半数的代表通过。接受辞职的，应当予以公告。

（3）县级以上的各级人民代表大会常务委员会组成人员，县级以上的各级人民代表大会的专门委员会成员，辞去代表职务的请求被接受的，其常务委员会组成人员、专门委员会成员的职务相应终止，由常务委员会予以公告。乡、民族乡、镇的人民代表大会主席、副主席，辞去代表职务的请求被接受的，其主席、副主席的职务相应终止，由主席团予以公告。

17. 简述中国共产党领导的多党合作和政治协商制度的内容。

【记忆要点】党的领导地位、民主党派参政议政、党与民主党派并非执政党与反对党关系、人民政协是重要形式。

【参考答案】（1）中国共产党在国家政权中居领导地位。中国共产党对民主党派的领导主要表现为政治领导，而不是对其发号施令。

（2）各民主党派的参政、议政。各民主党派不是中国共产党的下级组织，而是与中国共产党一起参与国家政权和社会主义事业的建设工作，具有法律范围内的政治自由、组织独立和法律地位平等。

（3）中国共产党与民主党派的关系不是执政党与反对党的关系，也不存在轮流执政的问题，但民主党派具有重要的监督作用。

（4）中国人民政治协商会议是我国多党合作和政治协商的重要形式。

★18. 简述我国的国家结构形式。

【记忆要点】我国宪法规定实行单一制及其原因；单一制划分遵循的原则；单一制下的三种行政单元。

【参考答案】（1）根据现行宪法，我国是“统一的多民族国家”，国家结构形式属于单一制。这是由我国的政治、经济、历史、民族等因素决定的。

（2）中央和地方国家机构职权的划分，遵循在中央统一领导下，充分发挥地方的主动性、积极性的原则。

（3）我国目前存在着三种行政单元：普通行政地方、民族自治地方和特别行政区。除普通行政地方外，各少数民族聚居的地方实行区域自治，设立自治机关，行使自治权。国家在必要时得设立特别行政区，特别行政区是享有高度自治权的地方行政区域。各民族自治地方和特别行政区都是我国不可分离的部分。

19. 简述我国采取单一制国家结构形式的原因。

【记忆要点】民族关系的历史和民族居住现状、经济发展的实际需要、政治发展的基本需要。

【参考答案】（1）实行单一制是由我国民族关系的历史和各民族的居住现状所决定的，是保障各少数民族与汉族平等发展的需要。

（2）实行单一制是由我国经济发展的实际需要所决定的，也是缩小各少数民族与汉族之间经济文化发展差距的有效途径。

（3）实行单一制是由我国政治发展的基本需要所决定的，有利于国家统一和政治稳定。

★20. 简述我国宪法关于行政区域建置和划分权限的规定。

【记忆要点】全国人大批准省级建置；国务院批准省级区域划分，批准地级、县级建置和区域划分；省、直辖市批准乡镇级建置和区域划分。

【参考答案】（1）全国人民代表大会批准省、自治区和直辖市的建置。

（2）国务院批准省、自治区、直辖市的区域划分，批准自治州、县、自治县、市的建置和区域划分。

（3）省、直辖市的人民政府决定乡、民族乡、镇的建置和区域划分。

★21. 简述民族区域自治制度的优越性。

【记忆要点】有利于：统一领导、充分享有自治权和保障权益、经济文化事业、民族团结和互相合作。

【参考答案】（1）民族区域自治制度体现了人民民主专政制度和民族平等原则、国家整体利益和各民族具体利益的高度结合，有利于国家的统一领导。

（2）民族区域自治制度保证了聚居的少数民族能够充分享有自治权，同时散居全国各地的少数民族的权益也能够得以保障。

（3）民族区域自治制度把行政区域和经济文化发展区域有机结合起来，能够更好地因民族制宜、因地区制宜地发展经济文化事业。

（4）有利于民族团结和各民族间的互相合作。

22. 简述我国行政区划的划分原则。

【记忆要点】现代化建设、行政管理、各民族团结、巩固国防、自然条件和历史状况。

【参考答案】（1）有利于现代化建设的原则。我国各地区经济发展不平衡，划分行政区划既要考虑各地区实际经济发展状况，又要考虑自然资源的合理开发利用，这有利于经济发展和现代化建设。

（2）有利于行政管理的原则。划分行政区划的目的是建立地方各级国家机关，发挥人民群众当家作主的作用，以利于分级管理国家。这就要在坚持中央统一领导下，发挥地方主动性和积极性，提高行政管理效率。

（3）有利于各民族团结的原则。划分行政区划首要考虑的是如何解决民族问题。我国是多民族国家，划分行政区划就要考虑各民族成分、居住状况等。这有利于民族团结，促进各民族共同发展，共同繁荣。

（4）有利于巩固国防的原则。划分行政区划应有利于巩固国防，加快国防建设，保卫国家领土不受侵犯。

（5）照顾自然条件和历史状况的原则。我国行政区划自古有之，经历代变更已经形成不同的格局、不同的风俗习惯、民族风格和传统。划分新的行政区划时，必须照顾到这一历史状况。

★23. 简述民族自治地方的自治机关及特点。

【记忆要点】自治机关：人大及政府；自治机关的特点：自治性。

【参考答案】（1）民族区域自治地方的自治机关包括自治地区的人民代表大会和人民政府。

（2）民族自治机关的突出特点是自治性。民族自治机关人员的组成须具有民族性：①民族自治地方的人民代表大会常务委员会中应当有实行区域自治的民族的公民担任主任或者副主任。②自治区主席、自治州州长、自治县县长由实行区域自治的民族的公民担任，自治区、自治州、自治县的人民政府的其他组成人员以及民族自治地方自治机关所属工作部门的干部中，要尽量配备实行区域自治的民族和其他少数民族的人员。③民族自治地方的人民代表大会中，除实行区域自治的民族的代表外，其他居住在本行政区域内的民族也应当有适当名额的代表。

★24. 简述特别行政区的概念和特点。

【记忆要点】高度自治权、资本主义制度和生活方式50年不变、当地人管理、法律基本不变。

【参考答案】特别行政区是指在统一的中华人民共和国范围内，根据我国宪法和法律所设立的具有特殊的法律地位，实行特别的政治、经济制度的行政区域。

特别行政区具有如下特点：

(1) 特别行政区享有高度的自治权。特别行政区享有的高度自治权，有立法权、行政管理权、独立的司法权和终审权。除此之外，特别行政区财政独立、使用自己的货币，其收入全部用于自己的需要，中央人民政府不在特别行政区征税。

(2) 特别行政区保留原有的资本主义制度和生活方式50年不变。在特别行政区的行政区域内“不实行社会主义的制度和政策，保持原有的资本主义制度和生活方式，50年不变”。

(3) 特别行政区由当地人管理。特别行政区的行政机关和立法机关由该区永久性居民依照基本法的规定组成，实现“港人治港”“澳人治澳”。

(4) 特别行政区原有的法律基本不变。在特别行政区，除了基本法附件上所列举的法律外，全国性的法律一般不在特别行政区内适用，特别行政区继续适用原有的、不与基本法相抵触的法律。

★25. 简述我国中央对特别行政区行使的权力。

【记忆要点】外交、防务、紧急状态、基本法解释权和修改权。

【参考答案】根据我国香港、澳门特别行政区基本法的规定，中央对特别行政区行使下列权力：

(1) 中央人民政府负责管理与特别行政区有关的外交事务，负责管理特别行政区的防务；任命特别行政区的行政长官和行政机关的主要官员。

(2) 全国人民代表大会常务委员会有权决定特别行政区进入紧急状态；特别行政区基本法的解释权属于全国人民代表大会常务委员会。

(3) 特别行政区基本法的修改权属于全国人民代表大会。

26. 简述基层群众性自治组织建设存在的问题及完善制度的途径。

【记忆要点】存在的问题：职能错位、经济状况较差、素质较低、忽视民主。完善途径：落实宪法和法律规定的自治权、提高干部素质、增加经济来源、搞好组织建设、拓宽自治途径和形式。

【参考答案】(1) 基层群众性自治组织建设存在的问题：居民委员会和村民委员会的自治职能错位；部分自治组织的经济状况较差；部分人员的素质较低；多数居民委员会和村民委员会的民主建设停留在抓换届选举上，忽视或放松了民主决策、民主管理、民主监督的贯彻等。

(2) 完善基层群众自治制度的途径：①尊重宪法和法律规定的关于基层群众性自治组织的自治权和法律地位，避免将其当作人民政府的派出机关。②提高基层群众性自治组织干部的素质。③帮助基层群众性自治组织增加经济来源。④搞好基层群众性

中国宪法学

自治组织的制度建设，规范自治组织的行为。⑤拓宽基层群众自治的途径和形式。

★27. 简述人权和公民权利的联系和区别。

【记忆要点】人权是基础，公民权是具体表现；性质不同、不能对等、人权具有多重特点。

【参考答案】（1）联系：①公民权是人权的法律化和具体化，而人权是公民权的政治基础。②宪法公民权的相关规定以人权作为其政治基础和理性依据，而这种人权入宪入法的过程也为人权的发展和实现提供了具体化途径和法律保障。

（2）区别：①二者性质不同。人权是一个政治概念，在实践中不断发展，不同的人们可以对人权有各自的理解和解释。而公民权是一个法律概念，其含义和保护方式有着法律的界定，人权的内容一旦入宪而成为公民权，就具有了固定含义，只能依法解释和保护。②二者不能简单等同。我们可以笼统地讲公民权就是人权，这是因为它体现着人权的内在要求。然而，人权和公民权从性质到形式差异很大，人权的一个方面的要求可能具体化为公民权的若干项权利，而公民权的一项权利也可能同时体现着人权的多方面要求，二者不能一一对等。③人权与公民权相比，还具有阶级性、民族性、地域性、时代性和国际性的特点。

★28. 简述我国宪法规定的公民平等权的内涵。

【记忆要点】主体是全体公民、是公民权利和国家义务、平等地享有权利履行义务、通过其他权利具体化。

【参考答案】（1）平等权的主体是全体公民，它意味着全体公民法律地位的平等。

（2）平等权是公民的基本权利，是国家的基本义务。公民有权利要求国家给予平等保护，国家有义务无差别地保护每一个公民的平等地位。国家不得剥夺公民的平等权，也不能允许其他组织和个人侵害公民的平等权。

（3）平等权意味着公民平等地享有权利履行义务。平等不能和特权并存，平等也不允许歧视现象存在。

（4）平等权是贯穿于公民其他权利的一项权利，它通过其他权利，如男女平等、民族平等、受教育权平等而具体化。

★29. 简述我国宪法规定的公民平等权的主要内容。

【记忆要点】公民在法律面前一律平等；民族平等、选举平等、宗教信仰平等、性别平等。

【参考答案】（1）我国宪法明确规定，中华人民共和国公民在法律面前一律平等。任何公民享有宪法和法律规定的权利，任何组织或者个人都不得有超越宪法和法律的特权。平等权是我国公民的一项基本权利。

（2）我国宪法规定的平等权的主要内容包括：①民族平等权。各民族一律平等，禁止对任何民族的歧视和压迫。②选举平等权。年满 18 周岁的公民，不分民族、种族、性别、职业、家庭出身、宗教信仰、教育程度、财产状况、居住期限，都有选举权和被选举权；但是依照法律被剥夺政治权利的人除外。③宗教信仰平等权。任何国家机关、社会团体和个人不得歧视信仰宗教的公民和不信仰宗教的公民。④性别平等权。妇女在政治的、经济的、文化的、社会的和家庭的生活等各方面享有同男子平等的权利。国家保护妇女的权利和利益，实行男女同工同酬，培养和选拔妇女干部。

★30. 简述宪法上的平等保护与合理差别的内涵。

【记忆要点】平等保护的内涵：无差别待遇。判断政府合理差别的标准（合理差别的内涵）：目的正当且是为重大公共利益；手段是合理的、必要的；政府负举证责任。合理差别的种类：年龄、生理、民族。

【参考答案】（1）平等保护是指对所有公民采取无差别的待遇，除非存在进行差别对待的合理理由，不得把种族、性别、家庭出身、宗教信仰等作为法律上差别对待的理由。

（2）平等保护不是绝对的，判断政府的措施是合理差别还是违反平等保护的歧视性做法的标准如下：第一，政府进行差别对待的目的必须正当而且是为了实现重大的公共利益；第二，差别对待必须是实现政府所宣称的目的的合理及必要手段；第三，政府对差别对待的合理性负举证责任。

（3）合理差别主要有以下几种：基于年龄差异的合理差别；基于生理差异的合理差别；基于民族差异的合理差别。

★31. 简述我国宪法关于公民政治权利的规定。

【记忆要点】选举权和被选举权、言论、出版、集会、游行、示威结社自由。

【参考答案】（1）公民的政治权利包括选举权和被选举权、言论自由、出版自由、集会、游行、示威自由和结社自由。我国宪法明确规定，中华人民共和国公民有言论、出版、集会、结社、游行、示威的自由。

（2）我国宪法规定的公民政治权利包括：①选举权和被选举权。我国年满18周岁的公民，不分民族、种族、性别、职业、家庭出身、宗教信仰、教育程度、财产状况、居住期限，都有选举权和被选举权；但是依照法律被剥夺政治权利的人除外。②言论自由。言论自由是指公民通过口头等形式表达其意见和观点的自由，言论自由是公民享有政治权利和宪法规定的其他基本权利的基础。③出版自由。出版自由是指公民有在宪法和法律规定的范围内，通过出版物系统地表达自己的意见和思想的权利。④集会、游行、示威自由。集会是指聚集于露天公共场所，发表意见、表示意愿的活动。游行是指在公共道路、露天公共场所列队行进、表达共同意愿的活动。示威是指在露天公共场所或者公共道路上以集会、游行、静坐等方式，表达要求、抗议或者支持、声援等共同意愿的活动。⑤结社自由。结社自由是指公民为了一定的宗旨而依照法律规定的手续组织成某种社会团体的自由。

★32. 简述我国宪法关于私有财产权的规定及意义。

【记忆要点】合法私有财产不受侵犯；保护私有财产权和继承权；征收、征用并予补偿。

【参考答案】（1）公民的合法的私有财产不受侵犯。确认和保护公民的财产不受非法侵犯，是发展生产、繁荣经济、富国强民的基本保障，也是社会发展必不可少的物质条件。

（2）国家依照法律规定保护公民的私有财产权和继承权。我国宪法对公民私有财产权和继承权的保护，不仅有助于在市场经济条件下形成平等竞争的环境，使公民私有财产及时转化为社会财富，而且有助于鼓励拥有财产的公民积极投资，推动市场经济的发展。同时，确认公民私有财产权，也是我国人权保障和立宪史上的里程碑，具有重要的现实意义和深远的社会影响。

（3）国家为了公共利益的需要，可以依照法律规定对公民的私有财产实行征收或者征用并给予补偿。国家在征收或者征用公民私有财产时必须要满足公共利益、正当程序和公平补偿三个要件，才能满足合宪性的要求，并有利于减少对公民财产权构成的实质性损害。

★33. 简述我国宪法对公民财产实行征收、征用并给予补偿的条件。

【记忆要点】公共利益、正当程序和公平补偿。

【参考答案】（1）我国宪法修正案明确规定，国家为了公共利益的需要，可以依照法律规定对公民的私有财产实行征收或者征用并给予补偿。国家在征收或者征用公民私有财产时必须要满足公共利益、正当程序和公平补偿三个要件，才能满足合宪性的要求。

（2）对公民财产实行征收、征用并给予补偿的条件：①非经法律规定不得剥夺、限制公民财产；征收或者征用必须符合法定要件，一般情况下不允许征收、征用；征收、征用只能是例外情形。②必须是出于“公共利益”的需要。征收、征用必须符合“公共利益”的需要，不能假借公共利益之名行侵犯公民财产权之实。③应当遵守法定程序。宪法没有明确规定法定程序，但必须依照其他法律规定的程序实行征收、征用，要充分尊重被征收、征用人的知情权、请求权。④必须给予及时、充分、合理的补偿。

★34. 简述我国宪法关于社会保障权的基本内容。

【记忆要点】国家建立健全同经济发展水平相适应的社会保障制度；退休人员生活保障权；物质帮助权。

【参考答案】（1）2004年宪法修正案规定，国家建立健全同经济发展水平相适应的社会保障制度。社会保障制度包括社会保险、社会救济、社会福利、优抚安置等各项制度。社会保障权包括退休人员的生活保障权和物质帮助权两项权利。

（2）退休人员的生活保障权。国家依照法律规定实行企业事业组织的职工和国家机关工作人员的退休制度。退休人员的生活受到国家和社会的保障。

（3）物质帮助权。我国公民在年老、疾病或者丧失劳动能力的情况下，有从国家和社会获得物质帮助的权利。

★35. 简述我国宪法规定的公民监督权的主要内容。

【记忆要点】批评建议权、检举控告权、申诉权、取得赔偿权。

【参考答案】（1）我国宪法规定的公民监督权包括批评权、建议权、控告权、检举权、申诉权和取得赔偿权。公民行使这些监督权受到宪法和法律的保护：对于公民的申诉、控告或者检举，有关国家机关必须查清事实，负责处理。任何人不得压制和打击报复。公民在行使监督权时也不得捏造或者歪曲事实进行诬告陷害。

（2）批评、建议权。批评权即公民对于国家机关及其工作人员的缺点和错误，有权提出要求其克服改正的意见；建议权即公民对于国家机关的工作，有权提出自己的主张和建议。

（3）检举、控告权。公民对国家机关工作人员违法失职行为有权进行检举；公民有权对违法失职的国家机关及其工作人员的侵权行为提出指控，并请求有关机关对违法失职者给予制裁。

（4）申诉权和取得赔偿权。公民对国家机关作出的决定不服，有权向国家机关提出请求，要求重新处理；国家机关和国家工作人员违法行使职权侵犯公民的合法权益造成损害时，受害人有权取得国家赔偿，包括行政赔偿和刑事赔偿。

36. 简述国家机构的特点。

【记忆要点】阶级性、历史性、特殊的强制性、组织性、协调性。

【参考答案】（1）阶级性。国家机构是统治阶级为了实现自己的使命而设立的政治组织，国家机构的权力运作和职责都反映了统治阶级的意志和利益，具有鲜明的阶级性。

（2）历史性。国家机构是一定历史范畴的产物，是社会发展到一定阶段的产物，随着国家的产生而出现，也会随着国家的消亡而消亡。

（3）特殊的强制性。国家机构是一种国家组织，拥有特殊的强制力，即以军队、警察、监狱、法庭等为主要内容的国家暴力。因此，国家机构不同于一般的社会组织。

（4）组织性。国家机构的组织体系的设置、职权划分及其相互之间的关系非常复杂，不同国家机关按照法律规定组成完整严密的整体，保证国家基本职能的实现。

（5）协调性。国家机构根据宪法划分职权，国家权力按照行使职权的性质和范围的不同而分工行使；同时各个国家机关之间又相互协作、互相配合，共同为实现宪法规定的目标而运行。

37. 简述我国国家机构的组织和活动原则。

【记忆要点】民主集中制、责任制、法治。

【参考答案】（1）民主集中制原则是我国国家机构组织和活动的基本原则。全国人大和地方各级人大由民主选举产生，对人民负责，受人民监督。行政机关、监察机关、审判机关、检察机关由人大产生，对它负责，受它监督。中央与地方国家机构职权的划分，遵循在中央统一领导下，充分发挥地方积极性、主动性的原则。

（2）责任制原则指国家机关及其工作人员，对其决定、行使职权、履行职责所产生的结果，都必须承担责任。按照国家机关的不同性质，分为集体负责制和个人负责制两种形式。人大及其常委会、人民法院、人民检察院等都实行集体负责制。行政机关、军事机关都实行个人负责制。

（3）法治原则要求国家机关在其组织和活动中都要依法办事。国家机关的设立和活动必须符合宪法和法律的规定；国家机关作出决定、命令、裁判等工作的程序必须符合法律的要求；任何违反宪法和法律的国家机关的行为，必须予以纠正。

38. 简述我国宪法规定的责任制原则的表现形式及意义。

【记忆要点】表现形式：集体负责制、个人负责制；意义：集体负责制发挥集体智慧、防止专断；个人负责制权责明确，发挥个人智慧，提高工作质量和效率。

【参考答案】（1）我国宪法规定了国家机关实行工作责任制的原则，其表现形式包括集体负责制和个人负责制（首长负责制）两种形式。

（2）意义：①集体负责制能更好地集思广益，从而发挥集体的智慧和作用，克服主观性、片面性，从而防止独断专行和个人或极少数人决定重大问题。②个人负责制分工明确、权责相称，在执行决定时可以避免出现无人负责或推卸责任的现象，能够充分发挥首长的个人智慧和才能，有利于提高工作质量和工作效率。

★39. 简述我国宪法规定的法律的制定和修改权限。

【记忆要点】全国人大制定和修改基本法律；全国人大常委会在全国人大闭会期间制定和修改部分法律，但是不得同基本原则相抵触；全国人大常委会制定和修改基本法律以外其他法律。

【参考答案】根据现行宪法规定，全国人大及其常委会享有立法权，有权制定和修改法律，具体而言：

（1）根据现行宪法规定，全国人民代表大会制定和修改刑事、民事、国家机构的和其他的基本法律。

（2）根据现行宪法规定，全国人民代表大会常务委员会制定和修改除应当由全国人民代表大会制定的法律以外的其他法律。

（3）根据现行宪法规定，在全国人民代表大会闭会期间，全国人民代表大会常务委员会对全国人民代表大会制定的法律进行部分补充和修改，但是不得同该法律的基本原则相抵触。

★40. 简述全国人大及其常委会的监督权。

【记忆要点】全国人大的监督权：负责并报告工作；改变或撤销；听取、建议和修改工作报告。全国人大常委会的监督权：质询案、工作汇报、执法检查。

【参考答案】（1）全国人大有最高监督权。全国人大有权监督由它产生的其他国家机关的工作，这些国家机关都要向全国人大负责，并报告工作。具体地说，全国人大听取并通过全国人大常委会的工作报告，有权改变或撤销后者不适当的决定；听取、建议修改和通过国务院的工作报告；听取最高人民法院、最高人民检察院的工作报告；中央军委和国家监察委员会也要向全国人大负责。

（2）全国人大常委会有监督权。全国人大常委会对其他由全国人大产生的中央国家机关都有权进行监督，主要有三种方式：第一，在全国人大常委会会议期间，常委会组成人员 10 人以上，可以向常委会书面提出对国务院和国务院各部门、国家监察委员会、最高人民法院、最高人民检察院的质询案；第二，国务院、最高人民法院、最高人民检察院在全国人大常委会会议上，围绕本单位职权范围内的事务向全国人大常委会做工作汇报；第三，全国人大常委会开展对法律实施工作进行考察的执法检查。

★41. 简述我国宪法关于全国人大常委会重大事项决定权的主要规定。

【记忆要点】审批、条约和协定的批准和废除、衔级制度、勋章和荣誉称号、特赦、战争状态、动员、紧急状态。

【参考答案】（1）在全国人大闭会期间，审查和批准国民经济和社会发展计划、国家预算在执行过程中所必须作的部分调整方案。

（2）决定同外国缔结的条约和重要协定的批准和废除。

（3）规定军人和外交人员的衔级制度和其他专门衔级制度。

（4）规定和决定授予国家的勋章和荣誉称号。

（5）决定特赦。

（6）在全国人大闭会期间，决定战争状态的宣布。

（7）决定全国总动员或者局部动员。

（8）决定全国或者个别省、自治区、直辖市进入紧急状态。

★42. 简述全国人大常委会的法律解释权。

【记忆要点】解释宪法和法律、审议专门委员会解释方案、最高法和最高检原则性解释分歧的最终解释、具体应用问题的解释。

【参考答案】（1）全国人大常委会有权解释宪法和法律。全国人大常委会所解释的法律不限于它自己所制定的法律，也包括由全国人民代表大会制定的法律。

（2）全国人大常委会对各地区、各部门提出的法律条文本身需要进一步明确界限或作补充规定的，由秘书长交全国人民代表大会宪法和法律委员会会同有关的专门委员会研究，并征求有关部门的意见，提出解释的方案，经全国人大常委会审议，作出法律解释。

（3）属于审判工作、检察工作中法律的具体应用问题，分别由最高人民法院和最高人民检察院作出解释。最高人民法院和最高人民检察院的解释如果有原则性分歧，报请全国人大常委会解释或决定。

（4）属于人大工作中法律的具体应用问题，由全国人大常委会有关部门拟出答复意见，经秘书长召集有关人员开会研究决定后答复。

43. 简述全国人大常委会的人事任免权。

【记忆要点】国务院其他个别组成人员、中央军委其他个别组成人员、最高法相关人员、最高检相关人员和批准省级检察长任免。

【参考答案】在全国人大闭会期间，全国人大常委会行使对国家机关工作人员的人事任免权，具体而言：

（1）在全国人民代表大会闭会期间，根据国务院总理的提名，可以决定国务院其他个别组成人员的任免。

（2）在全国人民代表大会闭会期间，根据中央军事委员会主席的提名，决定中央军事委员会其他个别组成人员的任免。

（3）在全国人民代表大会闭会期间，由委员长会议提名，可以任免专门委员会个别副主任委员和部分委员。

(4) 根据国家监察委员会主任的提请，任免国家监察委员会副主任、委员。

(5) 根据最高人民法院院长的提请，任免最高人民法院副院长、审判员、审判委员会委员和军事法院院长。

(6) 根据最高人民检察院检察长的提请，任免最高人民检察院副检察长、检察员、检察委员会委员和军事检察院检察长，并且批准省、自治区、直辖市的人民检察院检察长的任免。

(7) 决定驻外全权代表的任免。

(8) 由委员长提请，任免常务委员会副秘书长、工作委员会的主任和副主任。

【补充说明】 关于参考答案第 (3)、(7)、(8) 点，“考试分析”并没有列明，但也属于全国人大常委会任免权的内容，因此必须列明。此外，参考答案第 (1)、(2)、(3) 点已由《全国人民代表大会组织法》修订，第 (4) 点是2018年宪法修正案新增内容。

★44. 简述全国人大代表的义务。

【记忆要点】 遵守宪法和法律，保守国家秘密，协助宪法和法律实施；出席人大会议，提出议案、发表意见；履职活动；履职学习和调查研究；与原选举单位和选民保持密切联系；道德自律。

【参考答案】 (1) 模范地遵守宪法和法律，保守国家秘密，在自己参加的生产、工作和社会活动中，协助宪法和法律的实施。

(2) 按时出席本级人民代表大会会议，认真审议各项议案、报告和其他议题，发表意见，做好会议期间的各项工作。

(3) 积极参加统一组织的视察、专题调研、执法检查等履职活动。

(4) 加强履职学习和调查研究，不断提高执行代表职务的能力。

(5) 与原选区选民或者原选举单位和人民群众保持密切联系，听取和反映他们的意见和要求，努力为人民服务。

(6) 自觉遵守社会公德，廉洁自律，公道正派，勤勉尽责。

45. 简述国家主席的职权。

【记忆要点】 公布法律、发布命令权；任免权；外交权；荣典权。

【参考答案】 (1) 公布法律、发布命令权。法律在全国人大或全国人大常委会正式通过后，由国家主席公布。国家主席根据全国人大或全国人大常委会的决定，发布特赦令，宣布进入紧急状态、宣布战争状态和发布动员令。

(2) 任免权。国家主席向全国人大提名国务院总理的人选；根据全国人大或全国人大常委会的决定任免国务院总理、副总理、国务委员、各部部长、各委员会主任、审计长、秘书长。

(3) 外交权。国家主席代表国家，进行国事活动，接受外国使节；根据全国人大常委会的决定，派遣和召回驻外全权代表，批准和废除同外国缔结的条约和重要协定。

(4) 荣典权。国家主席根据全国人大常委会的决定，授予国家的勋章和荣誉称号，并享受对外交往中的最高礼遇。

★46. 简述国务院领导体制的主要内容及意义。

【记忆要点】内容：总理负责制。意义：权责明确，发挥总理才干，提高工作效率；防止独断，民主基础上的集中。

【参考答案】(1) 国务院实行总理负责制，其内容有：①由总理提名组成国务院，总理有向全国人大及其常委会提出任免国务院其他组成人员的议案的权利；②总理领导国务院的工作，副总理、国务委员协助总理工作，其他组成人员都在总理领导下工作，向总理负责；③总理主持召开国务院常务会议和全体会议，对于所议事项总理有最后决定权，并对决定的后果承担全部责任；④国务院发布的行政法规、决定和命令、向全国人大及其常委会提出的议案、任免国务院有关人员的决定，都由总理签署。

(2) 意义：①实行总理负责制可以避免职责不清、权限不明，有利于发挥总理才干，保证责任明确，行动迅速果断，及时解决各种重要问题，有利于提高国务院工作效率。②总理负责制并非独断专行，而是在民主基础上高度集中，从而更好地发挥集体智慧和作用。

47. 简述上级人民法院监督下级人民法院审判工作的主要表现。

【记忆要点】审判移送案件；审判上诉、抗诉案件；提审或指令再审；指定管辖权争议受理法院；检查、考核工作。

【参考答案】(1) 上级人民法院有权审判下级人民法院移送的第一审案件。

(2) 上级人民法院审判对下级人民法院的判决和裁定不服上诉和抗诉的案件。

(3) 上级人民法院对下级人民法院已经发生法律效力的判决和裁定，如果发现确有错误，有权提审或指令下级人民法院再审。

(4) 上级人民法院对管辖权有争议的下级人民法院受理的案件，指定受理法院。

(5) 通过检查案件、考核工作，上级人民法院对下级人民法院进行监督。

48. 简述我国人民法院的基本制度。

【记忆要点】合议、回避、公开审判、两审终审、审判监督、审判委员会、司法责任制。

【参考答案】(1) 合议制度。人民法院审理案件，由合议庭或者法官一人独任审理。绝大多数案件以合议庭形式审判，合议庭审判是我国人民法院审理案件的基本组织形式。合议庭由法官组成，或者由法官和人民陪审员组成，成员为三人以上单数。

(2) 回避制度。人民法院受理的案件如果与审判人员有利害关系或其他关系，应当回避，以保护当事人合法权益，保证公正审判，防止审判人员主观偏向。

(3) 公开审判制度。人民法院对受理的案件公开审理和公开宣判。公开审判是人民法院各项诉讼制度和原则的中心环节。

(4) 两审终审制。人民法院审判案件实行两审终审制，一个案件经过两级人民法院的审判，即告终结，以保证案件的正确处理。

(5) 审判监督制度。人民法院对已经发生法律效力的判决、裁定，发现确有错误，依法重新进行审判，以保护公民和组织的合法权益，纠正冤假错案。

（6）审判委员会制度。人民法院实行审判委员会制度，总结审判工作经验，讨论决定重大、疑难、复杂案件的法律适用，讨论决定本院已经发生法律效力的判决、裁定、调解书是否应当再审，以及讨论决定其他有关审判工作的重大问题。

（7）司法责任制。人民法院实行司法责任制，建立健全权责统一的司法权力运行机制。

★49. 简述人民法院审判案件在适用法律上一律平等原则。

【记忆要点】禁止歧视、平等对待、平等保护法人或其他组织合法权益。

【参考答案】（1）人民法院审判案件在适用法律上一律平等，禁止任何形式的歧视。要求人民法院对一切公民都必须一律平等对待，一切公民的合法权益，都要依法予以保护，任何公民的违法犯罪行为，都要依法予以追究。

（2）适用法律一律平等，还要求在适用法律上不能有任何歧视，对公民一律平等对待，不能因公民的家庭出身、地位高低、政治倾向等非法定条件而对公民有不公正的待遇。

（3）适用法律一律平等原则，也应当表现在对待法人或其他组织方面，不论组织规模大小、企业性质、何人经营、主办单位等情况如何，都应平等保护其合法权益、追究其违法责任。

★50. 简述地方性法规的制定权限。

【记忆要点】省、自治区、直辖市的人大及其常委会；设区的市、自治州的人大及其常委会；经济特区所在地的省、市的人大及其常委会。

【参考答案】（1）省、自治区、直辖市的人大及其常委会根据本行政区域的具体情况和实际需要，在不同宪法、法律、行政法规相抵触的前提下，可以制定地方性法规。

（2）设区的市、自治州的人大及其常委会根据本市的具体情况和实际需要，在不同宪法、法律、行政法规和本省、自治区的地方性法规相抵触的前提下，可以对城乡建设与管理、环境保护、历史文化保护等方面的事项制定地方性法规。

（3）经济特区所在地的省、市的人大及其常委会根据全国人大的授权决定，制定法规，在经济特区范围内实施。

二、分析题

1.（1）我国《宪法》第64条规定："宪法的修改，由全国人民代表大会常务委员会或者五分之一以上的全国人民代表大会代表提议，并由全国人民代表大会以全体代表的三分之二以上的多数通过。法律和其他议案由全国人民代表大会以全体代表的过半数通过。"

（2）我国《宪法》规定："一切法律、行政法规和地方性法规都不得同宪法相抵触。"

（3）我国《宪法》在序言中明确规定："本宪法以法律的形式确认了中国各族人民

奋斗的成果，规定了国家的根本制度和根本任务，是国家的根本法，具有最高的法律效力。”

请根据宪法和法律的有关规定分析：

（1）从上述条文对比分析宪法与其他法律的相同点。

（2）从上述条文对比分析宪法与其他法律的不同点。

（3）宪法效力高于其他法律的精神在于什么？

【记忆要点】宪法与其他法律的相同点：国家意志性、国家强制性。宪法与其他法律的不同点：内容根本性、效力最高性、制定和修改程序的特殊性。宪法效力最高的精神所在：维持宪法尊严和最高地位。

【参考答案】（1）宪法是国家法律的一种，与刑法、民法等法律一样，都是代表统治阶级的意志，都是具有国家强制力的行为规范，都是阶级统治的重要工具。这是宪法与其他法律的相同之处。

（2）宪法与其他法律的不同之处在于宪法是国家根本大法，表现在：第一，宪法的内容是规定一个国家的根本制度，例如国家性质、政权组织形式、结构形式、经济制度及公民基本权利义务等。第二，宪法的效力高于其他法律。宪法是其他法律的立法依据和立法基础。一切法律、行政法规和地方性法规都不得同宪法相抵触。第三，前述两点就决定了宪法的制定和修改程序，较之其他法律更为严格：首先，宪法制定和修改的机关是依法特别组成的机关，而不是普通立法机关。其次，通过或批准宪法及其修改案，不同于其他法律程序。

（3）宪法效力高于一般法律，修改程序比一般法律更为复杂，其精神在于维持宪法的尊严和最高地位。

2. 我国《宪法》第2条规定：“中华人民共和国的一切权力属于人民。

人民行使国家权力的机关是全国人民代表大会和地方各级人民代表大会。

人民依照法律规定，通过各种途径和形式，管理国家事务，管理经济和文化事业，管理社会事务。”

请根据宪法学知识和上述宪法规定分析：

（1）上述规定体现的是何种宪法原则？该宪法原则的含义是什么？

（2）结合世界宪政史简要分析该宪法原则的历史发展过程。

（3）该原则在我国宪法规定中的体现。

【记忆要点】材料体现的宪法原则：人民主权原则。人民主权原则的历史发展：博丹主权观念—美国首次确立—两次转变。人民主权原则在我国宪法中的体现：实质、行使、内容。

【参考答案】（1）《宪法》第2条规定从整体上体现了人民主权原则。人民主权原则即国家一切权力属于人民、来源于人民的宪法原则。

（2）近代意义上的主权观念是由法国人博丹提出来的，作为学说是由法国著名思想家卢梭首创，但作为一项宪法原则却是由美国宪法首次确立的。从世界宪政发展史上看，主权经历了由君主主权向议会主权，再由议会主权向人民主权的两次转变过程。第二次转变使美国宪法最终确立人民主权原则。人民主权原则认为，国家是人民根据自由意志缔结契约的产物，所以国家的最高权力应该属于人民而不是君主。在宪法原则中，人民主权原则是核心原则。近现代民主宪政国家的宪法都直接或间接规定了人民主权原则。

（3）我国《宪法》第 2 条规定从整体上体现了人民主权原则：①一切权力属于人民的实质是主权在民，是人民主权原则的体现。②全国人民代表大会和地方各级人民代表大会制度是实现人民主权的基本形式和基本制度。③人民主权原则的具体内容包括人民通过各种途径和形式，管理国家事务，管理经济和文化事业，管理社会事务。

★3. 法国思想家孟德斯鸠《论法的精神》："一切有权力的人都容易滥用权力，这是万古不移的一条经验，有权力的人们使用权力，一直到遇到有界限的地方才休止。要防止滥用权力，就必须'以权力制约权力'。""司法、立法、行政这三种权力必须分开，而不能、不应该彼此合并。当立法权和行政权集中在一个人或同一个机关手中，自由便不复存在了；因为人们将要担心这个国王或者议会制定暴虐的法律，并暴虐地执行这些法律。""如果司法权不同立法权和行政权分离，自由也不存在了。如果司法权同立法权合而为一，那将对公民的生命和自由施行专断的权力，因为法官就是立法者。如果司法权同行政权合而为一，法官将握有压迫者的力量。如果这三种权力集中在一个人或同一个机关手中，那么一切都完了。"

结合上述材料并根据宪法学知识和理论回答下列问题：

（1）何谓三权分立？三权分立原则基本内容如何？

（2）国家权力分立的原因是什么？

（3）实行三权分立原则有何意义？

【记忆要点】三权分立的内容：立法权、行政权、司法权分立。权力分立的原因：绝对权力导致绝对腐败、权力之间的独立和牵制。意义：防止专制、保障自由；权力占有力平衡；保障公民权利。

【参考答案】（1）三权分立就是将国家权力分为立法权、行政权和司法权，这三种权力分别由不同机关行使。三权分立原则的基本内容是：将国家权力划分为既相互独立又相互制约的三个部分：立法、行政、司法，并建立相应的国家机关，分别行使这三个方面的权力。三权之间，既相互分立，各有自己的职权范围，又相互制约，任何一方的权力都受到另一方的限制。

（2）国家权力之所以分立，就是因为基于这样一个前提：绝对的权力导致绝对的腐败，所以，国家权力应当分立，将国家权力划分为既相互独立又相互制约的三个部分：立法、行政、司法，并建立相应的国家机关，分别行使这三个方面的权力。

（3）实行三权分立原则的意义在于：① 三权分立能够起到防止专制，保障自由的作用。②三权分立使权力相互牵制以达到权力的占有力上的平衡。③三权分立可以维护社会成员的利益，以保障公民的权利。

4.（1）我国《宪法》第 2 条第 1 款规定，中华人民共和国的一切权力属于人民。

（2）我国《宪法》第 3 条第 2 款规定，全国人民代表大会和地方各级人民代表大会都由民主选举产生，对人民负责，受人民监督。

（3）我国《宪法》第 3 条第 3 款规定，国家行政机关、监察机关、审判机关、检察机关都由人民代表大会产生，对它负责，受它监督。

（4）我国《宪法》第 27 条第 2 款规定，一切国家机关和国家工作人员必须依靠人民的支持，经常保持同人民的密切联系，倾听人民的意见和建议，接受人民的监督，努力为人民服务。

（5）我国《宪法》第 41 条第 1 款规定，中华人民共和国公民对于任何国家机关和国家工作人员，有提出批评和建议的权利；对于任何国家机关和国家工作人员的违法失职行为，有向有关国家机关提出申诉、控告或者检举的权利，但是不得捏造或者歪曲事实进行诬告陷害。

结合上述材料并根据宪法知识和理论回答下列问题：

（1）结合材料说明权力制约与监督原则的基本内涵。

（2）结合材料说明权力制约与监督原则在我国宪法中的体现。

【记忆要点】内涵：不同机关及其权力分立、制衡。在我国宪法中的体现：人民对国家权力的制约监督、公民权利对国家权力的制约监督、国家机关内部的制约监督。

【参考答案】（1）权力制约与监督原则是指国家权力机关的各部分之间相互监督、相互制约，以保障公民权利的原则，它既包括了公民权利对于国家权力的制约，也包括了国家权力对于国家权力的制约。其内涵涉及两个基本方面：①国家权力分为立法权、行政权、司法权，并分别由三个不同的国家机关行使；②在立法、行政、司法等部门之间建立一种相互平衡与相互制约的关系。

（2）我国宪法在以下三个方面体现了权力制约与监督原则：①人民对国家权力的制约监督。国家一切权力属于人民。全国人大和地方各级人大都由民主选举产生，对人民负责，受人民监督。一切国家机关和国家工作人员必须依靠人民的支持，经常保持同人民的密切联系，倾听人民的意见和建议，接受人民的监督，努力为人民服务。②公民权利对国家权力的制约监督。我国宪法规定了公民的基本权利，这些基本权利意味着国家的不得干预和予以保护的义务。我国宪法还明确了公民对于任何国家机关和国家工作人员，有提出批评和建议的权利。③国家机关内部的制约监督。宪法规定了不同国家机关之间、国家机关内部不同的监督方式。国家行政机关、监察机关、审判机关、检察机关都由人民代表大会产生，对它负责，受它监督。监察委员会依照法律规定独立行使监察权，不受行政机关、社会团体和个人的干涉。监察机关办理职务违法和职务犯罪案件，应当与审判机关、检察机关、执法部门互相配合，互相制约。人民法院、人民检察院和公安机关办理刑事案件，应当分工负责，互相配合，互相制约，以保证准确有效地执行法律。

★5. 2003 年发生于广州的孙志刚案，引发了 3 位法学博士以公民的身份向全国人大常委会递交建议书，建议对国务院颁布的《城市流浪乞讨人员收容遣送办法》进行审查。随后，5 位法学界人士也以公民的名义，向全国人大常委会提交就孙志刚案及收容遣送制度实施状况启动特别调查程序建议书。两部分人士的建议书都要求全国人大常委会对收容遣送制度进行违宪审查。

请结合上述材料，根据我国宪法和法律，回答下列问题：

（1）《城市流浪乞讨人员收容遣送办法》公布后，应如何备案？

（2）你认为对收容遣送制度应当进行违宪审查还是进行违法审查？为什么？

（3）两部分人士的建议书都要求进行违宪审查，全国人大常委会应如何处理？

【记忆要点】行政法规报全国人大常委会备案。在违宪和违法存在竞合时，按照违法审查处理。审查程序：对于审查建议，先由专委会、工作机构向审查机构提出意见，然后审查机构进行修改或废止；或者不予修改，提请全国人大常委会审议；最后将审查情况反馈。

【参考答案】（1）《城市流浪乞讨人员收容遣送办法》属于行政法规，公布后应当报全国人大常委会备案。

（2）《城市流浪乞讨人员收容遣送办法》既违宪，又违法。由于法律体系内部存在分工，在《城市流浪乞讨人员收容遣送办法》既违反宪法又违反法律时，应当援引下位法（上位法与下位法的规定不存在冲突时），否则下位法的规定就成为多余。此外，宪法的原则性规定，不能被司法机关适用，因此宪法须经立法机关“法律化”，才能被适用。

（3）全国人大常委会收到审查建议后，由常委会工作机构进行研究，必要时，送有关专门委员会进行审查、提出意见。全国人大专门委员会、常委会工作机构可以向制定机关提出书面审查意见、研究意见。制定机关根据上述意见对该条例进行修改或废止，审查终止；制定机关不予修改的，提请全国人大常委会审议决定。全国人大专门委员会和常委会工作机构应当将审查研究情况向两部分人士反馈。

★6. 2003年3月17日晚上，任职于广州某公司的湖北青年孙志刚在前往网吧的路上，因缺少暂住证，被警察送至广州市“三无”人员收容遣送中转站收容，收容依据是国务院于1982年发布的《城市流浪乞讨人员收容遣送办法》。次日，孙志刚被收容站送往一家收容人员救治站。在这里，孙志刚受到工作人员以及其他收容人员的野蛮殴打，3天后，孙志刚死于这家收容人员救治站。这一新闻事件被称为“孙志刚事件”。孙志刚案经新闻媒体报道后，在社会上引起强烈反响。2003年8月1日，国务院实施《城市生活无着的流浪乞讨人员救助管理办法》，《城市流浪乞讨人员收容遣送办法》废止。

附：已经废止的《城市流浪乞讨人员收容遣送办法》第2条规定：“对下列人员，予以收容、遣送：（一）家居农村流入城市乞讨的；（二）城市居民中流浪街头乞讨的；（三）其他露宿街头生活无着的。”20世纪90年代初，国务院《关于收容遣送工作改革问题的意见》的出台，收容对象被扩大到“三无人员”（无合法证件、无固定住所、无稳定收入），即无身份证、暂住证和务工证的流动人员。要求居住3天以上的非本地户口公民办理暂住证，否则视为非法居留，须被收容遣送。

根据上述材料并结合宪法知识和理论回答下列问题：

（1）孙志刚哪些宪法权利受到非法侵害？如何进行救济？

（2）分析1982年《城市流浪乞讨人员收容遣送办法》的废止原因及其违宪处理。

（3）如果孙志刚近亲属提起行政赔偿诉讼，法院应如何审理此案？为什么？

（4）概括说明我国有权提起《城市流浪乞讨人员收容遣送办法》的违宪审查建议

的主体。

【记忆要点】材料体现的受侵害的权利：人身自由权；材料体现的权利救济方式：国家赔偿。《城市流浪乞讨人员收容遣送办法》废止的原因：侵害公民人身自由权、违反立法法；对《城市流浪乞讨人员收容遣送办法》的违宪处理方法：全国人大常委会撤销。法院对行政赔偿案件的处理办法：法院无权审查规范性法律文件是否违宪；法院建议全国人大常委会进行违宪审查后继续审理并作出判决。提起违宪审查建议的主体：国务院，中央军委，最高人民法院，最高人民检察院，各省、自治区的人大常委会，其他国家机关，社会团体，企业事业组织，公民。

【参考答案】（1）①孙志刚事件中，孙志刚被广州收容站非法收容，限制其人身自由，并殴打致死，因而，孙志刚人身自由的宪法权利受到侵害。②孙志刚被非法收容并殴打致死，孙志刚有权依法获得国家赔偿。

（2）①《城市流浪乞讨人员收容遣送办法》废止的原因：其一，《城市流浪乞讨人员收容遣送办法》侵害了公民人身自由权。人身自由权是宪法赋予公民的基本权利，不能剥夺；其二，《城市流浪乞讨人员收容遣送办法》违反了《立法法》规定。《立法法》规定，对公民限制人身自由的强制措施和处罚，属于法律保留事项，只能由法律规定，而《城市流浪乞讨人员收容遣送办法》无权就公民限制人身自由作出规定。②对其违宪的处理：根据《宪法》规定，全国人大常委会有权撤销国务院制定的同宪法、法律相抵触的行政法规、决定和命令，因此，人大常委会应撤销《城市流浪乞讨人员收容遣送办法》。

（3）如果孙志刚近亲属提起行政赔偿诉讼，因法院无权就《城市流浪乞讨人员收容遣送办法》是否违宪进行认定，因此法院应当先中止审理，并先行向全国人大常委会建议对《城市流浪乞讨人员收容遣送办法》实施违宪审查。全国人大常委会依法就《城市流浪乞讨人员收容遣送办法》实施违宪审查后，将结论告知法院，法院应当继续审理，并依法作出判决。

（4）有权提起违宪审查建议的主体有：①国务院、中央军事委员会、最高人民法院、最高人民检察院和各省、自治区、直辖市的人民代表大会常务委员会认为行政法规、地方性法规、自治条例和单行条例同宪法或者法律相抵触的，可以向全国人民代表大会常务委员会书面提出进行审查的要求。②上述主体以外的其他国家机关和社会团体、企业事业组织以及公民认为行政法规、地方性法规、自治条例和单行条例同宪法或者法律相抵触的，可以向全国人民代表大会常务委员会书面提出进行审查的建议。

7. 2015 年 3 月 15 日，十二届全国人大三次会议表决通过了关于修改《中华人民共和国立法法》的决定，修改后的《立法法》将税收专设一项作为第 8 条第 6 项，明确“税种的设立、税率的确定和税收征收管理等税收基本制度”只能由法律规定。这意味着，今后政府收什么税、向谁收、收多少、怎么收等事项，只能由法律予以明确。

请结合上述材料，根据我国宪法和法律，回答下列问题：

（1）税收法定原则中的“法定”的内涵是什么？

（2）落实税收法定原则符合哪些宪法原则？为什么？

（3）实行税收法定原则与我国宪法规定的公民纳税义务是否冲突？为什么？

【记忆要点】税收法定原则：税收由法律规定。落实税收法定原则符合人民主权原则和法治原则。落实税收法定原则和公民履行纳税义务不存在冲突：税收法定原则在于限制征税权，从而保护纳税人的权利。

【参考答案】（1）税收法定原则中的"法定"是指有关税收方面的事项，只能由全国人大及其常委会通过制定法律的方式予以明确。

（2）落实税收法定原则符合人民主权原则和法治原则。首先，落实税收法定原则符合人民主权原则。税收权是纳税人以缴纳税款的形式让渡自己的财产权利而形成的一种国家权力，是一切权力属于人民的宪法民主原则在税法领域的要求和反映。其次，落实税收法定原则符合宪法法治原则。税收法定主义是以约束征税权为手段，其根本目的是保障纳税人权利，通过对征税主体征税行为的规范，税收法定主义为保护作为宪法基本权利的公民财产权提供了制度依据。而公民的财产权属于公民基本权利，对于涉及公民基本权利的事项，应当由立法机关通过法律来规定，这符合法治原则。

（3）实行税收法定原则与我国宪法规定的公民纳税义务并不冲突。因为税收法定原则的根本目的在于限制公权力的征税权，在税收法定原则的限制下，公民依法履行宪法规定的纳税义务，使征税权和纳税义务之间形成平衡态势，才能更好地维护纳税人的基本权利。

8. 2006年2月至6月，某市A区黄村村民黄某四次发邮件到市长电子信箱反映：黄某是已婚妇女，由于丈夫是集体户口，没有将户口迁出。在2005年分配村集体经济所得收益时，在村民大会上，除了黄某的家人等极少数人以外，绝大部分村民由于涉及自身的经济利益，都拒绝给其分红。村民大会是处理村务的最高机关，可对村内集体所有的财产和收益进行处理。这样，黄某等"外嫁女"不得分红的制度就以"村规民约"的方式被确定下来。

据调查，在该市部分区的农村，外嫁女未将户口迁出的，却常常受到不公平的对待，像本案中外嫁女权益受到侵害的事项大量存在，已成为该市一个较为突出的问题。

请根据我国宪法和相关法律的规定，分析上述材料并回答下列问题：

（1）黄某是否有权取得集体经济所得收益？请说明理由。

（2）村民大会制定的村规民约中规定"外嫁女不得分红"是否合法？请说明理由。

（3）如何解决材料中存在的问题？

（4）黄某应当如何维护自己的权益？

【记忆要点】有权取得集体经济收益的理由：妇女在政治的、经济的、文化的、社会的和家庭的生活等方面享有同男子平等的权利。"外嫁女不得分红"不合法的理由：与宪法、法律和国家政策抵触、侵犯公民宪法权利。解决材料中出现的侵犯公民宪法权利的途径：强化监督、完善司法救济、加强妇女宪法权利的保障和落实。

【参考答案】（1）黄某有权取得集体经济所得收益。《宪法》规定，公民在法律上一律平等；中华人民共和国妇女在政治的、经济的、文化的、社会的和家庭的生活等方面享有同男子平等的权利。因此，任何组织和个人都不能以妇女结婚为由，侵害妇女在农村集体经济组织中的各项权益。

（2）村规民约中“外嫁女不得分红”的规定不合法。《村民委员会组织法》规定，村民会议可以制定和修改村民自治章程、村规民约，并报乡、民族乡、镇的人民政府备案。村民自治章程、村规民约以及村民会议或者村民代表决定的事项不得与宪法、法律、法规和国家的政策相抵触，不得侵犯村民的人身权利、民主权利和合法财产权利的内容。因此，如果妇女户口未迁出的，其仍然享有与同村男性居民相同的权利。

（3）解决材料中存在问题的途径：①加强对村民自治的监督制度。②完善司法救济途径。③加强对妇女、特别是对农村妇女宪法权利的保障和落实。

（4）黄某因其集体经济收益受到侵害，可以要求有关部门依法处理，或者依法向仲裁机构申请仲裁，或者向人民法院起诉。

★9. 某县选举县人民代表大会代表，依照选举法的规定，采取了直接选举的方式。在确认选民资格时，凡年满18周岁的城镇和农村人员均列入选民资格，对判处有期徒刑、拘役、管制而没有附加剥夺政治权利的人，均准予其行使选举权；对依法被剥夺政治权利的人，以及正在被羁押的人和正在受侦查、起诉、审判的人，一律不得行使选举权。在提出代表候选人时，有些是各政党、各人民团体单独或联合推荐提出的，有些是选民5人联名推荐提出的，有些是乡镇人大单独或联合推荐提出的。

结合上述材料并根据宪法学的知识和理论分析该县人大代表选举存在的问题，并说明理由。

【记忆要点】对正在被羁押的人和正在接受侦查、起诉、审判的人，只要没有被剥夺政治权利，都有选举权和被选举权；各政党、各人民团体，可以联合或者单独推荐代表候选人。选民或者代表，10人以上联名，也可以推荐代表候选人。

【参考答案】（1）该县对正在被羁押的人和正在受侦查、起诉、审判的人，一律不得行使选举权的做法是错误的。根据选举法和有关法律规定，对正在被羁押的人和正在接受侦查、起诉、审判的人，只要没有被剥夺政治权利，都有选举权和被选举权，因此该县的做法不符合选举法规定。

（2）选民5人联名推荐代表候选人的做法是错误的。根据选举法规定，选民或者代表，10以上联名，才可以推荐代表候选人，5人联名推荐代表候选人的做法不符合选举法规定。

（3）由乡、镇人大提出代表候选人的做法是错误的。根据选举法规定，各政党、各人民团体，可以联合或者单独推荐代表候选人。选民或者代表，10人以上联名，也可以推荐代表候选人。乡镇人大推荐代表候选人这种做法不符合选举权的普遍性原则，因而是错误的。

★10. 2005年北京市西城区人大换届选举时，北京某著名的大饭店员工王某等16人，在大饭店登记为合法选民，但该饭店以王某等并没有本市户口或暂住证为由未发给他们选民证，选民名单也没有列入王某等16人作为选民，也没有通知他们参加选举。为此，王某等16名员工向选举委员会提出了申诉，但选举委员会到第四日仍未作出处理决定，王某等16人被迫向人民法院起诉，要求该饭店承担法律责任，并赔偿经济损失。

请结合我国现行宪法和选举法的规定，分析上述材料并回答问题：

（1）大饭店是否侵害王某等 16 名员工的选举权？为什么？

（2）王某等 16 名员工如何行使选举权利？依据何在？

（3）选举委员会没有作出处理决定的做法是否正确？为什么？

（4）王某等 16 名员工是否有权向人民法院起诉？为什么？

【记忆要点】员工选举权受侵犯的理由：年满 18 周岁的公民享有选举权，除非选举权被依法剥夺。员工行使选举权的方式：可以回原籍选举，也可以在工作单位选举。选举委员会做法错误的理由：未在 3 日内对申诉意见作出处理决定。材料体现的对侵犯选举权案的救济方式：向法院起诉。

【参考答案】（1）大饭店的做法侵犯了王某等 16 名员工的选举权利。理由是：根据宪法和选举法的有关规定，凡是年满 18 周岁的中国公民，不分民族、种族、性别、职业、家庭出身、宗教信仰、教育程度、财产状况和居住年限，都有选举权和被选举权。本题中，城市中的外来打工者，年龄一般超过了 18 周岁，只要其没有被依法剥夺政治权利，那么都拥有选举权和被选举权，不能以其在城市中没有“户口”或者没有“暂住证”为由而剥夺其选举权利。

（2）根据选举法的有关规定，选区可以按照居住状况划分，也可以按照生产单位、事业单位、工作单位划分。据此规定，王某等 16 名员工可以在其打工的工作单位大饭店参加选举，也可以回原籍参加选举。如果回原籍不方便的，可以委托代为投票选举。

（3）选举委员会对王某等人的申诉没有处理是不符合选举法规定的，因为根据选举法的规定，对于公布的选民名单有不同意见的，可以在选民名单公布之日起 5 日内向选举委员会提出申诉。选举委员会对申诉意见，应在 3 日内作出处理决定。本题中，选举委员会在 3 日内仍未作出处理决定，因此是违反选举法的。

（4）王某等 16 名员工有权向人民法院起诉。根据选举法的规定，申诉人如果对处理决定不服，可以在选举日的 5 日以前向人民法院起诉，人民法院应当在选举日以前作出判决。人民法院的判决为最后决定。据此，王某等人有权向人民法院起诉。

★11. 2007 年 3 月在某地进行县人民代表大会代表的选举，一选区应选举 3 名代表。经过选民联名推荐，共产党、各民主党派以及妇联、工会、共青团等单独或联合提名，一共提出了 20 多个代表候选人。选举委员会将汇总结果在选举日前 18 天公布并将其交给各选民小组讨论、协商，离选举日只剩下 3 天时间的时候，对正式代表候选人仍然没有达成一致意见，选民们认为应该被确定为正式候选人的有 8 人。选举委员会主任觉得马上要进行正式选举，不能再往后拖了，就从这 8 人里面指定武某、李某和马某作为正式候选人，并张榜公布。

请问：在该选区代表候选人的提出过程中，选举委员会违反了选举法的哪些规定？

【记忆要点】预选、正式代表候选人名单应当在选举日 7 日前公布、差额选举。

【参考答案】（1）根据选举法的规定，如果所提候选人超过了选举法规定的最高差额比例，由选举委员会交各该选区的选民小组讨论、协商，根据较多数选民的意见，进行预选。根据预选时得票多少的顺序，确定正式代表候选人名单。而该选区在不能确定正式代表候选人的情况下，由选举委员会主任指定 3 人为正式代表候选人，违反了上述规定，是严重违反了民主选举要求的做法。

(2) 根据选举法的规定，正式代表候选人名单应当在选举日的 7 日以前公布。在该选区，指定的正式代表候选人的名单是在选举日 3 天前公布的，违反了该规定，损害了选民充分了解代表候选人的权利。

(3) 根据选举法的规定，各级人民代表大会代表的选举，均实行差额选举，所提出的正式代表候选人的名额应当多于应选代表的名额。由选民直接选举的代表候选人的名额，应多于应选代表名额的 1/3 至 1 倍。按照这个规定，该选区正式代表候选人至少应该是 4 人，而公布的代表候选人名单上只有 3 人，等于要实行等额选举，违反了这一规定。

12. 1998 年，有 1 000 多名港人在内地所生的子女，因没有香港特区政府颁发的居留权证书，特区政府欲将其遣返内地，要求他们办理申请批准手续后，按照先后顺序合法来港居住。在被遣返的无证儿童中有 4 名对此不服，以香港特区政府剥夺他们依法应该享有的权利为由，诉诸法院。这就是吴嘉玲、吴丹诉入境事务处处长案和陈锦雅案等相关案件。诉讼几经周折后，特区终审法院判决香港特区政府败诉，同时指出：香港终审法院享有宪法性管辖权，如果全国人大及其常委会的立法与基本法相抵触，香港法院有权审查并宣布全国人大及其常委会的立法行为无效。

结合上述材料并运用宪法学的知识和理论回答下列问题：

(1) 如何界定香港特别行政区基本法的解释主体的权限？

(2) 特区终审法院对吴嘉玲案、吴丹案终审判决和对判决所做的解释是否具有法律效力？为什么？

【记忆要点】享有对香港特区基本法解释权的主体：全国人大常委会和香港特区法院。特区法院判决有效的理由：特区终审法院有独立的司法权和终审权；特区法院对判决解释无效的理由：特区法院审理案件应以全国人大常委会对基本法的解释为准。

【参考答案】(1) 有权对香港特别行政区基本法解释的主体包括全国人大常委会和香港特区法院。香港特别行政区基本法解释权限划分如下：①香港特别行政区基本法解释权属于全国人大常委会。②香港特区法院在审理案件时需要对基本法关于中央人民政府管理的事务或中央和香港特区关系的条款进行解释，而该条款的解释又影响到案件的判决，在对该案件作出不可上诉的终局判决前，应由香港特区终审法院请全国人大常委会对有关条款作出解释。如全国人大常委会作出解释，香港特区法院在引用该条款时，应以全国人大常委会的解释为准。③全国人大常委会授权香港特区法院在审理案件时对基本法关于香港特区自治范围内的条款自行解释。香港特区法院在审理案件时对基本法的其他条款也可解释。

(2) 香港特区法院对吴嘉玲、吴丹等案的判决具有法律效力，但对判决的解释无效：①香港特区终审法院享有独立的司法权和终审权，因此，香港特区终审法院的判决是有效判决。②香港特区终审法院对案件的解释是无效的，因为全国人大常委会对基本法享有最终解释权限，特区法院必须以全国人大常委会的解释为依据。

【补充说明】关于参考答案第 (2) 点，也有许多学者（包括内地和香港司法界的学者）认为特区终审法院的解释有效，依据是《香港特别行政区基本法》第 158 条第 2

款。该条第 3 款规定，关于中央人民政府管理的事务或中央和香港特别行政区关系的条款进行解释，应由香港特别行政区法院请全国人大常委会对有关条款作出解释。但对于特区自治范围内的解释应当以谁为准，人们争议较大，而本题表述的情形，关键就在这一点上。有的学者认为，从基本法立法精神上来看，应当由特区法院解释。因此，本题第（2）点中有关答案仅供参考。

★13. 材料 1：甲、乙二人到丙快餐店就餐。丙店门口的灯箱广告中宣称：每位 28 元，国家公务员每位 26 元；1.3 米以下儿童每位 19 元；当天生日者，凭身份证免费就餐一次。甲、乙二人每人交纳了 28 元进店就餐后，认为丙的灯箱广告声称的“每位 28 元，国家公务员每位 26 元”的规定是对非国家公务员的歧视，遂向法院起诉，要求丙店退还多收的 4 元钱，并赔礼道歉。

材料 2：铁路运输部门依据原铁道部规定在寒、暑假期间对在异地求学的大、中学生实行半价优惠票价，并提前售票和专设售票窗口。就铁路部门的做法是否存在正当性问题，社会上曾经存在过非议，但实行了多年，在社会上也得到了广泛认可。

请根据宪法学知识和理论对上述材料进行分析并回答下列问题：

（1）材料 1 中，丙店的做法是否构成宪法中的“区别对待与歧视”？为什么？

（2）材料 2 中，铁路运输部门对大、中学生实行优惠票价是否构成“合理差别”？为什么？

（3）结合材料 1、2 说明宪法中判断合理差别或区别对待的条件和标准。

【记忆要点】判断是否构成区别对待和歧视的对象：政府行为而非其他组织或个人行为。铁路部门实行优惠票价构成合理差别的理由：保护弱势群体。判断合理差别的标准：主体为政府、目的正当且为重大利益、政府负举证责任。

【参考答案】（1）丙店的做法并未构成宪法中的“区别对待和歧视”，因为宪法中构成“区别对待和歧视”针对的是政府的行为，而不是其他组织或者个人的行为，其他组织的行为以及个人好恶不能成为宪法中的“区别对待和歧视”。如果甲、乙二人认为丙店的做法构成区别对待和歧视，只能通过民法规范或者保护弱者的法律予以规制，而不能依据宪法条款解决。

（2）材料 2 中，铁路运输部门的做法构成宪法规定的“合理差别”，因为铁路运输部门是依据原铁道部的规定对学生实行半价优惠票价的，而且实行半价优惠票价的目的在于保护和照顾无收入来源的学生这一弱势群体，具有正当性。

（3）判断构成宪法中的合理差别的标准是：①采取合理差别措施的主体仅限于政府，不包括其他组织和个人。②政府进行区别对待必须是为了实现正当的而且是重大的利益。③这种区别对待必须是实现其所宣称的正当目的的合理的乃至必不可少的手段。④政府对采取区别对待负举证责任。

★14. 某镇政府通知所辖某村村委会，要求村委会向每户村民收取 1 000 元用于兴建该村公路，以利于该村农产品的输出；要求村委会将一幅村集体用地租赁给在该村开办的乡镇企业。村民认为兴建村公路没有经过他们讨论同意，不愿意交款，而且反

对将村集体土地租给乡镇企业。村委会告知村民，如不按期交款，就不执行村民会议讨论决定的征地补偿费的使用、分配方案。村民对此强烈不满，欲召集村民会议讨论兴建村公路和租赁土地问题，并欲罢免村委会成员。

请结合上述材料，根据我国宪法和法律，回答下列问题：

(1) 镇政府要求村委会向村民收费的做法是否合法？为什么？

(2) 对于兴建公路和将集体土地租赁给乡镇企业，应由谁决定办理？如何决定？

(3) 村民会议的组成、召集有何法律要求？

(4) 村民欲罢免村委会成员，需经过何种程序？

【记忆要点】镇政府要求村委会向村民收费的做法不合法，因为村委会是基层群众性自治组织；镇政府对村委会的工作给予指导、支持和帮助。兴建公路和将集体土地租赁给乡镇企业的事项由村民会议决定；经到会人员过半数通过。村民会议的组成、召集：本村 18 周岁村民组成、村委会召集、1/10 以上村民或者 1/3 以上村民代表提议、18 周岁以上村民过半数、本村 2/3 以上户。罢免程序：1/5 以上有选举权村民或者 1/3 以上村民代表联名；两个过半数。

【参考答案】(1) 镇政府要求村委会向村民收费的做法不合法。村委会是基层群众性自治组织，镇政府对村委会的工作给予指导、支持和帮助，但是不得干预村民自治范围内的事项。本案中，修建村公路属于村公益事业的兴办事项，属于自治范围内的事项，镇政府无权要求村委会执行其要求。

(2) 兴建公路和将集体土地租赁给乡镇企业，属于涉及村民利益的事项，因此应当经村民会议讨论决定方可办理。村民会议所作决定应当经到会人员的过半数通过。

(3) 村民会议由本村 18 周岁以上的村民组成。村民会议由村民委员会召集。有 1/10 以上的村民或者 1/3 以上的村民代表提议，应当召集村民会议。召开村民会议，应当有本村 18 周岁以上村民的过半数，或者本村 2/3 以上的户的代表参加。

(4) 本村 1/5 以上有选举权的村民或者 1/3 以上的村民代表联名，可以提出罢免村民委员会成员的要求，并说明要求罢免的理由。罢免村民委员会成员，须有登记参加选举的村民过半数投票，并须经投票的村民过半数通过。

15. A 市某公安分局派出所接到群众举报，辖区内有人在家看“黄碟”，4 名民警遂前去调查。当时新婚不久的甲、乙夫妻已经休息，4 名民警以看病为由敲门进入诊所（甲、乙二人以开办的诊所为家，平时住在诊所内），没有表明身份，直接闯入甲、乙夫妻的卧室。他们一边掀起被子一边说：有人举报你们看黄碟，快将东西交出来。当民警欲将 VCD 机和电视机以及碟片拿走的时候，甲和民警们发生了争执。民警以妨害警方执行公务为由，将甲带回派出所，第二天甲家向派出所交了 1 000 元暂扣款后被放回。时隔 2 个月后的某天中午，该公安分局突然以“涉嫌妨害公务罪”刑事拘留了甲。案件发生后，当地媒体进行了报道，在社会上引起了强烈反响。

请根据上述材料，回答分析下列问题：

(1) 甲的哪些宪法权利受到了侵犯？这些宪法权利在我国现行宪法中是如何规定的？

（2）公安机关在执法过程中违反了哪些执法原则？

【记忆要点】材料体现的被侵害的权利：私有财产权、人身自由权、住宅安全权。材料体现的公安机关违反的执法和处罚原则：合理性原则、正当程序原则、一事不再罚原则、不得因申辩加重处罚原则。

【参考答案】（1）①甲受到侵害的宪法权利有：①私有财产权；人身自由权；住宅安全权和隐私权（我国宪法没有规定隐私权，因此隐私权可以不回答——编者注）。②我国宪法规定，公民合法的私有财产不受侵犯。国家保护公民的私有财产权。公民的人身自由不受侵犯。禁止非法拘禁和以其他方法非法剥夺或者限制公民的人身自由。中华人民共和国公民的住宅不受侵犯。禁止非法搜查或者非法侵入公民的住宅。

（2）公安机关在执法过程中违反了合理性原则和正当程序原则，在具体的行政执法活动中，公安机关还违反了行政处罚的一事不再罚原则和不得给予二次以上行政处罚的原则。公安机关在执法过程中因当事人的申辩而加重处罚的做法也是违法的。

★16. 材料1：我国《宪法》第37条规定："中华人民共和国公民的人身自由不受侵犯。

任何公民，非经人民检察院批准或者决定或者人民法院决定，并由公安机关执行，不受逮捕。

禁止非法拘禁和以其他方法非法剥夺或者限制公民的人身自由，禁止非法搜查公民的身体。"

材料2：我国《立法法》第8条规定："下列事项只能制定法律：

…………

（五）对公民政治权利的剥夺、限制人身自由的强制措施和处罚。

…………"

材料3：2013年12月28日，全国人大常委会通过了《关于废止有关劳动教养法律规定的决定》。决定规定，劳教废止前依法作出的劳教决定有效；劳教废止后，对正在被依法执行劳动教养的人员，解除劳动教养，剩余期限不再执行。

结合上述材料并根据宪法学的知识和理论回答下列问题：

（1）结合材料1概括说明公民人身自由权的基本内容。

（2）结合材料1、2说明我国宪法在公民人身自由权保障方面存在的不足。

（3）结合材料1、2、3说明我国废止劳动教养制度的理由。

【记忆要点】人身自由权的基本内容：不可侵犯，限制法定，禁止非法剥夺或限制。宪法在保障人身自由权规定上的不足：限制程序条款不完善、没有明确规定法律保留原则。废止劳动教养制度的理由：缺乏法律依据、处罚过重、缺乏正当程序、违反基本人权原则、保护公民人身自由权。

【参考答案】（1）我国宪法规定的公民人身自由权包括：①公民的人身自由不可侵犯；②对公民采取逮捕这一限制人身自由的强制措施，必须经过人民检察院批准或者决定或者经过人民法院决定并由公安机关执行的程序；③禁止非法拘禁和以其他方法非法剥夺或者限制公民的人身自由，禁止非法搜查公民的身体。

（2）我国宪法在公民人身自由权保障方面存在如下不足：①限制程序条款不够完

善，只规定了逮捕的限制程序规定，没有涵盖限制人身自由的各种形式。②没有在宪法上明确规定严格的法律保留原则，而是在《立法法》中予以规定。

（3）我国废止劳动教养制度的理由：①缺乏法律依据。《立法法》规定限制人身自由的强制措施和处罚只能制定法律，而目前劳动教养制度是缺乏法律依据的。②处罚过重。劳动教养虽是一种行政强制措施，但实际是一种处罚。作为针对犯罪行为的刑罚，管制最高期限为2年，拘役最高期限为6个月，而针对不够刑事处分的违法行为的劳动教养竟然可达4年之久，重者轻罚、轻者重罚现象十分明显。③缺乏正当程序。正当程序是法律灵魂，虽然劳动教养须经有关部门审查批准，但实际上是公安机关一家说了算。由于没有一个公开、正当程序的约束，作出劳动教养处罚的随意性很大，公民的人身自由没有保障。④废除劳动教养制度有利于贯彻尊重和保障人权的宪法原则，有利于保护公民的人身自由权和人格尊严权等宪法权利。因此，2013年12月28日，全国人大常委会通过了《关于废止有关劳动教养法律规定的决定》，具有历史进步意义。

【补充说明】关于参考答案第（2）、（3）点，考生有其他理由，阐述符合法理且言之成理者，亦可。

★17. 甲县公民李某因涉嫌盗伐林木而被甲县公安机关刑事拘留，并被羁押于甲县某看守所。一个月后，李某死在了看守所，死因是“重度颅脑损伤”。甲县公安机关对此事的解释是：“人犯”李某受伤是由于其与同监室的狱友普某等人在看守所天井里玩“躲猫猫”游戏时，抓到了普某，引起普某的不满，最终两人发生争执，争执中普某先踢了李某一脚，随后又朝其头部击打一拳，由于李某重心不稳摔倒后不小心撞到墙壁，最终受伤。后经调查，李某是被牢头狱霸殴打致死。

（附：国务院于1990年制定的《中华人民共和国看守所条例》第2条规定：“看守所是羁押依法被逮捕、刑事拘留的人犯的机关。”第4条规定：“看守所监管人犯，必须坚持严密警戒看管与教育相结合的方针，坚持依法管理、严格管理、科学管理和文明管理，保障人犯的合法权益。严禁打骂、体罚、虐待人犯。”）

结合上述材料并运用宪法学知识和理论回答下列问题：

（1）《看守所条例》第2、4条规定是否符合宪法原则？为什么？

（2）全国人大常委会是否有权撤销《看守所条例》？为什么？

（3）李某的哪些宪法权利受到侵害？

【记忆要点】《看守所条例》违反的宪法原则：法律保留原则、基本人权原则。全国人大常委会有权撤销同宪法、法律相抵触的行政法规、决定和命令。材料体现的被侵害的权利：人身自由权、生命权。

【参考答案】（1）《看守所条例》第2、4条规定不符合宪法原则：①《看守所条例》违反了法治原则中的法律保留原则。根据立法法规定，限制人身自由的强制措施和处罚只能制定法律，因此，限制人身自由的强制措施属于法律保留事项。法律保留是宪法法治原则的内容之一，行政法规不得代位规定。而《看守所条例》属于行政法规，不能就限制人身自由的强制措施作出规定。②《看守所条例》违反了基本人权原则。材料中，李某被限制人身自由，看守所应当保障犯罪嫌疑人李某的合法权益，使其生命权受到保护；《看守所条例》仍将犯罪嫌疑人称为“人犯”，这是有罪推定，违反了“国家尊重和保障人权”的宪法规定。

（2）全国人大常委会有权撤销《看守所条例》。根据宪法规定，全国人大常委会有权撤销国务院制定的同宪法、法律相抵触的行政法规、决定和命令。

（3）材料中，李某被看守所羁押，因此，李某的人身自由权这一宪法权利受到侵害；李某被殴致死，其生命权并未得到保障，因此，李某的生命权也受到侵害。

★18. 材料1：我国《宪法》第39条规定：“中华人民共和国公民的住宅不受侵犯。禁止非法搜查或者非法侵入公民的住宅。”

材料2：我国《刑法》第245条规定：“非法搜查他人身体、住宅，或者非法侵入他人住宅的，处三年以下有期徒刑或者拘役。

司法工作人员滥用职权，犯前款罪的，从重处罚。”

材料3：我国《治安管理处罚法》第40条规定：“有下列行为之一的，处十日以上十五日以下拘留，并处五百元以上一千元以下罚款；情节较轻的，处五日以上十日以下拘留，并处二百元以上五百元以下罚款：

（一）组织、胁迫、诱骗不满十六周岁的人或者残疾人进行恐怖、残忍表演的；

（二）以暴力、威胁或者其他手段强迫他人劳动的；

（三）非法限制他人人身自由、非法侵入他人住宅或者非法搜查他人身体的。”

根据上述宪法规定回答下列问题：

（1）如何界定材料1中规定的“住宅”的范围？如何理解“非法侵入”的行为？

（2）结合材料1、2、3概括说明我国对住宅安全的法律保护。

（3）结合材料1、2、3概括说明住宅安全权的功能。

【记忆要点】住宅的范围：有所有权的房屋、长期或临时使用场所；非法侵入住宅的认定：侵入住宅内部、非法监听或窥视住宅内部私生活情景。对住宅的法律保护：宪法规定的住宅安全权、刑法规定的非法侵入住宅罪、治安管理处罚法规定的侵入住宅的处罚措施。住宅安全权的功能：防止公权力迫害、保护住宅安全。

【参考答案】（1）住宅不限于公民具有所有权的房屋，还应当包括虽无所有权但长期或临时使用的场所；对住宅的非法侵入不仅指直接非法侵入住宅内部的行为，还包括在住宅外部通过一定的设备非法监听或窥视住宅内部的私生活情景的行为。

（2）我国通过多部法律依法保障公民享有的住宅安全权：通过宪法规定，我国将住宅安全权确认为公民的一项基本权利。通过刑法规定，我国将非法侵入他人住宅的行为规定为犯罪行为，并规定了相应的刑罚。为了防止公权力对住宅安全权的侵犯，刑法还规定了司法工作人员侵入住宅的从重处罚情节。通过治安管理处罚法的规定，我国将非法侵入住宅的行为规定为违法行为，并依情节相应采取拘留、罚款等行政处罚措施。

（3）住宅安全权具有如下功能：①防止公权力迫害的功能，住宅安全权是公民对国家享有的一种权利。②保护公民住宅安全的功能，立法机关为保护公民住宅安全，规定了多种惩罚措施。

★19. 公民甲某于2006年12月应聘到乙公司工作，并签订了劳动合同。根据乙公司规章制度的规定，员工应当在每周一至周五每天加班5小时，以加紧完成公司所委派的任务；在受雇期间，员工不得擅自外出，另行住宿。2007年2月某周五，甲某加班完后到亲戚家居住。乙公司以甲某严重违反用人单位规章制度为由将其开除，并扣发工资。

请根据宪法原理和有关法律规定回答下列问题：

（1）乙公司侵犯了甲某哪些宪法权利？请说明理由。

（2）甲某应当如何维护自己的权利？请说明理由。

【记忆要点】 材料体现的被侵害的权利：劳动权、休息权、人身自由权。材料体现的权利救济途径：申请仲裁、起诉。

【参考答案】（1）乙公司侵犯了甲某如下宪法权利：①乙公司侵犯了甲某的休息权。我国宪法规定，我国公民有休息的权利；我国劳动法也规定要充分保障劳动者的休息权。本题中，乙公司违反宪法和劳动法规定，延长劳动者工作期限，这是违法的。②我国宪法规定，公民的人身自由不受侵犯。我国宪法赋予公民极其广泛的权利和自由，人身自由、居住自由是公民享有的人格权利。本题中，乙公司不允许员工在外住宿，侵犯了甲某的人身自由权和居住权，违背了我国的宪法精神。③我国宪法规定，公民享有劳动权。本题中，乙公司将甲某开除并扣发工资侵犯了甲某的劳动权和从劳动中获得报酬的权利。

（2）甲某可以向乙公司所在地的劳动争议仲裁机构申请劳动仲裁，对于不服仲裁机构仲裁的，还可以在法定期限内向人民法院起诉。

★20. 材料1：2002年1月7日，四川大学法学院1998级学生蒋韬将中国人民银行成都分行告上法庭，理由是该行招聘限制身高，违反了宪法关于“公民在法律面前人人平等”的规定，侵犯了其担任国家机关公职人员的报名资格。该案被称为“中国宪法平等权第一案”。

材料2：安徽青年张先著大学毕业后于2003年6月参加国家公务员考试，笔试和面试都取得了第一名。然而安徽省芜湖市人事局并没有录用他。张先著因此状告芜湖市人事局，引出了公众广泛关注的“中国乙肝歧视第一案”。

材料3：四川大学2003级法律硕士杨世建因年龄受限无法通过中央、国家机关公务员考试报名向北京市高级人民法院状告人事部。

根据上述材料并结合宪法学的知识和理论回答下列问题：

（1）材料1、2、3中当事人的何种公民基本权利受到侵害？

（2）材料中各级法院是否可以援引宪法条文对上述案件进行判决？应当如何处理？为什么？

（3）在宪法规定的公民基本权利受到侵害时，如何保障公民的宪法权利？请结合材料谈谈您的想法。

【记忆要点】 材料体现的被侵害的权利：平等权、受教育权。法院无权引用宪法条文判案，对规范性法律文件也无审查权。完善权利受侵害时的保障措施：设立专门的违宪审查机关、一定程度的宪法司法化。

【参考答案】(1) 材料 1 中当事人的平等权受到侵害；材料 2 和材料 3 中当事人的劳动权受到侵害，也侵犯了当事人的平等权。

(2) 材料中的各级法院不能援引宪法条文对各案件进行判决，因为宪法规范具有宣誓性特征，法院不能直接援引宪法条文进行案件判决，法院也无权就中国人民银行或者人事部等部门的规范性文件是否合宪进行审查。在审理具体案件时，法院只能根据案件的性质，或者作为行政案件处理，或者作为民事案件处理。如果法院认为有必要援引法条予以说明的，则应当根据宪法基本权利条款的精神来解释规范性法律文件的有关条款。

(3) 由于法院没有规范性法律文件合宪性的审查权，且法院无权援引宪法具体条文对案件进行判决，因此，在公民宪法权利受到非法侵害时，往往得不到救济，从而阻碍了宪法的实施，损害了宪法的尊严，且目前违宪审查机制尚未很好地发挥作用。因此，本人认为，我国应当建立保障公民宪法权利的机制和体制，对我国现行的违宪和违宪审查制度进行调整，并加强违宪审查机制，包括设立专门的违宪审查机关，或者在一定程度上引用宪法司法化制度，弥补在公民宪法权利受到侵害时无法救济的不足。

【补充说明】关于参考答案第 (3) 点，属于开放性题目。考生在阐述时有其他观点，符合宪法理论且言之成理者，亦可。

21. 据报道，进入 2004 年，国务院作出决定，取消总理办公会议。此前，总理办公会议是由总理，有时也委托副总理主持召开，是国务院系统根据工作需要设立的决策会议。总理办公会议不定期召开，在过去发挥了重要的作用。很多重大决策都是在总理办公会议上作出的。

请结合材料分析下列问题：

(1) 总理办公会议是否符合我国宪法规定？为什么？

(2) 取消总理办公会议有何意义？

【记忆要点】办公会议不符合宪法规定的理由：宪法没有国务院办公会议的规定、办公会议的组成和决策违反宪法规定。取消办公会议的意义：依宪治国、依法行政、实现工作法制化。

【参考答案】(1) 国务院办公会议不符合我国宪法规定。理由：①根据我国宪法规定，国务院会议包括国务院全体会议和国务院常务会议两种形式，没有办公会议这种会议形式。②国务院全体会议由国务院全体成员组成，包括总理、副总理、国务委员、各部部长、各委员会主任、审计长、秘书长。国务院常务会议由总理、副总理、国务委员、秘书长组成。国务院工作中的重大问题，必须经国务院常务会议或者国务院全体会议讨论决定。国务院办公会议在组成上和重大决策上都违反了我国宪法规定。

(2) 意义：①取消国务院办公会议体现了依宪治国、依法行政的理念。②取消国务院办公会议有助于实现国务院工作的法制化。

★22. 某市下辖甲、乙、丙三个县，其中，甲县为了大力发展科技，请市政府选派一名博士来挂职担任科技副县长。有人提出，副县长应通过人大选举。市长答复：

县长需要通过选举产生，而副县长可以由上级委派。乙县刚被确定为民族自治县，为了体现民族特色，市长指示：根据《民族区域自治法》的规定，县法院和县检察院的院长和检察长应当更换为自治民族的公民。丙县地域宽广，为了便于经济建设和行政管理，县政府请示市政府：拟设立五个区公所，分别管辖所属的 30 余个乡镇。市长答复：此事经县人大通过即可。此外，为了提高村民委员会整体素质，市长指示：市里抽调一批应届高校毕业生担任村民委员会主任或副主任。

请根据宪法和法律的有关规定分析：

（1）市长对甲县的处理意见是否正确？为什么？

（2）市长对乙县的处理意见是否正确？为什么？

（3）市长对丙县的答复是否正确？为什么？

（4）市长抽调应届高校毕业生担任村民委员会主任或副主任的做法是否正确？为什么？

【记忆要点】对甲县处理意见错误的理由：县人大有选举县长和副县长的权力。对乙县处理错误的理由：法院和检察院并非自治机关。市长对丙县答复错误的理由：设立区公所须经省级政府批准。市长抽调人员担任村委会主任或副主任错误的理由：村委会主任和副主任由村民直接选举产生。

【参考答案】（1）市长对甲县的处理意见是错误的。根据《地方各级人民代表大会和地方各级人民政府组织法》的规定，县人民代表大会拥有选举县长和副县长的职权。因此，市长委派副县长的做法是错误的。

（2）市长对乙县的处理是错误的。根据《民族区域自治法》的规定，自治县的县长由实行民族区域自治的民族公民担任，但并没有要求县法院和县检察院的院长和检察长应当由自治民族的公民担任，而且人民法院和人民检察院也并非属于民族自治地方的自治机关。

（3）市长对丙县的答复是错误的。根据《地方各级人民代表大会和地方各级人民政府组织法》的规定，县、自治县的人民政府在设立区公所这样的派出机构时，应经省、自治区、直辖市的人民政府批准，而不是由县人大通过即可。

（4）市长抽调应届高校毕业生担任村民委员会主任或副主任的做法是错误的。根据《村民委员会组织法》的规定，村民委员会主任、副主任和委员，由村民直接选举产生。任何组织或者个人不得指定、委派或者撤换村民委员会成员。因此，市长无权抽调应届高校毕业生担任村民委员会主任或副主任。

★23. 2005 年 3 月份，深圳市公安局龙岗分局龙新派出所在无任何证据证明在其辖区内存在"河南籍敲诈勒索团伙"的前提下，在辖区的怡丰路黄龙塘市场附近的大街上悬挂"坚决打击河南籍敲诈勒索团伙"和"凡举报河南籍团伙敲诈勒索犯罪、破获案件的，奖励 500 元"的横幅。这一明显带有地域歧视性质的横幅一挂出，当即招致不少市民的非议。当年 4 月 15 日，河南籍公民李东照和任诚宇以深圳市公安局龙岗分局的行为侵害了二人的名誉权为由，向郑州市高新区人民法院提起诉讼。此案引起了各地传媒的广泛关注，被称之为"首例地域歧视案"。2006 年初，该案经郑州市高新区人民法院主持调解，双方当事人表示和解，自愿放弃其他诉讼请求。

请结合上述材料，根据我国宪法和法律，回答下列问题：

(1) 龙岗分局龙新派出所的做法是否构成地域歧视？为什么？

(2) 龙岗分局龙新派出所的做法违反了何种宪法原则？为什么？

(3) 判断政府的措施是合理差别还是违反平等保护的歧视性做法的标准有哪些？

【记忆要点】龙岗分局龙新派出所的做法构成地域歧视：以身份（出身）和籍贯作为界定犯罪的依据。龙岗分局龙新派出所的做法违反了法律面前人人平等原则。判断是合理差别还是违反平等保护的歧视性做法的标准：实现正当重大利益、差别对待必不可少、政府负举证责任。

【参考答案】(1) 龙岗分局龙新派出所的做法构成地域歧视。根据我国宪法规定，对于所有公民应当采取无差别的待遇，除非存在进行差别对待的合理理由。尤其是不得把种族、性别、家庭出身、宗教信仰作为法律上的不同对待的理由。龙岗分局龙新派出所以身份和籍贯界定违法犯罪行为，并以此打击犯罪分子，构成地域歧视。

(2) 龙岗分局龙新派出所的做法违反了“法律面前人人平等”的宪法原则。我国宪法规定，“中华人民共和国公民在法律面前一律平等”，“国家尊重和保护人权”。因此，龙岗分局龙新派出所的横幅中将出身作为一个犯罪特征来强调，实际上明显造成一种对犯罪分子籍贯的歧视，这是不符合我国宪法精神的，违反了平等权原则。

(3) 判断政府的措施是合理差别还是违反平等保护的歧视性做法的标准有：首先，政府进行差别对待的目的必须是为了实现正当的而且是重大的利益；其次，这种差别对待必须是实现其所宣称的正当目标的合理的乃至是必不可少的手段；最后，政府负举证责任。

★24. 2001 年 6 月 26 日，最高人民法院作出批复：根据《中华人民共和国民事诉讼法》第 37 条第 1 款规定的精神，指定全军各级军事法院开始试行办理军内民事案件，并规定了军事法院审理军内民事案件的具体范围，以及当事人向军事法院提起民事诉讼的原则。

请结合材料分析下列问题：

(1) 军事法院能否办理民事案件？最高人民法院能否决定军事法院的管辖范围？为什么？

(2) 针对最高人民法院的决定，全国人大常委会应如何处置？

【记忆要点】理由：国家权力配置应由宪法或法律规定；诉讼制度属于法律保留事项；最高人民法院只能就具体应用法律问题进行司法解释。全国人大常委会的处置方式：实施违宪审查、撤销。

【参考答案】(1) 军事法院无权办理民事案件，最高人民法院无权决定军事法院的管辖范围。理由：①军事法院管辖权的分配属于国家权力的配置范围，国家权力的配置应由宪法规定或法律的行使予以规定。②立法法规定，诉讼制度，包括法院管辖制度的规定应由法律规定。现行法律中，并无有关军事法院可以审理军内民事案件的规定。最高人民法院有关军事法院管辖军内民事案件的规定违反了法治原则中的法律保留原则。③最高人民法院只能就具体应用法律的问题作出司法解释，而不能就案件的管辖范围作出具有规范性法律文件性质的规定。

(2) 全国人大常委会可以根据宪法与有关法律的规定，对最高人民法院进行宪法监督，具体通过违宪审查的方式对最高人民法院的决定作出处理，要求最高人民法院撤销该决定。

★25. 甲市（地级市）人大会议期间，讨论并通过了《关于加快发展甲市私营经济整合的暂行条例》。该条例规定，为了壮大甲市国有经济队伍，推动兼并重组改革，将甲市私营经济予以合并重组，改为国字号企业。在这一文件精神的指引下，甲市实施了一系列重组措施，并对拒绝重组的企业依据公共利益予以征收。

请根据宪法和法律的有关规定分析甲市的做法是否符合宪法规定，并说明理由。

【记忆要点】国务院制定行政法规；非公有制经济是社会主义市场经济的重要组成部分；国家为了公共利益的需要，可以依照法律规定对公民的私有财产实行征收或者征用并给予补偿。

【参考答案】(1) 甲市制定《关于加快发展甲市私营经济整合的暂行条例》违反宪法规定。根据宪法规定，国务院有权制定行政法规，其他机关无权制定行政法规，而甲市无权制定所谓的“暂行条例”，因为“条例”属于行政法规这一规范性法律文件的专有名称，甲市无权以条例形式命名甲市人大通过的决议。

(2) 甲市将私营经济重组为国有企业的做法违反宪法规定。根据宪法规定，在法律规定范围内的个体经济、私营经济等非公有制经济，是社会主义市场经济的重要组成部分。国家保护个体经济、私营经济等非公有制经济的合法的权利和利益。国家鼓励、支持和引导非公有制经济的发展。可见，无论是国有经济，还是非国有经济，都同等受宪法保护。

(3) 甲市将拒绝重组的私营经济财产予以征收的做法违反法律规定。根据宪法规定，公民的合法的私有财产不受侵犯。国家为了公共利益的需要，可以依照法律规定对公民的私有财产实行征收或者征用并给予补偿。征收财产必须满足公共利益、合法性和充分补偿三个条件，不能任意征收私营经济的财产，更不能借公共利益之名行剥夺财产之实。

26. 某自治州人大召开人大会议，由常委会主任主持会议。在人大会议上，该自治州制定并通过了两项自治条例和一项地方性法规，并由常委会副主任宣布生效。此次人大会议审查和批准了本州内的国民经济和社会发展计划。此次会议还选举出本州人民法院院长和人民检察院检察长。会议结束后，新当选的州人民检察院检察长本着为人民群众负责的精神，便即行上任。

根据宪法学知识分析材料中州人大会议不符合宪法规定之处，并简要说明理由。

【记忆要点】地方人大会议选举主席团主持会议；自治州、自治县的自治条例和单行条例，报省或者自治区的人大常委会批准后生效，并报全国人大常委会备案；自治州制定的地方性法规报省、自治区的人大常委会批准后施行；新当选的检察长报上一级检察院检察长提请该级人大常委会批准。

【参考答案】(1) 由常委会主任主持会议的做法不符合宪法规定。根据宪法规定，州人大会议应由选举的主席团主持会议。

(2) 自治条例由常委会副主任宣布生效不符合宪法规定。根据宪法规定，自治州、自治县的自治条例和单行条例，报省或者自治区的人民代表大会常务委员会批准后生效，并报全国人民代表大会常务委员会备案。

(3) 自治州制定的地方性法规直接由常委会委员长宣布不符合立法法规定。根据立法法规定，自治州制定的地方性法规须报省、自治区的人民代表大会常务委员会批准后施行。

(4) 新当选的州检察院检察长即行上任的做法不符合宪法规定。根据宪法和相关组织法规定，选出的检察院检察长，须报经上一级检察院检察长提请该级人大常委会批准。因此，新当选的检察长不能直接走马上任。

27.《扬子晚报》曾以《省内首家开发区法院在南通组建》为题报道："最高人民法院近日正式批复，同意组建南通经济技术开发区人民法院。"此外，最高人民法院还批复了北京、天津、广州、武汉、成都、大连、烟台、秦皇岛、淄博、廊坊等二十多个城市的开发区法院。一些地方还在开发区设立人大常委会的派出机构，负责联系监督开发区法院的工作。

请结合上述材料，根据我国宪法和法律，回答下列问题：

(1) 开发区是否属于我国一级行政单位？为什么？

(2) 最高人民法院是否有权批准设立开发区人民法院？为什么？

(3) 开发区法院的设置是否符合我国国家机构体制？为什么？

(4) 一些地方在开发区设立人大常委会的派出机构的做法是否正确？为什么？

【记忆要点】开发区不属于我国一级行政单位。最高人民法院无权设立开发区法院，法院依照宪法、法律和全国人民代表大会常务委员会的决定设置。开发区法院不符合我国国家机构体制的设置：开发区法院不属于人民法院组织体系的一部分，也没有与之对应的人大及其常委会。在开发区设立人大常委会派出机构的做法违反了法律保留原则。

【参考答案】(1) 开发区不属于我国一级行政单位。因为根据我国宪法规定，我国的行政区划不包括开发区。

(2) 最高人民法院无权设立开发区人民法院。因为人民法院依照宪法、法律和全国人民代表大会常务委员会的决定设置。

(3) 开发区法院不符合我国国家机构体制。因为根据我国宪法和法律规定，地方各级法院应在地方行政区划内设立，基层人民法院和专门法院中也不包括开发区法院，因此开发区法院不属于我国人民法院组织体系的一部分。开发区法院也没有与之对应的监督行使其职权的人民代表大会及其常务委员会，在人民代表大会不能设置的情况下，不能设置开发区人民法院。

(4) 一些地方在开发区设立人大常委会的派出机构的做法不正确，违反了法律保留原则。因为在一级政权体制外设立派出机构是涉及国家机构的组织和职权的重大问题，属于全国人大及其常委会的专属立法权限，必须有法律的明确规定方可为之。

★28. 2006 年 9 月，重庆彭水苗族土家族自治县教委借调干部秦中飞因填写的一阕《沁园春·彭水》而涉嫌诽谤罪被批捕。词中暗喻传言已被逮捕的彭水县原县委书记马某，和现任县委书记、县长，以及两件轰动一时的官民纠纷，3 个政府公共工程。随后，秦中飞通过手机短信把他的得意之作“发给了 10～15 个朋友”；又通过 QQ“传给了 4～6 名网友”。8 月 31 日，秦中飞被警察带走。公安机关认为，秦中飞捏造了一首引起群众公愤、严重破坏社会秩序和县领导名誉的词，认为“肯定会影响社会稳定和政治稳定”。经过一天的审讯后，县公安机关以涉嫌诽谤罪将秦中飞刑事拘留，关进看守所。9 月 11 日，县检察院批准逮捕秦中飞，如果罪名成立，秦中飞将获 3 年以下有期徒刑。这起案件经媒体报道后，在社会上引起了极大反响。10 月 24 日，县公安局承认诽谤案属于错案，向秦中飞道歉，并让其领取 2 125.70 元的国家赔偿金。

请结合上述材料，根据我国宪法和法律，回答下列问题：

（1）秦中飞哪些宪法权利受到侵犯？其依据有哪些？

（2）公民在行使言论自由权时，是否可以对公共权力机关“评头论足”？

（3）我国宪法确定言论自由合理界限的基本依据是什么？

（4）请您谈一谈如何确定言论自由的合理界限？

【记忆要点】言论自由和人身自由受到侵犯：我国公民有言论自由；我国公民人身自由不受侵犯。公民在行使言论自由权时，可以对公共权力机关“评头论足”：对不当言论予以宽容，保障公民基本权利。我国宪法确定言论自由合理界限的依据：不得损害国家的、社会的、集体的利益和其他公民的合法的自由和权利。确定言论自由的界限：外在限制、内在限制。

【参考答案】（1）秦中飞的言论自由和人身自由受到侵犯。我国宪法明确规定，中华人民共和国公民有言论自由。中华人民共和国公民的人身自由不受侵犯。秦中飞通过手机短信将其作品发给多位朋友，公安机关将其拘留并关进看守所，侵犯了秦中飞的言论自由权和人身自由权。

（2）公民在行使言论自由权时，可以对公共权力机关“评头论足”。言论自由作为基本人权应当得到国家的尊重和保护。在行政执法、司法实践过程中，应当允许普通公民对公共权力机关“评头论足”。国家、政府对公民的不当言论应该适当宽容，当公权力与私权利发生冲突时，要保障公民的基本权利。

（3）我国宪法确定言论自由的合理界限的基本依据是：中华人民共和国公民在行使自由和权利的时候，不得损害国家的、社会的、集体的利益和其他公民的合法的自由和权利。

（4）确定言论自由的界限表现在两个方面：一是外在限制，即宪法规定的言论自由有确定的效力范围，在其效力范围内的言论才能得到法律的保护；二是内在限制，即言论自由的行使程序由宪法和法律规定，在其规定的程序之内的言论自由才是合理的，否则构成言论自由的滥用，甚至成为危害社会的行为（其他表述符合宪法理论的，亦可——编者注）。

29. 甲市乙区杨家坪鹤兴路 17 号有一原营业用房，周围都已拆迁，该房四周被挖下十多米的坑，成了“孤岛”，也成了网上传说的“史上最牛拆迁房”。杨家坪鹤兴路

片区地处商业核心地段，紧邻杨家坪步行街和商业区。最后，房屋所有人杨某、吴某夫妇与开发商达成和解，杨某、吴某夫妇接受了异地安置和补偿差价的方案，并签署了拆迁安置协议。

请结合上述材料，根据我国宪法和法律，回答下列问题：

(1) 杨某、吴某夫妇对营业用房享有财产权的宪法依据是什么？

(2) 国家对公民财产进行征收、征用应当满足哪些条件？

(3) 公共利益与私人利益之间发生冲突时，宪法如何保护私人利益？

【记忆要点】宪法依据：公民的合法的私有财产不受侵犯。征收、征用私有财产的条件：公共利益、正当程序、公平补偿。公共利益和私人利益发生冲突时的处理：双方兼顾、寻找平衡点。

【参考答案】(1) 杨某、吴某夫妇对营业用房拥有所有权。我国宪法规定，公民的合法的私有财产不受侵犯。

(2) 国家在征收或者征用公民私有财产时必须要满足公共利益、正当程序和公平补偿三个要件，才能满足合宪性的要求。

(3) 公共利益和私人利益是平等的。在处理公共利益与个人利益的冲突时，应该在公共利益与私人利益之间找到一个平衡点。根据我国宪法规定，为了在公共利益和个人利益之间实现平衡，规定了征收和征用的条件和程序，对公共利益本身划定了严格的范围，既要考虑为公共利益而采取国家政策的价值，同时也要考虑社会正义的价值。

★30. 2010 年 11 月 23 日，甲自治区 A 市 B 区公安分局民警赴乙省以涉嫌“诽谤罪”为名将在乙省图书馆工作的图书助理馆员王某刑拘。王某此前多次发帖举报大学同学马某在公务员招考中作弊，马某父亲系甲自治区扶贫办副主任，母亲系甲自治区 A 市市委常委、政协主席，与人力资源厅厅长是同僚。后 A 市市委、市政府责成 A 市有关部门对 B 区公安分局刑事拘留王某一案进行了依法审查。审查结果认为，B 区公安分局在办理王某一案中存在过错，将本应属于自诉法律程序的案件按照公诉案件办理，属于错案。2010 年 12 月 1 日 23 时许，B 区公安分局对王某解除刑事拘留。

请结合上述材料，根据我国宪法和法律，回答下列问题：

(1) 公务员考试作弊侵犯了公民的何种宪法权利？为什么？

(2) 王某哪些宪法权利受到侵犯？为什么？

(3) 如何理解公民举报权利的权利属性？国家在保障公民的举报权利方面承担哪些保护义务？

(4) 公民行使检举权有哪些意义？

【记忆要点】公务员考试作弊侵犯了公民的平等权。王某的检举权和人身自由权受到侵犯。检举权的权利属性：以监督为内容的政治参与权利；国家在保障公民的举报权利方面承担的保护义务：积极引导、认真对待、加强保护。公民行使检举权的意义：克服腐败、克服官僚主义、改进工作、维护国家利益和公民合法权益、激发公民精神。

【参考答案】(1) 公务员考试作弊侵犯了公民的平等权。我国宪法规定，我国公民在法律面前一律平等。这意味着公民在公务员考试上应当受到无差别的平等对待，不能存在不合理的差别和歧视。马某在公务员考试中作弊，侵犯了其他公民平等被相关机构录用的权利。

(2) 王某的检举权和人身自由权受到侵犯。首先，我国宪法规定，我国公民对于任何国家机关和国家工作人员的违法失职行为，有向有关国家机关提出检举的权利。本案中，甲自治区A市B区公安分局仅因王某向有关机关检举大学同学马某在公务员招考中作弊便对其以涉嫌诽谤罪刑事拘留，将本应属于自诉法律程序的案件按照公诉案件办理。B区公安分局在办理王某案件中存在明显的过错，分局民警抓捕王某的行为有违宪法和法律精神，侵犯了王某的检举权。其次，我国宪法规定，我国公民的人身自由不受侵犯。本案中，王某被刑事拘留，侵犯了王某的人身自由。

(3) 检举权是一种公民为了国家利益，采取行动，对国家权力实施民主监督的权利，是以监督为内容的政治参与权利。对于公民检举权的行使，国家要通过完善制度，给予积极引导、认真对待和加强保护，以保障公民民主监督、政治参与的自觉性、理性和合法性。

(4) 检举权的行使有利于克服腐败现象，有利于克服官僚主义，有利于国家机关和国家工作人员改进工作，有利于维护国家利益和公民的合法权益，也有利于激发公民关心国家政治发展的公民精神。

三、论述题

1. 试述宪法作为根本法的特征。

【记忆要点】内容的根本性、效力的最高性、制定修改程序的特殊性。

【参考答案】宪法在我国社会主义法律体系中居于核心的地位，是其他部门法律规范的最高依据。宪法作为根本法，具有如下特征：

(1) 内容的根本性。宪法规定国家的根本制度，是对国家和社会生活的宏观规范和调整，宪法规定的内容是有关国家制度和社会制度的基本原则和主要问题，包括国家主权的归属、国家机关的设置及界限、中央和地方的权限划分、公民的权利及范围、基本国策等范畴。宪法内容的根本性表现在宪法规范国家生活和社会生活的总体运行规则，以及各种政治参与主体诸如国家机关、各政党、各种政治力量和公民的政治地位和权利义务界限。

(2) 效力的最高性。在一国的法律体系中，宪法具有最高的法律效力。宪法是其他一般法律的立法基础，是其他一般法律制定的依据和基础，为其提供立法原则。宪法是国家的根本法，规定其他法律的立法原则，为整个国家的法律体系的构建提供准则、依据和基础。所以在这个意义上宪法又被称为“母法”，而普通法律则被称为“子法”，表明宪法和普通法律之间的内在关联。宪法具有最高的法律效力，任何其他法律不得同宪法相抵触，否则，与宪法抵触的无效。在国家的整个法制体系的构建和运行中，宪法是核心和根本，具有最高的法律效力，一切普通法律规范的有效与否及其存废，都应以宪法规范为确定和取舍的依据。宪法是一切国家机关、社会团体和全体公民的最高行为准则，任何组织和个人不得享有超越于宪法之上的特权。

(3) 制定、修改程序的特殊性。宪法的制定和修改程序比其他一般法律更为复杂和严格，是由宪法内容的重要性和宪法所具有的最高法律效力决定的，其基本精神在于维护宪法的尊严和最高地位。宪法的制定和修改程序更为严格，对于宪法内容的修正也往往附加特别的限制。

★2. 试论宪法的实质特征。

【记忆要点】宪法是公民权利的保障书、宪法是民主制度法律化的基本形式、宪法是各种政治力量对比关系的集中体现。

【参考答案】（1）宪法是公民权利的保障书。宪法最主要、最核心的价值是保障公民的基本权利。从历史发展的角度看，宪法确立的目的就是确认公民的基本权利。从宪法的内容看，国家权力的正确行使和公民权利的有效保障是宪法文本中最为主要的部分，而且从二者之间的关系看，对国家权力的规制也是为了更好地实现和保障公民的权利。从国家的法律体系看，宪法是全面规定公民基本权利的法律部门，对于其他一般法律中对公民的法律权利的设计和规定具有重要的指引作用。

（2）宪法是民主制度法律化的基本形式。宪法确立了国家的民主施政规则：宪法规定了代议制和普选制，为人民主权的实现构建了政治运行机制；宪法以根本法的形式赋予人民广泛的政治权利和其他社会、经济、文化权利，这些权利既是人民当家作主的政治地位在其他社会生活领域的具体体现，同时也是人民政治权利实现的保障；宪法具体规范了国家机构的职权和行使程序，为国家权力的运行提供了法定界限，以确保其在民主施政中各司其职，发挥作用。宪法规范国家机构及其权力界限，就是对民主施政的保障，反映了民主政治的内在要求。

（3）宪法是各种政治力量对比关系的集中体现。宪法是掌握政权的阶级的意志和利益的集中体现：宪法是在社会政治斗争中取得胜利并掌握了国家政权的那个阶级的意志和利益的集中表现，是统治阶级以根本法的形式确认本阶级的斗争成果、巩固本阶级已经取得的在政治上和经济上的统治地位的法律武器；宪法反映各阶级力量的对比关系：宪法确认各阶级的政治地位，宪法的内容和形式要受到阶级力量对比关系的决定和影响，这是各阶级社会政治地位的动态反映。

3. 试论我国现行宪法的内容和特点。

【记忆要点】根本任务、指导思想；国家机构体系；公民基本权利和自由；国家统一和民族团结。

【参考答案】中国现行宪法的内容和特点表现在以下方面：

（1）总结了历史的经验，规定了国家的根本任务和指导思想。《宪法》序言明确规定了国家的根本任务："沿着中国特色社会主义道路，集中力量进行社会主义现代化建设"，"中国各族人民将继续在中国共产党领导下，在马克思列宁主义、毛泽东思想、邓小平理论、'三个代表'重要思想、科学发展观、习近平新时代中国特色社会主义思想指引下，坚持人民民主专政，坚持社会主义道路，坚持改革开放，不断完善社会主义的各项制度，发展社会主义市场经济，发展社会主义民主，健全社会主义法治，贯彻新发展理念，逐步实现工业、农业、国防和科学技术的现代化，推动物质文明、政治文明、精神文明、社会文明、生态文明协调发展，把我国建设成为富强民主文明和谐美丽的社会主义现代化强国，实现中华民族伟大复兴”。

(2) 发展了民主宪政体制，恢复完善了国家机构体系。这在内容上主要表现在：①加强了人民代表大会制度，省级以上人大设立了专门委员会，规定了人民代表大会代表的权利和义务，扩大了人大常委会的职权。②恢复了国家主席的建制，并调整了国家主席的职权。③设立了中央军事委员会，加强党和国家对武装力量的统一领导。④实行了行政和军事系统的个人负责制。⑤规定了国家领导人员的任期限任制。⑥体现了精简国家机构和人员的要求。

(3) 强调加强民主与法制，保障公民的基本权利和自由。《宪法》关于社会主义民主建设的规定主要表现在：①确认了国家一切权力属于人民的原则，坚持和完善人民代表大会制度。②规定了国家生活中的一系列民主原则，如民主集中制、任期限任制、首长负责制、人大常委会组成人员不得兼任行政机关和司法机关职务等。③扩大了公民的民主权利和自由，如重新规定了“法律面前一律平等”的原则，确认了人格尊严不受侵犯和对国家工作人员的批评建议权及取得赔偿权，而且对权利自由的规定更加具体、明确和切实。

(4) 维护国家的统一和民族团结。为实现台湾与祖国大陆的统一，恢复对香港、澳门行使国家主权，宪法从实际出发，根据“一国两制”的原则，规定了特别行政区制度。同时，宪法还根据新中国成立以来民族工作方面的经验教训，进一步确认和健全了民族区域自治制度，扩大了民族自治地方的自治权限，加强了对自治权实现的法律保障。

总之，现行宪法是一部比较完善并且具有中国特色的社会主义宪法，它的颁布与实施将我国的社会主义民主政治建设推向了一个新阶段和新高度。

4. 试论2004年宪法修正案对公民财产权的修改及意义。

【记忆要点】公民合法私有财产权不受侵犯、征收征用、补偿。

【参考答案】2004年宪法修正案对公民财产权的保障规定，进行了全面系统的修改。其主要内容是：

(1) 将“公民的合法财产的所有权”改为“公民的合法的私有财产权”，2004年宪法修正案以此规定，公民的合法的私有财产不受侵犯。该修改的意义在于：公民的私有财产权作为一项基本权利的地位和价值得到确认和肯定；对公民的私有财产的保护范围扩大，不仅限于生活资料，还包括生产资料，不仅限于所有权，还包括所有权以外的与财产有关的权利。

(2) 将“国家保护公民的合法的收入、储蓄、房屋和其他合法财产的所有权”改为“公民的合法的私有财产不受侵犯”，2004年宪法修正案以此规定，公民的合法的私有财产不受侵犯。这一改变的意义在于：作为一项宪法权利，对于公民的私有财产权，国家当然地有义务加以保护，而且对于公民的合法的私有财产，国家也不得侵犯，突出了私有财产权针对国家的特点。

(3) 增加了对私有财产的征收或者征用并给予补偿的条款。2004年宪法修正案规定，国家为了公共利益的需要，可以依照法律规定对公民的私有财产实行征收或者征用并给予补偿。随着宪法确认的公民私有财产权范围的扩大，国家在必要时需要对公民的私有财产进行征收或者征用。2004年宪法修正案对国家进行征收或者征用的条件规定得非常明确，即只能基于“公共利益的需要”才能进行。为了体现对公民私有财产权保护的彻底性，即使是基于公共利益的需要，而要对公民的私有财产进行征收或者征用时，考虑到个体利益为公共利益作出了牺牲，也需要对个体利益的损失进行必要的或者合理的补偿。国家在征收或者征用公民的私有财产时必须满足公共利益、正当程序和公平补偿三个要件，才能满足合宪性的要求。

2004年宪法修正案对公民财产权的保障，按照不受侵犯、征收和征用条款、合理补偿条款对我国私人财产权作出了规定，体现了保护体系和保护结构的完整性。

★5. 联系2018年宪法修正案的相关内容，论述2018年宪法修改的意义。

【记忆要点】修改内容：《宪法》序言、贯彻党的领导、国家机构。意义：提供五个宪法保障。

【参考答案】(1) 宪法是国家的根本法，2018年全国人大对现行宪法进行了第五次修改，通过了21条修正案。此次修改主要涉及《宪法》序言、贯彻党的领导、国家机构等方面的内容。

(2) 宪法确立了“科学发展观，习近平新时代中国特色社会主义思想”在国家政治和社会生活中的指导地位，反映了全国各族人民的愿望，体现了党的主张和人民意志的统一，具有重大的现实意义和深远的历史意义；宪法所确立的贯彻新发展理念，是党中央推动我国经济发展实践的理论结晶。宪法充实和加强中国共产党的全面领导的内容，规定中国共产党领导是中国特色社会主义最本质的特征。这是从社会主义制度的本质属性角度对坚持和加强党的全面领导进行规定，有利于在全国人民中强化党的领导意识，有效地把党的领导落实到国家工作全过程和各方面，确保党和国家事业始终沿着正确方向前进。充实“五个文明”协调发展的内容，实现社会全面发展的宪法总体布局。为推动国家治理体系和治理能力现代化，在国家机构方面进行了修改，推动了合宪性审查工作，完善了任期限任制，确认了设区的市制定地方性法规的立法权限，设立监察委员会，实现了反腐败对公职人员的全覆盖。

(3) 此次宪法修改，为在国家政治和社会生活中贯彻习近平新时代中国特色社会主义思想提供了宪法保障；为全面贯彻实施宪法确立的国家根本任务、发展道路、奋斗目标提供了宪法保障；为确保党的长期执政和国家长治久安提供了宪法保障；为进一步全面推进依法治国提供了宪法保障；为支持和健全人民当家作主提供了宪法保障。

★6. 试论宪法基本原则的内容及其在我国宪法中的体现。

【记忆要点】人民主权原则、基本人权原则、法治原则、权力制约与监督原则。

【参考答案】(1) 人民主权原则。国家权力属于人民，来源于人民。我国宪法规定，国家的一切权力属于人民，人民行使国家权力的机关是全国人民代表大会和地方各级人民代表大会。

(2) 基本人权原则。人权是人之为人应该享有的权利，不得非法限制和剥夺。我国2004年宪法修正案规定“国家尊重和保障人权”，确立了基本人权原则。

(3) 法治原则。国家治理必须依据宪法和法律。法治原则包含宪法优位和法律保留。我国宪法明确了宪法的最高效力和依法治国的目标。

(4) 权力制约与监督原则。国家权力机关的各部分之间相互监督、相互制约，以保障公民权利。我国实行人民代表大会制度，在国家权力统一行使的基础上，国家机关分工负责，相互制约。

7. 试述我国宪法关于国家尊重和保障人权原则的规定意义。

【记忆要点】体现了对人权的重视和促进人权事业发展；促进了我国宪法自身的发展和完善；为人权法治化提供了宪政基础；对立法、国家机关及其工作人员的工作、司法具有指导作用；能使人与自然协调发展。

【参考答案】(1) 我国宪法明确规定，国家尊重和保障人权。人权载入宪法虽然是一个原则性规定，但体现了我国宪法的基本精神和我国对人权的高度重视，有助于推进我国人权事业的发展。

(2) 国家尊重和保障人权载入宪法，促进了我国宪法自身的发展和完善。我国历部宪法虽有关于公民基本权利保障的条款，但却没有明确规定人权保障条款，人权入宪促进了我国宪法自身的发展和完善。

(3) 国家尊重和保障人权载入宪法为人权法治化提供了宪政基础。人权载入宪法是对改革开放以来我国人权事业发展的总结，是我国人权保障法治化的里程碑。以宪法原则的高度规定人权能够促进其他法律更充分地规定人权保障条款，并对司法者起到一个深化人权理念的作用。

(4) 国家尊重和保障人权对立法、国家机关及其工作人员的工作和司法起着重要的指导作用。对立法而言，立法更注重权力和权利的平衡、权力和责任的平衡、权利和义务的平衡。对执法而言，国家尊重和保障人权将指导国家机关及其工作人员的工作，在执法中注重人权的保护。对司法而言，国家尊重和保障人权会促使司法机关将保障人权和正确适用法律结合起来，使我国人权保障进入法治化轨道。

(5) 国家尊重和保障人权作为宪法原则将指导人与自然、环境、资源和社会的协调发展。只有尊重和保障人权，才能尊重自然规律，使人与自然协调发展。

8. 试论法治原则的内容及在我国宪法中的体现。

【记忆要点】法治原则的内容：宪法优位、法律保留、审判独立。法治原则在我国宪法中的体现：《宪法》序言、《宪法》第5条、《宪法》第131条。

【参考答案】(1) 法治原则的内容有：①宪法优位。宪法优位即宪法是国家的最高法律，法律必须受宪法拘束。全国人民代表大会及其常务委员会制定的法律必须受到宪法的约束，而不能与宪法相抵触，否则无效。为了确保一个国家法制的统一，行政和立法机关之间的关系上要遵循法律优位原则，也就是说行政机关的一切行政行为或其他活动都不得与法律相抵触。作为抽象行政行为的行政法规和行政规章必须在法律规定的范围之内作出。②法律保留。关于公民基本权利的限制等专属立法事项，应当由立法机关通过法律来规定，行政机关不得代为规定，行政机关实施的行政行为必须要有法律的授权，不得与法律相抵触。③审判独立。审判独立即法官在审判案件时不受任何干涉或压迫，只服从于宪法和法律。

（2）法治原则在我国宪法中的体现。①《宪法》序言明确指出，我国“发展社会主义民主，健全社会主义法治”。本宪法以法律的形式确认了中国各族人民奋斗的成果，规定了国家的根本制度和根本任务，是国家的根本法，具有最高的法律效力。②《宪法》第5条规定，中华人民共和国实行依法治国，建设社会主义法治国家。国家维护社会主义法制的统一和尊严。一切法律、行政法规和地方性法规都不得同宪法相抵触。一切国家机关和武装力量、各政党和各社会团体、各企业事业组织都必须遵守宪法和法律。一切违反宪法和法律的行为，必须予以追究。任何组织或者个人都不得有超越宪法和法律的特权。③《宪法》第131条规定了审判独立原则：人民法院依照法律规定独立行使审判权，不受行政机关、社会团体和个人的干涉。

★9. 联系实际，论述权力制约与监督原则在我国宪法中的体现及对贯彻权力制约法治原则的作用。

【记忆要点】权力制约与监督原则的含义；权力制约与监督原则的体现：人民对国家权力的制约监督；公民权利对国家权力的制约监督；国家机关内部的制约监督。对贯彻权力制约法治原则的作用：法治的内在要求；防止国家权力的专横、恣意和腐败；保障公民的权利和自由；严格依法行政。

【参考答案】（1）权力制约与监督原则是指国家权力机关的各部分之间相互监督、相互制约，以保障公民权利的原则，既包括了公民权利对于国家权力的制约，也包括了国家权力对于国家权力的制约。

（2）我国实行人民代表大会制度，在国家权力统一行使的基础上，国家机关分工负责，相互制约。我国宪法在以下三个方面体现了权力制约与监督原则：①人民对国家权力的制约监督。我国宪法规定，国家一切权力属于人民。全国人民代表大会和地方各级人民代表大会都由民主选举产生，对人民负责，受人民监督。一切国家机关和国家工作人员必须依靠人民的支持，经常保持同人民的密切联系，倾听人民的意见和建议，接受人民的监督，努力为人民服务。②公民权利对国家权力的制约监督。我国宪法规定了公民的基本权利，这些基本权利意味着国家的不得干预和予以保护的义务。此外，我国宪法还明确了公民对于任何国家机关和国家工作人员，有提出批评和建议的权利。③国家机关内部的制约监督。我国宪法规定了不同国家机关之间、国家机关内部不同的监督方式。我国宪法规定，国家行政机关、监察机关、审判机关、检察机关都由人民代表大会产生，对它负责，受它监督。监察委员会依照法律规定独立行使监察权，不受行政机关、社会团体和个人的干涉。监察机关办理职务违法和职务犯罪案件，应当与审判机关、检察机关、执法部门互相配合，互相制约。人民法院、人民检察院和公安机关办理刑事案件，应当分工负责，互相配合，互相制约，以保证准确有效地执行法律。

（3）法治内在地要求对国家权力进行合理的分配和有效的制约。权力如何分配和制约是法治国家权力结构的基本问题。能否实现法治，也取决于国家权力结构中是否实行分配和制约。之所以强调权力的分配和制约，是因为法治的目的就在于运用法律防止国家权力的专横、恣意和腐败，保障公民的权利和自由。法治所强调的对国家权力进行制约，是权力之间的相互制约。让权力之间互相监督，是维护法的权威、保证国家权力的执行者不违背法律的有力措施。法治原则特别强调对国家行政权力的制约，要求严格依法行政。因为行政机关执掌着大量日常公共生活的组织指挥权能，代表公权力，能够通过各种抽象和具体行政行为直接干预公民和社会组织的活动，行政权力行使的广泛性、主动性和强制性、单方面性等都使得对行政权的约束成为法治的重点。

10. 试论我国宪法规范的特点。

【记忆要点】内容的政治性、效力的最高性、立法的原则性、实施的多层次性。

【参考答案】(1) 内容的政治性。宪法规范内容的政治性是由宪法所调整的社会关系决定的。从宪法最初的产生来看，宪法就是为了保障人权而对国家权力的行使进行严格限制的一个崭新的法律部门。因此，宪法内容的设计从一开始就具有强烈的政治色彩。从宪法规范的具体内容来看，主要是有关国家权力、政治过程、平衡各种政治利益的规则、规范国家与公民及各种政治力量之间的关系，这些内容都体现了政治性。宪法规范内容的实现和变化都要受到各种政治力量对比关系的决定性影响，也体现了宪法规范的政治性。

(2) 效力的最高性。宪法规范具有最高的法律效力，这是由宪法规范的性质和内容决定的，也是由宪法的最高法律地位决定的。宪法规范是有关国家和社会生活的最根本的规则和问题，是国家的根本法和总章程，因此，它在整个法律体系中居于最高的法律地位，具有最高的权威性，构成宪法的每一个规范自然就具有最高性的特点。

(3) 立法的原则性。宪法规范表现为原则性和概括性，宪法规范的这一特点是与宪法规范调整内容的广泛性相联系的。宪法是国家的根本法和总章程，要为社会政治调整和国家权力行使提供规范依据，这就决定了宪法规范在内容设计上要囊括国家生活和社会生活的各个方面，任何的立法空白都会使社会活动的总体调整陷于无法可循的境地。如果宪法在立法上过于具体庞杂，必然导致规范主次不分明和经常性修改，也不利于保护宪法的稳定性和权威性。所以，宪法的原则性是概括性、适应性和相对稳定性的基础和综合体现。

(4) 实施的多层次性。这是宪法规范在实施方式上的特点。大部分宪法规范只提供了调整社会关系的宏观性原则，宪法规范的实现不可能是直接一次性调整具体社会政治事项和个人间的权利义务关系从而形成宪法秩序。宪法规范的调整和规范职能，要根据实际需要进行多层次性的具体化，包括立法具体化和宪法解释，使其成为一种具有直接的可操作性的行为规范，这样才能通过社会主体的自觉守宪行为和有权机关的违宪审查行为而最终实现。但是，有的宪法规范由于立法形式比较具体，其实现就可能是一次性的或较少具体化层次即可完成，特定的宪法主体和违宪审查机关直接执行这些规范即可形成宪法相关秩序，实现宪法规范的职能。

★11. 试论我国的宪法解释体制。

【记忆要点】立法机关解释体制、宪法解释机关、立法机关解释体制存在的合理性、立法机关解释体制存在的问题。

【参考答案】(1) 我国现行宪法的解释属于立法机关解释体制。这种解释体制首先是由 1978 年宪法予以确认和建立的。1982 年宪法再次以根本法的形式确认了宪法解释的机关是全国人民代表大会常务委员会，这与我国的宪政体制相吻合。

（2）由全国人大常委会解释宪法具有一定的合理性：①全国人大作为最高的国家权力机关既有制宪权，也有立法权，而全国人大常委会是全国人大的组成部分，拥有解释宪法的权力，使得宪法解释具有立法性质和普遍的约束力，并使宪法解释工作成为一种经常性的行为。由全国人大常委会行使宪法解释权契合了我国人民主权的理念。在我国，人民是宪法的创制者，只有代表他们行使权力的机关才有资格决定宪法的含义。②从一定意义上讲，全国人大常委会比其他的国家机关更了解宪法的原意和精神，因为宪法的原意和精神是在立宪过程中产生的，且大量的宪法解释问题是在宪法的实施过程中出现的，监督权和解释权的统一有利于保障宪法解释的权威性。③全国人大常委会是经常开展活动的常设性及专门性机关，其组成人员富有政治和社会经验，具有合理的知识结构。④全国人大常委会在工作机制上也比较适宜行使宪法解释权。

（3）我国立法机关解释体制存在的问题：①宪法解释缺乏具体的规范化程序，因此，在我国目前还应当建立和完善一些具体的解释程序，用法律将宪法解释进一步规范化，包括规范宪法解释方式、确立宪法解释原则、强化宪法解释立法、明确宪法解释效力等。②全国人大常委会集立法权、宪法监督权和宪法解释权于一身，不利于权力的监督和制约，因此，在宪法解释主体的设置上需要设立专门的宪法解释机关。③全国人大常委会的宪法解释权长期处于虚置状态，而社会现实中的违宪行为以及与宪法相抵触的规范性文件不在少数。

★12. 试论中国的宪法修改制度。

【记忆要点】宪法修改的含义、四部宪法及修改方式、修宪机关、修宪提案主体、修宪程序、党中央修宪建议。

【参考答案】（1）宪法修改是指有权修改宪法的机关依据法定的程序对宪法规范予以补充、调整、删除的行为，以保证宪法的内容与社会的发展相适应。

（2）中华人民共和国成立至今，一共制定了四部宪法，前面三部采用全面修改的方式，现行宪法即1982年宪法是第四部宪法，该部宪法生效以后，采用了部分修改的方式。我国宪政实践中有通过决议的方式对宪法进行部分修改，也有通过宪法修正案的方式对宪法部分条文进行修改。现行宪法经过了五次修改，通过了52条宪法修正案。

（3）我国的宪法修改制度包括以下三个方面的内容：①修宪机关。全国人民代表大会作为最高国家权力机关，是唯一有权修改宪法的机关，行使修改宪法的职权。②修宪提案主体。宪法的修改，由全国人民代表大会常务委员会或者1/5以上的全国人民代表大会代表提议。③修宪通过程序。宪法的修改，由全国人民代表大会以全体代表的2/3以上的多数通过。

（4）从现行宪法的修改来看，通常由中国共产党中央委员会首次提出修改宪法的建议案，然后再经宪法规定的法定程序进行修宪。中国共产党中央委员会的宪法修改建议对我国宪法的修改制度和宪法修改实践具有重要的意义。

13. 试述我国宪法监督制度的内容及其完善。

【记忆要点】依据、主体、方式、体系；设立专门违宪审查机关、扩大监督范围、加强宪法适用。

【参考答案】（1）我国宪法监督制度的内容包括：①监督的依据。我国《宪法》规定，宪法是国家的根本法，具有最高的法律效力。全国各族人民、一切国家机关和武装力量，各政党和各社会团体、各企业事业组织，都必须以宪法为根本的活动准则，并且负有维护宪法尊严、保证宪法实施的职责。国家维护社会主义法制的统一和尊严。一切法律、行政法规和地方性法规都不得同宪法相抵触。中华人民共和国公民必须遵守宪法和法律。一切国家机关和武装力量、各政党和各社会团体、各企业事业组织都必须遵守宪法和法律。一切违反宪法和法律的行为，必须予以追究。任何组织和个人都不得有超越宪法和法律的特权。②监督的主体。我国实施违宪审查的机关是全国人大及其常委会。③监督的方式。我国采取事先审查和事后审查相结合的监督方式。④监督的体系。我国《宪法》规定，全国人大有权改变或者撤销全国人大常委会不适当的决定；全国人大常委会有权撤销国务院制定的同宪法、法律相抵触的行政法规、决定和命令；全国人大常委会有权撤销省、自治区、直辖市国家权力机关制定的同宪法、法律和行政法规相抵触的地方性法规和决议。

（2）我国宪法监督制度的完善。我国的违宪审查制度在具体的运作中还存在着一些问题，因而有必要完善我国的违宪审查制度：①设立专门违宪审查机关。我国宪法虽然授权给一定的机关行使违宪审查的权力，但不具有专门性，这导致主体不清、责任不明、效果不明显。因而，应该根据我国的实际设立专门的违宪审查机关。②扩大监督范围，建立具体的监督程序。我国违宪审查的依据主要是宪法和其他的有关法律，但这些法律对于违宪审查的规定过于原则，还要依赖于一些具体法律的进一步贯彻，特别是在程序的建设方面。③运用多种监督方式，增强制裁措施的力度，加强宪法的适用，制止违宪问题的出现，保障公民权利。

14. 试论人民代表大会制度是我国的根本政治制度。

【记忆要点】我国的阶级本质、其他制度赖以建立的基础、政治生活的全貌。

【参考答案】（1）人民代表大会制度是马克思主义关于政权组织形式的基本理论同中国具体实际情况相结合的产物，是人民通过选举的方式，选举代表组成各级国家权力机关，由各级国家权力机关产生其他的国家机关，其他国家机关对权力机关负责，权力机关对人民负责的一种制度。

（2）人民代表大会制度是我国的代议制度，它是建立在我国国情的基础上的根本政治制度：①人民代表大会制度直接全面地反映了我国的阶级本质。我国是工人阶级领导的，以工农联盟为基础的人民民主专政的社会主义国家。人民代表大会制度在人民代表大会的组成、人民代表大会同其他国家机关的关系以及人民代表大会在行使和实现国家权力等方面都直接地反映了我国的阶级本质。②人民代表大会制度产生于我国的革命斗争中，是其他制度赖以建立的基础。我国的人民代表大会制度是马克思主义国家学说同我国革命实践相结合的产物。在革命发展的过程中，人民代表大会制度不以其他的任何制度作为产生的依据，不依赖其他制度而产生。人民代表大会制度产生后，就成为其他制度形成的基础。③人民代表大会制度反映了我国政治生活的全貌，是人民实现民主管理的最好方式。我国的许多制度都是表现我国社会主义政治生活的某一个方面，只有人民代表大会制度才能体现我国政治生活的全貌。

15. 试论人民代表大会制度的优越性。

【记忆要点】适合中国的国情，具有很强的生命力；便于人民参加国家管理；便于集中统一地行使国家权力；保证中央的集中统一领导与地方主动性和积极性的发挥。

【参考答案】（1）人民代表大会制度是马克思主义关于政权组织形式的基本理论同中国具体实际情况相结合的产物，是人民通过选举的方式，选举代表组成各级国家权力机关，由各级国家权力机关产生其他的国家机关，其他国家机关对权力机关负责，权力机关对人民负责的一种制度。

（2）人民代表大会制度具有无比的优越性，体现在：①人民代表大会制度适合中国的国情，因而具有很强的生命力。人民代表大会制度是中国各族人民在中国共产党领导下，在长期的政权建设实践中创立的，走过了从不成熟到成熟，并不断予以完善的过程，因而它是在中国具体历史条件下形成的，是马克思主义政权建设理论在中国的具体运用，因此最适合中国国情，也最具有生命力。②人民代表大会制度便于人民参加国家管理。根据我国宪法和人民代表大会组织法规定，我国各级人大代表都由选民通过直接或者间接选举的方式产生；各级人大代表必须对选民或者原选举单位负责，受选民或者原选举单位的监督，选民或者原选举单位有权依法罢免自己选出的代表；人大代表必须深入选民中了解他们的意愿，及时向选民或者原选举单位报告自己的工作，听取他们对自己工作的意见和要求，人大代表有权根据民主集中制的原则，讨论和决定国家生活中的重大问题，等等。这就从制度上保证了我国人民行使当家作主、管理国家的权利。③人民代表大会制度便于集中统一行使国家权力。我国宪法规定，国家的一切权力属于人民，人民行使国家权力的机关是全国人民代表大会和地方各级人民代表大会。这表明，人民代表大会制度体现了国家权力与人民权力的统一。同时，各级国家行政机关、监察机关、审判机关和检察机关都由同级人民代表大会选举产生，对它负责，受它监督，这充分表明各级人民代表大会作为国家权力机关，在国家权力的行使和实现过程中处于主导支配地位。④人民代表大会制度既能保证中央的集中统一领导，又能保证地方主动性和积极性的发挥。我国宪法规定，中央和地方国家机构职权的划分，遵循在中央统一领导下，充分发挥地方主动性、积极性的原则。由于人民代表大会作为国家权力机关，在国家机关体系中处于主导支配地位，因而人民代表大会制度可以将国家机关之间、中央和地方之间的权力关系有序化，从而既保证中央统一行使国家权力，又保证地方主动性和积极性得以充分发挥。

16. 试论我国人民代表大会制度的完善。

【记忆要点】理顺各级人大及其常委会与其他机关组织的关系；加强人民代表大会制度的自身建设。

【参考答案】（1）理顺各级人大及其常委会与其他机关组织的关系。由于多种原因，各级人大及其常委会与同级其他机关组织的关系并不十分通畅，因而妨碍了各级人大及其常委会有效地行使职权，因此极有必要予以理顺。理顺各级人大及其常委会与其他机关组织的关系包括：①各级人大及其常委会与同级党组织的关系。党的领导是政治、组织和思想领导，而不能包办具体工作，加之党组织与国家政权机关在性质、职能和任务上都存在差别，因此理顺二者的关系不仅能够坚持和实现党的领导，而且为人大及其常委会依法行使职权提供保障。②各级人大及其常委会与同级国家行政机关的关系。国家行政机关是人大的执行机关，由人大产生，向人大负责并报告工作。因此，各级人大及其常委会与同级国家行政机关是决定与执行、监督与被监督的关系。但各级人大及其常委会在审议决定重大问题和对政府的监督方面还存在着差距。③各级人大及其常委会与同级监察机关、人民法院、人民检察院的关系。监察机关、人民法院、人民检察院都由人大选举产生，对它负责，受它监督。同时，监察机关、人民法院、人民检察院分别依法行使监察权、审判权和检察权。各级人大及其常委会与同级监察机关、人民法院、人民检察院的关系问题主要是人大监督和依法行使监察职权及司法独立的问题，因此理顺它们的关系就是既要明确人大及其常委会监督的范围和内容，又要保证司法独立。

（2）加强人民代表大会制度的自身建设。理顺各级人大及其常委会与其他机关组织的关系，必须加强各级人大及其常委会的自身建设：①加强组织机构建设。在结合现实情况的基础上，根据客观需要加强机构建设和组织建设，使各级人大及其常委会发挥其应有的作用。②制度建设。为了提高各级人大及其常委会的工作效率，保证各级人大及其常委会依法行使职权，必须加强各级人大及其常委会的制度建设，使各级人大及其常委会的职权行使法律化、制度化。③成员素质的提高。要加强人大代表的成员素质，尽可能地将政治品德、政治思想好，参政议政能力强的人选为人大代表，并对代表通过各种方式提高素质，只有这样，才能保证各级人大及其常委会有效地行使职权。

★17. 试述我国选举制度的基本原则。

【记忆要点】坚持党的领导、充分发扬民主、严格依法办事有机统一；普遍性；平等性；直接选举和间接选举并用；差额选举；秘密投票。

【参考答案】（1）坚持中国共产党的领导、充分发扬民主、严格依法办事有机统一的原则。全国人民代表大会和地方各级人民代表大会代表的选举工作，坚持中国共产党的领导，坚持充分发扬民主，坚持严格依法办事。

（2）选举权的普遍性原则。凡年满18周岁的我国公民，除依法被剥夺政治权利的人外，不分民族、种族、性别、职业、家庭出身、宗教信仰、教育程度、财产状况和居住期限，都享有选举权和被选举权。我国享有选举权的公民的范围是极为广泛的。

（3）选举权的平等性原则。除法律有特别规定外，选民平等地享有选举权和被选举权；在一次选举中，选民平等地拥有投票权；每一代表所代表的选民的人数相同。我国实行城乡按相同人口比例选举代表，体现了人人平等、地区平等和民族平等。

（4）直接选举和间接选举并用的原则。我国在县级和县级以下实行直接选举，县级以上实行间接选举。随着社会主义民主政治的发展，扩大直接选举的范围是我国政治体制改革的需要。

（5）差额选举原则。全国和地方各级人民代表大会实行差额选举，代表候选人的名额应多于应选代表的名额。由选民直接选举人大代表的，代表候选人的人数应多于应选代表名额的1/3至1倍；由县级以上地方各级人大选举上一级人大代表的，代表候选人的人数应多于应选代表名额的1/5至1/2。差额选举体现了我国社会主义的民主性。

(6) 秘密投票的原则。全国和地方各级人大的选举，一律采用无记名投票的方法。

18. 试论影响国家结构形式的要素。

【记忆要点】民族因素、经济因素、地理因素、历史因素。

【参考答案】(1) 民族因素。一般而言，单一制国家由于不存在民族关系问题，通常实行单一制，但在多民族国家，如各民族之间的关系融洽，同时各民族之间形成杂居，并且聚居的民族在地域上没有达到能够成为一个国家的范围，通常在这类国家建立的也是单一制。如果在多民族国家，聚居的各民族的地域范围差距不大，类同于一个国家，又没有形成一个起到主导作用的民族，在这种情形下，通常建立联邦制。

(2) 经济因素。如果一国的不同区域之间的经济发展水平存在较大的不平衡，或者经济产业之间存在较大差异，使相互之间在经济上既缺乏互补性，也缺乏密不可分的联系，在这样的国家，通常建立起联邦制。

(3) 地理因素。由于地理的关系，一个国家被自然地分割为若干部分，或者一个国家之内，不同地区的地理条件存在较大差异等，都有可能使不同地区、部分之间只形成某种较为松散的联系。在这样的国家，通常建立起联邦制。反之，则实行单一制。

(4) 历史因素。历史因素包括历史传统、特定的历史事实及其他历史遗留问题等。就历史传统而言，一个国家在其建立以后的历史中，中央集权与地方分权的政治体制存续的时间，对于建立单一制还是联邦制，有着很大的影响。就特定的历史事实而言，其中最具影响的是殖民地历史。殖民者对于殖民地通常采取分而治之的方法，同时，殖民者在被迫离开殖民地时通常故意制造不同地区之间的矛盾，以便继续控制这些殖民地。在这样的殖民地建立起来的通常是联邦制。

实践中，一个国家采取单一制还是联邦制，往往受到上述多种因素的综合影响。

19. 试述我国的单一制国家结构形式。

【记忆要点】国家结构形式的种类：单一制、复合制；我国宪法规定实行的单一制及其原因；单一制划分遵循的原则；单一制下的三种行政单位。

【参考答案】(1) 现代国家的国家结构形式主要分为单一制和复合制。单一制是指由若干不具有独立性的行政单位或自治单位组成，各组成单位都是国家不可分割的组成部分的一种国家结构形式。

(2) 根据现行宪法，我国是“统一的多民族国家”，国家结构形式属于单一制。这是由我国的政治、经济、历史、民族等因素决定的。

(3) 中央和地方国家机构职权的划分，遵循在中央统一领导下，充分发挥地方主动性、积极性的原则。

(4) 我国目前存在着三种行政单元：普通行政地方、民族自治地方和特别行政区。除普通行政地方外，各少数民族聚居的地方实行区域自治，设立自治机关，行使自治权。国家在必要时得设特别行政区，特别行政区是享有高度自治权的地方行政区域。

各民族自治地方和特别行政区都是我国不可分离的部分。

【补充说明】本题参考答案要点需要一定程度的展开。

★20. 试述民族自治地方自治机关的自治权。

【记忆要点】自治条例和单行条例的制定权、变通或停止法律和政策的执行权；财政权；经济建设事业自主权；教育、科学、文化、卫生、体育事业的自主管理权；组织公安部队的权力；其他职权。

【参考答案】民族自治地方的自治机关除行使一般国家权力机关和地方国家行政机关的职权外，还依照宪法和民族区域自治法以及其他法律规定的权限行使自治权，根据本地方的实际情况贯彻执行国家的法律、政策；在不违背宪法和法律的原则下，有权采取特殊政策和灵活措施，加速民族自治地方经济、文化建设事业的发展。自治机关的自治权可以概括为以下几个方面：

（1）制定自治条例和单行条例。民族自治地方的人大有权依照当地民族的政治、经济和文化的特点，制定自治条例和单行条例。自治区的自治条例和单行条例，报全国人大常委会批准后生效。自治州、自治县的自治条例和单行条例报省、自治区、直辖市的人大常委会批准后生效，并报全国人大常委会和国务院备案。民族自治地方制定自治条例和单行条例的权力是民族自治地方享有民族自治权的标志。

（2）根据本地方的实际情况，贯彻执行国家的法律和政策，对于上级国家机关的决议、决定、命令和指示，如有不适合民族自治地方实际情况的，自治机关可以报经该上级国家机关批准，变通执行或者停止执行。

（3）管理地方财政。凡是依照国家财政体制属于民族自治地方的财政收入，都应当由民族自治地方的自治机关自主地安排使用。民族自治地方财政收入和财政支出的项目，由国务院按照优待民族自治地方的原则规定。民族自治地方的自治机关在执行财政预算过程中，自行安排使用收入的超收和支出的节余资金。

（4）安排和管理地方经济建设事业的自主权。民族自治地方的自治机关可以根据本地方的特点和需要，制定经济建设的方针、政策和计划，自主地安排和管理地方性的经济建设事业。

（5）管理本地方的教育、科学、文化、卫生、体育事业的自主权。民族自治地方的自治机关依照法律规定决定本地方的教育规划，自主地发展民族教育。自治机关自主地决定本地方的科学技术、医疗卫生事业发展规划，自主地发展具有民族形式和特点的民族文化事业，自主地发展医疗事业和体育事业，并积极开展和其他地方的教育、科学技术、文化艺术、卫生、体育等方面的交流和协作。

（6）依照国家的军事制度和当地的实际需要，经国务院批准，可以组织维护本地方社会治安的公安部队。

（7）其他方面的职权。这些职权包括使用和发展当地通用的一种或几种语言文字，自主地培养干部、专业人才和技术工人等。

21. 论述我国中央人民政府和特别行政区的关系。

【记忆要点】单一制下的中央和地方的关系；中央人民政府对特别行政区享有的权

力；特别行政区的高度自治权。

【参考答案】（1）特别行政区是我国享有高度自治权的地方行政区域，直辖于中央人民政府。中央人民政府和特别行政区的关系是单一制国家结构形式下中央和地方的关系。

（2）中央人民政府管理与特别行政区有关的外交事务、防务，任命特别行政区的行政长官和行政机关的主要官员等。

（3）特别行政区享有高度自治权，包括行政管理权、立法权、独立的司法权和终审权，以及全国人大及其常委会、中央人民政府授予的其他权力。

★22. 试论特别行政区的法律地位。

【记忆要点】一级地方行政区域、高度自治权、中央对特别行政区享有的权力。

【参考答案】（1）特别行政区是指在统一的中华人民共和国范围内，根据我国宪法和法律所设立的具有特殊的法律地位，实行特别的政治、经济制度的行政区域。

（2）特别行政区是中华人民共和国的一个不可分割的组成部分，其不享有主权，也不是一个独立的政治实体，而是一级地方行政区域，直辖于中央人民政府，受中央人民政府统一管辖，其法律地位相当于省、自治区、直辖市。特别行政区是一个享有高度自治权的地方行政区域，中央人民政府与特别行政区的关系是单一制国家结构形式内中央与地方之间的关系。

（3）特别行政区享有高度自治权，该高度自治权要比我国一般地方政权、民族自治地方的自治权享有更广泛的权力，特别行政区享有的高度自治权的内容包括行政管理权、立法权、独立的司法权和终审权，除此之外，特别行政区财政独立、使用自己的货币，其收入全部用于自己的需要，中央人民政府不在特别行政区征税。

（4）中央人民政府对特别行政区享有如下职权：负责管理与特别行政区有关的外交事务，负责管理特别行政区的防务，任命特别行政区的行政长官和行政机关的主要官员，决定特别行政区进入紧急状态，解释特别行政区基本法，修改特别行政区基本法等。

23. 试论特别行政区和一般行政区的联系和区别。

【记忆要点】地方制度的组成部分；一级行政区域；选举人大代表参加全国人大。政权体系、行使权力的大小、中央干预程度、实施的法律。

【参考答案】（1）联系：①特别行政区和一般行政区都是中华人民共和国不可分离的一部分，是我国地方制度的有机组成部分。特别行政区设立的前提是“一个中国”，即中华人民共和国。特别行政区和一般行政区一样，都是我国地方制度的有机组成部分。②特别行政区和其他省级行政区一样，是中华人民共和国的一级地方行政区域，直辖于中央人民政府。特别行政区是中华人民共和国的一个享有高度自治权的地方行政区域，该区域建立的地方政权机关，是我国的一级地方政权，受中央人民政府统一管辖。③特别行政区和一般行政区一样，选举人民代表参加全国人民代表大会。

（2）区别：①地方政权体系不同。省、自治区、直辖市下设市、区、县、乡、镇等行政单位，而香港、澳门特区不再下设任何政权单位。②行使权力的大小不同。省、直辖市可以依法制定地方性法规，行使一定的自主权；民族自治地方还有权制定自治条例和单行条例，依法享有自治权，但它们都不能同特别行政区享有的高度自治权相比，特别行政区享有某些自治权，包括货币发行权、财政独立、司法终审权等，这些权力甚至超过了联邦制国家中各州或各成员国所能行使的权力。③中央对它们的干预程度不同。除与特别行政区有关的外交事务和国防事务由中央负责以外，其他事务均由特别行政区政府负责管理，并自行制定政策，中央政府所属各部门不得干预特别行政区自行管理的事务；一般的行政区域则必须遵守、执行和服从中央及其有关部门制定的规章、政策、命令和指示等。④实施的法律不同。各省、自治区、直辖市必须执行全国统一的法律和国务院制定颁布的行政法规；除极少数由基本法附件明确列举的全国性法律须在特别行政区实施的以外，特别行政区不实施全国统一的法律和行政法规，它有自己独特的法律体系。

★24. 试论公民基本权利的限制。

【记忆要点】基本权利的限制的含义、意义、要求。基本权利限制的形式：宪法限制、法律限制。基本权利限制的原则：明确性原则、比例原则（包括手段合适性、限制最小化和狭义比例原则）。

【参考答案】（1）基本权利的限制是指确定基本权利的范围，使之不得超过一定的限度，超过限度则构成权利的滥用。合理地限制基本权利的目的是有效地保障基本权利，而为了有效地保障基本权利，必须对不符合社会公共利益的基本权利进行必要的限制，换言之，基本权利的限制，或者源于不同权利之间的冲突，或者因为公共利益的保护。宪法作为一国法律秩序的基石，必然要对权利冲突或者公共利益保护进行相应的安排，对基本权利的行使进行相应的规制。

（2）基本权利限制的形式有基本权利的宪法限制和基本权利的法律限制。宪法的基本权利条款中，有时不仅具有权利保障的内容，也有权利行使的限定规定。这被称之为基本权利的宪法限制。为了维护国家利益和社会公共利益，在必要时可以对公民的基本权利进行限制，以取得权利主体之间的利益的平衡。基本权利的法律限制一方面是对公民基本权利的限缩，公民基本权利被法律所限定。另一方面又具有对公民基本权利保护的意涵，唯有立法机关的法律才可以限缩基本权利，防止公民基本权利受到来自行政机关的非法限制。

（3）对基本权利进行一般性的限制，除了在立法上要符合法律保留原则外，还要受到下列原则的进一步约束：1）明确性原则。法律对公民权利所作的限制，必须内容明确，可以成为公民行动的合理预期。如果法律条文过于宽泛、笼统和模糊，在接受宪法审查的时候，此类法律往往会被宣告为违宪而无效。2）比例原则。比例原则要求为公共利益而限制公民基本权利的时候，必须要在手段和目的之间进行利益衡量。限制基本权利的目的必须具有宪法正当性。它包括三个方面的内容：①手段合适性，所采用手段必须适合目的之达成；②限制最小化，立法所采取的是对基本权利影响、限制最小的手段；③狭义比例原则，要求手段达成的公共目的与造成的损害之间具有适当的比例关系，即均衡法。

★25. 试述我国现行宪法规定的“公民在法律面前一律平等”的内涵。

【记忆要点】平等享有宪法权利和履行宪法义务、平等受法律保护、禁止特权和歧视、形式和实质平等。

【参考答案】(1) 平等权不仅是我国公民的一项基本权利，也是社会主义法制的一项基本原则。保护公民的平等权是宪法的要求。我国现行宪法明确规定，中华人民共和国公民在法律面前一律平等。

(2) 平等权作为我国公民的基本权利，具有如下含义：①平等权的主体是全体公民，它意味着全体公民法律地位的平等。②平等权是公民的基本权利，是国家的基本义务。公民有权利要求国家给予平等保护，国家有义务无差别地保护每一个公民的平等地位。国家不得剥夺公民的平等权，也不能允许其他组织和个人侵害公民的平等权。③平等权意味着公民平等地享有权利、履行义务。平等不能和特权并存，平等也不允许歧视现象存在。④平等权是贯穿于公民其他权利的一项权利，它通过其他权利，如男女平等、民族平等、受教育权平等而具体化。

★26. 联系实际，论述宪法上的平等保护与合理差别的内涵。

【记忆要点】平等保护的内涵：无差别待遇。判断政府合理差别的标准（合理差别的内涵)：目的具有正当性且是为重大公共利益；目的是合理的、必要的；政府负举证责任。合理差别的种类：年龄、生理、民族。

【参考答案】(1) 平等保护是指对所有公民采取无差别的待遇，除非存在差别对待的合理理由，不得把种族、性别、家庭出身、宗教信仰等作为法律上差别对待的理由。

(2) 平等保护不是绝对的，判断政府措施是合理差别还是歧视性做法的标准如下：第一，差别对待的目的必须是实现正当的而且是重大的公共利益；第二，差别对待必须是实现政府所宣称的目的的合理及必要手段；第三，政府对差别对待的合理性负举证责任。

(3) 合理差别主要有以下几种：基于年龄差异的合理差别；基于生理差异的合理差别；基于民族差异的合理差别。

【补充说明】上述要点要适当展开。

★27. 试论我国公民人身自由的主要内容。

【记忆要点】人身自由、人格尊严、住宅、通信自由和通信秘密。

【参考答案】公民的人身自由是公民一切权利和自由的基础。依据我国宪法规定，公民的人身自由的内容包括：

(1) 公民的人身自由不受侵犯。这是指公民的人身和行动不受任何非法搜查、拘禁、逮捕、剥夺、限制和侵害。我国宪法明确规定，任何公民，非经人民检察院批准或者决定或者人民法院决定，并由公安机关执行，不受逮捕。禁止非法拘禁和以其他方法非法剥夺或者限制公民的人身自由，禁止非法搜查公民的身体。

(2) 公民的人格尊严不受侵犯。我国宪法明确规定，公民的人格尊严不受侵犯。禁止用任何方法对公民进行侮辱、诽谤和诬告陷害。也就是说，公民享有人格权。公民的人格权包括公民的姓名权、肖像权、名誉权、荣誉权和隐私权等。人格权是我国现行宪法的内容之一。我国的民事立法与刑事立法进一步将人格权的保护具体化了。我国刑法规定了对犯有侮辱、诽谤和诬陷罪的处罚，我国民法典规定了侵犯公民生命、健康、姓名权等的民事责任。以法律手段对人格权加以保护，反映了我国保护公民人身权利已达到了一个新的高度。

（3）公民的住宅不受侵犯。公民的住宅不受侵犯是指公民居住、生活以及保存私人财产的场所不受非法侵入和搜查。我国宪法专门规定了住宅不受侵犯的问题，并且增加了“禁止非法搜查或者非法侵入公民的住宅”的规定。我国刑法则规定对于非法侵入或搜查公民住宅的刑事犯罪予以严惩。

（4）公民的通信自由和通信秘密受法律的保护。通信自由是指公民有根据自己的意愿自由进行通信不受他人干涉的自由。通信秘密是指公民通信的内容受国家法律保护，任何人不得非法私拆、毁弃、偷阅他人的信件。保障公民通信自由和通信秘密不受非法侵犯，是公民一项不可缺少的基本自由。公民的通信自由和通信秘密是一项重要的人身权利，我国法律为保障这一权利，作出了具体、详尽的规定。

★28. 试论我国宪法上的通信自由和通信秘密。

【记忆要点】通信自由和通信秘密的含义、内容、意义。《宪法》第40条关于通信自由和通信秘密的规定；扣押和拆检公民的信件必须遵守的规定。对通信自由和通信秘密的限制。

【参考答案】（1）通信自由是指公民有根据自己的意愿自由进行通信不受他人干涉的自由。通信秘密是指公民通信的内容受国家法律保护，任何人不得非法私拆、毁弃、偷阅他人的信件。公民的通信包括书信、电话、电报等进行通信的各种手段。它涉及公民的个人生活、思想活动、社会交流等切身利益。因此，保障公民通信自由和通信秘密不受非法侵犯，是公民一项不可缺少的基本自由。我国历部宪法都肯定了公民的这一自由权利。我国的刑法、刑事诉讼法、邮政法等都对此作了相应的规定。公民的通信自由和通信秘密是一项重要的人身权利，我国法律为保障这一权利，作出了具体、详尽的规定，使宪法规定的通信自由和通信秘密得到了具体化。

（2）我国宪法规定，中华人民共和国公民的通信自由和通信秘密受法律的保护。除因国家安全或者追查刑事犯罪的需要，由公安机关或者检察机关依照法律规定的程序对通信进行检查外，任何组织或者个人不得以任何理由侵犯公民的通信自由和通信秘密。为了保障通信自由和通信秘密，扣押和拆检公民的信件必须遵守以下规定：①只有公安机关和检察机关才有权决定扣押或者拆检公民的有关信件。②扣押或者拆检公民的信件只有两种原因：一是国家安全的需要，二是追查刑事犯罪的需要。③对于扣押的邮件、电报等，经查明不影响国家安全或与犯罪无关，应立即退还原主或交还邮电部门。④需扣押的邮件、电报等，应由人民检察院或公安机关通知邮电部门。⑤对公民个人保存的邮件、电报等，如公安机关或检察机关认为需要检查时，公民有义务交出，如公民拒绝交出，可以强行搜查，但必须出示搜查证件。紧急情况下可以不出示搜查证，但必须记录搜查情况。

（3）宪法所保护的通信自由和通信秘密是一种合法的、正当的通信自由，危害宪法秩序与侵害他人权益的行为不属于通信自由的范畴。为了国家安全与公共利益的需要，可以对通信自由进行适当的限制。当然，这种限制必须基于合理的理由与正当的法律程序，不得侵犯通信自由和通信秘密的实质内容。

29. 试论我国宪法上的社会保障权。

【记忆要点】社会保障权的概念。社会保障权的特点：保障尊严、体现正义；具体权利；社会经济权利的二重性；国家必须履行的义务。2004 年宪法修正案增加有关“国家建立健全同经济发展水平相适应的社会保障制度”的条款及意义。社会保障权的内容：退休人员的生活保障权、物质帮助权。

【参考答案】(1) 社会保障权是一项基本人权。作为复合概念，社会保障权是指社会成员为了维护人的有尊严的生活而向国家要求给付的权利。社会保障权有广义和狭义之分。狭义的社会保障权认为社会保障权主要属于社会弱势群体的权利，重点在于社会救助、国家对年老体弱者的物质帮助等权利；广义的社会保障权认为，社会保障权属于一般性的权利，只要是符合条件的公民都可以无条件享有，权能领域范围比较广，涉及医疗、养老、保险、基本住房等基本生活领域。

(2) 社会保障权具有如下特征：①社会保障权是保障人们有尊严生活的有效手段，体现了社会公正原则；②社会保障权是一种具体的权利，当国家不履行社会保障义务时，当事人有权通过司法程序主张自己的权利；③社会保障权既是一种社会权利，又是一种经济权利，具有社会性和经济性二重性；④社会保障权是宪政国家必须履行的义务，其实现过程需要国家的积极干预。

(3) 2004 年宪法修正案增加了“国家建立健全同经济发展水平相适应的社会保障制度”的条款，这一规定体现了以人为本，经济与社会协调发展的基本思想。社会保障权包括社会保险、社会救济、社会福利、优抚安置等各项制度。社会保障制度的建立与健全对于公民物质帮助等社会经济权利的实现具有重大意义。因此，2004 年宪法修正案之后，广义的社会保障权已经成为我国宪法所承认的一项基本权利。

(4) 社会保障权包括退休人员的生活保障权、物质帮助权等方面的内容：①退休人员的生活保障权。我国宪法规定，国家依照法律规定实行企业事业组织的职工和国家机关工作人员的退休制度。退休人员的生活受到国家和社会的保障。国家实行离退休制度，对离退休职工和国家机关工作人员的生活作妥善的安排。目前，我国已颁布了一系列法律、法规，对退休的年龄、条件和退休后的工资待遇、生活待遇作了详细规定。这些规定使我国宪法规定的退休制度得到了具体切实的贯彻落实。②物质帮助权。物质帮助权是公民因失去劳动能力或者暂时失去劳动能力而不能获得必要的物质生活资料时有从国家和社会获得生活保障，享受集体福利的一种权利。我国宪法规定，中华人民共和国公民在年老、疾病或者丧失劳动能力的情况下，有从国家和社会获得物质帮助的权利。

★30. 试论我国宪法对公民私有财产权的保障。

【记忆要点】完善财产权保护条款；消除财产保护的实质不平等；明确私有财产权的性质；完善征收、征用并予补偿条款。

【参考答案】(1) 2004 年宪法修正案规定，公民的合法的私有财产不受侵犯，国家依照法律规定保护公民的私有财产权和继承权，并增加了对公民私有财产权的保障条款和补偿条款，即国家为了公共利益的需要，可以依照法律规定对公民的私有财产实行征收或者征用并给予补偿。这是首次在宪法中明确规定公民私有财产权保护条款，从而完善了对财产权的宪法保护的规范体系。

(2) 我国宪法把财产权利平等保护和普遍保护观念体现在宪法条文中，消除实质上的不平等，把公有财产权和私有财产权处于同等保护的地位，体现了我国对私有财产权保护的重视。

(3) 我国宪法将公民私有财产权作为公民的基本权利给予保护，把公民私有财产权放在“公民的基本权利和义务”中加以规定，明确了私有财产权的性质。

(4) 我国宪法完善了对私有财产实行征收或者征用并给予补偿的条款。随着宪法确认的公民的财产范围的扩大，国家在必要时需要对公民的私有财产实行征收或者征用，但必须要满足公共利益、正当程序和公平补偿三个要件，才能满足合宪性的要求。其中，公平补偿要件，可以在一定程度上弥补政府通过管制性征收给公民私有财产权带来的实质性损害。

★31. 试论我国宪法规定的政治诉愿权。

【记忆要点】政治诉愿权的含义；政治诉愿权的宪法规定及其意义；政治诉愿权的内容：批评、建议、申诉、控告、检举和取得赔偿的权利。

【参考答案】(1) 政治诉愿权是公民依照宪法规定而享有的提出政治诉求和进行政治监督的权利。它既是国家一切权力属于人民的体现，也是公民作为国家管理活动的相对方对抗国家机关及其工作人员违法失职行为的有效手段。我国宪法规定，中华人民共和国公民对于任何国家机关和国家工作人员，有提出批评和建议的权利；对于任何国家机关和国家工作人员的违法失职行为，有向有关国家机关提出申诉、控告或者检举的权利，但是不得捏造或者歪曲事实进行诬告陷害。公民通过这项权利的行使，既可对国家机关和国家工作人员实行监督，同时又可维护自己的合法权益，使其免遭国家机关和国家工作人员的不法侵害。公民的政治诉愿权包括批评、建议、申诉、控告、检举和取得赔偿的权利。

(2) 批评和建议权。批评权是公民对于国家机关及其工作人员的缺点和错误，有权提出要求其克服改正的意见。建议权是公民对国家机关的工作，有权提出自己的主张和建议。公民行使批评、建议权，对国家机关和国家工作人员的职务活动，进行监督、评议，防止国家机关和国家工作人员的官僚主义，提高工作效率，促使国家机关和国家工作人员更好地履行自己的职责。

(3) 申诉、检举和控告权。申诉权是公民对国家机关作出的决定不服，可向有关国家机关提出请求，要求重新处理的权利，分为诉讼上的申诉和非诉讼的申诉。凡针对法院作出的已经生效的裁判提出的申诉属于诉讼上的申诉，其余的则为非诉讼的申诉。检举权是公民对国家机关工作人员违法失职行为向有关机关进行检举的权利。控告权是公民对违法失职的国家机关及其工作人员的侵权行为提出指控，请求有关机关对违法失职者给予制裁的权利。控告和检举是公民同国家机关工作人员的违法失职行为作斗争的两种不同手段，控告权是因涉及公民自身的合法权益而行使，是一种救济权利；检举权不一定是自身权益受到侵害，是对国家机关及其工作人员行使的监督权利。为了保障公民监督权的有效实现，我国宪法规定，对于公民的申诉、控告或者检举，有关国家机关必须查清事实，负责处理。任何人不得压制和打击报复。

（4）取得赔偿权。取得赔偿权是指国家机关和国家机关工作人员违法行使职权侵犯公民的合法权益造成损害时，受害人有取得国家赔偿的权利，包括行政赔偿和刑事赔偿。取得赔偿权是一种救济权利，权利救济是权利保障的最后手段。我国还建立了国家赔偿制度，国家赔偿制度的建立和完善，将进一步增强国家机关工作人员执法、司法的严肃性，增强国家机关及其工作人员为人民、为社会负责的责任感，它是保障公民合法权益的重要法律制度。

32. 论述我国国家机构的组织和活动原则。

【记忆要点】民主集中制、责任制、法治。

【参考答案】（1）民主集中制原则是我国国家机构组织和活动的基本原则。全国人大和地方各级人大由民主选举产生，对人民负责，受人民监督。行政机关、监察机关、审判机关、检察机关由人大产生，对它负责，受它监督。中央与地方国家机构职权的划分，遵循在中央统一领导下，充分发挥地方积极性、主动性的原则。

（2）责任制原则指国家机关及其工作人员，对其决定、行使职权、履行职责所产生的结果，都必须承担责任。按照国家机关的不同性质，分为集体负责制和个人负责制两种。人大及其常委会、人民法院、人民检察院等都实行集体负责制。行政机关、军事机关都实行个人负责制。

（3）法治原则要求国家机关在其组织和活动中都要依法办事。国家机关的设立和活动必须符合宪法和法律的规定；国家机关作出决定、命令、裁判等工作的程序必须符合法律的要求；任何违反宪法和法律的国家机关的行为，必须予以纠正。

【补充说明】考生从效率原则、联系群众原则等角度进行合理论述的，可酌情给分。

33. 试论民主集中制原则及国家机构贯彻该原则的表现。

【记忆要点】民主与集中的结合；意志代表、权限划分、中央和地方权力关系、国家机关内部、具体工作。

【参考答案】（1）民主集中制是我国国家机构组织和活动的基本原则。民主集中制原则是一种民主与集中相结合的制度，是在民主基础上的集中和在法治规范下的民主的结合。根据这一原则的要求，我国的国家权力必须集中由代表人民意志的、由民主选举产生的人大统一行使；各个国家机关之间不是分权关系，而是为实现国家管理任务进行的工作分工关系；各个国家机关依据宪法的具体规定，在人大及其常委会的统一领导和监督下，行使各自职权范围内的权限。

（2）我国宪法规定，全国人大和地方各级人大由民主选举产生，对人民负责，受人民监督。行政机关、监察机关、审判机关、检察机关由人大产生，向它负责，受它监督。中央与地方国家机构职权的划分，遵循在中央统一领导下，充分发挥地方主动性、积极性的原则。依据规定，民主集中制原则主要表现为：①在意志代表方面，人大由民主选举产生，对人民负责，受人民监督；由人大代表人民的最高意志，制定法律，决定国家的重大问题。②在权限划分方面，行政、监察、审判、检察、军事等机关由人大选举或决定产生，对它负责，受它监督；各机关在其宪法权限内处理属于各自职权范围内的国家事务。③在中央和地方的权力关系方面，遵循在中央统一领导下，充分发挥地方积极性、主动性的原则，但必须坚持中央的集中统一领导。④在国家机关内部关系方面，人大及其常委会实行集体领导体制，而行政机关和军事机关则都实行首长个人负责制。⑤在具体工作方面，任何一个国家机关，具体决策过程都必须遵循民主集中制的原则，既不能出现“一言堂”的情况，更不能出现互相推诿的情况。

（3）民主集中制是与我国国情相适应的国家机构的基本原则。实行民主集中制，既防止了权力过分集中，又避免了不必要的牵制，保证了国家机关工作的有效进行。

★34. 试述全国人大专门委员会。

【记忆要点】性质和地位：辅助性常设机构、工作机关、不具有独立性。职责：研究、审议、拟定议案或提出报告；作用：使全国人大及其常委会更好地履行职权。任务：审议议案、提出议案、审查规范性法律文件的合宪性并提出报告、审议质询案、提出建议。

【参考答案】（1）全国人大专门委员会的性质和地位。全国人大的专门委员会是按专业分工设立的辅助性工作机构，也是常设性机构，在全国人大会议期间向全国人大负责，在全国人大闭会期间向全国人大常委会负责。专门委员会委员由全国人大主席团在代表中提名，大会选举产生。专门委员会是全国人大及其常委会的工作机关，不是最后决定问题的国家权力机关，没有独立的法定职权。

（2）全国人大专门委员会的主要职责和作用。专门委员会的主要职责是在全国人大及其常委会的领导下，研究、审议、拟定有关议案或提出有关报告，交全国人大或其常委会处理。全国人大根据宪法的规定和实际需要设立专门委员会，是完善人民代表大会制度、充分发挥全国人大及其常委会作用的重要措施。专门委员会的工作，对于全国人大及其常委会有效地行使立法、监督、决定、任免等项职权，更好地履行国家权力机关的职能，起着不可替代的作用。

（3）全国人大专门委员会的任务。全国人大专门委员会的任务包括：①审议全国人大主席团或常委会交付的议案。②向全国人大主席团或常委会提出属于全国人大或常委会职权范围内同本委员会有关的议案。③审议全国人大交付的被认为同宪法、法律相抵触的国务院的行政法规、决定和命令，国务院各部委的命令、指示和规章，省、自治区、直辖市人大及其常委会的地方性法规和决议，以及省、自治区、直辖市人民政府的决定、命令和规章，并提出报告。④审议全国人大主席团或常委会交付的质询案，听取受质询机关对质询案的答复，必要时向全国人大主席团或常委会提出报告。⑤对属于全国人大或常委会职权范围内同本委员会有关的问题，进行调查研究，提出建议。此外，各专门委员会还有一些与本委员会职责有关的特殊工作。

35. 试论全国人大代表的性质和地位。

【记忆要点】最高权力机关的组成人员；选举产生、最高国家权力机关的组成人员、代表人民利益和意志、按照民主集中制原则集体行使国家权力、执行职务受法律保护、履行代表义务。

【参考答案】（1）性质。全国人大代表是依照法律规定选举产生的最高国家权力机关的组成人员。他们代表全国人民的利益和意志，依据宪法和法律规定的程序，按照民主集中制原则，集体行使最高国家权力。因此，从性质上看，全国人大代表是最高国家权力机关——全国人大的组成人员，其中一部分代表同时又是全国人大常委会的组成人员，他们是最高权力机关的重要组成部分。

（2）全国人大代表的地位具体体现在：①全国人大代表是依法选举产生的，他们的代表身份既不是由谁任命的，也不是自主决定的，其代表身份受法律保护。②全国人大代表是最高国家权力机关的组成人员，其中一部分代表同时又是全国人大常委会的组成人员。③全国人大代表受全国各族人民的委托，代表全国人民的利益和意志。他们的权力是由全国人民授予的，人民和他们之间的关系是委托与被委托、监督与被监督的关系。④全国人大代表按照民主集中制原则，集体行使最高国家权力，讨论和决定整个国家长远的、根本的、重大的问题。⑤全国人大代表执行代表职务，受法律保护，任何阻碍代表执行职务的行为都要受到追究。⑥全国人大代表必须模范地遵守宪法和法律；保守国家秘密；在自己参加的生产、工作和社会活动中，协助宪法和法律的实施；必须与原选举单位和人民群众保持密切联系，听取和反映他们的意见和要求，努力为人民服务。

36. 试论全国人大代表的特殊身份保障。

【记忆要点】出席会议、提出议案、提出质询案、提出罢免案、人身特别保护权、言论免责权、物质保障权。

【参考答案】全国人大代表是依照法律规定选举产生的最高国家权力机关的组成人员，是全国人民派往最高国家权力机关的使者，代表全国人民的意志和利益，依据宪法和法律的规定集体行使国家权力，管理国家事务，因而享有广泛的权利：

（1）全国人大代表有出席全国人大会议，发表意见，参与表决，共同决定中央国家机关领导人员的人选和国家生活中的重大问题的权利。

（2）根据法律规定的程序提出议案、建议和意见的权利。1 个代表团或者 30 名以上的代表，可以向全国人民代表大会提出属于全国人民代表大会职权范围内的议案。

（3）依照法律规定的程序提出质询案的权利。在全国人民代表大会会议期间，1 个代表团或者 30 名以上的代表，可以书面提出对国务院和国务院各部门、国家监察委员会、最高人民法院、最高人民检察院的质询案。在常务委员会会议期间，常务委员会组成人员 10 人以上，可以向常务委员会书面提出对国务院和国务院各部门、国家监察委员会、最高人民法院、最高人民检察院的质询案。

（4）依法提出罢免案的权利。全国人民代表大会主席团、3 个以上的代表团或者 1/10 以上的代表，可以提出对于全国人民代表大会常务委员会的组成人员，中华人民共和国主席、副主席，国务院和中央军事委员会的组成人员，国家监察委员会主任，最高人民法院院长和最高人民检察院检察长的罢免案。

（5）人身特别保护权。全国人民代表大会代表非经全国人民代表大会主席团许可，在全国人民代表大会闭会期间非经全国人民代表大会常务委员会许可，不受逮捕或者刑事审判。如果因为是现行犯被拘留，执行拘留的公安机关应当立即向全国人民代表大会主席团或者全国人民代表大会常务委员会报告。

（6）言论免责权。全国人大代表、全国人大常委会组成人员在全国人大和全国人大常委会各种会议上的发言和表决，不受法律追究。

（7）物质保障权。全国人大代表在履职时，所在单位根据实际需要予以时间保障和工资福利保障，国家应当给予适当的补贴和物质上的便利。

37. 试论我国人民法院的基本制度。

【记忆要点】合议、回避、公开审判、两审终审、审判监督、审判委员会、司法责任制。

【参考答案】（1）合议制度。人民法院审理案件，由合议庭或者法官一人独任审理。在我国，绝大多数案件以合议庭形式审判，合议庭审判是我国人民法院审理案件的基本组织形式。合议庭由法官组成，或者由法官和人民陪审员组成，成员为三人以上单数。合议庭评议案件采取少数服从多数原则，体现了民主集中制原则，保证案件能够充分讨论、提高质量。对于疑难、重大案件由合议庭提请院长提交本院审判委员会讨论决定。

（2）回避制度。在审判阶段，回避制度是指人民法院受理的案件如果与审判人员有利害关系或其他关系，应当回避。这是为了保护当事人合法权益，保证公正审判，防止审判人员主观偏向的诉讼制度。

（3）公开审判制度。公开审判是指人民法院对受理的案件公开审理和公开宣判。通过公开审理，使当事人充分行使法律规定的诉讼权利，对证据互相质证，明辨是非，便于审判人员查清事实。公开审判是人民法院各项诉讼制度和原则的中心环节。审判活动公开，可以把让人民法院的审判活动直接置于当事人及人民群众的监督之下，有助于增强审判人员的责任感，改进审判作风，严格依法办事，从而保证审判质量，防止冤假错案的发生。还可以使旁听群众受到深刻的法制教育，对犯罪分子起到威慑作用，达到减少犯罪的效果。

（4）两审终审制。人民法院审判案件实行两审终审制。两审终审制是指一个案件经过两级人民法院的审判，即告终结的制度。两审终审制既可以使第一审的错误的或不当的判决和裁定在发生法律效力前得到及时的纠正，保证案件的正确处理；又可以便于群众进行诉讼，避免因审级过多，而引起诉讼的拖延，节省人力、财力和时间。

（5）审判监督制度。审判监督制度是指人民法院对已经发生法律效力的判决、裁定，发现确有错误，依法重新进行审判的一种特殊审判工作制度。确立审判监督制度，是我国审判工作中实事求是、有错必纠、对人民高度负责的精神的体现，通过审判监督制度，纠正错误的判决和裁定，能够保护公民和组织的合法权益，纠正冤假错案，有利于社会的稳定。

（6）审判委员会制度。人民法院实行审判委员会制度，各级人民法院设立审判委员会，讨论决定重大、疑难、复杂案件的法律适用；讨论决定本院已经发生法律效力的判决、裁定、调解书是否应当再审；讨论决定其他有关审判工作的重大问题。审判委员会既是各级人民法院内部设立的审判工作组织，又是人民法院进行审判工作的一种制度，该制度对保证办案质量和实现国家审判职能有重大作用。

（7）司法责任制。人民法院实行司法责任制，建立健全权责统一的司法权力运行机制。

38. 试论我国人民检察院的工作原则。

【记忆要点】依法独立行使检察权原则；行使检察权在适用法律上一律平等原则；司法公正原则；司法公开原则；司法责任制原则；公民使用本民族语言文字进行诉讼原则。

【参考答案】（1）依法独立行使检察权原则。我国宪法和人民检察院组织法规定，人民检察院依法独立行使检察权，不受行政机关、社会团体和个人的干涉。这是检察机关的一项重要原则，也是检察机关进行法律监督、实现检察职能的重要保证。人民检察院独立行使检察权，有利于维护社会主义法制的统一实施，保证案件得到公正处理。

（2）行使检察权在适用法律上一律平等原则。人民检察院行使检察权在适用法律上一律平等，不允许任何组织和个人有超越法律的特权，禁止任何形式的歧视。

（3）司法公正原则。人民检察院坚持司法公正，以事实为根据，以法律为准绳，遵守法定程序，尊重和保障人权。

（4）司法公开原则。人民检察院实行司法公开，法律另有规定的除外。

（5）司法责任制原则。人民检察院实行司法责任制，建立健全权责统一的司法权力运行机制。

（6）公民使用本民族语言文字进行诉讼原则。人民检察院在办理案件过程中，对于不通晓当地语言文字的诉讼参与人，应当为他们翻译。在少数民族聚居区或者多民族共同居住的地区，应当用当地通用的语言进行讯问，应当根据实际需要用当地通用的一种或几种文字制作起诉书或其他法律文书。

39. 试论人民检察院的领导体制。

【记忆要点】双重从属制：领导与被领导关系；国家权力机关和人民检察院的关系、上级人民检察院对下级人民检察院的领导、检察院内部的领导关系。

【参考答案】（1）人民检察院的领导体制实行双重从属制，即最高人民检察院领导地方各级人民检察院和专门人民检察院的工作，上级人民检察院领导下级人民检察院的工作。最高人民检察院对全国人大及其常委会负责并报告工作，地方各级人民检察院对本级人大及其常委会负责并报告工作。地方各级人民检察院检察长的任免，须报上一级人民检察院检察长提请本级人民代表大会常务委员会批准，这一规定也体现了双重领导体制。

（2）国家权力机关和人民检察院的关系体现为：最高人民检察院检察长由全国人民代表大会选举和罢免，副检察长，检察委员会委员和检察员由检察长提请全国人民代表大会常务委员会任免，全国人大及其常委会审议最高人民检察院的工作报告，对最高人民检察院进行各种形式的监督等；地方各级人民检察院检察长由本级人民代表大会选举和罢免，副检察长、检察委员会委员和检察员由检察长提请本级人民代表大会常务委员会任免，地方各级人大及其常委会审议同级人民检察院的工作报告，对检察院的工作进行各种形式的监督等。

（3）上级人民检察院对下级人民检察院的领导主要表现为：①主要组成人员的任免。地方各级人民检察院检察长的任免，须报上一级人民检察院检察长提请本级人民代表大会常务委员会批准。省、自治区内按地区设立的和在直辖市内设立的人民检察院分院检察长、副检察长、检察委员会委员和检察员，由省、自治区、直辖市人民检察院检察长提请本级人民代表大会常务委员会任免。全国人民代表大会常务委员会和省、自治区、直辖市人民代表大会常务委员会根据本级人民检察院检察长的建议，可以撤换下级人民检察院检察长、副检察长和检察委员会委员。②业务领导。上级人民检察院对下级人民检察院行使下列职权：认为下级人民检察院的决定错误的，指令下级人民检察院纠正，或者依法撤销、变更；可以对下级人民检察院管辖的案件指定管辖；可以办理下级人民检察院管辖的案件；可以统一调用辖区的检察人员办理案件。下级人民检察院应当执行上级人民检察院的决定；有不同意见的，可以在执行的同时向上级人民检察院报告。

（4）人民检察院内部的领导关系是：人民检察院检察长领导本院检察工作，管理本院行政事务。人民检察院副检察长协助检察长工作。检察官在检察长领导下开展工作，重大办案事项由检察长决定。检察长可以将部分职权委托检察官行使，可以授权检察官签发法律文书。各级人民检察院设检察委员会。检察委员会由检察长、副检察长和若干资深检察官组成，成员应当为单数。检察委员会履行下列职责：总结检察工作经验；讨论决定重大、疑难、复杂案件；讨论决定其他有关检察工作的重大问题。

40. 试论人民法院、人民检察院和公安机关的关系。

【记忆要点】分工负责、互相配合、互相制约。

【参考答案】（1）我国宪法明确规定，人民法院、人民检察院和公安机关办理刑事案件，应当分工负责、互相配合、互相制约，以保证准确有效地执行法律。这是一项重要的宪法原则。

（2）人民法院、人民检察院和公安机关的分工负责主要表现在：除人民检察院依法自行侦查的案件及当事人自诉案件外，在办理刑事案件时，公安机关负责对案件的侦查、预审、执行逮捕、依法执行判决，人民检察院负责批准逮捕、审查起诉和出庭公诉、抗诉，人民法院负责审判。

（3）人民法院、人民检察院和公安机关的互相配合主要表现在：每一机关的工作依法完成后移交下一个环节的工作机关时，都能依法顺利接受并开始新环节的工作。每一个机关在工作上需要另一机关协助时，能依法在职权范围内协助。

（4）人民法院、人民检察院和公安机关的互相制约主要表现在：三机关通过各自的工作发现另外机关的工作问题，可提出建议要求其纠正：通过下一阶段的工作审查前一阶段工作是否存在问题，并作出相应的处理。

（5）分工负责、互相配合和互相制约三者密切相关。只有分工负责，才能互相配合、互相制约；只有互相制约才能保证办案质量。实行分工负责、互相配合、互相制约，才能发挥三机关的整体功能，防止主观片面和滥用权力，保证准确有效地适用法律，以及保护公民的合法权益。

第五部分　中国法制史

一、简答题

1. 简述中国传统法制的主要特征。

【记忆要点】法自君出，重权隆法；诸法并存，民刑有分；家族本位，伦理法制；调处息争，无讼是求。

【参考答案】中国传统法制的主要特征可以概括为：

（1）法自君出，重权隆法。君主享有最高的立法权，决定法律的创制和变迁。法律也以维护君权为要务。君主和统治集团重视制定和运用法律，巩固政权稳定，维护社会秩序。这种传统是古代农耕文明的特性所决定的，具有深刻的社会、历史和文化的根源。

（2）诸法并存，民刑有分。中国古代的法典编纂保持“诸法合体、民刑不分”的体例，但是法律体系上，则是诸法并存、民刑有分的，即法律体系是由刑法、民事法、行政管理法、诉讼法等法律部门构成的。“诸法并存，民刑有分”是从法律所调整的社会关系的特殊性和具体性以及由此而形成的法律体系而言的，至于“诸法”是否都发展成独立的部门法，需要结合历史发展的进程予以具体分析。

（3）家族本位，伦理法制。中国古代是沿着由家而国的途径进入文明时代的，因此宗法血缘关系对于社会和国家的诸多方面都有着强烈的影响，尤其是宗法与政治的高度结合，造成了家国一体、亲贵合一的特有体制。儒家所倡导的伦理道德成为法律的重要内容和基本精神。法律维护家族本位的社会结构及其经济基础，历经数千年依然保持稳定。道德法律化和法律道德化的交融发展，成为传统法制的重要特征。

（4）调处息争，无讼是求。无讼是中国古代法制建设的价值取向，调处是实现息讼、无讼的重要手段。调处适用的对象是民事案件与轻微的刑事案件，调处的主持者包括地方州县官、基层小吏和宗族尊长等。调处息争适应封闭的小农经济基础的深厚地缘关系，依赖的是宗族势力和基层国家权力，凭借的是礼与法相结合的多种法律渊源，维护的是三纲五常的伦理秩序，形成了一整套的完备制度。

2. 简述中国法制历史中的优秀传统。

【记忆要点】德配王命，民贵君轻；礼法结合，综合为治；体系完备，律例并行；以法治官，明职课责；法尚公平，执法原情。

【参考答案】中国法制历史中的优秀传统可以概括为以下几个方面：

（1）德配王命，民贵君轻。民本主义是中国古代法制与法文化的基础。西周时期就确立了“以德配天”的观念，即天授王权取决于君王的德性，体现为“敬天保民”的统治政策。儒家进一步提出民贵君轻、民为国本的思想。这一传统对于中国古代法律有着深远的影响，可以说，传统法律的各个层面都表现出浓厚的民本主义色彩，如德主刑辅，注重教化；摆脱神判，重视证据；宽仁慎刑，爱惜人命等。

（2）礼法结合，综合为治。礼法结合是中国古代法律最主要的传统；礼法相互为用，实现社会综合治理是中华法系最鲜明的特征。礼法互补，以礼为主导，以法为准绳；以礼为内涵，以法为形式；以礼行法促进法律的实施，以法明礼增添礼的权威；以礼入法，使法律道德化，法由止恶而兼劝善；以法附礼，使道德法律化，出礼而入于刑。

（3）体系完备，律例并行。中国古代法的渊源经历了从先秦礼制与刑书，到《唐六典》与律令格式的长期发展，逐渐形成了以政典为组织法，以律典为基本法律，令格式为管理制度，并以廷行事、决事比、判例等为必要补充的完备体系；较好地解决了法部门分类，法效力层级划分的机制问题，并兼顾了法的稳定性和适应性。

（4）以法治官，明职课责。以法治官是中国古代法制的悠久传统，其主要内容包括：明确官吏的职、权、责；规定官吏的行为方式和自我约束的机制；实行考选、考课、监察等一系列制度，促其奉公守法，为君尽责。随着社会文明的进步，职官法不断充实完善，使官吏职责明确，有法可依，是古代法律体系中的重要组成部分。

（5）法尚公平，执法原情。先秦诸子在释法时，常以度量衡为比喻，强调法的公平。公平成为法律的基本价值追求。法尚公平不仅体现在立法的内容上，也讲求执法原情，达致天理、国法、人情的允协。

★3. 简述西周时期礼与刑的关系。

【记忆要点】联系：互为表里、相辅相成；律出于礼、寓刑于礼。区别：作用不同、适用原则不同。

【参考答案】（1）二者的联系。礼与刑密不可分，二者互为表里，相辅相成，共同构成上古法制的完整体制：①礼是刑（也就是法）的基础和渊源。在中国古代法制文明的起源过程中，法以刑为主要内容，刑与法是相同的，即所谓“律出于礼”。②礼是社会规范、行为规范，礼同样发挥着法的功能和作用，即所谓“寓刑于礼”。

（2）二者的区别。①礼与刑作用不同。礼是要求人们自觉遵守的规范，侧重于积极的预防，而刑则是对犯罪行为的制裁，侧重于事后的处罚。礼强调道德教化，刑则强调惩罚镇压，道德教化不成，方才使用刑罚镇压。即所谓“礼之所去，刑之所取，失礼则入刑，相为表里者也”。②礼与刑的适用原则不同。“礼不下庶人，刑不上大夫”：礼不下庶人，即不同的社会关系用不同的礼调整，不同等级的人适用不同的礼，不能僭越；刑不上大夫，即刑罚的目的是防范和制裁庶人。当然，这并不意味着贵族犯罪不受刑罚制裁。

4. 简述西周婚姻关系成立的条件。

【记忆要点】“父母之命，媒妁之言”；同姓不婚；六礼。

【参考答案】（1）“父母之命，媒妁之言”。婚姻缔结必须经过父母之命，而不允许男女自由恋爱。婚姻缔结必须经过媒妁之言，而不允许男女自由结识。在宗法制下，子女的婚姻大事须由父母主持，并通过媒人撮合，否则，婚姻便是不循礼法。

（2）“同姓不婚”。同姓不得通婚，否则不利于后代的健康和宗族的繁衍，禁止同姓为婚也是为了加强与其他部族的政治联系。

（3）履行“六礼”程序。六礼是西周时期婚姻成立经过的六道烦琐程序，即婚姻成立须经纳采、问名、纳吉、纳征、请期、亲迎。至此，婚礼始告完成，婚姻最终成立。

★5. 简述汉文帝、汉景帝刑制改革的主要内容及历史意义。

【记忆要点】主要内容：文帝废肉刑、景帝改革刑制。历史意义：肉刑向劳役刑过渡、奴隶制五刑向封建制五刑过渡。

【参考答案】（1）文帝废肉刑：将黥刑（墨刑）改为髡钳城旦舂；将劓刑改为笞刑三百；将斩左趾改为笞刑五百；将斩右趾改为弃市刑（死刑）。

（2）景帝改革刑制：将笞三百最终改为笞一百；将笞五百最终改为笞二百；颁布《箠令》，规定笞杖规格、受刑部位以及行刑不得中途换人等。

（3）历史意义：刑制改革顺应了历史发展，使以肉刑为主的刑制摆脱了原始状态，拉开了从以肉刑为主的奴隶制刑罚体系向以劳役刑为主的五刑体系演变的序幕，为后世封建五刑体系的建立奠定了基础。

★6. 简述汉代法律儒家化的主要表现。

【记忆要点】立法指导思想上的德主刑辅，刑罚适用上的恤刑、上请和亲亲相隐，司法上的录囚、春秋决狱和秋冬行刑。

【参考答案】（1）在立法指导思想上，汉武帝之后实行“德主刑辅”和“礼法并用”的立法指导思想，封建正统法律思想正式确立。

（2）在刑罚适用上，汉代实行恤刑、上请和亲亲相隐原则。对老幼病残者实行恤刑主义，体现了儒家仁政；上请是儒家思想对法律的渗透；一定范围内的亲属可互相隐罪而免予刑罚的亲亲相隐原则，是孔子父子相隐思想在法律上的体现，也是法律儒家化的重要标志。

（3）在司法制度上，汉代实行录囚、春秋决狱和秋冬行刑。录囚之制可平反冤狱，改善狱政，体现了儒家仁政；春秋决狱是以儒家经典的精神和事例作为司法审判的根据；秋冬行刑则是儒家思想在刑罚执行上的体现。

★7. 简述战国至唐代基本法典总则的完善。

【记忆要点】法典总则的完善过程：具法—具律—刑名—刑名、法例—名例。

【参考答案】(1)《法经》中的《具法》篇类似于法典总则，置于篇尾；商鞅改法为律，称为《具律》；汉代的《九章律》仍以《具律》为总则，但其后增设户、兴、厩三篇，使类似于法典总则的《具律》既不在首，又不在尾，非篇章之意。

(2)《魏律》将《具律》改为《刑名律》，并置于篇首，完善了法典总则；《晋律》在《刑名律》后增设《法例律》，将《刑名》《法例》共同作为法典总则，法典总则进一步完善。

(3)《北齐律》将《刑名》《法例》合而为一，称为《名例律》；唐代确立了以《名例律》为统率，以11篇作为分则的法典编纂体例，自此，后世法典都以《名例律》为总则。

8. 简述唐律的特点和历史地位。

【记忆要点】特点："一准乎礼"，科条简要、繁简适中，用刑持平，立法技术空前完善。历史地位：对中国封建法律和东亚各国的影响。

【参考答案】(1)唐律的特点：①"一准乎礼"。唐律内容"一准乎礼"，真正实现了礼与法的统一。律条和注疏都集中体现了儒家的礼治精神，全面贯彻礼的核心内容——三纲五常。②科条简要、繁简适中。唐律在前律的基础上再行精简，定律12篇，共502条。凝练概括，又严密周详。③用刑持平。唐律规定的刑罚比以往各代大为轻省，死刑、流刑大为减少。除涉及礼教的犯罪外，比后世明清律的处刑为轻。④立法技术空前完善。唐律的篇章结构井然有序，法律形式相得益彰，概念精练明确，用语确切简要，逻辑严谨缜密，疏议得当精深，显示立法技术的高度成熟与发达。

(2)唐律的历史地位：①唐律是目前为止保存下来最早、最完整的中国古代法典。唐律继往开来，承前启后，成为传统法典的楷模。②唐律作为中华法系的典型代表，其影响力远远超越国界，对亚洲特别是东亚如日本、朝鲜、越南等国产生了重大影响，在世界法制史上也占有重要地位。

★9. 简述明朝犯罪与刑罚的主要特点。

【记忆要点】轻其所轻、重其所重。

【参考答案】(1)明朝在定罪量刑上实行"轻其所轻，重其所重"的原则，突出刑法的打击对象，加大刑罚的力度。

(2)明朝加重了对一些重点犯罪的镇压，和唐朝相比，对这些犯罪实行"重其所重"。对谋反、大逆等政治性犯罪，强盗、窃盗、抢夺等侵害财产以及官吏贪赃受贿等犯罪的处罚，明律都比唐律明显加重。

(3)和唐朝相比，明朝对一些轻微的犯罪，实行"轻其所轻"。对不孝、子孙违反教令等触犯礼教、典礼的犯罪，以及对某些危害不大的"轻罪"的处罚，明律都比唐律有所减轻，使刑法的打击对象更具针对性。

10. 简述清朝的秋审制度。

【记忆要点】适用对象：各省上报的斩、绞监候案；处理结果：情实、缓决、可矜、可疑、留养承祀；意义：审判制度的完善、皇帝控制司法、仁政。

【参考答案】(1) 秋审是清朝最重要的死刑复审制度，审理的对象是各省上报的斩、绞监候案件。

(2) 秋审案件经过复审程序后，分为以下五种情况处理：①情实：罪情属实，罪名恰当，执行死刑。②缓决：案情虽属实，但危害不大，可再押监候。③可矜：案情属实，但情有可原，可免死减等发落。④可疑：案情不明，可驳回原省再审。⑤留养承祀：案情属实，罪名恰当，但为孀妇独子，可改判重杖，枷号示众。

(3) 秋审是清朝刑事审判制度臻于完备的重要标志，既保证了皇帝对最高司法权的控制，又宣扬了统治者的仁政德治。

11. 简述明朝诉讼制度的特点。

【记忆要点】严禁诬告、严禁越诉、军人诉讼不受一般管辖、明确地域管辖、强调息讼。

【参考答案】(1) 严厉制裁诬告行为。历朝的法律都视诬告为严重犯罪，诬告者反坐。明律进一步加重处罚，规定诬告加等反坐。

(2) 严禁越诉。明律规定，凡军民词讼，皆须自下而上陈告，不得越诉，否则追究法律责任。

(3) 军官、军人诉讼一般不受普通司法机构管辖。

(4) 明确地域管辖的原则。对于被告不在同一州县，或被告分居数州县诉讼案件的管辖，明律规定了“原告就被告”“轻囚就重囚”“少囚就多囚”“后发就先发”的原则。

(5) 强调以民间半官方组织调解“息讼”。

★12. 简述《大清会典》的内容特点。

【记忆要点】五朝会典：康熙、雍正、乾隆、嘉庆、光绪；内容、编纂、内容变更。

【参考答案】(1) 清朝为了规范国家机关的组织活动，加强行政管理，提高统治效能，先后编制了《康熙会典》《雍正会典》《乾隆会典》《嘉庆会典》《光绪会典》，合称“五朝会典”，统称《大清会典》。

(2) 在内容上，《大清会典》详细记载清朝各级国家机关的职掌、事例、活动规则与有关的制度。

(3) 在编纂上，《大清会典》遵循“以典为纲，以则例为目”的原则。典、例分别编辑遂成固定体例。

(4) 在内容变更上，《大清会典》所载内容，一般为国家基本制度，少有变动；具体的变更，则在增修则例中完成。最后一部《光绪会典》增设了总理各国事务衙门的机构和权限，体现了近代行政体制的变化。

13. 简述《钦定宪法大纲》的内容特点。

【记忆要点】内容：正文（君上大权）、附录（臣民权利义务）。特点：皇帝专权、人民无权。实质：给君主专制披上“宪法”外衣。意义：皇权“法定”、启发民智和培养近代法律意识。

【参考答案】（1）《钦定宪法大纲》分为正文“君上大权”和附录“臣民权利义务”两部分。正文部分规定了皇帝至高无上的地位。君主在立法、行政、司法、统率军队、宣布战争与媾和、宣布戒严等方面拥有绝对权力，并规定了许多保障皇权、限制议会的权力的条款。附录部分规定了臣民纳税、服兵役、遵守法律诸项义务以及抄自日本宪法中的一些臣民权利，但对于每项臣民权利又多以条文形式附加诸多限制。

（2）《钦定宪法大纲》无论在结构形式上还是条文内容上，都体现了“大权统于朝廷”的精神。其最突出的特点是皇帝专权、人民无权。其实质在于给君主专制披上“宪法”的外衣。但《钦定宪法大纲》对于皇权的“法定”和关于臣民权利与义务的第一次明确规定，对于启发民智，培养近代法律意识具有一定的意义。

14. 简述《十九信条》的内容。

【记忆要点】君主立宪、宪法颁行、内阁对国会负责、大臣任命、皇族任官限制、军队使用限制、不得以命令代替法律、国会审核批注预决算。

【参考答案】（1）采行君主立宪政体，规定皇帝权力限于宪法所规定。

（2）宪法由资政院起草议决，由皇帝颁布之。

（3）内阁对国会负责。

（4）总理大臣由国会公举、皇帝任命，其他国务大臣由总理大臣推荐、皇帝任命。

（5）皇族不得为总理大臣及其他国务大臣并各省行政长官。

（6）军队对内使用时应依国会议决之特别条件。

（7）不得以命令代法律。

（8）预决算由国会审核批准。

15. 简述《大清新刑律》的主要内容特点。

【记忆要点】体例变化、确立新刑罚、刑法原则、调整部分罪名。

【参考答案】（1）在体例上抛弃了以往旧律“诸法合体”的编纂形式，采用近代西方刑法典的体例，将法典分为总则与分则两部分。总则规定了犯罪和刑罚的一般原则及法的适用范围；分则以罪名为章名，规定了犯罪的构成和法定量刑幅度。

（2）采用近代刑罚体系，规定刑罚分为主刑和从刑两种。主刑包括死刑（仅绞刑一种）、无期徒刑、有期徒刑、拘役和罚金五种，从刑包括褫夺公权和没收两种。

（3）引入了西方的刑法原则和近代刑法学的通用术语。如罪刑法定主义原则，“法律面前人人平等”原则，取消了十恶、八议、官当制度以及按官秩、良贱、服制确定刑罚等刑律适用原则；采用西方国家通用的既遂、未遂、缓刑、假释、时效、正当防卫等制度和术语。在各省设感化院，对少年犯改用惩治教育。

（4）调整了部分罪名。如将谋反罪改为内乱罪，新增有关国交、外患、电讯、交通、卫生等罪名。

★16. 简述《大清民律草案》的主要内容特点。

【记忆要点】前三编模范列强；后两编固守国粹。

【参考答案】（1）民律前三编以“模范列强”为主。在起草者日本民法学家松冈义正的影响下，以日、德、瑞士民法典为参照，体例结构取自德国民法典。在总则编中，采取了私有财产所有权不可侵犯、契约自由、过失致人损害应予赔偿等基本原则。债权编规定了债权的标的、效力、让与、承认、消灭以及各种形式债的意义和有关当事人的权利义务等。物权编主要规定了对各种形式的财产权的法律保护及财产使用内容等。

（2）民律后两编以“固守国粹”为主。根据民律草案的起草原则，所有涉及亲属关系以及与亲属关系相关联的财产关系，均以中国传统为主。这两编主要参照现行法律、经义和道德，虽也采纳了一些资产阶级的法律规定，但更注重吸收中国传统社会历代相沿的礼教民俗。亲属编对亲属关系的种类和范围、家庭制度、婚姻制度、未成年人和成年人的监护、亲属间的抚养等作了规定。继承编规定了自然继承的范围及顺位、遗嘱继承的办法和效力以及对债权人和受遗赠人利益的法律保护。

★17. 简述清末商事立法的主要特点。

【记忆要点】法律渊源、法典编纂结构和立法技术、封建残余和半封建法律烙印、近代商事立法开端。

【参考答案】（1）在法律渊源上体现了以“模范列强”“博稽中外”为立法原则。商事法典的制定从体例到内容，皆模仿西方资本主义国家的商法，同时在内容上注意吸收和反映中国传统的商事习惯。

（2）在法典编纂结构和立法技术上，充分体现了照顾商事活动简便性及敏捷性的要求，以宽为主。在吸收各国商法和中国商事习惯的基础上，采取了与商为便的一系列规定，在客观上有利于鼓励私人投资近代企业。

（3）带有封建残余和半殖民地法律的烙印。清政府企图利用法律发展买办经济，把民族工商业纳入官办或半官办的轨道。

（4）清末商事立法虽有种种不足之处，但客观上基本适应了当时社会经济发展的要求，是中国近代商事立法的开端。

★18. 简述清末礼法之争的主要内容。

【记忆要点】干名犯义、存留养亲、无夫奸和亲属相奸、子孙违犯教令、子孙卑幼能否对尊亲属行使正当防卫。

【参考答案】（1）关于“干名犯义”条款的存废。对于“干名犯义”，法理派认为“不必另立专条”，主张予以废除；礼教派认为“中国素重纲常，立法特为严重”，主张予以保留。

（2）关于“存留养亲”条款的存废。法理派认为“存留养亲”不宜编入新刑律草案；礼教派认为“存留养亲”应在新刑律中体现。

（3）关于“无夫奸”和“亲属相奸”是否定罪。法理派认为无夫奸“当以教育为方”、亲属相奸“未害及社会，处立决未免过严”，主张废除“无夫奸”定罪处刑，对“亲属相奸”从轻处断；礼教派认为无夫奸、亲属相奸“大犯礼教之事”，主张重刑治罪。

（4）关于“子孙违反教令”是否废除。法理派主张废除，礼教派主张保留。

（5）关于子孙卑幼能否对尊长行使正当防卫权。法理派主张子孙卑幼有权对尊长行使正当防卫，而礼教派则反对。

19. 简述《大理院审判编制法》的主要内容。

【记忆要点】民刑分理、司法独立、审判方式、审判监督；四级三审、审判机构设置、内部组织、人员配备、高等审判厅、地方审判厅。

【参考答案】（1）《大理院审判编制法》作为中国近代意义上的第一部法院编制法，明确了民刑分理的体制，确认司法独立原则，并规定了不同审级的审判方式，引进西方审判监督机制。

（2）《大理院审判编制法》确立四级三审制的审级与权限，对各级审判机构设置、内部组织、人员配备等均作了明确规定。高等审判厅设于京师及各省省会，内设刑事、民事审判庭，审判庭实行合议制。地方审判厅于京师、直隶府、直隶州各设一所。

★20. 简述清末修律的主要特点。

【记忆要点】立法指导思想、内容、法典编纂形式、实质。

【参考答案】（1）在立法指导思想上，清政府迫于激变的时局，不得不“改弦更张”“参酌各国法律”进行变法修律，但在根本问题上又坚持修律应“不戾乎中国数千年相传之礼教民情”。因此，借用西方近代法律制度的形式，坚持中国固有的封建制度内容，即成为清政府变法修律的基本宗旨。

（2）在内容上，一方面，清末修律坚持君主专制及伦理纲常“不可率行改变”，在新修新订的法律中继续保持肯定和维护专制统治的传统；另一方面，又标榜“吸收世界各国大同之良规、兼采近世最新之学说”，大量引入西方法律理论、原则、制度和法律术语，使得保守的内容与先进的近代法律形式同时显现于新订法律法规之中。

（3）在法典编纂形式上，修律改变了中国传统的“诸法合体”的形式，明确了实体法之间、实体法与程序法之间的差别，分别制定、颁行或起草了有关宪法、刑法、民法、商法、诉讼法、法院组织法等方面的法典或法规，形成了近代法律体系的雏形。

（4）在实质上，修律是在保持君主政体的前提下进行的，既不能反映人民群众的要求和愿望，也没有真正的民主形式。

21. 简述清末会审公廨制度。

【记忆要点】会审公廨：租界内特殊审判机关。内容：领事裁判权延伸；中国官府派驻租界内的基层法庭；涉被告为有约国人案件，由其本国领事裁判；涉被告为无约国人案件，有外国官员陪审。危害：破坏中国司法主权。

【参考答案】会审公廨是清政府在租界内设立的特殊审判机关，这一制度是领事裁判权制度的延伸。1864年，清政府与英、法、美三国驻上海领事协议在租界内设立专门审判机构，正式形成了会审公廨制度。

（2）按照1868年《上海洋泾浜设官会审章程》的规定，会审公廨名义上是中国官府派驻租界的基层法庭，对租界内中国人之间及中国人为被告的案件实施管辖，但凡诉讼牵涉外国人，如果被告是有约国人，由其本国领事裁判；如果被告是无约国人，仍须邀一名外国官员“陪审”。实际上所谓“会审”，只是空有其名，甚至租界内中国人之间的诉讼，最终也须外国领事观审并操纵判决。

（3）会审公廨是帝国主义列强干涉中国内政、操纵中国司法的重要手段，它严重破坏了中国的司法主权。

★22. 简述清末司法组织体制改革的主要内容。

【记忆要点】改刑部为法部，并改省按察使司为提法使司；改大理寺为大理院；实行审检合署。

【参考答案】（1）改刑部为法部，掌管全国司法行政事务，以使行政与司法分立，改省按察使司为提法使司，负责地方司法行政工作及司法监督。

（2）改大理寺为大理院，作为全国最高审判机关。在地方设立高等审判厅、地方审判厅和初级审判厅，形成新的司法系统。

（3）实行审检合署，在各级审判厅内设置相应的检察厅，对刑事案件进行侦查、提起公诉、实行审判监督，并可参与民事案件的审理，充当诉讼当事人或公益代表人。

★23. 简述清末诉讼审判制度的改革。

【记忆要点】审级、诉讼、审判、考试任用、狱政管理。

【参考答案】（1）在诉讼程序上实行四级三审制。清末在审级上确立了大理院、高等审判厅、地方审判厅和初级审判厅四级三审制。

（2）规定了刑事案件的公诉制度、附带民事诉讼制度、民事案件的自诉及代理制度、证据制度、保释制度等，并承认律师辩护的合法性。

（3）在审判制度上，允许辩论，实行回避、审判公开等，明确了预审、合议、公判、复审等程序。在审判规则方面，吸收了西方国家一系列司法原则，如司法独立、辩护制度等，但并未能真正实施。

（4）初步规定了法官及检察官考试任用制度。清末制定了法官考试任用暂行章程等法院组织法规，初步规定法官及检察官考试任用制度。

（5）改良监狱及狱政管理制度。清末实行狱政制度改革，制定狱政管理法律，改革监狱管理机构，设立模范监狱。

24. 简述《中华民国临时政府组织大纲》的特点和历史意义。

【记忆要点】特点：三权分立、总统制、一院制、最高审判机关。历史意义：成立临时政府的法律依据、第一次以法律形式确认共和政体、制定《中华民国临时约法》的基础。

【参考答案】（1）特点：①《中华民国临时政府组织大纲》确立了国家基本的政治体制，实行三权分立，确立了总统制的共和政体。②《中华民国临时政府组织大纲》实行一院制的议会制度，由参议院独立行使立法权。③《中华民国临时政府组织大纲》确立的最高审判机关是临时中央裁判所。

（2）历史意义：《中华民国临时政府组织大纲》以法律的形式肯定了辛亥革命的成果，为中华民国临时政府的成立提供了法律依据。《中华民国临时政府组织大纲》宣告废除封建帝制，第一次以法律的形式确认了总统制共和政体，成为制定《中华民国临时约法》的基础。

25. 简述《中华民国临时约法》的主要内容。

【记忆要点】国体、政治体制、人民权利和义务、保护私有财产原则。

【参考答案】（1）明确宣示中华民国为统一的民主共和国。《中华民国临时约法》（以下简称《临时约法》）明确宣布中华民国主权属于全体国民。

（2）确立了资产阶级民主共和国的政治体制和国家制度。《临时约法》规定实行三权分立的政府组织原则，采用责任内阁制，规定临时大总统、副总统和国务员行使行政权力，参议院是立法机关，法院是司法机关，并规定了其他相应的组织与制度。

（3）规定人民享有广泛的权利及应尽之义务。《临时约法》规定人民享有人身、财产、居住、迁徙、言论、出版、集会等项自由和选举、被选举等权利。

（4）确认保护私有财产的原则。《临时约法》以法律的形式破除清王朝束缚私人资本主义发展的各种桎梏。

★26. 简述《中华民国临时约法》的特点。

【记忆要点】责任内阁制、参议院、特别修改程序。

【参考答案】《中华民国临时约法》的主要特点就是对袁世凯加以限制和防范。主要表现在：

（1）改总统制为责任内阁制，以限制袁世凯的政治权力。

（2）扩大参议院的权力。《中华民国临时约法》规定参议院除了拥有立法权外，还有对总统决定重大事件的同意权和对总统、副总统的弹劾权。临时大总统对参议院议决事项复议时，如有2/3的参议员仍坚持原议，大总统必须公布施行。

（3）规定特别修改程序。《中华民国临时约法》规定，约法的增删修改，须由参议院议员2/3以上或临时大总统之提议，经参议员4/5以上之出席，出席议员3/4以上之赞成方可进行，以防止袁世凯擅自修改变更约法。

★27. 简述南京临时政府颁布的革命法令的主要内容。

【记忆要点】保障民权的法令、发展经济的法令、文化教育方面的法令、社会改革方面的法令。

【参考答案】南京临时政府颁布一系列革命法令，旨在保障民权、发展经济、促进文化教育和社会改革：

（1）保障民权的法令。南京临时政府以保护人民财产为急务，确认财产权为基本民权之一，是人民赖以生存的基础。同时对清政府及其官吏的财产规定了不同的处理办法，体现了分化瓦解清朝官吏的政策和策略。颁布法令禁止买卖人口，废除各种贱民身份，切实保护海外华侨的利益。

（2）发展经济的法令。为适应民族资产阶级发展民族经济的迫切要求，颁布了一些保护人民营业权利和振兴实业、发展经济的法规和法令，鼓励兴办实业，奖励农垦，鼓励华侨在国内投资。

（3）文化教育方面的法令。以“启文明而速进化”作为拟定教育方案、颁布教育法规的指导方针，采取措施发展文化教育。

（4）社会改革方面的法令。颁布了一系列社会改革法令，旨在革除社会陋习，移风易俗，振奋民族精神，提倡近代文明，改进社会风尚。法令主要内容涉及禁烟、禁赌、剪辫、劝禁缠足、改革称呼旧制等。

★28. 简述南京临时政府司法改革的主要措施。

【记忆要点】确立司法独立的原则；禁止刑讯；禁止体罚；试行公开审判及陪审制；试行律师制度。

【参考答案】（1）确立司法独立的原则。主张司法独立，实现审判权同行政权的分离。根据三权分立的原则，《中华民国临时约法》规定，法官独立审判，不受上级官厅之干涉。法官在任中不得减俸或转职，非依法律受刑罚宣告，或应免职之惩戒处分，不得解职。

（2）禁止刑讯。临时大总统发布禁止刑讯令，在历数封建刑讯制度的种种罪恶后指出，不论行政司法官署及何种案件，一概不准刑讯；鞫狱当视其证据之充实与否，不当偏重口供；其此前不法刑具，应予焚毁。

（3）禁止体罚。南京临时政府颁布禁止体罚令，规定不论司法行政各官署审理及判决刑事、民事案件，不准再用封建刑具，并将笞、杖等刑罚改为罚金、拘留；对于犯人不准实行非人道待遇。

（4）试行公开审判及陪审制。《中华民国临时约法》规定，法院审判必须公开，但有认为妨碍安全秩序的，可以秘密进行审判。同时引进西方资产阶级的陪审制度，选拔有识之士参与陪审，以提高案件的透明度。

（5）试行律师制度。南京临时政府允许律师辩护，以在更大程度上保护被告人的诉讼权利，最大程度地利用辩护律师的诉讼权利牵制司法权，预防司法专横和司法腐败。

★29. 简述“天坛宪草”的具体内容。

【记忆要点】政治体制（责任内阁制）、国会和总统的关系、总统任期、审计院。

【参考答案】（1）在政权体制上，“天坛宪草”继续肯定责任内阁制，国务总理的任命须经众议院的同意，国务员对众议院负责，而不是对总统负责。行政权力实际由总理和各部部长行使，总统处于虚权国家元首的地位。

（2）“天坛宪草”规定了国会对总统行使诸如解散国会、任命总理等重大权力的牵制权，国会不仅有立法权，而且有弹劾权和对被弹劾的大总统、副总统及国务员的审判权。为防止总统利用紧急处分权实行独裁，增设国会的常设机关国会委员会。

（3）“天坛宪草”严格限制总统任期，规定大总统任期5年，只能连选连任一次。

（4）设立独立于行政机关的审计院，负责审核国家财政收入和支出的决算，核准国家岁出之支付命令。审计员由参议院选举产生，总统无权任免。

30. 简述《中华民国约法》的内容特点。

【记忆要点】全面否定《中华民国临时约法》、取消责任内阁和国会制、空洞规定人民权利义务。

【参考答案】(1) 以根本法形式彻底否定了《中华民国临时约法》所确立的民主共和制度，代之以袁世凯的个人独裁。它的出笼使辛亥革命的成果丧失殆尽，是对《中华民国临时约法》的全面否定。

(2) 否定和取消了责任内阁制，实行总统制，赋予总统形同专制帝王一样至高无上的地位和权力。

(3) 取消了国会制，设立有名无实的立法院。在立法院成立前，由纯属总统咨询机关的参政院代行立法院的职权。

(4) 规定了人民的基本权利与义务，但无一例外地设定了“于法律范围内”或“依法律所定”等前提条件，有关人民基本权利的规定实际上成为一纸空文。

31. 简述《中华民国宪法》(“贿选宪法”) 的内容特点。

【记忆要点】条文完备、形式民主；名义上实行地方自治，实则确认军阀势力范围。

【参考答案】(1) 条文完备，形式民主。该宪法企图用漂亮的辞藻和虚伪的民主形式掩盖实行军阀统治的本质：①国体。为标榜反对帝制复辟、赞成共和而规定“中华民国主权属于全体国民”“中华民国永远为统一民主国”。②政体。在政治体制上，该部宪法表面上仍肯定责任内阁制和议会制，但该宪法又不是完全的责任内阁制，它还带有部分总统制的内容。这一体制既表面合于《中华民国临时约法》规定的责任内阁制，又赋予了总统相当的权力。但这一切背后，却是军阀政治制度的法律化。

(2) 名义上实行地方自治，实则确认国内军阀的势力范围。为了平衡各派军阀和大小军阀之间的关系，巩固直系军阀控制的中央大权，对国权和地方制度作了专门规定。在保证中央政府统一行使国防、外交、金融等主要权力的条件下，允许省、县两级地方实行自治，但“省不得自置常备军”“不得缔结有关政治之盟约”。“国权”和“地方制度”的规定实际上是直系军阀在无法利用武力统一全国的情况下，为实现利益分配而制定的账单。

32. 简述北洋政府的司法制度。

【记忆要点】二元司法体制、四级三审制、审检分立、诉讼审判制度。

【参考答案】(1) 二元司法体制。普通法院负责民事、刑事案件的裁判，平政院执掌行政诉讼的审判，但地方不设行政法院。

(2) 四级三审制。普通法院系统实行四级三审制。中央设置大理院作为全国最高审判机关，省设高等审判厅，城市设地方审判厅，县一级设初级审判厅或县知事兼理司法，从而形成普通法院系统的四级三审制。

(3) 审检分立。北洋政府实行审检分立制度，总检察厅、高等检察厅、地方检察厅、初级检察厅分别对应大理院、高等审判厅、地方审判厅、初级审判厅而设，独立行使职权。

（4）诉讼审判制度。北洋政府分别规定了管辖、第一审、上诉审、执行等各项诉讼制度和具体程序，并在形式上标榜所谓审判独立、公开审判、辩护原则、上诉制度以及检察官独立行使职权等。北洋政府普遍设立“兼理司法法院”。

（5）北洋政府的司法制度大多有名无实。司法的专横与黑暗、滥施军事审判并利用军法审判干预司法，这些都成为北洋政府司法制度的弊病。

33. 简述南京国民政府的立法指导思想。

【记忆要点】三民主义；权能分治、五权宪法、建国三时期。

【参考答案】（1）总的立法指导思想：三民主义。孙中山的三民主义是南京国民政府总的立法指导思想，并以此为基础构建了“权能分治”“五权宪法”“建国三时期”等政治体制和法律制度。

（2）具体立法指导思想。①权能分治。权就是政权，是人民管理政府的力量，包括选举、罢免、创制、复决四项权力；能就是政府管理国家事务的权能，包括行政、立法、司法、考试、监察五项权能。②五权宪法。南京国民政府以权能分治为依据，实行五权宪法的政府组织方案：人民选举的国民大会是全国最高政权机关，统一行使国家四项权力，组成并监督政府。政府则由行政、立法、司法、考试、监察五院组成，各院依照宪法行使不同的权能，互相制衡。③建国三时期。建国三时期包括军政时期、训政时期和宪政时期。确立建国三时期的理论依据是，确立宪政体制，实现全民政治，要有一个渐进过程，并为此提出了“训政保姆论”。

34. 简述南京国民政府的六法体系。

【记忆要点】基本法典、相关法规、判例和解释例。

【参考答案】（1）基本法典。宪法、民法、刑法、刑事诉讼法、民事诉讼法等基本法典（行政法例外）构成了南京国民政府六法全书的法律体系的核心和骨架。

（2）相关法规。即围绕基本法典而制定的低位阶法规，如条例、命令、细则、办法等。这些相关法规，与各部门的基本法典一起构成了完整的法律部门，是对各部门的基本法典的重要补充。

（3）判例和解释例。即最高法院依照法定程序作成的判例和司法院大法官会议作出的解释例和决议。把判例和解释例作为重要的法律渊源，是南京国民政府对北洋政府法律遗产的继承和发展，它们是成文法的重要补充，可以对成文法加以引申或进行实质意义上的修正。最高法院的判决例，经“采为判例，纳入判例要旨”，并报司法院核定者，具有法律效力。若最高法院各庭之间就某一判例有争议，则由司法院之变更判例会议作出决定。司法院大法官会议则拥有解释宪法、法律的权力，其作出的解释例或决议，具有与宪法或法律同等的效力。

★35. 简述南京国民政府的主要立法原则和立法权配置。

【记忆要点】立法原则：“党治”。立法权配置：全国代表大会及中执委、中央政治会议、五院、地方立法权。

【参考答案】（1）南京国民政府立法活动的主要原则是坚持“党治”。即由国民党垄断立法权。

（2）南京国民政府最高立法指导机关是国民党全国代表大会及其中央执行委员会，中央政治会议是具体指导国家立法的重要机关，其主要职权是：讨论、决议建国纲领，决定训政的根本大计；讨论、决议立法原则、施政方针、财政计划、政府重要官吏人选等。

（3）立法院是“国家最高立法机关”，“有议决法律案、预算案、戒严案、大赦案、宣战案、媾和案、条约案及国家其他重要事项之权”。但是，立法院在行使立法权时，须遵循国民党中央政治会议所确定的立法原则。

（4）行政院作为国民政府最高行政机关，有权向立法院提出法律案及其他议案，行政院及所属各部、委有权依据法律发布命令。

（5）司法院、考试院和监察院均可在自己的职权范围内向立法院提出法律案，也可依据法律发布命令；司法院还行使统一解释法令及变更判例之权。

（6）国民政府各地方政权的立法权也为国民党所掌握。

36. 简述《中国国民党训政纲领》的内容特点。

【记忆要点】国民党与执政机关的关系、国民党与人民的关系、国民党与国民政府的关系。

【参考答案】《中国国民党训政纲领》是国民党政权“训政”时期的纲领性文件，确立了训政时期国民党“一党治国，以党训政”的施政方针，其内容特点包括：

（1）训政时期由中国国民党全国代表大会代表国民大会领导国民行使政权。在其闭会期间，则由国民党中央执行委员会行使政权。

（2）在国民党与人民的关系上，《中国国民党训政纲领》体现了“训政保姆论”的精神，即国民党是人民的政治保姆，训练幼稚的国民行使政权。人民应享有选举、罢免、创制、复决四种政权，并应由国民党训练以逐渐推行。

（3）《中国国民党训政纲领》确认国民党为最高训政者，把国民党全国代表大会及中央执行委员会规定为国家最高权力机关，把中央政治会议变为政府的直接领导机关。国民政府从属于国民党中央机关，国民政府只有实施权、执行权，且应向国民党中央执行委员会政治会议负责。《中国国民党训政纲领》建立了国民党一党专政的政治制度。

37. 简述《中华民国训政时期约法》的主要内容。

【记忆要点】一党专政、五院制、罗列公民权利与自由、发展官僚资本。

【参考答案】（1）《训政时期约法》以根本法的形式确认了“党治”原则，建立了国民党一党专政的体制。

（2）《训政时期约法》规定了五院制的政府组织形式。国民政府设行政、立法、司法、考试、监察五院，行使相应的五种治权。

（3）《训政时期约法》规定了一系列公民权利与自由，同时多加限制。《训政时期约法》规定国民在法律上一律平等，享有诸多权利和自由，但又多加不得或停止等限制性条款。

（4）《训政时期约法》规定了以国家资本主义为核心的基本经济制度。《训政时期约法》为大力发展国家资本主义、扩充官僚资本、垄断国计民生提供了法律依据。

38. 简述“五五宪草”的主要内容特点。

【记忆要点】一党专政，五院制和总统实权制，官僚资本主义和平均地权、节制资本的同时推行，限制人民自由权利，实行县自治。

【参考答案】（1）继续确认国民党一党专政的统治制度。宪草继续承继《中华民国训政时期约法》精神，坚持国民党一党专政。

（2）确立五院制与总统实权制的政治体制。宪草规定了国民大会的职权；中央政府仍由立法、行政、司法、考试和监察五院组成。

（3）继续维护以四大家族为首的官僚资本主义经济，但在经济上增加了关于平均地权与节制资本的内容。宪草承认了人民合法的土地所有权，但应予法律上的限制，以此限制民族工业，发展官僚资本，垄断国计民生。

（4）继续限制人民的自由权利。宪草规定了人民的自由和权利，但仍然用“但书”和“限语”对人民的自由和权利加以限制。

（5）实行县自治。宪草规定自治区域单位为县，省政府负责监督县自治。

【补充说明】本题“考试分析”无答案，鉴于“考试大纲”对“五五宪草”予以列明，因此将此题列出，仅供考生参考使用。

39. 简述《中华民国宪法》（1947 年）的主要内容特点及其实质。

【记忆要点】基本精神与《训政时期约法》和“五五宪草”一脉相承；国体与政体、国民大会、形式上的总统制、人民权利义务、中央与地方分权体制；条文形式民主，实质独裁。

【参考答案】（1）《中华民国宪法》的基本精神与《中华民国训政时期约法》和“五五宪草”一脉相承，但碍于政协通过的“宪法修改原则”12 条的重大影响，又不得不在具体条文上有所变动。

（2）《中华民国宪法》的主要内容包括：①依三民主义、五权宪法确定国体与政体。《中华民国宪法》仍以三民主义、五权宪法作为确定国体和政体的依据，但在规定上有所变通。②规定国民大会为全国最高政权机关，但对其职权加以限制。国民大会权限仅限于选举、罢免总统、副总统。③形式上采用总统制，但总统的权力受立法院、行政院、监察院的制约。《中华民国宪法》实行总统集权，兼采责任内阁制精神，因此，总统行使权力受到立法院、行政院、监察院的制约。④规定人民各项民主自由权利及必要的宪法义务。《中华民国宪法》规定人民法律上一律平等，规定了人民享有的各项权利和自由，但都以“除为防止妨碍他人自由、避免紧急危难、维持社会秩序”等字眼加以限制。《中华民国宪法》还规定了人民的服兵役和纳税等义务。⑤采取中央与地方分权体制，形式上赋予省、县两级地方政府以自治权。

（3）如果单纯从宪法条文看，《中华民国宪法》可以算是当时最为民主的宪法之一。但是形式上的民主却是服务于国民党一党专政和蒋介石个人独裁的工具。

★40. 简述《中华民国刑法》（新刑法）的主要特点。

【记忆要点】继受法和固有法相结合、时间效力和空间效力、社会防卫主义和保安处分。

【参考答案】(1) 继受西方国家通行的刑事法律原则，注重采纳与传统宗法伦理原则相适应的法律制度。在立法原则方面，继受了罪刑法定、罪刑相适应以及刑罚人道主义等原则；在罪名体系和刑罚制度方面，一准西方国家通行良规。为继承传统的宗法伦理精神，刑法典保留了更多传统中国刑法的痕迹，如对侵害直系尊亲属的犯罪行为，采取加重处罚原则。

(2) 在时间效力上取"从新从轻主义"，但保安处分取"从新主义"和裁判后的"附条件从新主义"；在空间效力上以属地主义为主、属人主义为辅，兼取特定犯罪的保护主义和世界主义。

(3) 采取社会防卫主义，增设保安处分。刑罚分为主刑和从刑，主刑包括死刑、无期徒刑、有期徒刑，从刑包括褫夺公权和没收。刑法典从西方引进保安处分制度。保安处分是用来补充或替代刑罚以预防犯罪、维护社会秩序的强制性措施，有其合理性，但南京国民政府将该制度演变成惩治政治犯的工具。

★41. 简述清末至南京国民政府时期民商事立法及体例的演变。

【记忆要点】立法体例演变：清末、北洋政府的民商分立至南京国民政府的民商合一。法典结构：清末为总则、债权、物权、亲属、继承五编；北洋政府和南京国民政府时期为总则、债、物权、亲属、继承五编。

【参考答案】(1) 清末在民商法的立法体例上采取民商分立的原则，编纂了《大清民律草案》，分总则、债权、物权、亲属、继承五编。在编纂民法典的同时，单独编纂商法典及商事法律。

(2) 北洋政府成立后，民事法律主要是《大清现行刑律》中有关民事的规范，即"现行律民事有效部分"，但因条文简略而不得不公布一些民事单行法令以解决社会生活中的具体问题。同时，北洋政府依照清末民商分立的原则，进行编纂民法典的尝试，以《大清民律草案》为基础，结合各省民商事习惯，参照各国最新法例，开始修订民律，修成《民律第二次草案》，分民事总则、债、物权、亲属、继承五编。

(3) 南京国民政府实行民商合一的民事立法体例，并继续推动民法典的编纂，制定《中华民国民法》，分总则、债、物权、亲属、继承五编。凡适合编入民法典的商事法律规范编入民法债编，不适宜编入民法典的实行单行立法。

★42. 简述南京国民政府民法典的主要内容和特点。

【记忆要点】社会本位、采纳最新制度、民商合一、私有财产所有权及地主土地经营权、婚姻家庭制度。

【参考答案】(1) 采用社会本位的立法原则。民法典采用社会本位，在民法的基本价值方面摒弃个人主义，转而注重社会公共利益，强调只有个人利益不违背社会公共利益始予保护。

(2) 在具体制度上，将外国民法之最新学理、最新立法例加以吸纳、整合，萃成本国民法。民法典以旧民律草案为基础对其做了大量修正，着力参照德国、日本、瑞士等国民法，表现出新的历史条件下继受法与固有法结合的特点。

(3) 采取民商合一的编纂体例。只编纂民法典，不单独编纂商法典，凡适合编入民法典的商事法律规范一律编入民法债编，凡不宜编入民法典的，如公司、票据、海商、保险等，分别制定单行法。

（4）重在维护私有财产所有权及地主土地经营权。该法尤以物权编规定最详细，其中对所有权的取得、保护，土地所有权及经营权的详细规定，主旨在于保护地主官僚和买办资产阶级的利益。

（5）婚姻家庭制度体现浓厚的固有法色彩。民法典肯定包办买卖婚姻及传统习惯，维护夫妻间的不平等和家长制，体现了浓厚的固有法色彩，如夫妻财产由夫管理、子女从父姓、家置家长、双方合意的买卖婚姻有效等。

43. 简述南京国民政府商事立法的主要特点。

【记忆要点】民商合一；公司、海商、票据、保险、银行；继受清末、北洋政府商法；参酌西方商法、相关国际条约和协定。

【参考答案】（1）南京国民政府在商事立法上效法瑞士民商事立法经验，采取民商合一的民事立法体例，将商法的大部分内容都纳入民法范畴，其商事立法只是就一些不方便包括在民法中的事项而制定的。

（2）南京国民政府确立了以《公司法》《海商法》《票据法》《保险法》和《银行法》等单行商事法规为主体的商事单行法体系。

（3）南京国民政府的商事法律是在继承清末和北洋政府的相关商法，并参考西方资本主义国家的相关商法以及相关国际条约和协定的基础上制定而成的。南京国民政府商事立法进一步采纳西方资本主义的商法原则，注意吸收有利于维护垄断资产阶级利益的原则。

（4）南京国民政府商事立法对完善我国近代法律体系有积极意义，也是运用法律规范调整经济关系的进一步尝试。

【补充说明】本题“考试分析”所列答案不完整，除了参考答案第（4）点外，“考试分析”仅仅对参考答案第（2）、（3）有部分内容涉及。鉴于南京国民政府法律制度属于考查简答题的重点内容，所以本书将此题答案列出，供考生参考使用。

★44. 简述南京国民政府的普通司法组织体系及其职权。

【记忆要点】地方法院、高等法院、最高法院；司法行政部、最高法院、行政法院、官吏惩戒委员会。

【参考答案】（1）普通法院系统。南京国民政府普通法院分地方法院、高等法院、最高法院三级。一般县市设地方法院，审理民事、刑事第一审案件及非诉事件；省、特别区和直辖市设高等法院，审理一审上诉和抗告案件，以及“内乱”“外患”“妨害国交”等罪的第一审案件；最高法院设于首都，审理不服高等法院之判决、裁定的上诉、抗告案件。

（2）司法院。南京国民政府司法院位于普通法院之上，是司法体系的最高层次，为国家最高司法机关，总揽各项司法事务。其下设四个直属机关，其中司法行政部掌管司法行政事务，最高法院行使最高审判权，行政法院行使行政诉讼案件的审判权，官吏惩戒委员会掌管文官和法官的惩戒事宜。此外还设有秘书处、参事处等办事机构，负责办理院内文秘、庶务及撰拟、审核关于司法的法律命令等事宜。司法院院长综理全院事务，并经最高法院院长及各庭庭长会议决议，行使统一解释法令及变更判例之权。

45. 简述南京国民政府诉讼审判制度的主要特点。

【记忆要点】严密侦查、自由心证、秘密审判、陪审、军事和军法审判、维护帝国主义在华军队特权、补充实体法、条文规定与民主法治精神的对立。

【参考答案】（1）采取严密的侦查制度。国民政府中行使刑事侦查权的机构很多，检察官、司法警察、宪兵、军士等都有刑事侦查权力。特别是检察官，权力很大，几乎可以动用一切人力物力，侦查或处分任何人或事。

（2）实行“自由心证”的诉讼原则。即对证据的取舍和对证明力的判断，法律不预先规定，由法官据其法律意识和内心确信，自由进行判断。这是仿效资产阶级国家法律原则而确定的一项审判原则。

（3）实行秘密审判制度和陪审制度。南京国民政府标榜公开审判，但对于政治案件实行秘密审判；对于经秘密审判后作出的裁判，当事人不得上诉或抗告；对于“反革命案件”，实行陪审评议制。该制度实际上国民党一党专政在诉讼制度上的体现。

（4）扩大并强化军事和军法机关的审判。国民政府通过颁布刑事特别法，扩大和强化军事和军法机关的审判权能，对于违反刑事特别法规定的犯罪，军事机关有权审判，其他刑事案件和民事案件，也可由驻地军事机关审判。这导致军事机关直接参与司法，使司法机关直接处于军事机关的控制之下。

（5）维护帝国主义在华军队的特权。

（6）南京国民政府诉讼审判制度从程序上保证了民法和刑法的实施，补充了实体法的不足。但其诉讼审判实践中的武断专横与法律文本规定的民主法治精神明显矛盾，成为其突出的特点。

46. 简述《陕甘宁边区施政纲领》的主要内容和意义。

【记忆要点】内容：依据和主要任务、三三制、司法制度、文化及经济政策。意义：最具代表性、以抗日为基本出发点。

【参考答案】（1）主要内容：①明确阐述制定纲领的依据以及抗日民主政权的主要任务。依据：以中国共产党的抗日民族统一战线为依据，并遵从国民政府的民主纲领。主要任务：“抗日”“团结”“民主”。②加强政权民主建设，保障人民民主权利。规定实行“三三制”政权组织原则，实行普遍、直接、平等、无记名投票的选举制度，保障一切抗日人民的选举权、被选举权及其他人权、财权及各项自由。③改进司法制度，厉行廉洁政治。如坚决废除肉刑，重证据不重口供；明确公务人员是人民公仆，严惩贪污和假公济私行为，实行以俸养廉等。④规定边区的基本文化经济政策。实行“发展经济，保障供给”的总方针，贯彻统筹统支的财政制度，征收统一累进税，维护法币，巩固边币。建办各类学校，普及免费义务教育。尊重知识分子，提高边区人民的政治文化水平。

（2）意义：①抗日民主政权时期最具代表性的宪法性文件。②以反对日本帝国主义，保护抗日人民，调节各抗日阶级利益，改善工农生活，镇压汉奸反动派为基本出发点，全面、系统地反映了抗日民族统一战线的要求和抗战时期的宪政主张。

★**47. 简述马锡五审判方式的特点及其意义。**

【记忆要点】特点：方便群众诉讼，手续简便，不拘形式；深入农村，调查研究，实事求是地了解案情；依靠群众，尊重群众意见，依法合理判决案件；教育群众。意义：培养优秀干部、解决积年疑案、有利生产、保证抗日、落实新民主主义司法制度、边区审判制度缩影。

【参考答案】（1）马锡五审判方式是指抗日战争时期在审判工作中坚持群众路线的工作方法和实事求是的工作作风基础上形成的审判方式。因该审判方式是由陕甘宁边区高等法院陇东分庭庭长马锡五创造，因此称为“马锡五审判方式”。

（2）马锡五审判方式的特点有：①方便群众诉讼，手续简便，不拘形式。马锡五审判方式不被陈规束缚，方便了群众，既做到公平合理，又节省了民力财力，使案件得到及时解决。②深入农村，调查研究，实事求是地了解案情。该审判方式对于重要案件都亲临案发地点，重调查研究，查清事实，分清是非，从而实事求是地处理案件。③依靠群众，尊重群众意见，依法合理判决案件。该审判方式不仅依靠群众查清案情，而且把政策、法律和案情告知群众，从而使案件得到正确的解决。④教育群众，既使当事人心悦诚服，又使当地群众受到教育。

（3）意义：马锡五审判方式的出现和推广，培养了大批优秀司法干部，解决了积年疑难案件，有利于生产，保证抗日，使新民主主义司法制度落到实处。马锡五审判方式集中体现了边区审判制度的民主性和公正性，是边区革命审判制度的缩影。

48. 简述《陕甘宁边区宪法原则》的主要内容。

【记忆要点】政权组织、人民权利、司法、经济文化。

【参考答案】（1）政权组织。采取人民代表会议制的政权组织形式，以保证人民管理政权机关。规定边区、县、乡人民代表会议为人民管理政权机关，各级政权形式上开始由参议会过渡为人民代表会议制度，为新中国的基本政治制度奠定了基础。

（2）人民权利。保障人民享有广泛的民主权利。边区人民不分民族一律平等，少数民族聚居区享有民族区域自治的权利。

（3）司法。确立边区的人民司法原则。各级司法机关独立行使职权，不受任何干涉。除司法机关、公安机关依法执行职务外，任何机关、团体不得有逮捕审讯行为。人民有权以任何方式控告失职的公务员。

（4）经济文化。确立边区的经济文化政策。经济上采取公营、合作、私营三种方式，组织一切人力、财力促进经济繁荣，为消灭贫穷而斗争。保障耕者有其田，劳动者有职业，企业者有发展机会。普及提高人民的文化水平。

49. 简述《华北人民政府施政方针》的主要内容。

【记忆要点】确定华北人民政府的当前基本任务；规定了实现当前基本任务的方针政策（政治、经济、文化教育）。

【参考答案】1948 年 8 月华北临时人民代表大会通过了《华北人民政府施政方针》，规定了人民政府的基本任务及有关各项政策。其主要内容有：

（1）确定华北人民政府的当前基本任务。即继续以人力、物力、财力支援前线，争取人民解放战争在全国的胜利；有计划、有步骤地进行建设，恢复和发展生产；建设民主政治，培养干部吸引人才。

（2）规定了实现当前基本任务的方针政策。①政治方面，要健全人民代表大会制度。②经济方面，要发展农业，颁发土地证确认地权，建立农民生产合作互助组织；促进城乡经济交流；发展工商业；贯彻公私兼顾、劳资两利的方针。③文化教育方面，要建立正规教育制度；建立广泛的文化统一战线。

50. 简述革命根据地时期的土地立法的发展。

【记忆要点】《井冈山土地法》《兴国土地法》《中华苏维埃共和国土地法》《抗日救国十大纲领》《五四指示》《中国土地法大纲》。

【参考答案】（1）工农民主政权时期的土地立法包括《井冈山土地法》、《兴国土地法》和《中华苏维埃共和国土地法》。《中华苏维埃共和国土地法》规定没收一切地主、富农、反革命分子及农村公共土地，对于没收来的土地财产的分配，按照最有利于贫雇农、中农利益的原则进行，并规定了土地所有权问题。《中华苏维埃共和国土地法》是土地革命时期影响最大、实施地区最广、适用时间最长的土地法，但有严重的“左”倾错误，如在土地分配上实行“地主不分田，富农分坏田”的政策。

（2）1937年8月颁布的《抗日救国十大纲领》确立了“减租减息”的原则。以陕甘宁边区为代表，抗日民主政权土地立法的主要内容包括：保护土地所有权；减租交租；保障佃权；减轻债务利息。

（3）中共中央于1946年5月4日发布了《关于土地问题的指示》（简称《五四指示》）。该指示决定改抗战时期的减租减息政策为没收地主土地分配给农民、实行土地改革的政策，从而揭开了解放区土地改革运动的序幕。

（4）1947年10月10日，中共中央召开全国土地会议，制定公布了《中国土地法大纲》。其主要内容包括：宣布废除封建、半封建性剥削的土地制度，实行耕者有其田；规定土地改革须遵守的原则是依靠贫雇农，团结中农，保护工商者，正确对待地主富农；确定以乡村为单位、按人口平均分配一切土地的分配办法；确认人民对所分得土地的所有权；确定土地改革的执行机关为乡村农民大会、贫农团大会、区县省级农民代表大会；确认保护工商业的原则。

二、分析题

1. 材料1：《睡虎地秦墓竹简·法律答问》：甲盗牛，盗牛时高六尺，系一岁，复丈，高六尺七寸，问甲何论？当完城旦。

材料2：《睡虎地秦墓竹简·法律答问》：甲谋遣乙盗，一日，乙且往盗，未到，得，皆赎黥。

材料3：《睡虎地秦墓竹简·法律答问》：甲谋遣乙盗杀人，受分十钱，问乙高未盈六尺，甲何论？当磔。

请运用中国法制史知识分析上述材料并回答下列问题：

（1）材料 1 中，分析甲因盗牛承担刑事责任的原因。

（2）材料 2 中，甲、乙是否承担刑事责任？为什么？

（3）材料 3 中，甲、乙是否承担刑事责任？为什么？

（4）结合上述材料，试析秦代法律中教唆他人犯罪加重处罚的条件。

【记忆要点】材料 1 中甲负刑事责任的原因：甲身高超过六尺五寸。材料 2 中甲、乙负刑事责任的原因：教唆犯与实行犯同论。材料 3 中甲负刑事责任、乙不负刑事责任的原因：甲教唆未成年人犯罪，加重处罚；乙身高未到刑事责任年龄。教唆犯加重处罚的条件：有教唆行为、被教唆人是未成年人。

【参考答案】（1）材料 1 中，甲因盗牛被处以完城旦的刑罚，承担了刑事责任。秦代是以身高作为承担刑事责任的标准，甲身高六尺七寸，超过了六尺五寸的刑事责任能力标准，因此，甲应当承担刑事责任。

（2）材料 2 中，甲、乙都应承担刑事责任。依据秦律规定，教唆他人犯罪的，教唆犯和现行犯都应承担刑事责任并处以同等刑罚。因此，材料 2 中，甲教唆乙盗窃，两人都应当承担刑事责任，并都处以赎黥的刑罚。

（3）材料 3 中，甲承担刑事责任，乙不承担刑事责任：①秦代以身高作为承担刑事责任的依据，乙因未达到承担刑事责任的身高标准（男子六尺五寸、女子六尺二寸——编者注），因此，乙不承担刑事责任。②依据秦律规定，对于教唆犯，与现行犯同罪，但教唆未成年人犯罪的，加重处罚。材料 3 中，甲唆使乙抢劫杀人，并从乙所获赃值中分得十钱，甲属于教唆未成年人抢劫杀人的教唆犯，因此甲应当承担刑事责任并处以磔刑。

（4）秦律规定教唆他人犯罪加重处罚的条件是：①教唆人实施了教唆行为，至于被教唆人是否实施所犯之罪或者是否得财，在所不问。②被教唆人是未成年人。如果教唆人已经成年，则同等处罚，而不必加重处罚。

★2.《通典》（卷六十九）；《太平御览》（卷六百四十）：时有疑狱曰：甲无子，拾道旁弃儿乙，养之以为子。及乙长，有罪杀人，以状语甲，甲藏匿乙。甲当何论？仲舒断曰："甲无子，振活养乙，虽非所生，谁与易之！诗云'螟蛉有子，蜾蠃负之。'春秋之义，'父为子隐'，甲宜匿乙。诏不当坐。"

请运用中国法制史知识分析上述文字并回答：

（1）材料反映的刑法原则和司法原则及含义。

（2）结合材料说明甲"不当坐"的原因和根据。

（3）结合材料说明经义断狱对法律适用的影响。

【记忆要点】材料反映的刑法原则和司法原则：亲亲得相首匿、春秋决狱。不当坐的原因：养父为子隐罪；根据：养父与生父具有同等的法律地位。经义断狱对法律适用的影响：注重犯罪者主观动机并兼顾犯罪客观事实、弥补法律规定不足。

【参考答案】（1）材料反映的是"亲亲得相首匿"的刑法原则和春秋决狱（经义断狱）的司法原则。亲亲得相首匿原则即直系三代血亲之间和夫妻之间，除犯谋反、大逆罪外，均可以互相隐匿罪行而免于刑罚的刑法适用原则。春秋决狱即以儒家经典《春秋》的精神和事例作为司法审判的依据的司法原则。

（2）乙杀人，其养父甲为其隐罪。按照汉律规定和当时的道德标准，如果甲是生父，则不必连坐。但对于养父是否可以为养子隐罪，汉律并无规定。董仲舒认为，甲虽然是养父，但对儿子乙有养育之恩，已经有父子的名分，因此，甲具有和生父相同的法律地位，根据春秋决狱所倡导的“父为子隐”思想，甲可以为儿子乙隐罪且不必连坐。

（3）经义断狱对法律适用具有如下影响：①经义断狱注重考察犯罪者的主观动机，同时兼顾犯罪事实。甲虽有隐匿、窝藏罪犯的行为，且甲并非罪犯生父，但甲的主观动机符合《春秋》所倡导的“志善”精神，因此甲“不当坐”。② 经义断狱具有弥补法律规定不足的作用，适用法律必须符合儒家经典所倡导的义礼精神。虽然甲不为罪犯生父，但法律也并没有规定养父是否可以为养子隐罪，此时引用儒家经典的精神断案，就可以弥补法律规定的不足。

★3. 材料 1：《晋律》（晋）刘颂：律法断罪，皆当以法律令正文，若无正文，依附名例断之，其正文名例所不及，皆勿论。

材料 2：《唐律疏议·断狱律》：诸制敕断罪，临时处分，不为永格者，不得引为后比，若辄引，致罪有出入者，以故失论。

诸断罪皆须具引律、令、格、式正文，违者笞三十。若数事共条，止引所犯罪者，听。

请运用中国法制史的知识和理论，分析上述材料并回答下列问题：

（1）材料体现的是何种法律制度？

（2）根据材料 1 分析晋代对司法官审理案件的要求。

（3）根据材料 2 分析唐代司法官违规断案应当承担的法律责任。

（4）如何评价上述材料？

【记忆要点】援法断罪、断罪具引律令格式、罪刑法定、司法审判公正合法、一定程度上防止比附和杜绝类推。

【参考答案】（1）材料体现的是援法断罪和法官责任制度（断罪具引律令格式）。

（2）根据援法断罪原则，司法官审理判决案件首先应以律典法令的明确内容为依据；律典法令和名例原则均无相应规定的，则不应定罪量刑。

（3）对于皇帝针对一时一事所发布的敕令，如果没有经过立法程序上升为“永格”的，不得引用以为“后比”。如果任意引用而致断罪有出入者，属于故意，以故意出入人罪论处；属于过失，以过失出入人罪论处。司法官必须严格按照律、令、格、式的正文定罪，违者笞三十。

（4）材料表明：①晋代出现的援法断罪思想和援法断罪制度，近于现代罪刑法定原则，为中国古代律学理论和法律思想的一大进步。②唐代要求司法官依法断案，并严格规定了司法官责任制度，这有利于保证司法审判的公正、合法。③援法断罪可以在一定程度上防止司法官比附断罪和律外治罪，但不能从根本上杜绝比附断罪和广泛地适用类推。

★4. 材料 1：《魏书·刑罚志》：诸犯死罪，若祖父母、父母年七十以上，无成人子孙，旁无期亲者，具状上请，流者鞭笞，留养其亲，终则从流，不在原赦之例。

材料2：《唐律疏议·名例律》：诸犯死罪非十恶，而祖父母、父母老疾应侍，家无期亲成丁者，上请。犯流罪者，权留养亲。

请运用中国法制史的知识和理论，分析上述材料并回答下列问题：

（1）存留养亲制度的历史渊源及制度变迁。

（2）根据材料1分析存留养亲制度的适用。

（3）对比材料1、2，分析唐朝在存留养亲制度适用上的主要变化。

（4）材料说明的问题。

【记忆要点】存留养亲：死罪者由皇帝决定免死留养；流罪者鞭笞后留下赡养双亲。唐朝在存留养亲上的变化：适用范围受限、年龄不受限、流罪者直接适用存留养亲。说明的问题：法律家族化、伦常化；受服制影响；体现人伦孝道和仁政、德治。

【答案要点】（1）存留养亲制度首次规定于《北魏律》，该制度被唐律沿袭，到了清代发展成为秋审制度中的“留养承祀”。

（2）犯死罪的犯人（死刑犯）的祖父母、父母在70岁以上，除了该死刑犯外，没有其他成人子孙及五服内的亲属，则司法官员将其情况向皇帝请示，由皇帝决定免死留养其父母或祖父母；犯流刑的则处以鞭笞后留下来赡养双亲。

（3）唐朝在存留养亲制度适用上的主要变化有：①限制适用范围，对于犯十恶者，不适用存留养亲制度。②对于祖父母、父母年老不再限制年龄。③犯流罪者，不再经鞭笞而直接适用存留养亲制度。

（4）说明的问题：①这是古代法律家族化、伦常化的具体体现，体现了家族本位的观念，也是服制影响法律的显著标志。②该原则并非为了宽恕罪犯本人，而是使儿子孝养双亲得以实现，以体现儒家的人伦孝道精神，促成礼法结合，并宣扬了统治阶级的“仁政”“德治”。

★5.《唐律疏议·职制律》（卷十一）：诸称律、令、式，不便于事者，皆须申尚书省议定奏闻。若不申议，辄奏改行者，徒二年。即诣阙上表者，不坐。

请运用中国法制史的知识和理论，分析上述材料并回答下列问题：

（1）唐朝规定的法律修改程序。

（2）唐律规定的违法修改法律应当承担的责任。

（3）如何评价上述材料？

【记忆要点】法律修改程序：申报尚书省讨论决定是否修改。违法修改法律承担的责任：徒2年，但因适用问题而越级申冤上表的免责。材料反映的问题：保持立法稳定性，以刑罚手段维护法律稳定，有利于依法办事、公正执法、保持法律的尊严与权威。

【参考答案】（1）依据该条文规定，对于不符合社会生活实际情况的律、令、式等法律，确须修改的，应当向尚书省申报，并说明不便于适用的理由。法律经讨论后决定是否修改。

（2）对于法律未经申报而擅自修改的，徒2年。但因法律适用问题而越级申冤上表朝廷的，不承担刑事责任。

（3）唐律这一规定表明：①立法注重稳定，不能因事宜的变化而擅自修改法律，对于确须修改的，也必须严格按照法律程序进行。②对于未经申议而擅自修改法律的，要承担法律责任，这是以刑罚手段维持法律的稳定，有利于严格依法办事，公正执法。③法律的相对稳定有利于维护社会的安定和法律的尊严与权威。

★6.《唐律疏议·名例律》（卷二）：诸犯私罪，以官当徒者，（私罪，谓私自犯及对制诈不以实、受请枉法之类。）五品以上，一官当徒二年；九品以上，一官当徒一年。若犯公罪者，（公罪，谓缘公事致罪而无私、曲者。）各加一年当。以官当流者，三流同比徒四年。其有二官，（谓职事官、散官、卫官同为一官，勋官为一官。）先以高者当，若去官未叙，亦准此。（本犯应合官当者，追毁告身。）次以勋官当。行、守者，各以本品当，仍各解见任。若有余罪及更犯者，听以历任之官当。历任，谓降所不至者。其流内官而任流外职，犯罪以流内官当及赎徒年者，各解流外任。

请结合上述材料回答下列问题：

（1）区分公罪和私罪原则和官当制度的历史沿革。

（2）唐代官当制度的主要内容。

（3）如何评价上述规定？

【记忆要点】公罪和私罪的沿革：隋—唐—宋；官当的沿革：北魏、陈—隋—唐—宋。官当的内容：五品以上抵 2 年，九品以上抵 1 年，公罪多抵 1 年；三流同比徒 4 年；折抵不尽适用赎刑。对材料的评价：调动官员积极性、封建特权法律化、官当不能突破封建统治秩序的界限。

【参考答案】（1）①区分公罪和私罪原则最早见于隋朝《开皇律》，唐朝发展并完善，宋朝沿用。②官当制度源于《北魏律》和《陈律》，隋唐律典皆有规定，宋朝沿用，元代废止。

（2）依据唐律规定，官吏犯私罪，五品以上者，一官折抵徒刑 2 年；九品以上者，一官折抵徒刑 1 年。若犯公罪，则可多折算 1 年，即五品以上，一官折抵徒刑 3 年；九品以上，一官折抵徒刑 2 年。如果是以官品折抵流刑，原则上“三流同比徒 4 年”，即流刑三等，官当时都比作徒 4 年。以官品折抵徒刑仍有余刑不尽的，可再以铜赎刑。因官当失掉官职之人，1 年后可以比原官职降一等任用。

（3）①唐律关于区分公罪和私罪原则以及官当制度的规定对于官吏因公执法和调动官吏的积极性起到了一定的作用。②官当制度使得封建特权制度化、法律化，从而限制了贵族官僚的肆意妄为，并有助于皇帝行使最高司法权，将贵族、官僚生杀予夺的权力及于己手。③官当仅适用于折抵徒罪和流罪，而不适用于死罪本身也表明，官当的实施不能影响到封建统治秩序为限。

★7.《唐律疏议·名例律》（卷四）：诸犯罪已发及已配而更为罪者，各重其事。即重犯流者，依留住法决杖，于配所役三年。若已至配所而更犯者，亦准此。即累流、徒应役者，不得过四年。若更犯流、徒罪者，准加杖例。其杖罪以下，亦各依数决之，累决笞，杖者，不得过二百。其应加杖者，亦如之。

请结合上述材料回答下列问题：

（1）请解释材料中“更为罪”和“各重其事”的含义。

（2）唐朝对于更为罪者如何论处？

（3）如何评价上述规定？

【记忆要点】 更为罪：再次犯罪；各重其事：各罪累科、加重处罚。对更为罪者的论处：加重处罚；重犯流罪的于留住地决杖并配役；在配役地重新犯罪的附加杖刑并比照加重处罚。评价：社会危害性大、预防犯罪。

【参考答案】（1）更为罪是指再次犯罪，唐朝将此情形称为“更犯”；各重其事是指对各后犯之罪刑罚累科并加重处罚。

（2）对于更犯，唐律采取加重处罚的办法处理，即犯罪已经案发或者在刑罚执行期间又重新犯罪的，加重处罚。重犯流罪的，依据留住地法律决杖，并于配役地服劳役3年。如果已经到达配役地而重新犯罪的，或者应附加杖刑的，都比照前述规定加重处罚。

（3）评价：①因更犯属于重新犯罪，其社会危害性较初次犯罪要大，因此，唐律采取更犯加重处罚的原则。②对更犯采取加重处罚的原则，在一定程度上可以起到预防犯罪的作用。

★8.《唐律疏议·名例律》（卷五）：（1）诸共犯罪者，以造意为首，随从者减一等。若家人共犯，止坐尊长；（于法不坐者，归罪于其次尊长。尊长，谓男夫。）侵损于人者，以凡人首从论。即共监临主守为犯，虽造意，仍以监主为首，凡人以常从论。

（2）诸共犯罪而本罪别者，虽相因为首从，其罪各依本律首从论。若本条言“皆”者，罪无首从；不言“皆”者，依首从法。即强盗及奸，略人为奴婢，犯阑入，若逃亡及私度、越度关栈垣篱者，亦无首从。

请结合上述材料回答下列问题：

（1）概括说明唐律中有关共犯区分首从具体适用情形。

（2）概括说明唐律中有关共犯不区分首从的具体适用情形。

（3）如何评价上述规定？

【记忆要点】 共犯区分首从的情形：共犯以造意为首；家人共犯，只坐尊长；主管官员与外人共犯，主管官员为首。共犯不区分首从的情形：条文表述“皆”者；强盗、强奸、掠卖为奴、阑入、罪发逃亡、私度或越度关卡、垣篱。对材料的评价：对主观心态和量刑情节的深刻认识、维护封建家长制、防止内外因缘为奸、关切社会秩序的稳定。

【参考答案】（1）唐律明确二人以上故意犯罪为共同犯罪，并区分首犯、从犯。具体适用情形是：①首犯即造意者，是倡首先言的主谋，一般要加重处罚，从犯则比照首犯减一等处刑。②家人共犯，不论何人造意，以尊长为首，卑幼不坐。③外人与主管官员共同犯罪，即使由外人造意，仍以主管官员为首犯，其余人为从犯。

（2）唐律中有关共犯不区分首从的情形有：①凡是本条文表述“皆”者，罪无首从；凡是本条文没有表述“皆”者，应当区分首从。②但犯有强盗罪、奸罪、将劫掠之人卖为奴婢、阑入罪、罪发逃亡、私度或越度关卡、垣篱的，不区分首从。

（3）①唐律共犯区分首从表明唐朝对犯罪人主观心态和量刑情节的深刻认识。②家人共犯以尊长为首体现了封建家长制原则。③外人与主管官员共犯以主管官员为首，以防止官员和外人内外勾结，上下一气，因缘为奸，以维护国家统治。④对于强盗、奸罪、劫掠贩卖人口等罪行不区分首从，表明唐朝统治者对社会秩序稳定的严重关切。

★9.《唐律疏议·名例律》（卷六）：诸二罪以上俱发，以重者论；等者，从一。若一罪先发，已经论决，余罪后发，其轻若等，勿论；重者更论之，通计前罪，以充后数。即以赃致罪，频犯者并累科；若罪法不等者，即以重赃并满轻赃，各倍论。其一事分为二罪，罪法若等，则累论；罪法不等者，则以重法并满轻法。累并不加重者，止从重。其应除、免、倍、没、备偿、罪止者，各尽本法。

请结合上述材料回答下列问题：

（1）材料体现了唐朝何种定罪量刑原则？该原则具体适用规则如何？

（2）根据材料简要概括唐朝不适用合并论罪的情形。

（3）如何评价上述规定？

【记忆要点】材料体现的定罪量刑原则：合并论罪从一重。基本适用规则：案发数罪从一重，数罪相等论一罪；余罪轻或等于已决罪不论，余罪重于已决罪以重罪论。不适用合并论罪从一重的情形：赃罪。评价：数罪从一重有明确标准；宽缓适中、稳定秩序；督促官吏廉洁、守法。

【参考答案】（1）材料体现的是唐朝合并论罪从一重的定罪量刑原则。该原则具体适用情形是：凡一人所犯数罪均案发或被告发，重罪吸收轻罪，按其中最重的一种罪处刑；若所犯各罪轻重相等，按其中的一罪处刑；若判决先发之罪后，又得知判前还有其他罪的，若后发之罪轻或等于已判之罪，则不再论处；若后发之罪重于已判决之罪，则按照后发之罪论处，已判决之罪折入后发之罪中。

（2）合并论罪从一重原则不适用于赃罪，对于屡犯贪赃之类的犯罪，则累计其多次赃物数额定罪。对于适用除、免官，损害赔偿、没收财产等情形的，也依据本原则处断。

（3）评价：①合并论罪从一重原则区分了犯罪的不同情形，明确了相应的处理办法，为数罪量刑提供了切实可行的判断标准，这对保证犯数罪的法律适用具有意义。②合并论罪从一重原则规定得较为宽缓适中，有利于稳定统治秩序。③赃罪不适用合并论罪从一重，表明唐朝以严刑峻法惩治官吏的贪赃枉法行为，这有利于督促官吏奉公守法、廉洁自律。

★10.《唐律疏议·名例律》（卷五）：诸犯罪未发而自首者，原其罪（正赃犹征如法）。其轻罪虽发，因首重罪者，免其重罪；即因问所劾之罪而别言余罪者，亦如之。即遣人代首，若于法得相容隐者为首及相告言者，各听如罪人身自首法。即自首不实及不尽者，以不实不尽之罪罪之；至死者，听减一等。其知人欲告及亡叛而自首者，减罪二等坐之；即亡叛者，虽不自首，能还归本所者，亦同。其于人损伤，于物不可备偿，即事发逃亡，若越度关及奸，并私习天文者，并不在自首之例。

请结合上述材料回答下列问题：

（1）唐律构成自首的法定条件是什么？唐律如何区分自首和自新？

（2）何为“正赃犹征如法”？该规定有何意义？

（3）对“自首不实”和“自首不尽”的如何论处？

（4）唐律规定哪些行为不适用自首？

（5）如何评价上述规定？

【记忆要点】自首的法定条件：未案发、自动投案；自首和自新的区分：犯罪未发而主动投案为自首，犯罪已发而被动投案为自新。正赃犹征如法的含义及意义：如数退还赃物；防止获取非法利益。自首不实或不尽的论处：以不实、不尽罪论，但当死者减一等。不适用自首的情形：害、偿、逃、度、奸、习。评价：明确法定条件、区分自首和自新、改过自新、巩固统治、稳定秩序、对后果无法挽回的犯罪关注。

【参考答案】（1）构成自首的法定条件：①必须是在犯罪案件未发，官府或他人未发觉之前；②犯罪人自动向官府投案。唐律区分了自首和自新：犯罪未发而自动投案的是自首，是主动的，应予免除处罚；而犯罪已发，或被官府查知逃亡后再投案的是自新，是被迫的，应予减轻处罚。

（2）正赃犹征如法即自首可以免罪，但必须如数退还赃物。意义：防止犯罪人利用自首获取非法利益或非法得财。

（3）对自首不实或不尽的，以不实或不尽之罪论处，但可判处死刑的，减一等处刑。

（4）对于伤害他人人身、不能返还原物、案发后逃亡、私度关津、强奸、私习天文等行为，不适用自首。

（5）评价：①唐律规定了适用自首的不同情形，明确了构成自首的法定条件，区分了自首和自新，有利于促使犯罪分子改过自新，也表明了唐朝定罪量刑原则的重大发展。②唐律有关自首规定的立法目的在于巩固封建统治、稳定社会秩序。③唐律有关自首也不适用减免刑罚的例外性规定体现了对犯罪后果无法挽回的犯罪的特殊关注。

11.《旧唐书·王彦威传》：兴平县人上官兴，因醉杀人亡窜，吏执其父下狱，兴自首请罪，以出其父。京兆尹杜悰（音从——编者注）、御史中丞宇文鼎，以其首罪免父，有光孝义，请减死配流。彦威与谏官上言曰：“杀人者死，百王共守。若许杀人不死，是教杀人。兴虽免父，不合减死。”诏竟许决流。

请结合中国法制史知识回答下列问题：

（1）请根据唐律规定并结合材料分析上官兴的杀人行为是否适用自首减免刑罚。

（2）唐律规定自首的意义。

（3）请结合材料分析礼对法的影响。

【记忆要点】上官兴杀人不适用自首的原因：杀人已经案发、案发后逃亡。自首的意义：改过自新、巩固统治、稳定秩序。材料体现的礼法关系：礼法结合；礼是法的指导、法是对礼的维护、适用自首应以礼为定罪量刑标准、礼法的矛盾和冲突。

【参考答案】（1）上官兴的杀人行为不适用自首：①唐律规定构成自首的基本要求在于“犯罪未发”。而上官兴杀人案已经案发并抓获其父，不符合唐律关于自首的基本要求。②唐律规定，对于案发后逃亡的，不适用自首。上官兴案发后逃亡，不适用自首，不适用减刑和免刑，当论死。

（2）唐律关于自首的规定，有利于促使犯罪分子改过自新和稳定社会秩序；对于不适用自首及自首法定条件的规定体现了刑法适用原则的重大发展和唐朝统治者对统治阶级根本利益的维护。

（3）上官兴杀人的行为虽然不适用自首，但其最终被减刑，适用了流刑，这体现了礼对法的如下影响：①礼法结合是唐朝法律的典型特征，所谓“出礼而入刑”，体现了礼法之间的互补关系。②礼是法的指导；法是对礼的维护。礼法结合的一个重要方面便是对“孝”的维护和弘扬。本案中，由于上官兴投案的本意是救其父亲，符合“孝道”，因此，皇帝最终减免了其死罪，适用了流刑。③适用自首应以礼作为定罪量刑的标准，所以，礼是唐律的灵魂。而“礼”的核心便是三纲五常，讲究父子之情、君臣之义。④礼法之间存在矛盾和冲突。本案中，上官兴的行为便是属于违于法但合于礼的行为，对此，唐代统治者出于弘扬孝义的原则，对上官兴作出了悖于法律规定的处罚，说明了唐代“礼”对“法”的重大影响。

★12.《唐律疏议·名例律》（卷二）：诸皇太子妃大功以上亲、应议者期以上亲及孙，若官爵五品以上，犯死罪者，上请；（请，谓条其所犯及应请之状，正其刑名，别奏请。）流罪以下，减一等。其犯十恶，反逆缘坐，杀人，监守内奸、盗、略人、受财枉法者，不用此律。

请根据上述材料并结合中国法制史知识回答下列问题：

（1）上请制度的历史沿革。

（2）唐律规定的上请制度的适用对象、适用程序和处罚。

（3）唐律规定的不适用上请制度的例外情况。

（4）如何评价上述规定？

【记忆要点】沿革：周之八辟—汉代制度化—隋唐完善—清末废除。适用对象：皇太子妃大功以上亲、应议者期以上亲及孙、官爵五品以上；适用程序：奏报皇帝裁决；处罚：经应处死者由皇帝裁决；流罪以下自然减一等。适用限制：十恶、反逆缘坐、杀人、监守内奸、盗、掠人、受财枉法者。评价：皇帝控制司法、封建特权法、某种程度限制贵族官僚恣意妄为、维护统治阶级根本利益。

【参考答案】（1）上请最早源于西周八辟之法，汉代始予制度化，隋唐发展并完善了上请制度，清末修律废除。

（2）适用对象：上请适用于皇太子妃大功以上亲、八议之人期以上亲及孙和官爵五品以上犯死罪之人。适用程序：对于适用犯死罪上请的人，司法机关不能直接审判，只能将其罪状、适用上请的条件、依律应绞应斩的事实直接奏报皇帝，由皇帝作出最终裁决。处罚：适用上请的人，应处死者由皇帝裁决，流罪以下自然减一等处刑。

（3）犯十恶重罪、反逆缘坐、杀人，地区及部门长官在其所辖地区和部门内犯奸淫、窃盗、掠卖人口、受财枉法等罪的，不适用上请。

（4）评价：①上请制度有利于皇帝控制最高司法权。②上请制度表明唐朝封建特权法的进一步发展，但上请制度也在一定程度上限制了贵族官僚的恣意妄为。③上请制度在适用上的例外限制表明唐律以维护统治阶级根本利益为其任务的立法宗旨。

★13. 《唐律疏议·名例律》(卷二)：诸应议、请、减及九品以上之官，若官品得减者之祖父母、父母、妻、子孙，犯流罪以下，听赎；若应以官当者，自从官当法。其加役流、反逆缘坐流、子孙犯过失流、不孝流及会赦犹流者，各不得减赎，除名、配流如法（除名者，免居作。即本罪不应流配而特配者，虽无官品，亦免居作）。

请结合上述材料回答下列问题：

（1）唐律规定的赎刑的适用对象和不适用赎刑的情形。

（2）根据材料说明免居作的适用对象。

（3）如何评价上述材料？

【记忆要点】适用对象：应议、请、减及九品以上官员，官品得减者之祖父母、父母、妻、子孙，犯流罪以下。不适用赎刑的情形："五流"。评价：特权法；等级；维护统治阶级的根本利益。

【参考答案】（1）唐律规定的适用赎刑的对象包括诸应议、请、减及九品以上官员，官品得减者之祖父母、父母、妻、子孙，犯流罪以下。对于判处加役流、反逆缘坐流、子孙犯过失流、不孝流及会赦犹流者，不适用赎刑，按照正条配流。

（2）对于除名的官员，以及本罪不应流配但依据法律规定而特别流配的人，虽然无官品，但也免居作。

（3）评价：①应议、请、减及九品以上官员适用赎刑表明唐朝封建特权法的制度化、规范化。②官品得减者之祖父母、父母、妻、子孙犯流罪以下适用赎刑表明唐律对封建家族等级秩序的维护。③将加役流等重刑者排除在赎刑适用范围之外表明唐律对封建统治阶级根本利益的维护。

14. 材料1：《贞观政要·卷八·论赦令》(第三十二)：贞观十年，太宗谓侍臣曰："国家法令，惟须简约，不可一罪作数种条。格式既多，官人不能尽记，更生奸诈，若欲出罪即引轻条，若欲入罪即引重条。数变法者，实不益道理，宜令审细，毋使互文。"

材料2：《资治通鉴·唐纪十》：上曰："法令不可数变，数变则烦，官长不可尽记，又前后差违，吏得以为奸。"

请运用中国法制史的知识和理论，分析上述材料并回答下列问题：

（1）上述材料体现了何种立法思想？该立法思想的基本内容是什么？

（2）唐太宗如何阐述这种立法思想的？

（3）唐朝如何践行上述立法思想的？

（4）如何评价上述材料？

【记忆要点】立法指导思想：宽简、稳定、划一。唐太宗对宽简、稳定、划一的阐述：法令要简约、条款要仔细审定、立法要审慎。唐朝对宽简、稳定、划一思想的践行：删除旧律死罪90多条、删去"兄弟连坐俱死"、改重为轻。评价：法律简约、周详严密、避免舞弊、促发展、维稳定、树立法律权威、注重法律的稳定性。

【参考答案】（1）上述材料体现的是立法宽简、稳定、划一的思想。所谓"宽"，是指立法在内容上要做到轻刑省罚；所谓"简"，是指立法在形式上要做到条文简明。所谓"划一"，就是法律各条款之间不能相互牵连，严禁一罪有数种规定或时常变更法令。

（2）唐太宗认为，国家的法令，一定要简约，不可以一个罪名定很多种处罚条令。条款太烦琐，执法官员不能全记住，反而会孳生奸诈，如果要开脱犯人罪责，有人就会援引从轻的处罚，如果要把罪名强加到他人头上，就会用从重的处罚。这对国家的治安非常不利。应该仔细审定条款，不要使各条款之间互相牵连。若法律不稳定，律文多变，使人心多惑，无所适从，所以立法者要审慎而行，不可轻立，既立之后，必须审定，以为永式。

（3）唐朝为了贯彻宽简、稳定、划一的立法思想，贞观修律时，删除旧律中死罪90多条，删去“兄弟连坐俱死”的规定，改重为轻的条款“不可胜纪”，使《贞观律》比《开皇律》大为简约。

（4）唐朝贯彻立法宽简、稳定、划一的思想，不仅使法律简约易知，又周详严密，从而避免执法者因缘舞弊。唐朝保持法律相对稳定，这对促进经济发展，维持安定的政治局面和法律的权威是非常重要的。唐朝贯彻立法宽简、稳定、划一的思想，在指出法的可变性的同时，也注意到保持法的相对稳定性，从而使法律的变化与进步的社会潮流相适应。

15.《唐律疏议·名例律》（卷二）：诸七品以上之官及官爵得请者之祖父母、父母、兄弟、姊妹、妻、子孙，犯流罪已下，各从减一等之例。

【疏】议曰：此名“减章”。“七品以上”，谓六品、七品文武职事、散官、卫官、勋官等身；“官爵得请者”，谓五品以上官爵，荫及祖父母、父母、兄弟、姊妹、妻、子孙：犯流罪以下，各得减一等。若上章请人得减，此章亦得减；请人不得减，此章亦不得减。故云“各从减一等之例”。

请根据上述材料回答下列问题：

（1）何谓“各从减一等之例”？

（2）根据材料说明唐朝适用例减制度的人员范围。

（3）根据材料说明律文和疏议的关系。

（4）如何评价上述规定？

【记忆要点】各从减一等之例：适用例减人员流罪以下减一等。例减人员范围：七品以上官、适用上请的近亲属。律文和疏议的关系：明确条文规定的制度、解释例减适用的人员范围、具体解释例减的含义；阐明律意，准确适用律文。

【参考答案】（1）“各从减一等之例”即适用例减制度的人员依法减一等处刑，就是流刑减为徒刑，徒刑则可以从徒三年减为徒二年半之类。“各从减一等之例”仅限于流罪以下。

（2）唐朝适用例减制度的人员包括：①七品以上官员。②应上请之人的近亲属，包括祖父母、父母、兄弟姐妹、妻、子孙。

（3）疏议是对律文的解释说明，疏议与律文具有同等法律效力。本条律文规定了例减制度，而疏议则从以下方面对此予以说明：①明确本条规定的是例减制度。②解释了适用例减制度的人员范围。③具体解释了各从减一等之例的含义。疏议对上述条文的解释在于阐明律意，以便于准确适用律文。

（4）评价：①唐律规定一定范围的贵族官员适用例减制度，体现了唐朝封建特权法的本质。②例减制度仅限于流罪以下，而不适用于流罪以上重罪，体现了唐律对统治阶级根本利益的维护。

★16.《唐律疏议·斗讼律》（卷二十二）：诸部曲殴伤良人者，加凡人一等。奴婢，又加一等。若奴婢殴良人折跌支体及瞎其一目者，绞；死者，各斩。其良人殴伤杀他人部曲者，减凡人一等；奴婢，又减一等。若故杀部曲者，绞；奴婢，流三千里。相侵财物者，不用此律。

请运用中国法制史的知识和理论，分析上述材料并回答下列问题：

（1）上述材料反映了唐代哪一种刑法适用原则？该原则的基本内容是什么？

（2）请根据材料分析奴婢和良人相犯论处情形。

（3）如何评价上述材料？

【记忆要点】材料体现的原则：良贱相犯依身份论处。基本内容：以良犯贱减轻处罚；以贱犯良加重处罚。奴婢和良人相犯论处的情形：奴婢殴伤良人，加二等，肢体损害或瞎一目的绞，致死的斩；良人殴伤奴婢，减二等，故意杀死的，流三千里。评价：同罪异罚、尊卑有别、身份法、维护封建等级秩序。

【参考答案】（1）材料反映的是唐代良贱相犯依身份论处的刑法适用原则。根据该原则，以良犯贱依法可减轻处刑；以贱犯良则较常人加重处刑。

（2）奴婢和良人相犯的论处情形为：①奴婢殴伤良人的，比照凡人殴伤加二等处刑；如果奴婢殴打良人致其肢体损害或瞎一目的，处绞刑，致使良人死亡的，处斩刑。②良人殴伤奴婢的，比照凡人殴伤减二等处刑。如果故意杀死奴婢的，处流三千里。

（3）评价：①良贱相犯同罪异罚，体现了儒家思想强调的良贱、尊卑身份的差别，说明唐代法律的身份法的性质。②严格划分良贱并依身份论处，说明唐律以维护封建等级秩序为己任。

★17.《唐律疏议·斗讼律》（卷二十三）：诸过失杀伤人者，各依其状，以赎论。（谓耳目所不及，思虑所不到；共举重物，力所不制；若乘高履危足跌及因击禽兽，以致杀伤之属，皆是。）【疏】议曰：过失之事，注文论之备矣。杀伤人者，各准杀伤本状，依收赎之法。注云“谓耳目所不及”，假有投砖瓦及弹射，耳不闻人声，目不见人出，而致杀伤；其思虑所不到者，谓本是幽僻之所，其处不应有人，投瓦及石，误有杀伤；或共举重物，而力所不制；或共升高险，而足蹉跌；或因击禽兽，而误杀伤人者。

请运用中国法制史的知识和理论，分析上述材料并回答下列问题：

（1）何谓“过失杀”？认定过失杀的条件是什么？对过失杀应如何定罪处罚？

（2）请结合上述材料，说明“疏议”与律文之间的关系。

（3）如何评价唐律的上述规定？

【记忆要点】过失杀：过失致人死亡。认定过失杀的条件：主观上无杀人故意，而是因疏忽大意或过于自信过失造成他人死亡。疏议和律文的关系：疏议与律文效力等同、疏议解释律文、阐明律意。评价：区分故意和过失、过失从轻处断、罪刑相适应。

【参考答案】（1）过失杀即因当事人的过失而造成他人死亡的行为。认定过失杀的条件是：行为人在主观上不具有杀人故意，而是因“耳目所不及，思虑所不到”，即是因疏忽大意或过于自信过失造成的。对于过失杀，以杀人罪论处，但因出于过失，允许以铜赎罪。

（2）“疏议”是对律文的解释，与律文具有同等的法律效力。唐律的本条“疏议”即明确了过失杀的适用情形，具体解释了“耳目所不及”“思虑所不到”“共举重物，而力所不制”等过失杀的表现形式，其目的在于阐明律意，以便于准确地适用律文。

（3）评价：①唐律明确区分了故意和过失两种犯罪主观心态，反映了唐代刑法的完备和立法技术的提高。②唐律对于犯过失杀者，处刑较轻，允许以铜赎罪，体现了唐律对过失犯罪依法从宽的态度，使罪刑相适应。

【补充说明】关于参考答案第（3）点，其他表述符合题意者，可酌情给分。

18.《唐律疏议·职制律》（卷十一）：诸有事以财行求，得枉法者，坐赃论；不枉法者，减二等。即同事共与者，首则并赃论，从者各依己分法。

【疏】议曰：有事之人，用财行求而得枉法者，坐赃论。“不枉法者”，谓虽以财行求，官人不为曲判者，减坐赃二等。“即同事共与者”，谓数人同犯一事，敛财共与，元谋敛者，并赃为首，仍倍论；其从而出财者，各依己分为从。

请运用中国法制史知识结合上述材料回答下列问题：

（1）何谓“不枉法者”？何谓“同事共与者”？

（2）请根据这两段文字分析官员接受贿赂论罪的情形。

（3）请分析这两段反映的立法宗旨和意义。

【记忆要点】受财不枉法者：官员受贿但并未枉法；同事共与者：共犯赃罪者。官员接受贿赂的情形：官员受财枉法以坐赃论、受财不枉法减坐赃二等论、共犯赃罪的首谋者依主犯论、赃值合并计算；非主犯各依分赃数额论罪。立法宗旨和意义：避免枉法、减少贪赃犯罪、净化官僚队伍、填补法律适用漏洞。

【参考答案】（1）所谓“不枉法者”，是指虽然行贿人为谋取利益而给予官员财物，但官员并未曲法妄断的情形。所谓“同事共与者”，是指数人敛财共同犯罪的情形。

（2）根据唐律疏议这两段条文规定，官员接受贿赂论罪的情形包括：①对于行贿人为谋取私利而以财物行贿官员的，官员为此而枉法裁断（受财枉法）的，以坐赃论处；没有枉法裁断（受财不枉法）的，以坐赃减二等论处。②与官员共同参与敛财的，对于首谋者以坐赃首犯论处，赃值合并计算；不是首谋者则各依据自己所分赃值的数额论罪。

（3）唐律将请求官员曲法缘情的情形规定为坐赃犯罪，对于避免缘情枉法，减少贪污受贿行为的发生，净化官僚队伍具有重要意义，而疏议对本条的解释还有利于填补贪污受贿在法律适用上的漏洞。

19.《唐六典·卷六·尚书刑部》：凡应减者，下就轻次焉，二死、三流，俱从一减。凡应加者，上就重次焉；五刑皆累加，睢数盈，不得至于死。凡律法之外有殊旨、

别敕，则有死、流、徒、杖、除、免之差（……皆刑部奉而行之）。凡决死刑皆於中书门下详覆。

请根据上述材料并结合中国法制史知识回答下列问题：

（1）唐朝刑之加、减的适用规则。

（2）何谓“除”“免”？二者有何区别？

（3）对于律外殊旨、别敕和判处死刑的，应如何处理？

（4）如何评价材料中所记载的规定？

【记忆要点】加、减的适用规则：加者就重次、减者就轻次。除、免：除为除名、免为免官；二者的区别：除名者不得恢复官员身份，免官者仍可为官。对于律外殊旨、别敕和判处死刑的处理：刑部办理，但判处死刑的由中书门下审议。评价：轻刑、仁政、爱民、慎刑。

【参考答案】（1）凡是加刑的，就是加至较重的等次；五刑都在各刑种范围内累加（最高刑除外，如杖一百加一等为徒一年——编者注），但累积不得加至于死刑。凡是减刑的，就是减至较轻的等次。减刑对笞、杖、徒三刑而言是依等次递减，但是对流、死二刑而言，则不是按等次递减，而是按刑种递减。

（2）除即除名，即免除官爵，贬为庶民；免即免去官职。对于除名者，永不得恢复官员身份；对于免官者，仍有为官的可能，但要降级叙用。

（3）对于律外因特旨、别敕而减刑的，都由刑部奉旨或依法办理，但对于决断死刑的案件，应报送中书门下审议。

（4）评价：①唐朝的加、减刑制度，体现了轻刑原则，使刑罚制度更加完善。②对于律外奉旨、别敕减刑的事项，体现了唐朝统治阶级标榜的“仁政”和“爱民”思想。③死刑案件报送中书门下审议，表明对死刑案件的重视，是慎刑思想的体现。

20.《唐六典·卷六·尚书刑部》：凡断狱之官皆举律、令、格、式正条以结之。若正条不见者，其可出者，则举重以明轻；其可入者，则举轻以明重。凡狱囚应入议、请者，皆申刑部，集诸司七品已上于都座议之。

请结合上述材料回答下列问题：

（1）根据材料说明唐朝司法官的断案的法律适用规则。

（2）对于适用八议的狱囚，唐律在程序上规定了哪些特殊待遇？

（3）如何评价材料中所体现的制度？

【记忆要点】司法官断案的要求：断罪具引律、令、格、式。对八议者的特殊待遇：向刑部申报并集议。评价：明确司法官责任以保证审判公正、合法；体现断狱适用类推的严格要求；对八议者的特权保护。

【参考答案】（1）司法官必须严格依据律、令、格、式正文定罪。如果正文没有明确规定的，凡应减轻处刑的，应列举重罚条款的类似规定，比照从轻处断；凡应加重处刑的，则应列举轻罚条款的类似规定，比照从重处断。

（2）对于适用八议的狱囚，都应向刑部申报，并召集各部门七品以上的官员在都座集议。

（3）评价：①明确司法官责任，以保证司法审判的公正、合法。②体现了对司法官适用类推断狱的严格要求，反映了唐朝立法对于类推的基本价值取向：既予以认可，以发挥其对现行律典的灵活补充作用，又予以规范和限制，以防其破坏国家法制。③八议适用特殊的优待程序，体现了唐朝法律对封建特权的维护。

21.《唐律疏议·职制律》（卷十）：诸闻父母若夫之丧，匿不举哀者，流二千里；丧制未终，释服从吉，若忘哀作乐，（自作、遣人等。）徒三年；杂戏，徒一年；即遇乐而听及参预吉席者，各杖一百……大功以下尊长，各递减二等。卑幼，各减一等。

请根据上述材料回答下列问题：

（1）材料中规定的情形涉及唐朝哪些罪名？

（2）唐朝对于材料中反映的罪名如何处罚？

（3）如何评价上述规定？

【记忆要点】材料涉及的罪名：不孝、不义。定罪处罚：匿不举哀流二千里；释服从吉徒三年；杂戏徒一年；听乐或参与吉宴杖一百。评价：维护统治阶级根本利益、维护封建伦常、打击危害父权和夫权的犯罪行为。

【参考答案】（1）材料中涉及的罪名包括十恶重罪中的不孝罪和不义罪。对于有闻父母丧匿不举哀、释服从吉、作乐、参与吉宴等情形的，构成不孝罪；对于有闻夫丧匿不举哀、释服从吉、作乐、参与吉宴等情形的，构成不义罪。

（2）父母和丈夫丧亡而匿不举哀的，流二千里；丧期未过而脱下丧服，改着吉服的，忘记悲痛而寻欢作乐的，徒三年；参与赌博、玩耍、下棋等杂戏活动的，徒一年；逢奏乐而听者或者参与吉宴的，杖一百。大功以下尊长丧匿不举哀，减二等处刑；卑幼则减一等处刑。

（3）评价：①唐律将不孝和不义规定为十恶重罪，体现了唐律对维护封建政权的根本利益和封建伦理纲常的积极维护。②唐律特别强调打击危害父权、夫权和家庭伦常秩序的行为。维护封建家长制和夫权统治是唐律的一个重要任务，体现了封建国家法制的基本精神。

★22. 材料1：《唐令·杂令》：收质者，非对物主不得辄卖；若计利过本不赎，听告市司对卖，有剩还之。

材料2：《唐令·杂令》：诸家长在，而子孙弟侄等，不得辄以奴婢、六畜、田宅及余财物私自质举及卖田宅。其有质举、卖者，皆得本司文牒，然后听之。若不相本问，违而辄与及买者，物即还主，钱没不追。

材料3：《唐律疏议·杂律》（卷二十六）：诸妄以良人为奴婢，用质债者，各减自相卖罪三等；知情而取者，又减一等。仍计庸以当债直。

根据上述材料回答下列问题：

（1）上述材料反映了唐朝何种法律制度？

（2）概括说明唐律关于质押借贷的主要内容。

（3）唐朝法律的上述规定有何意义和作用？

【记忆要点】材料反映的是质押担保。质押借贷的主要内容：质物的处理、质物的范围，奴婢可以出质，但良人不能出质。材料体现的意义和作用：多种法律形式规范出质、重视质押担保、民事法律体系较为完备、维护等级尊卑。

【参考答案】（1）上述材料反映的是唐朝的质押担保制度。收质：动产出质；市司：市场管理人员；质举：以财产设定质押；质债：提供质物作为债务的担保。

（2）唐代质押借贷的主要内容有：①在质物的处理上，须由债权人、债务人双方当面出卖质押物，市场管理人员监督，超过本利的价值必须归还债务人。②在质物的范围上，奴婢、六畜、田宅及余财物可作为出质范围，但必须由当事人约定，没有约定的，不能出质。③虽然奴婢可以出质，但良人不能成为质押担保的标的，以良人为奴婢设质的，要承担刑事责任。

（3）唐律上述规定的意义和作用在于：①质押担保在唐朝债务担保中占据着举足轻重的地位，因此，唐朝以律、令等多种法律形式予以规范，且质押担保较其他担保物权规定更为详细，体现出统治者对质押担保的重视。②质押担保的规定体现出民事法律体系较前代更为完备。③唐朝法律以维护封建等级特权和尊卑制度为己任，奴婢可以作为出质财产鲜明体现出这一特点。

★23. 材料1:《唐律疏议·户婚律》（卷十四）：诸妻无七出及义绝之状，而出之者，徒一年半；虽犯七出，有三不去，而出之者，杖一百。追还合。若犯恶疾及奸者，不用此律。【疏】议之“妻无七出而出之”条：义绝，谓“殴妻之祖父母、父母及杀妻外祖父母、伯叔父母、兄弟、姑、姊妹，若夫妻祖父母、父母、外祖父母、伯叔父母、兄弟、姑、姊妹自相杀及妻殴詈夫之祖父母、父母，杀伤夫外祖父母、伯叔父母、兄弟、姑、姊妹及与夫之缌麻以上亲、若妻母奸及欲害夫者，虽会赦，皆为义绝”。

材料2:《大明律·刑律》“干名犯义”条：“义绝之状，谓如身在远方，妻父母将妻改嫁，或赶逐出外，重别招婿，及容止外人通奸。又如本身殴妻至折伤，抑妻通奸，有妻诈称无妻，欺妄更娶妻，以妻为妾，受财将妻妾典雇，妄作姊妹嫁人之类”。

请运用中国法制史的知识和理论，分析上述材料并回答下列问题：

（1）根据材料1分析义绝的含义及其适用情形有哪些？

（2）根据材料1分析唐代对于婚姻解除及违反解除制度的处罚。

（3）对比材料1、2，分析明代在义绝制度上的变化。

（4）如何评价上述规定？

【记忆要点】义绝：情意已绝、强制离婚。义绝的适用情形：夫殴、杀妻尊亲属，妻殴、骂、杀、伤夫尊亲属及兄弟姐妹，夫妻亲属互杀，妻与夫缌麻以上亲通奸，夫与妻母通奸，妻谋害夫。唐代婚姻解除：七出、三不去。唐代违反婚姻解除的处罚：徒一年半或杖一百。明朝在义绝制度上的变化：注重婚姻关系本身状况。评价：男尊女卑、男女不平等、夫权专制、儒家思想对婚姻关系的渗透。

【参考答案】（1）义绝是指夫妻情义已绝，是唐律规定的强制离婚的条件。义绝的适用情形包括：①丈夫殴打妻子的祖父母、父母及杀死妻子的外祖父母、伯叔父母、兄弟姊妹、姑母；②妻子殴打或辱骂丈夫的祖父母、父母及杀伤丈夫的外祖父母、伯叔父母、兄弟姊妹、姑母；③夫妻之间的上述范围的亲属互相杀害；④妻子企图害死丈夫。

（2）唐代以七出、三不去和义绝作为婚姻解除的条件。对于没有七出或义绝情形而解除婚姻的，徒一年半；虽有七出但有三不去情形而解除婚姻的，杖一百，且继续维持婚姻关系；但妻子若犯恶疾及奸者，虽有三不去，仍可休妻。

（3）明朝在义绝制度上的变化主要体现在，在认定义绝情形时侧重于婚姻关系本身的状况，而非注重夫对妻或妻对夫的殴伤、奸非，以及妻对夫的谋害行为。

（4）评价：①唐代的义绝制度体现了尊卑、男女不平等的法律地位。②义绝体现了夫权主义和儒家思想对婚姻关系的渗透。③明代在义绝上注重婚姻关系本身状况的认定，表明明代在婚姻关系的处罚上“轻其所轻”的特点。

★24.《唐律疏议·斗讼律》(卷二十四)：诸被囚禁，不得告举他事。其为狱官酷己者，听之。即明知谋叛以上，听告；余准律不得告举。即年八十以上，十岁以下及笃疾者，听告谋反、逆、叛、子孙不孝及同居之内为人侵犯者，余并不得告。官司受而为理者，各减所理罪三等。

请运用中国法制史的知识和理论，分析上述材料并回答下列问题：

（1）根据材料分析唐朝告诉的适用及其限制情形。

（2）对于违法受理告诉的，应如何处理?

（3）如何评价上述材料?

【记忆要点】告诉限制的情形：在押犯只准告谋叛以上罪和狱官非法残害自己之事；80 岁以上、10 岁以下以及重病残者只准告谋反、谋大逆、谋叛以及子孙不孝或者同居之内受人侵害之事。违法受理告诉的处理：依案件涉及的罪名论处并减该罪三等处理。材料说明的问题：维护封建伦理关系和社会稳定；维护封建君主专制和皇权；加强官吏对部属官员的督察、维护社会秩序的责任感、防止官员滥用职权伤及无辜。

【参考答案】（1）依据上述材料，唐朝对告诉的限制情形包括：①在押犯只准告谋叛以上之罪和狱官非法残害自己之事，其他罪不得告诉。②80 岁以上、10 岁以下以及重病残者只准告谋反、谋大逆、谋叛以及子孙不孝或者同居之内受人侵害之事，其他罪不得告诉。

（2）对于违法受理限制告诉的案件，审案官员应依据所受理案件涉及的罪名论处并减该罪三等处理。

（3）该材料表明：①唐朝对某些案件限制控告有利于维护封建伦理关系和社会的稳定。唐律限制在押囚犯行使告诉权是出于稳定社会秩序的需要；唐朝限制 80 岁以上、10 岁以下以及重病残者行使告诉权是出于维护封建伦理关系和当事人生理条件的考量。②唐律对于危害封建政权和皇权的严重犯罪，强制知情者告发，有利于维护封建君主专制和至高无上的皇权。③唐律对于违法受理限制告诉案件，确立了严格的法官责任制，并规定了明确的法律责任，这对于加强行政官吏对部属官员的督察及其维护社会秩序的责任感，对于防止官员滥用职权伤及无辜等，都有积极意义。

★25.《唐六典·卷六·尚书刑部》：凡决大辟罪，在京者，行决之司五覆奏；在外者，刑部三覆奏。若犯恶逆已上及部曲、奴婢杀主者，唯一覆奏。凡京城决囚之日，尚食蔬食。内教坊及太常皆彻乐。每岁立春后至秋分，不得决死刑（若犯恶逆及奴婢、部曲杀主，不依此法）。

根据上述材料回答下列问题：

(1) 该材料反映了唐朝哪些法律问题？其含义是什么？

(2) 请根据材料说明唐朝死刑奏报的主要内容。

(3) 请对该材料记载的制度进行评价。

【记忆要点】材料涉及的法律问题：死刑复奏、秋冬行刑。死刑奏报的内容：京师五复奏、京师之外三复奏、非恶逆以上罪、部曲和奴婢杀主人一复奏、素食撤乐。评价：慎刑、仁政、人命关天、天人感应、儒家思想法律化、不误农时、维护统治秩序、维护伦理纲常、维护等级制度。

【参考答案】(1) 材料反映了死刑复奏制度和秋冬行刑制度。死刑复奏制度即死刑的执行必须经过法定复奏，提请皇帝审慎考虑后决定是否执行死刑的制度；秋冬行刑即死刑应在秋分之后的秋冬两季执行的制度。

(2) 凡死罪，京师要五复奏；京师以外之地要由刑部三复奏，死刑方可执行。如果所犯之罪为恶逆以上重罪（谋反、谋大逆、谋叛、恶逆——编者注），奴婢、部曲杀主人罪，只行一复奏。凡是京师对人犯执行死刑之日，要素食撤乐。

(3) 评价：①死刑复奏制度表明唐律对死刑执行的慎重，是慎刑思想和仁政的体现，素食撤乐更体现出人命关天的理念。②秋冬行刑是天人感应儒家思想在死刑执行制度上的体现，表明儒家思想渗透到刑罚执行制度中，是儒家思想成为法制原则的标志；秋冬行刑也与不误农时有关。③恶逆以上重罪和部曲、奴婢杀主人罪仅行一复奏，且不适用秋冬行刑，表明唐律对封建统治秩序和封建伦理纲常的坚决维护，也体现了唐律不遗余力地对封建等级制度的维护。

★26. 《唐六典·卷六·尚书刑部》：凡鞫狱官与被鞫人有亲属、仇嫌者；皆听更之。(亲谓五服内亲及大功已上婚姻之家，并授业经师为本部都督、刺史、县令，及府佐与府主，皆同换推。) 凡有罪未发及已发未断而逢格改者，若格重则依旧条，轻从轻法。凡天下诸州断罪应申覆者，每年正月与吏部择使，取历任清勤、明识法理者；仍过中书门下定讫以闻，乃令分道巡覆。

请运用中国法制史的知识和理论，分析上述材料并回答下列问题：

(1) 根据材料分析唐朝审判回避制度的主要内容。

(2) 根据材料分析唐律关于溯及力的规定。

(3) 如何评价上述材料？

【记忆要点】审判回避制度的内容：存在亲属、姻亲、师生、仇嫌关系，以及连署官员存在大功以上亲属关系的都应回避。溯及力的内容：新法规定为重的依旧法、新法规定为轻的依新法；申诉案件经中书省决定后办理。材料说明的问题：回避有利于防止徇私舞弊、案件存在偏袒和审判不公；溯及力体现了从旧兼从轻原则，有利于维护法律尊严和保证罪犯权益；申诉案件体现了慎刑思想，有利于平反冤案。

【参考答案】(1) 唐朝审判回避制度的内容是：①凡主审官员与当事人系五服内的亲属或者姻亲，系师生关系，曾为本部都督、刺史、县令者以及此前有仇嫌关系的，都应当回避，改由其他承审官审理。②同职连判的官员如果属于大功以上亲属，也应当回避。

（2）唐律溯及力的主要内容是：①凡犯罪尚未案发或已经案发但法律规定（材料中指的是颁布了新格）发生变化的，如果新法的规定为重的，则按照犯罪时法律规定处理；如果新法规定为轻的，则依照新法处理。②对于申诉案件，唐律规定，每年正月，刑部与吏部会同选任知理懂法的官员，经中书省作出最后决定后，到各地办理。

（3）这两段文字表明：①唐朝关于审判官回避制度的规定，对于保证司法公正，防止司法官徇私舞弊和防止可能因对当事人的偏袒或报复而出现的审判不公等有一定的作用。②唐律关于"从旧兼从轻"原则的规定，有利于维护法律的尊严和保证罪犯的权益。③唐律对申诉案件的处理是慎刑思想的体现，这对于平反冤假错案有一定作用。

★27.《唐律疏议·断狱律》（卷三十）：诸断罪皆须具引律、令、格、式正文，违者笞三十。若数事共条，止引所犯罪者，听。【疏】议曰：犯罪之人，皆有条制。断狱之法，须凭正文。若不具引，或致乖谬。违而不具引者，笞三十。"若数事共条"，谓依名例律："二罪以上俱发，以重者论。即以赃致罪，频犯者并累科。"假有人虽犯二罪，并不因赃，而断事官人止引"二罪俱发以重者论"，不引"以赃致罪"之类者，听。

请运用中国法制史的知识和理论，分析上述材料并回答下列问题：

（1）结合材料说明唐朝对司法官断罪的具体要求。

（2）结合材料说明"疏议"对律文的解释。

（3）如何评价唐律的上述规定？

【记忆要点】司法官断案的具体要求：断罪具引律令格式、触犯数法条合并论罪从一重、数罪所犯赃罪累科。疏议对律文的进一步解释：断罪具引律令格式的原因、数事共条也须符合断罪具引律令格式的要求、阐明律意、准确适用律文。评价：实现封建法制、依法断罪、限制类推、统一法律解释、保障判决公正、不能根本避免类推和司法擅断。

【参考答案】（1）法官必须严格依照律、令、格、式正文定罪，违反者笞三十。对于数罪触犯数个法条规定的，应具引合并论罪从重的条文，屡犯赃罪的，应具引累科以赃致罪条文。

（2）唐律的本条"疏议"既具体解释了断罪具引律令格式的原因，又进一步明确了"数事共条"，也符合断罪具引的要求，其目的在于阐明律意，以便于准确地适用律文。

（3）评价：①唐律的这一规定体现了统治者实现封建法制的愿望和对司法官依法断罪的具体要求。②唐律这一规定有利于限制类推原则和比附制度在法律上的适用，也有利于统一法律解释的适用以及保障司法官作出公正的判决。③这一规定不能从根本上杜绝援法断罪和类推比附断罪，也不能从根本上避免司法擅断。

【补充说明】关于参考答案第（3）点，其他表述符合题意者，可酌情给分。

★28.《唐律疏议·名例律》（卷五）：诸同职犯公坐者，长官为一等，通判官为一等，判官为一等，主典为一等，各以所由为首；（若通判官以上异判有失者，止坐异判

以上之官。）若同职有私，连坐之官不知情者，以失论。即余官及上官案省不觉者，各递减一等；下官不觉者，又递减一等。亦各以所由为首。（减，谓首减首，从减从。）检、勾之官，同下从之罪。应奏之事，有失勘读及省审之官不驳正者，减下从一等。若辞状隐伏，无以验知者，勿论。

请运用中国法制史的知识和理论，分析上述材料并回答下列问题：

（1）材料体现的是唐朝何种制度？其含义是什么？

（2）根据材料分析官员论罪的情形。

（3）如何评价上述材料？

【记忆要点】材料体现的制度：同职连署制。司法官论罪的情形：对因公错判的，承办人员承担主要责任，其他官员逐级降等；对因私错判的，官员逐级降等；对辞状无法验知的案件，虽有失察但不论处。评价：互相监督、保证办案质量、避免错判、强化司法问责、人性化。

【参考答案】（1）材料体现的是同职连署制。同职连署制即要求有关的官员共同审理、判决，共同承担错判的法官责任制度。

（2）同职连署官员论罪的情形包括：①长官（大理寺卿）、通判官（少卿）、判官（丞）、主典（府）四级官员在同职连署的范围内，一旦因公错判案件，承办人承担主要责任，其他人则逐级降等处罚。但对于通判官以上官员因公错判的，只处罚通判官和检、勾官（检验官和勾决官）。②同职官员因私错判，不知情的官员也有失察之责，对不知情的官员也应逐级降等处罚，具体而言：如果上级或其他不相隶属的官员犯失察之罪的，可递减一等；如果是下级失察就可以再递减一等；如果是检官、勾官犯失察之罪的，则按照最低一级官员所犯失察之罪的从犯论处；对于所奏之事存在瑕疵而失察的，可以根据最低一级官员所犯失察之罪的从犯再减一等处理。③对于存在辞状无法验知的情形，有关官员存在失察之责的，予以免罪且不论处。

（3）该段文字表明：①同职连署制有利于司法审判中互相监督，保证办案质量，避免错判。②同职连署制在适用上区分了因公错断、因私错判的诸多情形，并依据官员级别的不同承担不同的失察罪责，这有利于强化司法官员的问责机制，督促司法官员在审判案件时要奉公守法。③对于存在辞状无法验知的情形，有关官员予以免罪且不论处的规定，这体现了唐律某些规定的一些人性化特征。

★29. 材料 1：《宋刑统·户婚律·典卖指当论竞物业》（卷十三）：诸家长在，而子孙弟侄等不得辄以奴婢、六畜、田宅及余财物私自质举，及卖田宅。其有质举卖者，皆得本司文牒，然后听之。若不相本问，违而辄与及买者，物即还主，钱没不追。

材料 2：《宋刑统·户婚律·典卖指当论竞物业》（卷十三）：应典卖、倚当物业，先问房亲，房亲不要，次问四邻，四邻不要，他人并得交易。

根据上述材料回答下列问题：

（1）根据材料 1 分析宋代关于质举是如何规定的。

（2）根据材料 2 分析宋代典卖契约的成立条件。

（3）如何评价材料 1、2 之规定？

【记忆要点】宋代关于质举的规定：家长在，子孙、弟侄不得设定质举；设定质举须有官府文牒。典卖契约的构成要件：先问亲邻、输钱印契、过割赋税、原主离业。评价：交易活动频繁、典卖制度发达、民事关系发展、鼓励交易律条增多、私有观念深化、重利轻义；催化土地兼并。

【参考答案】(1) 宋代关于质举的规定是：若家长在，其子孙、弟侄不得以奴婢、牲畜、田宅及其他财产设定质举担保，或者变卖田宅。如果有设定质举担保或者买卖行为的，须有官府的书面文书，然后才能从事交易活动。违反规定的，物归原主，并没收交易银钱。

(2) 宋代成立典卖契约须经：①先问亲邻：凡买卖不动产，其房亲、邻人有优先购买权；②输钱印契：凡典卖不动产，必须向官府交纳一定数量的钱，由官府在契约上加盖红印；③过割赋税：凡典卖不动产，须向官府交纳租税、契税等税收；④原主离业：原主须将不动产所有权转移给新主人。

(3) 评价：①质举担保的规定较前代更为详细，典卖契约规范更为发达，表明交易活动较前代更为频繁，民事关系进一步发展，政府鼓励交易的律条有所增多。②典卖契约出现表明宋代私有观念的进一步深化，当时人们的财产观念也在悄然改变，重利轻义的现象明显增多。③宋代典卖契约不能抑制土地兼并，反倒在一定程度上成为封建地主阶级合法兼并农民土地的手段。

★30. 材料1：《唐令·杂令》："诸诉田宅、婚姻、债负，起十月一日，至三月三十日校检，以外不合。若先有文案，交相侵夺者，不在此例"。

材料2：《宋刑统·户婚律·婚田入务》："所有论竞田宅、婚姻、债负之类，取十月一日以后，许官司受理，至正月三十日住接词状，三月三十日以前断遣须毕。如未毕，具停滞刑狱事由闻奏。如是交相夺及诸般词讼，但不干田农人户者，所在官司随时受理断遣，不拘上件月日之限"。

请运用中国法制史知识分析上述文字并回答下列问题：

(1) 上述材料反映了何种法律制度？该制度的基本内容是什么？

(2) 和唐代相比，宋代在该制度上有何发展？

(3) 请对材料中反映的制度作出评价。

【记忆要点】材料体现的制度：务限法；基本内容：民事诉讼须在务限期内进行。宋代对务限法制度的发展：具体规定审理时限、细化在审理时限内的受案范围。意义：促进农业生产、以农为本、防止积案、重刑轻民。

【参考答案】(1) 该段文字反映的是民事审判时限制度——务限法。其基本内容是：在农忙季节，官府停止一切有关田宅、婚姻、债务、地租之类的民事诉讼，以限定民事案件的诉讼、审理时间。

(2) 宋朝在继承唐朝民事审理时限制度的基础上，发展成为"务限法"，其对唐朝制度予以发展的表现是：①具体确定了民事案件的审理时限。规定具体受理民事案件的时限是每年农历十月一日至次年正月三十日；对于尚未审结的民事案件，才可以延长至三月底结案。②具体细化了在务限期内应予受理的案件范围。宋朝在唐朝规定的基础上具体细化了应予受案的范围。不受务限期受案限制的案件，不仅包括相互侵夺案件，还包括刑事案件以及不影响农务的民事案件。

（3）实行务限法的意义在于：①务限法对于促进农业生产具有积极意义，这是宋代审判制度的一个重大发展，也是一个以农业生产为主的国家法律制度的特色所在。②务限法体现了以农为本的中国传统立法的价值取向。③宋代推行务限法的民事时限制度，对防止积案有一定作用。④对于刑事案件不受务限法限制的规定表明宋代诉讼制度上的重刑轻民的特点。

31.《宋史·刑法志三》：（宋神宗元丰）五年（1082年——编者注），分命少卿左断刑、右治狱。断刑则评事、检法详断，丞议，正审；治狱则丞专推劾，主簿掌按劾，少卿分领其事，而卿总焉。六年（1083年——编者注），刑部言："旧详断官分公按讫，主判官论议改正，发详议官复议。有差失问难，则书于检尾，送断官改正，主判官审定，然后判成。自详断官归大理为评事、司直，议官为丞，所断按草，不由长贰，类多差忒。"

根据上述材料回答下列问题：

（1）上述材料主要反映的是宋朝何种法律制度？该制度的基本内容是什么？

（2）请根据材料简要说明大理寺不同官员在检法量刑上的不同职责。

（3）请对材料作出评价。

【记忆要点】材料体现的制度：鞫谳分司制；基本内容：审理、判决分立。大理寺官员在检法量刑上的不同职责：元丰改制前：左卿掌断刑、右卿掌治狱、断司掌审讯；元丰改制后：评事、司直掌审判，议司掌检法量刑，大理寺卿最后决断。评价：防止因缘为奸，正确适用法律，保证办案质量，皇帝控制司法，不能杜绝司法腐败，审、判分立与司法原则不符。

【参考答案】（1）材料主要反映了宋朝大理寺的鞫谳分司制。鞫谳分司制即宋朝从州到大理寺，实行鞫谳分司、审判分离的制度。在这种制度下，检法断刑的官员无权过问审判，负责审判的官员无权检法量刑，两司独立活动。

（2）大理寺设少卿二人，左卿即断刑少卿，右卿即治狱少卿，左卿和右卿分领其事；大理寺正为详断官（断司），负责审讯，元丰年间大理寺职责改革后，由大理寺评事、司直共同执掌案件审判；大理寺丞为详议官（议司），负责检法用律量刑。案件经审讯、检法量刑之后，由大理寺卿审定断案。

（3）评价：①鞫谳分司制是宋朝审判制度的特色，鞫谳分司强调两司独立活动，不得互通信息、协商办案，在一定程度上有利于互相制约，防止司法官因缘为奸，保证司法审判的公正。②宋朝设置专职的详议官检法用刑，有利于正确适用法律，保证办案质量。③宋朝实行鞫谳分司制有利于皇帝控制司法权。④鞫谳分司制在皇权专制的大前提下，不能从根本上杜绝司法不败，而审、判分立也不符合司法原则。

32.《宋刑统·户婚律·婚田入务》"起请"条（卷十三）：臣等参详，所有论竞田宅、婚姻、债负之类，（债负谓法许征理者）取十月一日以后，许官司受理，至正月三十日住接词状，三月三十日以前断遣须毕。如未毕，具停滞刑狱事由闻奏。如是交相侵夺及诸般词讼，但不干田农人户者，所在官司随时受理断遣，不拘上件月日之限。

请运用中国法制史的知识和理论，分析上述材料并回答下列问题：

（1）本条规定的是宋朝的何种法律制度？

（2）宋朝对于受理民事诉讼的时限是如何规定的？涉及这类争讼的案件有哪些？

（3）对于原已受理的民事诉讼尚未结案的，应如何处理？

（4）评价上述材料规定的内容。

【记忆要点】务限法。宋朝关于受理民事诉讼时限的规定：农历二月一日“入务”至九月三十日“务开”止停止受理田宅、婚姻、债负、地租等民事案件。对于尚未结案的民事诉讼的处理：延长至三月底结案。评价：注重农业生产、防止耽误农事、以农为本的立法价值取向。

【参考答案】（1）本条规定的是宋朝的务限法，即规定在农务繁忙季节中停止民事诉讼审判的法律制度。

（2）该条规定，每年农历二月初一“入务”，即开始进入农忙季节，直到九月三十日止。在此期限内，州县官府停止受理有关民事诉讼，限满之日即十月初一方可受理民事案件，直到次年入务日为止。涉及这类争讼的案件有田宅、婚姻、债负、地租等民事案件。

（3）对于原已受理的民事诉讼尚未结案的，可以延长至三月底结案。但是三月底以后不仅不能结案，也不能审案。

（4）务限法的宗旨在于保证农业社会的村民不被陷于在官府看来无关紧要的纠纷中，从而无法致力于农业生产。为了防止耽误农业生产，将这类案件限制在农闲季节，这是宋代审判制度的一个重大发展，也是一个以农业生产为主的国家的法律制度的特色所在。务限法体现了以农为本的传统立法的价值取向。

33.《元史·刑法志》：“犯强窃盗贼、伪造宝钞、略卖人口、发冢、放火、犯奸及诸死罪，并从有司归问。其斗讼、婚田、良贱、钱债、财产、宗从继绝及科差不公自相告言者，从本管理问。若事关民户者，从有司约会归问，并从有司追逮。”

请运用中国法制史的知识和理论，分析上述材料并回答下列问题：

（1）元朝约会制度的主要内容是什么？

（2）不适用约会管辖的情形有哪些？适用约会管辖的情形有哪些？如何适用约会？

（3）请评价上述材料。

【记忆要点】元朝的约会制度：不同户籍、不同民族及僧侣之间发生刑事诉讼，由相关户籍上司共同管辖审理。不适用约会的情形：强盗、窃盗、伪造宝钞、贩卖人口、发掘坟墓、放火、犯奸及死罪等重大刑事案件；适用约会的情形：斗讼、婚田、良贱、钱债、财产等不同民族的户与民户之间发生的所有民事案件，以及不同民族之间的户与民户之间发生的一般刑事案件。评价：控制诉讼管辖范围、多重治理、调和不同民族习俗、防止徇情枉法；诉讼拖延、损害司法权威、破坏法制统一。

【参考答案】（1）约会制度是元朝的一种诉讼管辖制度，即当遇到不同户籍、不同民族及僧侣之间发生刑名诉讼时，政府要出面将相关户籍的直属上司请来共同审理。

（2）凡犯强盗、窃盗、伪造宝钞、贩卖人口、发掘坟墓、放火、犯奸及死罪等重大刑事案件，不适用约会制度，均由地方行政机构管辖。凡斗讼、婚田、良贱、钱债、财产等不同民族的户与民户之间发生的所有民事案件，以及不同民族之间的户与民户之间发生的一般刑事案件，由地方行政机构通知其他户的管理机构约定共同管理。

（3）元朝的约会管辖由地方行政机关主导，有利于控制诉讼管辖范围，对于一般刑事案件和不同户之间采取约会管辖，体现了统一的多民族国家的多重治理。各民族官员及各职业团体的官员共同参与，有利于调和不同民族的法律原则和习俗，维护各自群体的利益，防止某一衙门徇情枉法。但约会制度也存在弊端，约会制度不但导致诉讼拖延，而且多重机构或者各类团体参与诉讼，损害了司法权威，破坏了法制的统一。

34.《元史·刑法志·诉讼》："诸老废笃疾，事须争讼，止令同居亲属深知本末者代之。若谋反、大逆，子孙不孝，为同居所侵侮，必须自陈者听。诸致仕得代官，不得已与齐民讼，许其亲属家人代诉，所司毋侵挠之。诸妇人辄代男子告辩争讼者，禁之。"

请运用中国法制史知识和理论回答下列问题：

（1）元朝代诉的适用情形。

（2）评价上述材料。

【记忆要点】代诉的适用情形：适用于重案或家庭案件之外的普通案件，老人、残疾人、退休官员，但女子不得代诉。评价：适用范围扩大，代诉规定细化，出现诉讼代理并独立成篇，体现了经济发展和民族间的频繁交往。

【参考答案】（1）元朝代诉的适用情形：除谋反、大逆刑事重案外，或必须由当事人自诉的子孙不孝、为同居之人侵害侮辱等家庭案件之外的普通案件，老人和残疾人只能让熟知案情的同居亲属代告；退休官员由家属代诉；妇女不得为男子代诉。

（2）评价：①元代当事人诉讼代理的范围较前代有所扩大，对代诉的规定也大大细化。②元代开始出现了诉讼代理，虽然在制度上尚不成熟，但使诉讼在立法上独立成篇，并影响了明朝和清朝的诉讼制度。③诉讼代理制度的出现体现了经济的发展和民族间交往的频繁。

35.《明史·刑法志一》："（明太祖洪武）十八年（1385年——编者注）采辑官民过犯，条为《大诰》……次年复为《续编》《三编》，皆颁学宫以课士，里置塾师教之。囚有《大诰》者，罪减等。于时，天下有讲读《大诰》师生来朝者十九万余人，并赐钞遣还。自《律诰》出，而《大诰》所载诸峻令未尝轻用。"

请运用中国法制史知识分析上述文字并回答下列问题：

（1）请说明该段文字所阐述的问题。

（2）明太祖是如何推行《大诰》的？

（3）"《大诰》所载诸峻令未尝轻用"说明了什么问题？

【记忆要点】《明大诰》；强行推行大诰；效果适得其反、刑乱国用重典为权宜之计。

【参考答案】（1）该段文字阐述了明初《大诰》的制定。明太祖朱元璋为了推行"刑乱国用重典"的方针，特别制定了刑事特别法——《明大诰》，该特别法属于律外之法。《明大诰》一共4篇，一般是以案例形式出现，用以训诫臣民。

（2）①朱元璋以强行手段推行《明大诰》，凡是手持《大诰》的，死刑之外依律减一等处刑，否则加一等处刑。②朱元璋令各级学校讲授《大诰》，科举考《大诰》，乡民集会宣讲《大诰》。

（3）朱元璋死后，《明大诰》被束之高阁，说明以强行手段推行法律的实施往往会得到适得其反的结果，也说明了“刑乱国用重典”的立法指导思想仅为权宜之计。

★36. 材料1：《唐律疏议·名例律》（卷六）：诸断罪而无正条，其应出罪者，则举重以明轻；其应入罪者，则举轻以明重。

材料2：《大明律·吏律》“断罪无正条（第四十六条）”：凡律令该载不尽事理，若断罪而无正条者，引律比附。应加应减，定拟罪名，转达刑部，议定奏闻。若辄断决，致罪有出入者，以故失论。

请运用中国法制史的知识和理论，分析上述材料并回答下列问题：

（1）唐朝对类推原则是如何规定的？

（2）明朝对类推原则是如何规定的？

（3）对比材料1、2，与唐朝相比，明朝在类推适用上的变化及说明的问题。

【记忆要点】唐朝：举重以明轻、举轻以明重。明朝：断罪无正条引律比附。明朝在类推适用上的变化：扩大法官自由裁量权；具体规定了类推的适用程序；弥补法律规定不足。

【参考答案】（1）凡应“出罪”的，采用“举重以明轻”的办法，即法律没有明文规定的犯罪，凡是应当减轻处罚的，则按法律所列举的从重处罚的规定，比照从轻处断。凡应“入罪”的，采用“举轻以明重”的办法，即凡是应当加重处罚的，则按法律所列举的从轻处罚的规定，比照从重处断。

（2）若律文没有明确规定的，比照类似律文的规定比附断罪。凡加重或减轻处罚的，拟定罪名后转达刑部，刑部议定后奏裁。若擅自决断导致出入人罪的，以故失罪论处。

（3）明朝具体规定了在断罪无正条时“引律比附”的适用程序；明朝在“引律比附”上使法官有了更大的自由裁量权，“引律比附”虽然可以弥补法律规定的不足，但助长了司法擅断的弊端，加剧了明朝司法的黑暗。

★37. 材料1：《唐律疏议·贼盗律》（卷十九）：诸监临主守自盗及盗所监临财物者，（若亲王财物而监守自盗，亦同。）加凡盗二等，三十疋绞。（本条已有加者，亦累加之。）

材料2：《大明律·吏律》（卷第三）：官吏监守自盗仓库钱粮，不分首从，一贯以上杖八十，四十贯处斩。

根据上述材料并结合中国法制史知识回答下列问题：

（1）对比唐朝和明朝法律在处理监守自盗案件上的差异。

（2）根据材料分析明朝定罪量刑的基本原则。

（3）试说明明律较唐律在定罪量刑上发生变化的原因。

【记忆要点】唐、明律对监守自盗处理的差异：明律处刑重，唐律处刑轻。明朝定罪量刑的基本原则：轻其所轻、重其所重。明朝刑法原则变化的原因：突出刑律打击贼盗和贪墨大案、重典治国和治吏、商品经济因素的增长须突出重点打击对象、伦常约束力的加强使刑法更具针对性。

【参考答案】（1）在处理监守自盗案件上，明律规定显然重于唐律：对于监守自盗，明律规定不分首从，并赃论罪，一贯以下杖八十，四十贯就处斩刑；而唐朝规定监守自盗三十匹才处绞刑。明律规定显然重于唐律。

（2）①明朝在定罪量刑上采取“轻其所轻”“重其所重”的原则：①明律对一些轻微触犯礼教、典礼等有违伦常礼教犯罪的罪名，比唐律处罚有所减轻，即“轻其所轻”；②明律对政治性犯罪、侵害财产以及官吏贪赃受贿等犯罪的处罚，比唐律明显加重，即“重其所重”。

（3）明朝确立“轻其所轻、重其所重”的刑法原则是有深刻历史原因的：①随着君权的加强和社会矛盾的日益加剧，盗窃和贪墨大案直接冲击着封建专制统治的基础，加大此类犯罪的打击力度，是“重典治国”的体现。②在重典治世思想指导下，明律突出了刑法的打击对象，加大了以刑罚手段处治危害专制统治的贼盗和贪墨犯罪的力度。③商品经济成分的增长等因素使贪墨犯罪成为打击重点，事关典礼及风俗教化犯罪的社会危害性相应有所降低，而宋明理学使儒家所倡导的伦理纲常对人们的法外约束力增大，因此，对其从轻处罚，能够集中刑法的打击目标，使刑事镇压具有更强的针对性，并能够缓和社会的反抗情绪。

★38.《大明律·户律·婚姻》：凡男女定婚之初，若有残疾、老幼、庶出、过房、乞养者，务要两家明白通知，各从所愿，写立婚书，依礼聘嫁。若许嫁女，已报婚书及有私约（谓先已知夫身疾残、老幼、庶养之类）而辄悔者，笞五十。虽无婚书但曾受聘财者，亦是。

若再许他人，未成婚者，杖七十。已成婚者，杖八十。后定娶者，知情与同罪。财礼入官。不知者不坐，追还财礼，女归前夫。前夫不愿者，倍追财礼给还，其女仍从后夫。男家悔者，罪亦如之，不追财礼。

根据上述材料并结合中国法制史知识回答下列问题：

（1）根据材料概括说明明朝结婚的条件。

（2）结合材料说明违反私约和再许他人的处罚。

（3）结合材料分析明朝在婚姻成立及悔婚处罚上较唐代有哪些变化。

（4）如何评价上述规定？

【记忆要点】明朝结婚的条件：如实告知、婚书。处罚：有婚约而悔婚者笞五十；女方再许他人未成婚者杖七十，已成婚者杖八十，男方悔婚与女方同罪；轻其所轻、重其所重。评价：符合情理、避免争讼、婚姻人性化、集中刑法打击目标。

【参考答案】（1）材料所体现的明朝结婚的条件包括：①订婚之初必须将双方存在的残疾、年龄、庶出、乞养等情况如实告知对方，再各从所愿。②立婚书，依礼聘娶。

（2）处罚：①如果许嫁女已报婚书而且有私约却悔婚的，笞五十。虽然没有婚书，但接受聘财的，以此论处。②女方再许他人的，未成婚的杖七十，已成婚的杖八十，后方知情的同罪，财礼由官府没收。不知情不论罪，但要将财礼追回，女方仍归前夫。③男方悔婚的，与女方悔婚同罪。

（3）和唐代相比，明代在婚姻成立及悔婚处罚上的变化体现在：①对于已报婚书而悔婚的，男女双方同罪，而唐律规定只惩罚自悔的女方。②明朝对悔婚的处罚较唐代为轻，体现了“轻其所轻”“重其所重”的刑法原则。

（4）评价：①明律有关订婚之初告知对方事项的规定不但符合情理，还可避免争讼，体现了婚姻的人性化特征。②减轻对悔婚者的处罚力度，有利于将刑法打击目标集中在贼盗和贪墨大案上，以维护统治阶级的根本利益。

39. 材料1：《明通鉴·纪三十三·宪宗成化十三年》：初，永乐中，设东厂，令宦官刺事，权势与锦衣卫均。至是别设西厂刺事，以汪直督之，所领缇骑倍东厂，势远出卫上。自是大狱屡兴。

材料2：明大审：手捧钦命的司礼监在堂居中而坐，尚书各官列居左右，从此，“九卿抑于内官之下，遂为永制”，三法司“皆视中官意”断之，不敢擅决。

请根据上述材料回答下列问题：

（1）何为“厂卫”？

（2）根据材料分析厂卫能够屡兴大狱的原因。

（3）如何评价上述材料？

【记忆要点】厂卫：东厂、西厂、锦衣卫。厂卫能够屡兴大狱的原因：并非正式司法机关、享有司法特权、爪牙遍布全国、直接插手司法、权力高于三法司、特设法庭、法外酷刑。评价：君主专制恶性发展、迫害异己、制造白色恐怖、司法腐败和黑暗、祸国殃民、破坏法制。

【参考答案】（1）“厂卫”即东厂、西厂、锦衣卫；东厂、西厂是由太监组成、直属皇帝的特殊机关；卫是指皇帝亲军十二卫中的锦衣卫，主要职责是掌管皇帝出入仪仗和警卫事宜。

（2）厂卫能够屡兴大狱的原因：①厂卫并非正式司法机关，而是在皇帝纵容之下，凌驾于三法司之上，享有侦查缉捕、监督审判、法外施刑等种种特权的非正式司法机关。②厂卫爪牙遍布全国，无孔不入，而且任意拷掠，不受法律约束。③厂卫可直接参与司法审判，特别是在会审案件时，审判活动完全由太监操纵，其权力远在三法司之上。④厂卫特设法庭，任意刑讯问罪，甚至假造证据。厂卫所使用的刑罚也大多是法外之刑，异常残忍。上述原因，都为厂卫能够屡兴大狱大开方便之门。

（3）评价：①厂卫干预司法是明朝司法的一大特色和一大弊政，是极端君主专制在法律制度上的表现，也是皇权高度集中和恶性发展的产物。②厂卫由权倾一时的大宦官操纵，是用来迫害异己、制造白色恐怖的工具。③厂卫特务从事侦缉、审判等活动，涉足司法活动的各个环节，实际权力远在三法司和其他中央机关之上，从而导致了明朝司法的极端黑暗。④厂卫干预司法不仅祸国殃民，而且严重破坏了明朝正常的法制状态，加速了明朝的灭亡。

★40.《大清律例·名例·犯罪存留养亲》：凡犯死罪非常赦不原者，而祖父母（高曾同）、父母老（七十以上）、疾（笃废）应侍（或老或疾），家无以次成丁（十六以上）者（即与独子无异，有司推问明白），开具所犯罪名（并应侍缘由）奏闻。取自

上裁。若犯徒流（而祖父母、父母老、疾，无人侍养）者，止杖一百，余罪收赎，存留养亲（军犯准此）。

结合上述材料并运用中国法制史的知识和理论回答下列问题：

（1）清朝存留养亲制度的具体内容。

（2）清朝对存留养亲制度发展的表现。

（3）清代存留养亲的适用条件。

【记忆要点】内容：祖父母、父母老、疾应侍，家无以次成丁；留养者仍受杖责和枷号。清朝对存留养亲制度发展的表现：更多地考虑血脉的延续，而不是赡养老人。留养承祀的适用条件：父母已故、只有在弟殴兄和夫殴妻时适用、家无承祀之人、经皇帝批准。

【参考答案】（1）清朝规定的存留养亲的内容是："祖父母、父母老、疾应侍，家无以次成丁"。老是指七十岁以上，疾兼指笃、废两种情况，成丁是指十六岁以上。经朝廷核准留养的犯人，免服原判之刑，但仍要受杖责和枷号的惩罚。具体而言，死刑犯存留养亲，对犯人处以杖一百、枷号六十日的刑罚；充军或流犯存留养亲，则对犯人处以稍轻的杖刑和枷号刑。

（2）清代的秋审制度是对存留养亲制度进一步发展，确立了对死刑犯的留养承祀制度。清代法律中规定的承祀制度，更多地考虑到了家族血脉的延续，而不是为了赡养无人照顾的老人，体现了存留养亲制度在清朝的拓展。

（3）清朝规定的留养承祀须满足以下几个条件：①父母已故；②只有弟殴胞兄致死、夫殴妻致死两种情况下才可承祀；③家无承祀之人；④承祀须经皇帝批准。

图书在版编目（CIP）数据

法律硕士（非法学）联考重要主观题背诵：含关键词/白文桥主编；法律硕士联考用书编写组编写. --北京：中国人民大学出版社，2021.1
ISBN 978-7-300-28935-9

Ⅰ. ①法… Ⅱ. ①白… ②法… Ⅲ. ①法律-研究生-入学考试-自学参考资料 Ⅳ. ①D9

中国版本图书馆 CIP 数据核字（2021）第 001228 号

法律硕士（非法学）联考重要主观题背诵（含关键词）
白文桥　主编
法律硕士联考用书编写组　编写
Falü Shuoshi（Feifaxue）Liankao Zhongyao Zhuguanti Beisong（Han Guanjianci）

出版发行　中国人民大学出版社
社　　址　北京中关村大街 31 号　　　　**邮政编码**　100080
电　　话　010－62511242（总编室）　　010－62511770（质管部）
　　　　　　010－82501766（邮购部）　　010－62514148（门市部）
　　　　　　010－62515195（发行公司）　010－62515275（盗版举报）
网　　址　http://www.crup.com.cn
经　　销　新华书店
印　　刷　北京七色印务有限公司
规　　格　185 mm×260 mm　16 开本　　**版　　次**　2021 年 1 月第 1 版
印　　张　22　　　　　　　　　　　　**印　　次**　2021 年 1 月第 1 次印刷
字　　数　514 000　　　　　　　　　　**定　　价**　49.00 元
